规范、秩序与公法

赵娟 著

中国社会科学出版社

图书在版编目（CIP）数据

规范、秩序与公法 / 赵娟著. —北京：中国社会科学出版社，2020.12
ISBN 978 - 7 - 5203 - 7330 - 2

Ⅰ.①规… Ⅱ.①赵… Ⅲ.①公法-权利-研究-中国 Ⅳ.①D920.4

中国版本图书馆 CIP 数据核字（2020）第 186444 号

出 版 人	赵剑英
责任编辑	许　琳
责任校对	鲁　明
责任印制	郝美娜

出　　版	中国社会科学出版社
社　　址	北京鼓楼西大街甲 158 号
邮　　编	100720
网　　址	http://www.csspw.cn
发 行 部	010 - 84083685
门 市 部	010 - 84029450
经　　销	新华书店及其他书店
印刷装订	北京市十月印刷有限公司
版　　次	2020 年 12 月第 1 版
印　　次	2020 年 12 月第 1 次印刷
开　　本	710 × 1000　1/16
印　　张	25.5
字　　数	378 千字
定　　价	148.00 元

凡购买中国社会科学出版社图书，如有质量问题请与本社营销中心联系调换
电话：010 - 84083683
版权所有　侵权必究

前　言

自由与秩序之间的关系是公法的核心命题，本书收录的论文对这一命题进行了不同维度的探讨，研究范围主要集中在宪法、行政法领域，尤其聚焦于个人权利与政府权力的张力和平衡。

个人权利是政府权力的目的意义，正如秩序是自由的手段。承认个人独立的主体地位是公法的前提，否则无所谓自由不自由，个人与政府成为法律关系中并立存在的两造，公法的基本任务即是规范个人权利、政府权力，并对它们之间的内在紧张关系予以调整。因此，在中国，公法的兴起具有革命性意义，至少意味着形式上个人不再是某种集体的附庸。权利与权力的紧张关系会一直存续，只要个人与政府被作为独立的双方来对待。以任何看似正当的理由——比如，根本利益的一致性或公共利益的优先性——来消解这种紧张关系的做法，多半会以政府取代个人、以权力替代权利告终，即最大的可能是秩序吞噬了自由，而非相反。这种结果一旦发生，则公法不再是公法，因为它在权利面前闭上了眼睛，徒为权力背书。须知自由无处安放的秩序，就不是秩序，而是暴政——不正义的统治。

所以，公法的思维方式是直接而明晰的：什么样的秩序才能实现对自由的保障。

宪法和行政法即承担了这样的制度安排之责。在整体上，是以权利对抗权力、控制政府以保护个人。特别是，基本权利的宪法确认，标出了权利的最低标准，也划清了权力的底线。基本权利的效力指向所有政府权力，政府的任何越雷池之步必须具有正当根据，经受宪法检验。不仅如此，个人权利的状态还与政府内部权力运作的结果密切相关，即权力与权力之间的关系是权利与权力之间关系的翻版，因为权力—权力的组织和分配，最终都会映射和作用到权利—权力构架上。说权利—权力结构依赖于权力—权力结构也不为过，后者作为手段之手段，内在于权利—权力的结构之中，影响着前者的风貌。因此，良好的秩序需要权力的有效配置，唯如此，自由才是确实的。这也是为什么经典立宪主义将权力看做是宪法的首要和关键问题，实在于权利与权力的内在关联性。换言之，权力配置决定了秩序状态，也决定了自由的空间。在这个意义上，自由的实现程度取决于秩序安排的合理程度。说到底，自由与秩序问题，是个技术问题。令人忧虑的是，恰恰是这个技术活，我们做得并不好，简直就是今日中国公法之短板，需要认真对待。

　　权利—权力关系的变动性，与自由—秩序关系的开放性，决定了公法的发展和变迁。在新的时期，宪法、行政法会面临新的挑战，因而本书的研究是阶段性的，探讨远未结束，也不会结束……

目 录

上 篇

一

楚河汉界与貌离神合
　　——对公法与私法之间关系的基本认识 …………… 3
论行政法的宪法基础 ………………………………… 22
政治宪法学不是什么 ………………………………… 35

二

尊严的理念悖论及其宪法消解 ……………………… 59
"人民"一词的宪法学反思 …………………………… 79
自治与监督
　　——司法权威的宪法建构机理 …………………… 92

中 篇

一

人大与法院之间的关系辨析 ………………………… 115
法院与宪法 …………………………………………… 136
案例指导制度的合法性评析 ………………………… 170

1

二

八二宪法结构性权力失衡症剖解
——切脉吴英案························· 185
微博、规制与行政法治························· 202
集会类行政许可案件的宪法检视··················· 214

下 篇

一

美国不成文宪法是什么························· 239
言论自由判例中的利益平衡标准··················· 255
萨姆案、言论自由与公共论坛原理·················· 266

二

保持沉默必须明示？························· 278
米兰达规则适用标准的突破与进步·················· 296
服刑人员诉诸司法之权利的宪法保障················ 318

附 录

论信息流通（译文）························· 337
法律科学的诺贝尔奖
——理论、经验工作与法学研究中的科学方法（译文）····· 349

后 记······························· 400

上篇

楚河汉界与貌离神合

——对公法与私法之间关系的基本认识*

公法与私法研究是法学领域的经典论题。迄今为止，学者们对于公私法划分的标准认识不一、观点各异，尽管如此，宪法与行政法属于公法、民（商）法属于私法的基本划分仍然得到了普遍承认，这种基本共识在理论上构成了公法与私法对话的平台。本文即在认同此共识的基础上，试就公法与私法之间的关系进行探讨。

一 楚河汉界：公法与私法划分的实质意义

在论及公法与私法问题时，民法学者张俊浩教授指出："罗马法视私人平等和自治为终极关怀，对于权力猖獗怀抱高度的警戒之心，以至于试图用公法私法的'楚河汉界'去阻隔。天真之余,极其严肃"。[①] 笔者十分赞同。如果说公法与私法的区分是一种人为的安排，那么，这种安排的实质意义远远超过了其形式意义。

1. 公法与私法划分的前提是承认公与私之间存在界限

从总体上看，私法与公法以其调整的法律关系的不同而不同：作为调整平等主体间权利义务关系的法律规范，私法处理私人身份的公

---

* 本文原载于《江苏社会科学》2007年第6期，已作修改。
① 张俊浩主编：《民法学原理》，中国政法大学出版社1997年版，第4页。

民（或称私主体）之间的冲突；公法是调整作为公主体的政府与政府之间、政府与作为私主体的公民之间关系的法律规范。[①] 如果我们把私法规范看作是解决人与人之间纠纷由来已久的准则——作为群居的人类面对不可克服之自身矛盾的一种选择，因为"人人都不是天使"，那么，公法规范则因政府这种"必要的恶"的存在而存在。

　　政府这种公共机构的存在决定了公法的存在。政府为什么存在？对这个问题历来有不同的回答。按照洛克的自然权利学说和社会契约思想，人民通过达成契约的方式设立政府，是为了克服自然状态下"规定并实施人的权利和义务时的诸多不便"。所以，政府的存在是必要的，但政府存在本身并不是目的而是手段，其目的是为了保护人民的自由和权利，实现稳定、安全、正义、自由的目标即为了实现公共利益。确立和实现公共利益是政府存在的道德基础。公法因政府的存在而存在，否则，它就失去了调控的对象。公法以政府的公（共）权力为核心而展开，其直接功能是通过限制公共权力以控制政府。

　　承认公与私之间存在界限是公法与私法划分的前提，即国家或政府与个人是不同的两个领域，承认个人有不被政府的公共权力随意侵犯的私领域，而不是"个人生活国家化"或"国家生活个人化"的公私不分，更不是"只有国家没有个人"的无所谓公私，这一界限为个人抗拒国家不法侵害提供了保障。

2. 公法与私法划分的基础是个人利益能够作为一种独立的利益而存在

　　公私法划分的始作俑者古罗马法学家乌尔比安认为："公法是关于罗马国家的地位的法律，而私法是关于个人利益的法律；在社会关系和私人关系中都存在某种利益"。[②] 尽管我们不尽赞同乌氏的这种简单

---

　　① 此处所谈私法与公法中的"公民"是个概括性的表述，其包括私人身份的公民、法人及其他组织；政府是一个广义的概念，包括立法、行政、司法以及其他以国家名义行使公共权力的国家机构。

　　② 转引自王勇飞编《法学基础理论参考资料》（中册），北京大学出版社1985年版，第1432页。

化的类分，特别是近代西方完成了市民社会与政治国家的分野后，公私法的发展已使得公法不仅仅是明确"国家的地位"之法，但是有一点是确定不变的：个人利益能够作为一种独立的利益而存在，无疑是公私法划分的一个基础。

个人利益的独立存在意味着人被作为目的来对待，承认个人利益也是人获得尊重和保护的必要条件。如果我们把人作为手段，那么，就没有必要划分公与私两个不同的区域。个人利益的法定化意味着通过制度手段将利益转化为权利，用以对抗他人尤其是政府对自己的侵犯。个人权利观念成为以民法为代表的私法思想和制度的核心，作为限制政府公权力的公法成为公民实现个人权利的保障。在那种否定个人、否定个人利益的社会中，是无所谓公法与私法的，所有的法律都只是国家专制的工具。

那么，又如何看待个人利益与公共利益的关系呢？根据方法论的个体主义，公共利益并不是一种超越个人利益之上的东西，可以脱离个人利益的存在而独立存在或者游离于个人利益之外，它应该是社会各个个体利益的总和。与此同时，公共利益的受益者最终体现为具体的社会成员，尽管每个人所得份额未必是均等的。在这个意义上，如果政府所宣称的公共利益无论如何都不可能为个人所享有，或者人们为此所付出的代价远远超过从中获得的好处，那么，这样的公共利益就是虚妄的、非实质性的，政府就没有理由以这样的公共利益为借口去损害个人利益。而公法的控制机制比如民主选举、公法诉讼、权力分立等等，都是迫使政府服务于真正的公共利益（而非以手中公权力谋取自身利益）的必要手段。

3. 公法与私法划分的直接结果是"公法调整公域、私法调整私域"

公法与私法之区分作为法律制度进步的标志之一，其直接结果是"公法调整公域、私法调整私域"，从而将社会关系纳入有序、规范的状态之中，以有效构建整个社会的法秩序。

当然，公法与私法对公域与私域调整的区分是相对的，但是它意味着公法对私域的调整不是随心所欲的。这是法治的核心所在。20世纪二三十年代以来，随着政府对于社会生活特别是经济生活的广泛干预，出现了公法对私法方法的借鉴（比如行政合同）以及私法领域公法手段的使用（比如对合同自由的适当限制）的现象。从表面上看，公法与私法之间的界限日渐模糊，但就实质而言，这种借鉴与使用只是对公法和私法划分的某些固有缺陷的矫正，而并非对"二元法律结构"的背离和抛弃。无论是现实的法律制度还是理论解释，公法与私法之间的区别依然得到认同并成为学者们研究相关问题的基本出发点。另外，比如德国这类现代法治国家，还出现了诸如"宪法的第三者效应"之类的问题。宪法的公法性质决定了宪法义务主要针对公主体而非私人身份的公民，所以，宪法仅适用于公法诉讼。但是，当普通法院对于私法的解释（表现为私法案件的判决）影响到宪法保护的基本权利时，那么，此种解释可以受到宪法审查，宪法法院可以判断普通法院对于宪法权利的平衡是否是适当的。故此，宪法审查决定就会对第三人的权利产生影响，宪法因而"辐射"或"渗透"至私法领域。必须指出的是，宪法对于私法案件的"间接效应"并非原则，而属例外，在一般情况下，宪法仍然只能适用于公法案件。不仅如此，从德国宪法法院的判例来看，宪法并没有直接介入私人之间的纠纷，即并没有以宪法为依据来评判私法主体的是非曲直，而审查的是最高法院对于该私法案件的审判是否考虑了宪法的相关规定。换言之，宪法法院审查的仍然是公权力行为——最高法院的决定，尽管这一决定所针对的是私法案件。[①]因此，公法与私法之间的关系本身是简单清晰的。

值得注意的是，公法与私法的划分是成文法系国家的传统，然而，却是英美法系的美国而不是大陆法系的德国将这一划分的实质意义彻底落实，美国宪法实践中的"国家行为理论"即是典型，在美国不存在所谓"宪法的第三人效力"之说。公法与私法的区分最早由古罗马

[①] 尽管宪法法院判决过几起涉及"宪法第三者效应"的案件，但德国法学界至今对此仍有不同意见。参见陈新民《德国公法学基础理论》（上册），山东人民出版社2001年版，第287—330页。

法学家乌尔比安提出，此后，这一区分成为继承罗马法成文法传统的大陆法系国家的一大特点。虽然以英美为代表的普通法系国家在形式上（比如公法诉讼与私法诉讼并非由不同的法院系统管辖）不严格区别公法和私法，但是，在法律实践中，公与私可谓泾渭分明，美国宪法严格适用于公法争议就是突出的例子：美国联邦最高法院否认宪法能被适用于私法领域。同时，学者们在研究中也引入了公法与私法的概念。比如美国行政法学家古德诺在其名著《比较行政法》中认为："行政法乃公法之一部分，所以规范国家行政机构之组织及权限，并指示人民于权益遭受侵害时的救济方法"。① 英国行政法学家韦德指出，在英国，"虽然没有一套界定明确的公法，但是，在某些救济形式中有这种要素。法院依据一套混合的救济形式，有些是私法救济形式，有些是公法救济形式，以便涵盖尽可能多的案件"。②

在上述意义上，我们可以说，公私法划分的价值与意义并不是学者们的"凭空想象"，公私法划分的深刻蕴涵或其根本点就在于通过公法与私法的界分以明确个人与国家（政府）之间的楚河汉界，要求政府的任何越雷池之步都必须有正当的根据。

二 貌离神合：公法与私法价值追求的同质性

但是，如果我们对公私法划分的认识仅仅停留在楚河汉界层面，显然会"阻挡我们思想前进的脚步"。事实上，在楚河汉界之外，公法与私法还存在着价值层面的同质性，使得两者殊途同归、貌离神合。

1. 人的自由与尊严——公法与私法的共同价值所在

在价值层面，公法与私法的存在意义和目的意义是同一的，尊重和保护人的自由和尊严是它们作为精神支撑的基本价值，尽管二者各自作用的方式不同。

---

① 转引自张家洋《行政法》，台北三民书局1996年版，第4页。
② ［英］威廉·韦德：《行政法》，徐炳等译，中国大百科全书出版社1997年版，第38—39页。

私法对人的自由与尊严的强调似乎很少引起学者们的争议，而被认为是私法的天然追求。梁慧星教授曾经描述过他所理解的"私法理想国"：私法"通过物权界定资源归属，通过契约实现资源流动，通过侵权责任救济受到损害的社会关系，通过亲属和继承给个人以家庭的温情与扶助，这些形成了大陆法国家对社会进行治理的基本模式。这种通过私法来实现社会治理的模式，可以有效地将国家权力排除在私人生活之外，实行私人生活的非政治化和非意识形态化，从而实现私人生活的自由、平等与博爱，这是对人的一种终极关怀"。[1]

那么，人的自由与尊严是否仅仅是私法的出发点？事实上，公法的追求同样如此。"尊重和保护每一个人的自由和尊严"是宪法最核心的价值追求。由于种种原因，一个社会不可能消除人与人之间客观存在的差别和歧视，我们不能够要求一个普通公民无条件地平等对待其他人。德国学者沙兹卫伯认为："人民都有对他人的偏见、特性及感情采行行为的自由，只要不侵犯他人的权利。国家并不片面要求人民必须平等、博爱；宪法也未要求每个国民都过着理智及道德的生活，所以，硬要将国家力量注入私人生活，造成私人间关系的平等……无异敲起'自由之丧钟'"。[2] 但是，我们有理由要求政府平等地对待每一个人。因为，政府的产生是全体人民的"合意"，作为这种合意的契约形式，宪法保护每一个人，政府的承诺是针对每一个人都有效的，不论贫穷还是富有、高贵还是卑微。宪法承认人与人之间利益以及思想和主张的差异，允许它们共存并且对它们包容，这体现为宪法政治的宽容精神，这种宽容是政府的宽容。因此，"法律面前人人平等"的实质是政府公共权力面前的人人平等。每个人的自由与尊严是政府价值坐标的原点，对它们的尊重和保护是作为公共权力行使者的政府作出行为选择的价值标准。《德国基本法》第1条开宗明义："人格尊严不

---

[1] 易继明主编：《私法》第3辑第2卷，北京大学出版社2004年版，梁慧星教授序，第7页。

[2] 转引自陈新民《德国公法学基础理论》（上册），山东人民出版社2001年版，第312页。

可侵犯，尊重与保护人格尊严是所有国家权力的责任；因此，德国人民承认不可侵犯与不可让与的人权，为一切人类社会以及世界和平与正义的基础；下列基本权利拘束立法、行政及司法而为直接有效的权利。"宪法的核心价值约束着包括行政权在内的所有政府权力的行使与运作，因而行政法不仅仅是关于实现宪法价值的技术法，其本身应该具有与宪法相一致的价值观。

2. 由"完全自主、自治的人"到"有限自主、自治的人"——公法与私法变迁的相同轨迹

法律制度的基础，无疑是作为制度作用对象的人，因此，对人（性）的假定成为制度设计最基本的出发点。在这方面，公法与私法也显示出了惊人的相似性。

田中耕太郎教授指出："私法的基本概念是人（Person）。这意味着，尽管人有肉体，但人与其他肉体动物不同，是有理性的、能识别善恶的、有理想并为之努力的、有永恒价值的自由的人。这种人先于国家而存在，并构成国家的基础"。[①] 意思自治或私法自治有"支配整个私法的最高原则"之称，其内容为，个人依其意思形成其法律上的权利义务关系，私法方面的一切法律关系可以而且应该由每个人自由地、自行负责地按照自己的意志去决定。意思自治所隐含的人性假定是，每个人（除因为年龄和精神健康状况因素受到限制的人以外）都是理性的，是自己利益的最佳判断者和维护者，有完全自主的能力，法律应该尊重每个人行使自己权利的自由。近代民法在私法自治的总原则下所宣示的人格平等、合同自由、过失责任和私权神圣（绝对所有权原则）等都出自这样的假定，换言之，近代民法中的"人"是完全理性的、自治的"强有力的智者"。[②] 然而，现代民法中的人实现了

[①] 转引自［日］星野英一《私法中的人》，王闯译，中国法制出版社2004年版，第20页，脚注33。

[②] 同上书，第35页。

"从理性的、意思表示强而智的人向弱而愚的人"的转变,[①]法律的保护对象由"被抽象掉了各种能力和财力等抽象的个人"变成了"不平等的具体的人",[②]其具体表现为对于契约关系中弱势一方当事人的保护以及对于强势一方当事人无过失责任的追究等,对于消费者权益的保护即是一例。在这个意义上,也可以认为民法从注重形式正义发展到了坚持形式正义的同时兼顾实质正义。但需要指出的是,私法自治作为原则依然是民法的基础,换言之,在绝大多数情况下,民法中的人是"完全理性、自治的人"。

公法的变迁因循了同样的过程。近代宪法基于对人的理性与自治的认识,将基本权利的性质定位在消极权利层面:因为每个人都是理性的,知道自己的最佳利益所在,也清楚自己的行为和后果,因而人的自由的实现仅仅依赖于国家或政府的不作为。美国联邦宪法即是典型。而现代宪法除了近代宪法所明确的消极权利外,还有一些积极权利的规定,这些权利的实现需要依靠国家或政府的作为,其所针对的主要是社会的弱势阶层,比如社会保障权利。德国基本法基于其"社会国体"所规定的诸多积极权利则是现代宪法的代表。在行政法层面,从绝对的负担行政到有限的给付行政的出现也显示了这一转变。但就总体而言,公法为公主体所设定的义务仍以"不作为"为主要内容。

需要指出的是,与私法中人所针对的是所有当事人的情况不同,上述公法中人只是对作为公法关系一方当事人的公民而言的。而作为另一方当事人的政府中人,公法的基本假定并没有发生变化,这就是公共选择理论的一元行为假定。它意味着政府中人也是自利的理性人,他们在可能的情况下,同样会以个人利益最大化而不是公共利益的最大化作为自己行为的出发点。所以,需要对公共权力进行制度约束。而宪法政治中无所不在的制约与平衡的概念,正是建立在公共选择理

---

① [日]星野英一:《私法中的人》,王闯译,中国法制出版社2004年版,第51页。
② 同上书,第35、65页。

论的一元行为假定的基础上的。① 如果说作为公民一方有"强"有"弱"的话，那么，作为政府一方则一直是"强"的定位——公权力的强制性使得政府中人必须受到控制。

3. 权利实现的两种途径——公法与私法的任务与作用

公法与私法构成了公民权利实现的两种途径：公法所规定的权利是针对公主体的，私法所规定的权利是针对私主体的，公法诉讼与私法诉讼成为公民主张权利的有效手段。公主体行为的合法性（广义概念，包括了合宪性）是公法始终关注的，其行为必须具有明确的法律依据（或说是公法依据），与此相对应，私主体的自由以不违反法律的禁止性规定为其享有和行使的界限。作为公主体为保护公民权利所具有的手段层次的公权力，其范围是有限的，而且，除了法定事由外，公权力应该是能不出现就不出现的，即便因为必要而行使，也必须审慎地行使，以防止对公民权利的侵害。这突出地表现为：当公权力的行使会对公民权利产生不利影响时，符合"公共利益"与"比例原则"是限制其行使的实体标准，"程序正当"则是其程序标准。

就公法与私法在公民权利实现过程中的角色而言，应该特别区分宪法与民法在权利问题上的任务与作用。公民权利可以在不同层次上实现，在宪法层次是最基本的权利，这些基本权利是个人自由免遭国家侵犯的范围，是私主体用以抵抗公权力的根据，其实质在于为公民权利设定一个底线：任何法律都不能够践踏这个最低界线。同时，以民法为代表的普通法律可以规定宪法所没有规定的权利，可以规定比宪法所规定的基本权利更多的权利，并且以不损害公民受宪法保护的基本权利为限制。因此，民法所规定的权利未必以宪法基本权利为基

---

① 早在18世纪，西方思想家和政治家就讨论过政府中人的人性问题，尽管没有使用"公共选择理论的一元行为假定"这个现代概念。有代表性的人物是英国思想家休谟和美国联邦制宪者。参见［英］休谟《人性论》（下册），关文运译，商务印书馆1980年版，第625、592—593页；［美］汉密尔顿、杰伊、麦迪逊：《联邦党人文集》，程逢如等译，商务印书馆1980年版，第255—256页。

础——基本权利是针对国家或政府而提出和存在的,它是一种对抗国家的权利,或者说是一种以国家作为侵害主体的存在而设定的权利,并不是所有民事权利都必须在宪法那里找到直接规范依据。换言之,如果宪法上没有规定,并不影响民事权利的存在,因为宪法是公法,民法是私法,宪法构成公法的基础。另外,民事权利也未必是宪法基本权利的具体化,宪法的基本权利条款也未必需要依靠民法的具体规定而获得效力。

因此,公法与私法之区分是相对的,二者只存在"形"与"貌"上的差异,它们在价值目标的追求上是一致的,具有"质"与"神"的同一性。明确这一点,就可以全面理解公私法在实践层面的分工与合作,也有助于我们准确把握公私法关系理论。

三 中国语境:问题与思考

与西方国家相比,中国的情况似乎更加复杂。中国问题的特殊性在于:"后发模式"带来了时间与空间上的模糊性与无序性。换言之,中国特殊的发展道路使得我们很难总结出一条清晰的法治路径。比如,没有经历市民社会与政治国家的形成与分野过程,却已经站在了"后现代主义"的坐标系上;没有进行过人文思想启蒙,却直接在宪法中规定"自由""权利""人权";没有商品经济的充分酝酿与发展,却完全吸收商品经济模式下的民法调整方式;没有建立法治发展的基本要素,却直接引入法治发达国家"修正后"的经验;甚至来不及认真研究整个法律体系的有机构建,却又必须因应发展的需要而"适时立法"以服务于政治、经济、社会等各个方面;等等。与此同时,改革开放以来,我们把西方法学理论几乎是一股脑儿地拿了进来,相当于饥不择食地吃了个饱,等细细咀嚼,才发现原来不是个味。诸如对公法、私法等概念的理解与运用在很大程度上有背离原旨的偏差之处。

即便如此,我们仍然需要在基本问题上进行思考并给出答案,最主要的是:中国是否需要明确公、私法的楚河汉界?中国公私法的貌离神合如何可能?

1. 中国明确公、私法之楚河汉界的必要性

我国传统法学研究不采用公、私法的划分理论,在苏联法学的影响下,主要以部门法的分类作为探讨整个法律体系的基本方法。学者们以列宁关于社会主义公有制条件下"不承认任何私法"的一段话作为否认公、私法区分的根据。[①]事实上,这样的"理论基础"是值得质疑的,其根本点在于,公法与私法的划分乃至私法本身并不是私有制国家固有的,作为私法主要内容的民法和商法更多地是同商品经济相联系,同承认公民、法人的法律主体资格、保障其人身权和财产权相联系的。公法与私法的划分在绝大多数商品经济社会里都得到了公认。尽管对公法和私法的具体划分标准还存在着不同的观点,但是这种法的分类却从来没有被否认过。不仅如此,公与私的区分是制度文明进步的关键所在。个人利益的存在以及与国家利益的相对分离,是任何文明都不能否定的。中国改革开放以来的事实,已经证明了以财产权利为主要表现形式的个人利益对于个人和国家的价值,我国的宪法及一系列法律、法规都明确规定了对公民的人身权和财产权的保护。因此,我国现行的法律体系存在着公法和私法划分的基础。

中国法学需要在对传统理论观点进行反思中不断进步。在今日之中国,强调公、私法之楚河汉界具有特别重要的意义。

一方面,有利于对以"私"为特征的个人利益的尊重和保护。如前所述,如果没有对于个人利益的承认,就无所谓公法与私法。我们的文化中缺乏对个人利益尊重的传统,"私"被认为是见不得人的甚至是可耻的。中华人民共和国成立后的相当长的历史时期内,我们否认个人、个人利益、个人的财产权和人身权,认为在社会主义制度下,一切都是国家的、公有的,除了国家之外,任何个人都不得拥有财产权,国家意志和利益的至上性、排他性、绝对性成为国家经济活动及

---

① 关于对这一论断之不合理性的详细论述,参见赵娟《论环境法的行政法性质》,《南京社会科学》2001年第7期。

规范、秩序与公法

一切社会生活的最高原则和根本标准。私法更无从谈起。对以"私"为特征的个人利益的彰显，是公、私法区分的实质意义之所在，强调公、私法之界分，在于承认"私"的存在，而且是名正言顺地承认。经验表明，没有对"一己之私"的法律认可，就不可能有对人作为人的自由和尊严的尊重和保护。因为人的自由首先意味着正当占有的自由，占有财产的权利理应是自由权的一部分。财产占有权为个人的自由提供了保障。因此，在一定程度上，对财产的权利可以被认为足以与这个意义上的个人自治紧密关联。①

另一方面，有利于对以"公"为名义的政府权力的监督与制约。我国计划经济时期政府的"全能家长""总管家"地位，使得公权力无所不在、无所不至甚至是无所不为——几乎没有国家不可以发号施令的领域，权力的扩张与无限是显著特点。但事实证明，政府作为总管家并不利于经济的发展和整个社会财富的增加，相反，全能家长并不"全能"，国家经济的几乎崩溃和人民生活的极度困苦即是这种政府无能的表现。因此我们需要改革，发展商品经济，建立市场经济体制。市场经济发达国家的经验是，市场经济与法治有着天然的联系，市场经济要求政府必须在法定的职权范围内行使权力。市场经济建立的基础首先是承认个人的自由和地位、个人的财产权和人身权、个人利益的差异性，以法的形式确认并保护个人的财产权利是商品经济得以正常展开的不可或缺的制度条件，没有对个人财产权的保护，就不可能有市场经济的有效运转。公、私法的划分意味着个人利益与国家利益的相对独立和分离，即市民社会与政治国家的利益分离，使得个人享有不受政治权力侵犯的权利。这意味着政府的权力不是无限的，而是必须从根本上受到控制的，由此将国家的管理和干预纳入法治的秩序。公法的存在正是控制公权力的需要。

因此，在中国，明确公、私法之间的楚河汉界是必要的。需要指

---

① 参见［美］路易斯·亨金、阿尔伯特·J·罗森塔尔编《宪政与权利》，郑戈等译，生活·读书·新知三联书店1996年版，第152页。

出的是，在西方，尽管学者们关于公私法划分标准的认识不一，但未对公、私法划分本身产生大的影响，时至今日，无论是现实的法律制度还是理论解释，公法与私法之间的区别依然得到承认并成为学者们研究相关问题的基本出发点。陈新民教授指出，在德国，公法与私法之"二分法仍是目前学界之主流，亦是重要的宪法制度"。[①] 我国有学者对公、私法区分持不尽认同的立场，比如童之伟教授认为，"除德国和受德国影响的学者比较习惯于做公私法划分外，其他国家和地区都早已很少甚至基本不谈公私法划分，或很少甚至完全不从公私法划分的角度考虑问题了。究其原因，可能是这样做的意义和必要性不大，以及不合理"。[②] 笔者认为，"不谈公私法划分"，并不意味着不承认这样的区分存在，更不能说明其区别的"无意义、无必要甚至不合理"。一个合理的解释是：公法与私法的区分已经成为一种常识，也许在法治发达国家已经被认为是常识的问题，而在中国，仍然是前所未有的事业。中国讨论公私法划分问题在很大程度上是进行"补课"，正如当年我们认识到商品经济的发展是经济发展不可逾越的阶段一样。另外，就笔者所阅读的文献来看，在传统上与德国毫无关联的一些英美法系国家，其学者讨论相关问题时仍从公私法区分的角度来说明。[③]

2. 中国实现公、私法之貌离神合的可能性

中国法学研究的理论深化是与中国法治实践的进程密切联系的，

---

① 陈新民：《德国公法学基础理论》（上册），山东人民出版社 2001 年版，第328 页。

② 童之伟：《宪法与民法关系之实像与幻影——民法根本说的法理评析》，《中国法学》2006 年第 6 期。

③ 2006 年出版的译著《行政法的范围》就是一例，该书由新西兰奥克兰大学迈克尔·塔格特教授编。这是一本会议论文集，与会学者主要来自于美国、澳大利亚、英国、加拿大和新西兰。学者们重点讨论了行政法"在新的放松规制运动与私人承担公共职能的背景下"的公私法区分问题。此书由金自宁翻译，中国政法大学出版社 2006 年出版，被编入当代世界法学名著之法学译丛·公法系列。

特别是立法实践，集中反映了理论研究的阶段性成果，与此同时，法治实践也影响着法学理论。如果说明确公私法之间楚河汉界是一个理论基础的话，那么，貌离神合的意义在于落实到法治实践中。然而，从楚河汉界到貌离神合，中国公私法的理论与实践都并非"坦途"。这其中既有学者们认识上的偏差也有实践层面的失误，而前者尤以学者对公法性质认识的模糊性为代表。

中国改革是从经济体制改革入手，这使得与私法直接相关的内容成为改革过程中首先遇到并需要解决的问题。伴随20多年商品经济发展和市场经济体制建设的实践，中国私法从形式到内容都有了长足的进步，民事法律规范体系日臻完善，理论研究也相对趋于成熟。而由于种种原因，公法的价值在很大程度上没有被准确地理解和接受。这在私法学者和公法学者的相关研究中都有所反映。

比如，谢怀栻教授认为："中国自古以来没有'私法'。人民之间不存在'私法关系'。就连婚姻关系，也是受统治的（受家长、族长和父母官的管制）。新中国成立以后，仍旧不承认'私法'，把民法作为公法。婚姻方面，虽然提倡'婚姻自由'，但是婚姻登记还是被'组织'或'单位'所控制，所掌握"。[①] 在此，谢教授对于中国私法状况的理解是准确的，对于"私"的漠视甚至回避一直是文化中根深蒂固的传统，至今仍然影响深刻。但其对于公法的认识则是值得商榷的，这里所说的"把民法作为公法"中的"公法"是不是真正意义上的公法？受到苏联体制和法学理论的影响，我们在很长一段时间里，否定私法的存在，认为公有制国家的一切法律都应该是"公法"，而这种"公法"在本质上被理解成了"维护公权力之法"——为了实现国家高度集中统治并否认为任何个人利益服务，而非"限制公权力之法"——为了更好地维护个人的自由与尊严而设定公权力并控制服务。从形式上说，公法在规范层面必然与国家、政府、权力相关，公法涉及公权力无疑

[①] 易继明主编：《私法》第3辑第2卷，北京大学出版社2004年版，谢怀栻教授序，第1页。

是一个标志，但在本质上，公法是为了给国家、政府的公权力设定一个界限，使其不可以随意介入公民的私权利领域。所以，对于公法意义的认识是需要反思和澄清的，公法之存在的本质在于通过限制公共权力以维护公民权利，否则，就失去了其存在的意义，正如国家或政府的存在目的一样。因此，不夸张地说，集权时代的所谓"公法"根本就不是真正意义上的公法，而是以"公"之名来侵害甚至剥夺公民"私"权的"国家本位的强制之法"。

对公私划分理论持保留立场的童之伟教授则否认公法与公权力密切相关，他认为，"所谓公法，决不等于公权力，在法学上将公法与私法隔开，更不等于在社会生活中将公权力挡在了私权利的大门之外"。[①]这在一定程度上也误解了公法。公法作为调整政府行为的准则，其规范的对象就是公权力，有政府公权力作用的领域就存在公法，否则，公法就失去了控制的对象。法治国家的一个基本要求和特点是，公法是政府拥有和行使公共权力的依据，而且政府在公法的调控下活动和生存，政府公权力与公法应该是"如影随形"的。因此，说"公法就等于公权力"也并不为过。同时，在公法与私法的二元划分结构下，正是公法将公权力控制在其行使的界限范围内，才使得私权利"之门"没有被"野蛮"地撞开。一位西方政治家曾在一次演说中指出：人类千万年的历史，最为珍贵的不是令人炫目的科技，不是浩瀚的大师们的经典著作，不是政客们天花乱坠的演讲，而是实现了对统治者的驯服，实现了把他们关在笼子里的梦想。笔者认为，这个"笼子"就是公法。（公私法的划分并不仅仅是法学理论层面的纸上谈兵）比如美国联邦宪法为联邦政府所设定的"授予而非限制"的权力，就是这种控制统治者行为的笼子。问题在于，我们的公法在什么程度上实现了这一功能？

在实践层面，我们仍然能够看到"强制"而非"尊重"的"公法"

---

① 童之伟：《宪法与民法关系之实像与幻影——民法根本说的法理评析》，《中国法学》2006年第6期。

规范、秩序与公法

意识体现在一些关系到私主体自由与权利受到限制的行政法律规范中。比如，1996年的《行政处罚法》第37条第1款规定："行政机关在调查或者进行检查时，执法人员不得少于两人，并应当向当事人或者有关人员出示证件。当事人或者有关人员应当如实回答询问，并协助调查或者检查，不得阻挠。询问或者检查应当制作笔录。"其中，"当事人或者有关人员应当如实回答询问，并协助调查或者检查，不得阻挠"就具有明显的强制色彩，这种立法取向与"尊重公民自由与权利"的公法价值要求相去甚远，也显然有悖于"任何人不得自证其罪"的基本人权要求。[①] 而在经济领域，政府颁布的规则绝大多数是限制市场主体活动空间的，而很少是限制政府任意权力的，比如政府可以通过规范性文件的方式明确要求所管辖的行政区域购买其指定品牌的轿车，[②] 政府可以设立专门的机构为企业颁发"馒头生产销售许可证"，[③] 等等，行政法由此变成了"由行政机关制定的法"，而不是"管理和控制行政机关的法"。[④]

尽管如此，中国公法的定位仍然在不断调整中逐渐明晰——公法是为了保护公民自由而进行必要的控制，不是为了政府的利益而限制自由本身。近年来的中国立法，已经显示出这一基本的价值取向，2004年的《行政许可法》即是个典型。2004年《行政许可法》第12条规定了可以设立行政许可的事项，第13条规定：本法第12条所列事项，通过下列方式能够予以规范的，可以不设行政许可：（一）公民、法人或者其他组织能够自主决定的；（二）市场竞争机制能够有效调节的；（三）行业组织或中介机构能自律管理的；（四）行政机关采用事

---

① 《公民权利和政治权利国际公约》第14条第3款规定"在判定对他提出的任何刑事指控时，人人完全平等地有资格享受以下的最低限度的保证："，其中，第（庚）项规定："不被强迫作不利于他自己的证言或强迫承认犯罪"。
② 参见周芬棉《行政性垄断何去何从》，《法制日报》2001年4月1日。
③ 参见梁鹏《郑州"馒头风波"的背后》，《经济参考报》2001年3月22日；中央电视台"经济半小时"节目：《郑州馒头战》，2001年4月1日播出。
④ 施瓦茨认为，行政法是管理行政机关的法，而不是行政机关制定的法。参见[美]伯纳德·施瓦茨《行政法》，徐炳译，群众出版社1986年版，第3页。

后监督等其他行政管理方式能够解决的。这集中反映了中国公法的发展趋势——如果说私法以平等主体之间的相互尊重是实现权利的条件，那么，在公法领域，作为公权力的国家机构对公民权利的尊重是实现权利的重要保障。因此，公权力应该是能不出现就不出现的，能不用就不用的，除非必要，并且应该审慎地行使，以防止对私权利的侵害。在这个意义上，我们认为，中国公私法的貌离神合是可能的，尽管步履蹒跚，但进步常常在不经意间。

四　结语：需要澄清的几点模糊认识[①]

如果世界上只有一个人存在，那么，他会面临许许多多的问题，但不会有一个问题是法律问题，更不会有公法和私法问题。法律是人类一种无奈的选择，公法与私法的划分是我们处理矛盾和冲突的简单化的方式，也是一种有效的方式。但是，承认公私法划分之楚河汉界的实质意义并不意味着我们持"公私法异质论"的立场，美浓部达吉教授在近一个世纪前所批判的那种"以为两者的法律关系之性质完全不同"的观点，[②] 今天仍然需要警惕。公私法的区分并不是绝对的，两者不能够完全被割裂开而孤立存在，公私法的相互支持和共同作用是整个法律体系健康发展的重要条件。近代以来的法律实践表明，"国家在私法关系的形成到消灭过程中，从来就不是一个旁观者"，[③] 国家不可能游离于私法自治的范围之外。在当下中国尤其如此，因为中国的改革开放是自上而下的，政府的公权力在很大程度上既是改革的推动力又可能成为改革的阻力，如果没有合理的公法机制，私法的运作是困难的。与之相对应，公法又必须在私法的运作中才能找到自己适当的位置，把握自己的方向。所以，无所谓"公法优位"或"私法优位"，

---

① 以下提到的大多为南京大学法学院2006年12月举办的"公法与私法的对话"学术研讨会上学者们所发表或评论的观点。
② ［日］美浓部达吉：《公法与私法》，黄冯明译，中国政法大学出版社2003年版，著者自序，第1页。
③ 苏永钦：《私法自治中的国家强制》，中国法制出版社2005年版，第2页。

公私法之间不存在"谁主沉浮"的选择问题。

特别需要指出的是，就公私法划分而言，宪法是公法，但同时，在整个法律体系中，宪法又居于金字塔的顶端，具有最高法律效力。我们既不能因此而否认公私法的二分法，将宪法独立于公法和私法之外，公私法划分与法的效力等级是在两个不同标准下所产生的问题，不可以混为一谈：公私法划分是以不同的调整对象和不同性质的法律关系作为基本标准的，简而言之，公法与公权力有关、私法与公权力无关，而法的效力等级考虑的是不同层次的法律规范之间的效力冲突与协调规则关系，宪法具有最高法律效力这一点与宪法是公法性质本身并不矛盾；我们也不能因为宪法的最高效力地位而得出"公法是老大"的结论。

同时，公私法在本质上的貌离神合并不意味着二者不存在差异，它们在形式上的区分是必要的，也是必须坚持的。因此，笔者不赞同"公法私法化"与"私法公法化"的说法。尽管出现了公法对于某些传统上属于私法问题的调整，但是私法的本质仍未因此改变；同样的，将传统上属于私法性质的某些行为方式应用到公法中，也并不影响公法的固有性质。可以说，公法与私法之间的界线不是静态的而是动态的。而且，在中国当前法律发展阶段，这种说法不仅不足取，还非常危险：公、私法适用不同的规则，一旦不承认两者的差异，则极有可能混淆规则，公共权力可能会任意地侵入私人领域，约束公权力的笼子就可能被打开，使得原本就恣意的公权力更加嚣张。与此相关的另外一个模糊认识是，公法与私法的划分仅仅具有实践理性而没有理论价值。确实，公私法划分在形式意义上就是为了解决实践中的问题，但这并不意味着没有理论意义，理论在很大程度上影响甚至左右了实践。比如，2006年司法实务界对于"河南人歧视案"这一典型公法案件的私法处理，就"暗合"了理论界流行的"泛民法思维"，[①] 该案在操

---

① 此处借用了林来梵教授的说法，参见林来梵、朱玉霞《错位与暗合——试论我国当下有关宪法与民法关系的四种思维倾向》，《浙江社会科学》2007年第1期。

作上的"错位"固然是囿于中国宪法实施机制不健全的"无奈现实",但与理论研究的现状不无关系。理论从来就不应该是灰色的,它和常青的生活之树密切相连。

论行政法的宪法基础[*]

我国行政法学界对于行政法与宪法之间关系的一般认识是：宪法是根本大法，行政法是仅次于宪法的部门法。宪法抽象和原则性的规定需要不同形式的法律部门将之具体化，行政法是实施宪法的（最）重要的法律部门。因此，行政法与宪法的关系（最为）密切。"行政法是具体化的宪法"，"行政法是活的宪法"，与宪法典这一"静态宪法"相对应，行政法又有"动态宪法"之称。[①] 此种认识虽称不上是学界的"通说"，却是极少引起异议的"主流观点"。关于"静态与动态宪法"说，学者们较为认同以下阐述："宪法是行政法的基础，而行政法则是宪法的实施。行政法是宪法的一部分，并且是宪法的动态部分。没有行政法，宪法每每是一些空洞僵死的纲领和一般原则，至少不能全部地见诸实践。反之，没有宪法作为基础，则行政法无从产生，或至多不过是一大堆零乱的细则，而缺乏指导思想。"[②] 这样的解释显然不乏合理性，但也很难令人完全信服。笔者认为，至少存在以下疑问：宪法是"法"吗？如果宪法的实施依赖于部门法的具体化，那么，宪法作

---

[*] 本文原载于《中国法学》2005年第2期，已作修改。

[①] 罗豪才主编：《行政法学》，北京大学出版社1996年版，第36—37页；应松年主编：《行政法学新论》，中国方正出版社1999年版，第33页；马怀德主编：《行政法与行政诉讼法》，中国法制出版社2000年版，第28页。相近的观点还可参见姜明安主编：《行政法与行政诉讼法》，北京大学出版社、高等教育出版社1999年版，第17页；杨解君：《行政法学》，中国方正出版社2002年版，第38页。

[②] 龚祥瑞：《比较宪法与行政法》，法律出版社1985年版，第5页。

为"法"其存在的意义何在？行政法仅仅是宪法的实施法吗？行政法的性质与品格在多大程度上与宪法相关联？基于此，本文尝试对行政法与宪法之间的关系进行再探讨。

一 行政法与宪法作为公法的同一性

尽管学者们对于公法与私法的区别标准多有争论，但宪法与行政法属于公法、民法与商法属于私法的基本划分仍然得到普遍承认。行政法与宪法作为公法具有性质上的同一性。

1. 公法因政府的存在而存在，以公共利益作为其目标

政府这种公共机构的存在决定了公法的存在。政府为什么存在？对这个问题历来有不同的回答。按照洛克的自然权利学说和社会契约思想，人民通过达成契约的方式设立政府，是为了克服"自然状态"下"规定并实施人的权利和义务时的诸多不便"。所以，政府的存在是必要的，但政府存在本身并不是目的而是手段，其目的是为了保护人民的自由和权利，实现稳定、安全、正义、自由的目标即为了实现公共利益。确立和实现公共利益是政府存在的道德基础。公法因政府的存在而存在，否则，它就失去了调控的对象，作为公法的行政法与宪法也服务于公共利益这一政府的存在意义与目的意义。

2. 公法以政府的公共权力为核心而展开

公共权力是政府为实现公共利益的目标而进行活动的工具，它来源于人民，是人民将自己固有权利的一部分让渡的结果，是人民权利的派生物。人民通过宪法规定了政府权力，因此，公法成为政府拥有和行使公共权力的依据，有政府公共权力作用的领域就存在公法。其中，宪法与整个公共权力相关，它解决政府公共权力与公民个人权利之间的界限以及公共权力在不同政府机构之间的配置与运行问题；行政法则是以公共权力的一部分——行政权为核心，基于行政权而产生的行政机关与公民之间的关系是其调整的主要对象。

3. 公法的直接功能是通过限制公共权力以控制政府

如上所述，人们为了公共利益的目的而设立政府。但是，公共利益不可能主动成为政府官员自觉追求的目标，相反，在可能的情况下，政府官员会利用公共权力追求一己私利而不是公共利益，公共权力很容易被滥用从而与政府的目标相悖。为此，公法必须设置必要的制约机制。作为制约机制的宪法审查的直接方式，是允许公民挑战其认为是违宪的立法行为从而提起宪法诉讼；在行政法层面，最重要的制约机制就是行政诉讼即允许公民挑战其认为是违法的行政行为。

4. 公法诉讼的原告与被告具有"恒定性"

宪法诉讼中的原告是公民，被告通常是立法机关；行政诉讼中的原告是公民，被告是行政机关。在公法诉讼中，普通公民不可能作为被告，立法机关和行政机关也不可能作为原告控告公民。公法诉讼的目的——控制公共权力和保护公民权利——决定了其特征在于"民告官"而不是"官告民"。

二 行政法与宪法作为部门法的差异性

前文提到我国学界关于行政法与宪法之间关系的主流观点，德国行政法学缔造者奥托·迈耶教授也曾经有一个著名论断：宪法消逝，行政法长存。[①] 但世界范围内的宪法实践表明，宪法没有"静止不前"，更没有"消逝"，宪法与行政法一样，充满了盎然生机。美国宪法以其"古老"而又"常新"的风貌成为200多年来美国人民生活中"不可须臾离之"的"社会发明"，[②] 宪法判例与宪法法典、宪法惯例等一起构成了美国宪法政治"鲜活"的历史和现状。在奥托·迈耶的故乡德国，

[①] 该名言在德国也是不无质疑的。参见陈新民《公法学札记》，中国政法大学出版社2001年版，第3—20页。

[②] 参见［美］肯尼斯·W. 汤普森编《宪法的政治理论》，张志铭译，生活·读书·新知三联书店1997年版，第3页。

作为对纳粹统治悲剧痛定思痛以及对魏玛宪法教训深刻反思的产物，德国基本法得以在"二战"后制定，其半个多世纪的有效实施充分体现了对人的尊重和保护，也成为现代宪法的"蓝本"。尽管作为"法律的法律"，宪法比作为普通法律的行政法更"抽象"，但是，在大量的宪法诉讼案件中，抽象的宪法条款得以适用，由此获取了具体而明确的意义，宪法与行政法都表现出了动态、具体而又适用的特点。因此，以往那种"动态"与"静态""具体"与"抽象"的认识存在一定的片面性。

总体而言，行政法与宪法的差异主要体现在两个方面。

1. 效力上的差异

来源及产生程序的不同决定了宪法与行政法的法律效力等级差异。宪法作为"基本法"，在法律体系中居于首要地位。从本质上说，宪法是基于社会共识而产生的一种全民政治契约，它保护每一个人的权利。因而必须经由全体人民或其代表的自由与公开讨论而产生并获得修正，这就决定了宪法制定和修改的程序比普通法律更为严格，一般是超多数同意。行政法属于"普通法律"的范畴，其主要表现为由立法机关通过的法律。[①]因此，行政法受到宪法的控制，宪法是"控制法律的法律"。

2. 权利义务配置上的差异

宪法具有授权性特征，它保障公民的基本权利，同时要求政府履行尊重权利之义务，但一般不对公民施加义务，这是宪法与包括行政法在内的普通法律之间的最大差别。宪法权利义务的配置具有"单向性"：公共权力的享有者而不是私人身份的公民个人构成宪法的责任主体，宪法义务所控制的直接对象是国家机构与政府官员。因此，以私人身份出现的公民不可能违宪。行政法上的权利义务则具有"双向性"

---

① 由于行政法的构成是多元的，因此，其效力因法律规范制定主体和程序的不同其效力等级也不相同。

即公民个人和行政机关都要遵守法律义务,同时享有法律权利,公民个人和行政机关都可能成为行政法上违法的责任主体,以私人身份出现的公民可能违法。

三 行政法的宪法基础

相对于上述奥托·迈耶那句耳熟能详的名言,我们对这位德国行政法学奠基人的另外一个判断则很少提及:宪政国家是行政法的前提。[①]笔者认为,恰恰是这个判断给我们提出了认识行政法与宪法之间关系的关键问题:行政法的宪法基础。

1. 行政权的合法性来自于其在宪法结构中的地位与职能

在行政法的语境中,我们并不考察行政权的"合法性"(legitimacy)问题。相反,作为行政法的起点,行政权被预设为"当然"合法因而是不需要论证的,由此构建的行政法体系更多的是关注行政行为的合法性。但事实上,如果离开了宪法的背景,行政权就失去了存在的正当理由。在分权与制衡的宪法结构中,行政权是一种执行性权力。民主原则决定了行政权服从于立法权。如上所述,人们为了公共利益的目的而设立政府。根据方法论的个体主义,公共利益并不是一种超越个人之上的东西,可以脱离个人利益的存在而存在,它应该是社会各个个体利益的总和。作为社会成员的每个人的利益之间是有差异的,他们的声音应该被听取,他们的观点应该受到尊重。所以,作为政府目标的公共利益应该是对社会每个人利益的反映。换言之,政府的主要决策者特别是制定法律和政策的机构应该代表社会中每个人的利益。因此,由谁组成政府即由谁来行使政府权力、又如何使得政府代表每个人的利益即政府以实现和保障公共利益作为目标就成为至关重要的问题。人类社会的无数事实表明,除非政府由人民自己来掌握(直接民主)或由人民的代表来控制(间接民主),否则,难以保证政府把公

---

① [德]奥托·迈耶:《德国行政法》,刘飞译,商务印书馆2002年版,第2页。

共利益作为基本的目标。从程度上看，直接民主才最有可能代表每个人的利益，但经验证明，在选民人数和议案数目都很多的情况下，直接民主制是不可行的。因而，代议制是现代民主的主要形式。

代议制下民主选举的压力机制能够成为立法官员作出符合公共利益的法律与政策的利益动机，通过选举控制把立法官员滥用权力、偏离公共利益的可能性降至最小。我们知道，人的自利偏好是人性中固有的，"我们所选举为统治者的那些人们也并不因为他们有了较高的权力和权威，而在本性方面立刻变得高出于其余的人类"。因此，"我们对他们的期望，不是依靠于他们的本性的改变，而是依靠于他们地位的改变，因为在他们的地位改变以后，他们就在维持秩序和执行正义方面有了一种较为直接的利益"。[①] 所以，一种运作良好的政治制度所应达到的状态是：它不否认政治家存在着追求自身利益的动机，但是它能够保证政治家对自身利益追求的结果是实现公共利益。[②] 民主选举正是这样一种制度安排：在代议制下，人民利用选举这一手段反映公共利益，选举统治者（主要是立法官员和行政领导人），从而使得统治者的权力正当化，并通过质询、罢免或连任竞选等方式对统治者形成周期性地控制，使得政府官员的行为向选民负责，使其行为与公共利益的目标相一致即把作为统治者的政府官员的个人的自利行为"导向"公共利益。这是"民主责任制"的要义。因此，作为价值判断的政治过程，代议制民主的立法被推定为是符合公共利益的。但是，立法的目标并不能够通过立法文字而自动实现，法律必须通过具体的执行才能获得真正的效力，行政权即为执行法律而设计。由于立法表达了公共利益，行政权运作符合法律，就是符合公共利益。要求行政符合立法，实际上就是要求其符合公共利益，因此，行政的违法，就是侵犯了公共利益。在一个法治国家，要保证政府官员的行为与公共利益相

---

① [英]休谟：《人性论》（下册），关文运译，商务印书馆1980年版，第592—593页。

② 参见汪翔、钱南《公共选择理论导论》，上海人民出版社、智慧出版有限公司1993年版，第50页。

一致，首先必须保证立法官员所制定的法律符合公共利益，然后迫使行政官员如实地执行法律以实现公共利益。这也是为什么"行政合法性"或"行政法治"会成为行政法的基本原则。

"迫使行政官员如实执行法律"的目的还决定了行政权受制于司法权。由于行政官员绝大多数是通过国家考试录用而非由选举产生，"民主责任制"的原理对他们并不适用，因此，行政机关在实施法律过程中具有不受民主政治直接控制的独立性，这就要求建立对于行政的司法监督机制。司法对于非民选的行政官员的控制主要是通过对于行政权的行使方式——行政行为的司法审查来实现的。公众通过对法定权利的运用即求助于对行政行为的司法审查来使得行政机关对自己的行为负责任，"法院在加强行政行为的合法性中的角色是民主政治使其政府成为负责任的方式的直接结果"。[①]

值得注意的是，行政权本身的合法性或者行政权的宪法基础一直是两大法系行政法学研究都不曾忽视的。美国行政法学者斯图尔特教授认为，由于立法授权所产生的大量立法性行政自由裁量权事实上为非民选的和形式上不向选民负责的行政官员所拥有，"行政自由裁量权的行使无法避免地被认为在本质上是一个立法过程：对受行政政策影响的各种私人利益之间相互冲突的主张进行调节的过程"。[②] 行政行为具有与立法行为相近的价值判断的性质。因此，在民主代议制政体下，如何给非民选因而不直接向选民负责的行政官员所行使的行政自由裁量权提供合法性基础，就成为美国行政法的一个中心议题。德国学者毛雷尔在讨论"基本法支配之下的行政法"问题时指出，在基本法确立的宪法制度之内，作为民主合法国家权力的行政具有独立的地位，

---

① Claudia Tobler, "The Standard of Judicial Review of Administrative Agencies in the U.S. and EU: Accountability and Reasonable Agency Action", 22 *B.C. Int'l & Comp. L. Rev.* 213 (1999).

② ［美］理查德·B. 斯图尔特：《美国行政法的重构》，沈岿译，商务印书馆2002年版，第21页。

但必须受议会性质的立法机关的约束，并且接受法院的控制。[①] 而日本行政法学者论述行政法问题，必须首先阐明其宪法原理，以体现"根本大法"的指导性。[②]

2. 宪法控制行政法治的性质与方向

如前所述，民主意味着社会的基本价值选择由（受制于直选的）人民代表即立法官员作出，因此法律的制定和实施是合理的和正当的。立法的民主合法性构成人们服从的理由，[③] 也构成了行政官员执法的基础。民主原则使得行政法治成为行政法的基本原则和各国行政法的共同理念。

然而，代议制民主的立法过程不可避免地会将"公共利益"与"多数人的利益"画等号。确实，就人的认知能力而言，集体选择中的多数人判断往往能够得出较为合理的结果，对公共利益的选择也不例外，多数人的判断更接近于公共利益。更准确地说，基于代议制立法的"多数通过"的程序规则，立法在很大程度上是"多数人利益"的表达。当然，公共利益与多数人利益不是对立的，它们在很大程度上是一致的。但正如托克维尔分析的那样，由于多数人的判断不仅具有"正义的外型"和"道义的影响"，而且"多数无错论"会导致"多数人的利益优于少数人的利益"的结果，而多数的无限权威必然会尊重多数人的权利而损害少数人的利益。"民主政府的本质，在于多数对政府的统

---

① 参见［德］哈特穆特·毛雷尔《行政法学总论》，高家伟译，法律出版社2000年版，第21页。

② 参见杨建顺《日本行政法通论》，中国法制出版社1998年版，自序，第2页。我国的情况则不同，有学者指出，"我国宪法学的不发达，必然影响行政法学的发展。就行政法基本原则的构建而言，从上个世纪80年代搬用政治原则或行政管理原则，到90年代借用宪法基本原则，这些现象都集中反映了我们没有在现有法律体系中为行政法找到正确位置。或许这就是我国行政法（学）发展的一个瓶颈。"参见章剑生《现代行政法基本原则之重构》，《中国法学》2003年第3期。

③ 参见［英］戴维·赫尔德《民主的模式》，燕继荣等译，中央编译出版社1998年版，第1页。

治是绝对的，因为在民主制度下，谁也对抗不了多数"。[①]因此，民主也有缺陷，其最大的弊端在于可能形成多数的暴政。

如何防止和控制"多数人的暴政"从而修正民主的这一缺陷以实现真正的"良法"之下的行政法治，就是宪法的任务。由于宪法是具有实际效力的"更高的法"，它能够控制普通法律的意义。宪法的制定与修改程序都表明了这一点，同时也表明，宪法不仅代表多数人的利益，而且保护少数人的利益。允许公民通过宪法诉讼的方式挑战由民主程序制定的立法的合宪性，也是对多数民主规则的控制。实践充分说明了宪法审查的重要性，而宪法审查制度缺位的情况下以民主的名义通过"恶法"的例子当推纳粹德国。根据《授权法》和《革新组织法》，政府规定的法律可以与宪法相违背，政府的命令可以与宪法具有同等效力。这两部在议会的民主程序下通过的法律为纳粹统治提供了基于"民主正当性"的"合法依据"。这样的"法治"是灾难性的法治，其中的原因无疑是多重的，从制度层面来看，《魏玛宪法》本身规定的缺陷（比如第48条赋予总统"紧急处置权"）自不待言，但最根本点是缺乏有效的宪法审查机制。

宪法审查制度也表明，没有任何一种公共权力是不受控制的，即使是代表民意的立法权，因为，立法官员及其他政府官员都具有作为人的"局限性"与"自利性"："人人都不是天使"，他们也会犯错误。因此，包括立法权在内的任何公共权力都应该是有限的和应该受到约束的。

3. 宪法决定并塑造行政法的风貌与品格

"行政和行政法主要由其所在时代的宪法决定"，这是"行政法的属宪性"之所在。[②]更准确地说，是宪法与宪法政治决定和塑造了行政

[①] [法]托克维尔：《论美国的民主》（上卷），董果良译，商务印书馆1988年版，第282页。

[②] [德]哈特穆特·毛雷尔：《行政法学总论》，高家伟译，法律出版社2000年版，第13页。

法的品格。

第一,"有限政府"的宪法原则与行政权的"风格"。

有限政府原则表明,政府的所有权力——包括立法权力、行政权力和司法权力——在范围上都是有限的,而且在运作上必须受到其他权力的制衡以及来自公民基本权利的约束。这意味着政府只能够在宪法授权的范围内活动,政府不具有宪法所没有规定的"剩余"权力。《美国联邦宪法》和《德国基本法》在对联邦权力的规定上都采取了这一原则。

在有限政府原则下,政府权力的任何扩张都会引起合宪性问题,因此,我们就不难理解为什么美国联邦最高法院的法官们会为宪法"必要与合适"这一弹性条款的适用争论不休;而在行政法层面,为什么对于行政自由裁量权的控制会成为现代行政法治的主要特征。美国行政法演进的过程,在一定程度上是伴随日益扩张的行政自由裁量权与建立相应的控制机制的过程,如斯图尔特教授所分析的那样,几种现有控制模式都存在缺陷,都不能够彻底地解决对行政自由裁量权的控制问题,[①]因此,这种探讨仍将继续下去。[②]但不容忽视的是,作为对社会经济发展的一种回应,国会通过法律设立独立行政机构并授予其广泛行政自由裁量权,是对严格分权体制所造成的效率缺陷的一种矫正和弥补,而不是对宪法原则的背离,对于自由裁量权的控制反映了美国行政法对行政权扩张的警惕。如果说行政自由裁量权是一匹"烈马",那么,它始终没有"脱缰"。

我国《宪法》对政府权力的范围几乎没有作限制性的规定,甚至授予了宽泛的"剩余权力",[③]有限政府原则没有在宪法层次确立,而缺乏宪法原则控制的行政权在更多的时候是"无所不为"甚至是"为

[①] 参见[美]理查德·B. 斯图尔特《美国行政法的重构》,沈岿译,商务印书馆2002年版,第29—60页。

[②] See Richard B. Stewart, "Administrative Law in the Twenty-First Century", 78 *N. Y. U. L. Rev.* 437 (2003).

[③] 参见郭道晖《宪法的社会性与人权的至上性》,《法制与社会发展》2005年第1期。

所欲为"的。比如，公安人员可以闯入公民的卧室搜查"黄碟"；高考分数也可以成为行政机关牟利的手段；等等，行政权的"恣意"可见一斑。

第二，"宪法是一种契约"的宪法观念与行政法的"诚信"理念。

近年来，行政法的"诚信"问题成为我国学者讨论的热点。杨解君教授提出：当代中国行政法应该塑造其诚信品质，"政府与人民的互信，界定了行政法的诚信内核"，[①]这一观点具有重要意义。事实上，政府诚信是宪法的题中之义，行政法的诚信理念根源于宪法的"契约"观念。

经典宪法理论认为宪法的本质是一种契约。作为英国宪法政治传统的起点，1215年英国《大宪章》——产生于中世纪的第一部宪法性文件——是一部封建权利契约，它在英国贵族与国王之间达成并规定两者之间的权利义务关系。这种契约关系最突出的特点是对王权的限制。如果说《大宪章》构成了宪法的制度渊源，那么，中世纪以后发展的社会契约论则成为宪法的理论渊源。社会契约论的代表人物洛克认为，在没有国家的自然状态下，规定并实施人的权利和义务存在诸多不便，因此人们通过契约建立国家。必须在人民和国家之间形成协议以保障人民享有权利同时为国家设定义务，建立人民与国家的相互承诺，如果统治者违反了契约义务，人民就有权推翻其统治。《美国联邦宪法》被认为是一部由美国人民基于思考而非靠"机遇和强力"、并经公开讨论、协商、妥协而形成的契约。

"契约"观念表明，人民通过宪法这个契约产生了政府，政府合法性在于受统治的人民的非强迫的赞许和同意；政府的权力由宪法赋予，实质是由人民赋予，公民的权利与政府的权力之间存在各自的界限；政府和人民对于契约的共同遵守形成了一种稳定的政治制度和法律秩序。因此，政府与人民都是契约的守约方，政府诚信是宪法的要

[①] 杨解君：《当代中国行政法的品质塑造——诚信理念之确立》，《中国法学》2004年第4期。

求，也是人民信任政府的基础。不仅如此，人民信任政府不是无条件的，其前提是人民可以在宪政框架内约束和控制政府。否则，这种"信任"是靠不住的。所谓"诚信"也只能是学者们"一厢情愿"的善良愿望而已。

第三，宪法的核心价值与行政法的"追求"。

从根本上说，行政法的"精神支撑"应该在宪法层面获得来源并由宪法的理念构筑。

"尊重和保护每一个人的自由、权利和人格尊严"是宪法最核心的价值追求。由于种种原因，一个社会不可能消除人与人之间客观存在的差别和歧视，我们不能够要求一个普通公民平等地对待其他人，但是，我们有理由要求政府平等地对待每一个人。因为，政府的产生是全体人民的"合意"，作为这种合意的契约形式，宪法保护每一个人，政府的承诺是针对每一个人都有效的。康德曾经提出一个绝对命令：永远把人作为目的，而不仅仅是手段。从宪法政治的角度看，这个命令所针对的是政府即命令的执行者是政府而不是普通公民。每个人的自由、权利与人格尊严是"政府价值坐标的原点"。政府必须"认真对待"每一个个体生命，"人类的个体具有最高的价值，他应当免受其统治者的干预，无论这一统治者为君王、政党还是大多数公众"，这是在整个西方宪法政治史中始终不变的一个观念。[①]《德国基本法》第1条开宗明义：人格尊严不可侵犯，尊重与保护人格尊严是所有国家权力的责任。

宪法的核心价值约束着包括行政权在内的所有政府权力。然而，没有宪法价值支撑的行政法，行政权力与公民权利之间的关系极易"错位"：公民权利成为行政权力的附属物和派生物，甚至成为行政机关的"施舍"与"恩赐"，自由与尊严无从谈起。因此，行政法不仅仅是"实现宪法价值的技术法"，其本身就应该具有与宪法相一致的价值观。

---

① ［美］卡尔·J. 弗里德里希：《超验正义——宪政的宗教之维》，周勇等译，生活·读书·新知三联书店1997年版，第15页。

四　结语

中国立宪史的百年坎坷，不仅使得宪法作为"法"的实施至今在很大程度上还只是停留在理论探讨的层面，而且使得宪法的理念与精神远未成为政府的"行动指南"。如果我们承认行政法必须建构在宪法基础之上的话，那么，毫不夸张地说，中国行政法是"先天不足"的。当然，"法治政府的建立从来没有一种划一的模式，各国地方性知识和经验的差异性构成了制度资源的多样性"。[①] 但不可否认的是，缺乏宪法背景的行政法，无论在行政权力的控制上还是对公民权利的保护上都不免会"捉襟见肘"甚至"南辕北辙"。我国行政法学者曾经把"管理""控权""平衡"等认为是行政法的理论基础，或许行政法真正的理论基础是宪法，如果行政法不建立在宪法制度和宪法观念之上，它何以能够具有坚实的基础和逻辑起点？

也许，中国行政法要取得长足的进步，同样需要具备宪法基础。

[①] 罗豪才主编：《行政法论丛》第 2 卷，法律出版社 1999 年版，第 498 页。

政治宪法学不是什么[*]

近几年来，随着阿克曼、克雷默、桑斯坦、图什内特等美国教授的著作中文版的面世，国内学者对美国的"政治宪法学"研究日益关注。从总体上看，阿克曼等教授的研究较之传统上以司法审查为叙事主线的宪法学说，具有鲜明的特色，比如，在研究内容上更关注于司法过程以外的政治过程中的宪法运行，在方法上更多采用政治学、经济学等社会科学的研究范式与理论模型，也更加强调对于宏观意义上的宪法发展与宪法政治进程的经验探求。当然，他们相互之间也存在差异，尽管在研究的整体方向上有所关联。不过，迄今为止，在美国，没有文献进行过"名分"上的界定，以阐释作为学术流派或者体系存在的政治宪法学。因此，如果我们把阿克曼等教授的研究归入政治宪法学，说清楚它是什么，并不是一件容易的事情。或许，问题可以从另外一个角度来观察和澄清，即美国语境的政治宪法学不是什么。与抽象的正面定义不同，反向的排除式分析是具体化的、剥离性的，这样层层剖析的认识路径和方法维度，可能更有助于我们梳理和分辨出政治宪法学的基本理论指向以及某些明显的学术特征，廓清政治宪法学的面目，并在此基础上作出一个初步的概括性学术判断，从而为中国宪法学研究提供有益的域外经验。本文即是这样一个努力。

---

[*] 本文原载于《江苏社会科学》2015 年第 4 期，已作修改。

一 政治宪法学不是偏离宪法学起点的研究

学术区分与归类，可能是我们分析政治宪法学首先需要面对的问题。如果说政治宪法学需要在性质上进行一个澄清，那么，没有什么比说清楚它与宪法学之间的关系更要紧与必须的了。在笔者看来，政治宪法学在归类上属于宪法学。作出这一判断的理由在于：政治宪法学没有脱离宪法学研究的知识基础。换言之，政治宪法学与传统宪法学共享了同一个基本假定与前提。那么，宪法学的前提与假定到底是什么呢？这个看似简单的问题，仍然是需要重新说明的，因为并不是所有宪法学研究都意识到了这一前提。

如果说宪法理论和宪法实践的展开需要一个起点，那无疑是人们对于"宪法是法律"这个判断的同意。宪法是法律，构成了宪法政治的规范前提和宪法学的逻辑基础。如果我们不能够认同这一点，我们就不是在讨论同一个事物，即你说的宪法与我说的宪法是不一样的，我们的概念之间没有似科学研究一般的"通约性"，就不在一个话语平台上，不存在对话和交流的空间和可能。宪法是法律，在文本上肇始于美国宪法的规定即第 6 条关于宪法是最高法条款，而宪法真正成为规范意义上的法律，要从 1803 年的"马伯里诉麦迪逊案"算起。[①]

美国是世界上第一个采用成文宪法的国家。在联邦宪法通过之初，宪法是不是法律，有没有实际的法律效力，更具体地说，宪法是不是与其他普通法律一样的法律，被司法所适用，从而在法院的判决中获得强制性的约束力，没有现成答案可循。马伯里案将宪法这部原始文件首次运用于司法过程，为缺乏生气的成文宪法注入了鲜活的动力，使得宪法真正成为规范政府机器的工具，而不仅仅是写在纸面上的宪法规则。首席大法官马歇尔对宪法是法律这个命题进行了开创性证成，由此开启了宪法是法律的历史。马伯里案确立的首要原则是：宪法是国土的最高法律。这一原则意味着，宪法首先是法律，是确定的规范，

[①] Marbury v. Madison, 5 U.S. 137 (1803).

是可以被实施的规则，能够在法院的解释和适用中获得实在的效力，与普通法律无异，不同之处在于，宪法高于普通法律，是效力最高的法律。宪法是法律，才谈得上宪法是国土最高法律，才可能用宪法去衡量普通法律，也才能得出违反宪法的法律不应该被适用的结论。所以，离开了宪法是法律这个前提，司法审查即宪法审查无以立身。马伯里案为世人所熟知，多因为其确立了司法审查制度，但该制度的基础和前提恰是对宪法的法律性质的认定，可惜的是，我们在大多数情况下，忽视或者遗忘了这个前提。或许也可以从另外一个角度来看待这个现象，忽视或遗忘是能够理解的：没有人认为这个前提还需要再论证，我们接受了成文宪法，也就接受了宪法是法律这个前提。

正是确立了这样一个前提，宪法学和其他部门法学一样，获得了作为"法学研究"的可能性与独立性。法学的责任田或自留地就是法律，宪法学也不例外。美国法学研究内容有两大来源，一可以归为法学教育，二可以归为司法裁判。就法学教育而言，传统法学院的目标是培养训练有素的法律人，"像法律人一样思考"是兰德尔以来美国法学院法学教育的传统定位。这样的职业主义教育目标衍生了法学研究的原初关注：法律的推理和论证，也就是法律的规范（性）研究。用一句形象的话来说就是：在法言法。如果存在法律人与其他人的不同之处，那么就是法律人对于法律的推理与论证能力，正如斯格利亚大法官所言："人民与法官不一样，不需要将每件事推演到其逻辑结论的极端"。所以，政治过程不同于司法过程，前者或许可以由情绪、感觉来操控，后者则必须诉诸于法律理性。法学研究的内容也是在职业主义的背景下展开的。这也可以解释为什么几乎所有的美国宪法学教材的第一章都是"司法审查"，从司法审查谈起，功能意义有二：一是在法律意义上，对宪法是法律进行交代，司法审查是保证宪法作为法律发挥实际效力的机制，所以，必须先交代清楚，如果没有这个机制，规定再多的权利都没有实际意义，所以，司法审查被认为是保障装置。这种结构安排与内容上的关联性与逻辑关系，展现了宪法与其他部门法的一致性。二是法学意义上的，也就是宪法学意义上的。从更全面的角度看，司法审查，也是宪法学展开研究的基础。这个前提或者假定是自马伯里案就确定的，毋庸置疑地处于基本性的地位，宪法学进行规范研究的基础也是宪法是法律以及司法审查，离开了司法审查，宪法就不是法律，宪法学也失去了存在的基础。所以必须从司法审查谈起。

就司法裁判而言，案例构成了法学教育的基本素材，甚至可以说，整个的法学教育就是案例教育。不谈案例谈法律，可能就不是在进行法学教育，而是在进行普法教育。同样的，不讨论案例而进行法学研究，也是不可想象的，缺乏案例的支撑，任何法学研究都是无的放矢的。法律的推理与论证事实上发生在司法领域，职业主义教育决定了职业主义法学的特征。可以在案例之外研究法学吗？美国经验是：不可以。这两个大来源同样发生在宪法学领域。或许我们可以这样说：作为整个法学研究中的一个分支，宪法学研究具备法学的要素。对于宪法是法律以及相关联存在的司法审查这个前提，进行规范性研究的传统宪法学是不需要专门再讨论这个前提的，不需要再次论证的意思是，作为一个结论，马伯里案的论证已经解决了这个问题，作为先例，后来的宪法发展是遵循或者依照这个先例，而宪法学则是承认和认同这个先例，更准确地说，是认同这个先例所创始的前提。总而言之，没有宪法是法律这个前提，就没有法律意义上的宪法，也就没有法学意义上的宪法学。

那么，政治宪法学是否也以传统宪法学的这个前提为前提呢？回答是肯定的。政治宪法学同样不需要再论证这个前提。换言之，政治宪法学的研究也在这个假定下展开，并未偏离成文宪法这个事实以及由这个事实所衍生出的结果：宪法是法律、司法审查是落实宪法是法律的机制。以阿克曼教授的研究为例，对于司法宪法政治问题——由司法机构承担宪法发展之重任——这个美国1803年马伯里案以来宪法发展的主要模式，他没有质疑，也没有深究法官行为的动机以及民选官员服从法官的原因。在阿克曼看来，这个假定无须论证，只须同意和坚持。在阿克曼的著作中，我们读到这样的文字："美国的司法审查历史悠久，经验颇丰。但在很多问题上，欧洲的司法审查模式有着更多的值得学习之处，尤其是德国于希特勒所造成的灾难过后在基本法方面的努力"。[①] 在阿克曼看来，由司法审查机制运作实践成熟起来的司法宪法政治或称司法立宪主义，是美国的一大经验，即便如此，德国的做法也不无可学习之处。阿克曼曾经将美国与1950年之后的欧洲宪法政治发展历史相比较，他认为，在司法审查功能发挥方面，德国宪法法院做得比美国联邦最高法院更好，相较于美国最高法院的"小心翼翼"，德国宪法法院更加果断。由此可见，阿克曼的研究从来都是在司法审查存在的前提下展开的，司法审查是一个当然的制度前提，也是理论前提，否认了这一点，就等于推翻了他的理论构架的基础。

关键在于，阿克曼提出了一个疑问："法官们到底能在多大程度上充当自由宪法政治的守护人"？这是一个需要讨论的问题，也就是说，需要通过经验研究，来确定和认清司法宪法政治与自由之间的关系。另外一个相关联的问题就是，法官与美国宪法政治发展之间的因果关系，需要进行经验研究。这样的视角，可能就不再是"就法言法"，而是从发展的角度，从每个案例或者一系列的案例中，探寻司法审查与宪法政治之间的经验联系，这或许就是政治宪法学关注的问题。传统的规范研究并不处理这个问题，司法审查就是司法审查，我们只需要通过研究司法审查中法官决定的合理与不合理之处，评判他们的法律推理和论证是否周延，是否具有说服力，又在多大程度上认同与不认同这些决定。而当我们把司法看作是宪法权力中的一个分支，考察它与其他分支之间关系的时候，我们可能就扩展了传统研究的视野，当然，这样的考察同样离不开案例的支持。在阿克曼宏大叙事的研究风格中，我们可以确定的一点是，不否认前提，但需要从更广阔的背景下去认识这个前提，而且，不仅仅要关注司法审查，还要关注宪法框架中其他权力分支对于宪法发展的作用。他指出："如果美国人要面对

---

① ［美］布鲁斯·阿克曼：《自由革命的未来》，黄陀译，中国政法大学出版社2013年版，第4页。

由总统所造成的危险，宪法思想必须反思它自己的边界。大多数宪法学仍然只关注司法机关，而未能理解到我们最严重的宪法问题存在于别处。较之于法院观察，即便是原旨主义的转向都是一种进步。至少，它将我们的注意力由司法机关转向了由建国者的宪法所创设的整个制度体制"。[1]因此，阿克曼的研究仍然是在传统宪法学的知识基础之上的。但他同时强调：宪法学研究必须看得更远。

在这个问题上，桑斯坦教授有相近的认识，他指出：美国的宪法变迁过程中，法院固然作出了不少重要决定，但民选机构和公民自身也发挥了功能,只关注于司法对宪法的解释是十分错误的。[2]历史地看，有时某些重要的变迁跟法院根本没有任何关系，有时关于宪法理解的变迁首先由民选分支来驱动，而最终由法院来认可，确实，有时最高法院确立新的宪法原则或者对旧原则作新的理解，但即便是它这样做的时候，它也从来不是在社会真空中采取行动，它经常是在社会广泛赞同之后很久再作出某个决定，比如禁止种族歧视——以法院对于校区隔离作出违宪判决为标志——早在法院行动之前，在全国范围内就已经获得了强烈支持。对于南方种族隔离的废除，最终是由政治分支完成的，而不是最高法院。[3]可见，与阿克曼一样，桑斯坦也是强调宪法学研究不应该仅仅停留在司法领域，而应该将研究视野放宽。但对于作为前提的宪法之法律属性与司法审查，他是肯定的，对于这一点他毫不犹疑：每个人都同意宪法是法律。[4]

二 政治宪法学不是超越经验研究的学术进路

政治宪法学在美国的兴起，并不是孤立的、偶然的现象，就产生

---

[1] ［美］布鲁斯·阿克曼：《美利坚共和国的衰落》，田雷译，中国政法大学出版社 2013 年版，第 222 页。

[2] See Cass R. Sunstein, *A Constitution of Many Minds: Why the Founding Document Doesn't Mean What It Meant Before,* Princeton University Press, 2009, p. 3.

[3] *Id.* pp. 3–4.

[4] 参见［美］凯斯·R·桑斯坦《偏颇的宪法》，宋华琳、毕竞悦译，北京大学出版社 2005 年版，第 108 页。

的相应背景而言，它既是整个法学发展的一般趋势下的结果，也是宪法学自身的特殊扩张之物。

20世纪60年代开始，美国法学出现了新的气象。随着经济学的异军突起，经济学在整个社会科学领域处于蒸蒸日上的地位，经济学向其他学科的渗透，形成了与经济学相关的其他学科研究，法律经济学就是其中之一。伴随"经济学帝国主义"的浪潮，经验方法为更多的学者在法学研究中尝试和运用。特别是近三十年来，"法学研究中的理论和经验方面的工作已经增加，法学学术研究正在发生着清晰的变革。法学理论研究不仅能够很恰当地运用科学方法，而且法学学术研究很长时间以来已经更加接近科学的追求，而非为了写成案例的目的去作概括性的思考"。[1] 美国法学家尤伦教授将这一现象称作"法学研究的日益科学化"趋势，即法学研究正在朝着更加"像科学"学科的方向发展。与传统的"学理主义法学"不同，这是一种科学研究意义上的"经验主义法学"。[2]

政治宪法学正是在这样的大背景下应运而生的。这里的"政治"一词的含义之一即是政治学。在美国，政治学是社会科学领域科学化研究程度很高的学科，其发达与成熟程度不亚于经济学。我们经常听到"经济学帝国主义"之说，事实上，说美国存在着"政治学帝国主义"也不为过。如果我们以是否"存在一个被广泛认同的理论核心或范式和普遍公认的经验或实验证实的标准与方法"来衡量一个学科的科学化程度，政治学无疑居于科学化程度高的学科之列，这或许可以解释为什么一位政治学家可以获得诺贝尔经济学奖，正如一位数学家可以获得该奖。政治学的经验研究（也有学者称之为实证研究）旨在探求不同政治现象之间的因果关系，它严格遵循社会科学研究的基本假定或称作基本范式即理性选择理论（或称理性选择模型），采用方法论的整体主义或个体主义的研究思路，运用观察、观测、实验、统计

---

[1] ［美］托马斯·S. 尤伦：《法律科学的诺贝尔奖——理论、经验工作与法学研究中的科学方法》，赵娟译，《南京大学法律评论》2014年春季号。

[2] 同上。

等具体研究方法，论证政治领域的问题。政治宪法学在方法上的特征即是政治学研究在宪法问题上的应用，这样的宪法学研究无疑具有了科学色彩。在这方面，阿克曼的研究最为突出，其对于研究方法的娴熟运用、对于研究主题的自如把控，都是一种严格政治学学术训练的结果，这使得他的政治宪法学研究规范、严谨、成熟。在某种程度上可以说，对于宪法问题，阿克曼不仅像"法律人"那样思考，更像"社会科学家"那样思考。这正是他的过人之处，也是其贡献之所在。

政治宪法学产生的另外一个背景缘自宪法学自身的特殊性。这就是"政治"一词的含义之二即宪法的政治属性。宪法既是实在（定）法律又是政治文件，宪法的独特之处即在于其法律属性与政治属性的并存。在所有的法律部门中，宪法是政治性最强或者政治色彩最鲜明的法律，它是对国家存在的基本关系的调整，反映的是一国最根本的价值判断和选择。这也是为什么只在宪法领域存在"政治"之说，我们很少听到"政治民法学""政治刑法学"之类的名称。宪法作为政治文件和作为实在法律不是矛盾的，对于宪法是政治文件的承认，并非排斥其法律属性，反之亦然。也就是说，宪法的政治属性与其法律属性并不是对立的，而是可以并存的。那种把宪法作为政治宣言的政治文件的性质与宪法作为法律的规范性质相对立的认识，缺乏充分根据。在政治与法律之间，法律优位于政治，政治在法律之下，更准确地说，政治在宪法之下，政治过程宪法化是美国成文宪法所确立的法律化政治，是对于英国政治的反动，在后者，政治优位于法律。这也是为什么桑斯坦说："每个人都同意认为宪法是法。如果宪法是法，那么它超越政治之上而矗立。所有的公共官员，无论他是民主党人，还是共和党人，都必须遵守"。[1] 传统宪法学在"法律人思维"的模式下，注意力集中在宪法的法律属性上，司法过程的宪法案例是研究对象，通过对宪法案例的研究，解释与澄清运用于现实生活的宪法规则。政治宪

---

[1] ［美］凯斯·R.桑斯坦：《偏颇的宪法》，宋华琳、毕竞悦译，北京大学出版社2005年版，第108页。

法学则更进一步，它不仅研究司法过程，也研究作为宪法机构的总统、国会，研究在宪法发展中发生作用的其他组织与个人。在宪法的三个权力分支中，法院即司法是法治部门或者法律分支，总统与国会是政治部门或者政治分支，前者实践过程被称为司法过程或法律过程，后者则被称为政治过程或者民主过程。相比较而言，总统与国会的政治性质更加鲜明，所以，总统与国会是政治宪法学的研究重心之所在。正如图什内特教授所强调的："宪法为我们的政治提供了框架"，而且，"宪法重要是因为政治重要"，[①]这样的认识也在克雷默教授的研究中显现。不仅如此，同样是研究司法案例，政治宪法学会将案例放在更加广阔的宪法空间去思考。同时，因为宪法的法律属性的先在性或者优位性，政治宪法学几乎不可能脱离具体的宪法案例去研究宪法的政治问题。

在学术进路上，政治宪法学从一开始就是经验主义的研究。经验研究是科学研究的特征之一，这一研究不是依据先定的理论、范畴，以抽象演绎推导出结论，而是依据实际素材，由研究对象相互之间的关联性——因果关系，得出结论。所谓的经验方法可以泛指所有系统化的收集、描述、分析重要资料（信息）的技术。法学的经验研究与传统规范研究之间存在差异，"像一位经验主义者一样思考，与像一位法律人一样思考是不同的。二者的思考模式都以缜密的分析为基础，但法律人与经验主义者经常有着不同的目标和路径：法律分析将假定置于论证之上并诉诸于法律依据（合法性），总是适应于证明某个特殊的观点，经常关注某一单个案件的特殊性，并且以得出确定性的结论为导向；相反，经验分析将假定置于观察之上，挑战假定，以检验假设为目标，经常关注于描述整体上运作的模式，是一种持续性的事业——处理已经出现和未来调查中出现的更多新问题……经验研究以观察为基础、以检验假设为目标、关注于整体性结果，它是一种增量

[①] ［美］马克·图什内特：《宪法为何重要》，田飞龙译，中国政法大学出版社2012年版，第12、13页。

的、进行中的过程"。① 可以说，经验主义法学研究带有鲜明的美国色彩：法律实践与法学发展基本上是同步的，有时甚至是实践在前、理论在后。或者可以说，经验主义并不是学者们凭空想象出来的，而是存在着法律实践，更准确地说是司法实践。尤伦教授就将法律经济学的实践起点追溯到第二联邦巡回法院汉德法官1947年在"卡罗尔拖引公司案"的判决，②而将法律经济学的学术起点追溯到科斯1960年《社会成本问题》一文的发表。③

事实上，这样的经验研究，在美国有着相当久远的历史。当学界并没有明确地定义或者意识到它的时候，它就已经存在而且体现在法律过程与研究中。比如，霍尔姆斯大法官的法律实践与法学研究都是经验主义的样本，他的著名论断是：法学所关注的是预测即对于法院将要做什么的预测。④ 今天的经验主义法学研究，并没有脱离这样的传统，与霍尔姆斯时代相比，显著的进步之处在于：这样的预测不仅仅是对于司法过程的预测——法官会在下面一个同类的案件中作出什么样的决定，而在法律的更加广阔的领域，预测结果。比如，阿克曼的研究就没有局限在对于最高法院宪法案例的预测，他对于美国宪法政治全景式的研究结果之一就是对美国宪法政治整体走向进行预测。

值得注意的是，科学研究在美国法学研究中的兴起，不仅改变了法学研究的格局，也深刻影响着法学教育的状况。美国传统法学教育多集中在训练学生的法律思维，"像法律人一样思考"是几乎所有法学院对新生进行入学教育时的训词。今天，对于理论研究的重视，客观上将法学教育分成了两大块：一块是传统的训练，一块是理论研究训练。对于这两种训练的不同侧重，形成了具有不同特色的法学院类型，

---

① 参见尤伦教授2008年秋季学期课程讲义"Introduction: Why Empirical Methods in Law?"（伊利诺伊大学法学院）。
② U.S. v. Carroll Towing Co., 159 F.2d 169 (2d Cir., 1947).
③ 参见［美］托马斯·S. 尤伦《法律科学的诺贝尔奖——理论、经验工作与法学研究中的科学方法》，赵娟译，《南京大学法律评论》2014年春季号。
④ See Oliver Wendell Holmes, "The Path of the Law", 110 *Harv. L. Rev.* 991 (1997).

比如波士顿大学法学院即以法律人思维训练见长，而耶鲁大学法学院以训练理论研究为优势。

更有意思的是，"二十年前，威望和学术赞誉聚集到那些研究工作对法官和律师产生明显影响的法学学者那里，确实如此，尽管这样的影响是间接的，因为著述完全被广泛用于案例教材和专著。然而，在过去的大约二十年间，法学院的学术威望来源已经改变，惯常从法律从业者的突出人物中产生的声望不再那么有价值，因而不再被普遍地追求。相反，在今天的法学学者中，声望的优势来源是学界同行的高度尊重。当同行的尊重是法学界一个更加令人注目的目标时，学者则从不同途径寻求盛行于学界的这种尊重"。[1] 比如，在宪法学研究中享有较高声誉的学者，像桑斯坦和阿克曼，受到学界同行的赞誉多于受到实践部门的赞誉，相对而言，像凯梅林斯基教授这样的规范研究者，其声望可能更多地是来自于法律实务部门。这样的情形或许也与学者的教育背景有关，那些活跃在政治宪法学研究领域的学者，比如阿克曼、桑斯坦等，在拥有法律博士学位的同时，还拥有一个社会科学或人文科学的博士学位。这样的教育背景和学术训练，可以使他们的研究突破传统法学的固有限制，以社会科学的方法展开宪法学研究。与法学学术变革相关联的另一个迹象：联合学位（Joint Degree）获得者（即同时拥有 J.D. 学位和另外一个博士学位）出现在法学院的最高层次的求职者之中，而且不再强制性地要求一个新任职的法学助理教授在进入法学院之前要有一定的实践经历，这在二十年前却是需要的。[2] 对于此种状况，我们可以用"学术与教育的互动"来描述。在一个学术研究繁荣的社会，法学研究与法学教育之间呈现出一种良性关系，正是在这样的关系中，学术与教育都获得长足的发展。这何尝不是法学的理想图景。

---

[1]［美］托马斯·S. 尤伦：《法律科学的诺贝尔奖——理论、经验工作与法学研究中的科学方法》，赵娟译，《南京大学法律评论》2014 年春季号。

[2] 同上。

三 政治宪法学不是宪法价值的再判断

价值先定或者价值预设（认同），是展开学术研究的重要条件。如果在基本价值问题上存在争议，那么，学术研究是很难得出建设性的结果的，或者说，根本就是无果的。之所以有"价值中立"之说，也就是这个缘由。学术研究或者说科学研究在某种意义上是忽视价值的，但这并非因为价值的不存在，而是因为某些价值已经成为共识，甚至成为常识，不需要再次讨论或者重述。宪法学面对的是宪法，不可能在宪法之外寻求价值，所以，宪法学研究以宪法价值作为前提是顺理成章的，这也是对宪法学研究的基本要求。

在宪法价值之下（或之内）的政治宪法学研究，其目标没有偏离宪法价值实现的最佳路径选择的传统宪法学定位。在这方面，关于司法审查的争论颇具标志性。

不夸张地说，关于司法审查的争论，自1803年马伯里案判决之日起就开始了，直到今天仍在继续。司法审查也构成了美国宪法学研究的核心或者中心话题之一（如果不是唯一话题的话）。对于司法审查的质疑，在传统宪法学研究中，主要表现为对于法院具体案件的分析，即就司法过程来讨论司法审查：认为司法审查有问题，则指出其问题所在，在哪个案件的判决上存在问题、存在什么问题、应该改进的方向。而在某些政治宪法学研究中（比如图什内特教授的研究），问题可能就越出了司法过程：不是说案例存在什么问题，而是说，因为案件判决存在问题，所以根本就不应该进行司法审查。这正是同为宪法学家的凯梅林斯基教授所不能够接受的思维方式："我质疑的是，是否有必要用人民立宪主义批判近来最高法院的决定。这些决定可以就其本身的问题被批评：因为对于第14修正案第5款的错误解释，决定不适当地限制了特定条款意在授权国会执行宪法的立法权力。不需要通过消除或减少法院的整体权力，去论证这些决定是错误的"。①

---

① Erwin Chemerinsky, "In Defense of Judicial Review: The Perils of Popular Constitutionalism", 2004 *U. Ill. L. Rev.* 673 (2004).

按照图什内特的观点，就是应该把宪法从法院拿走。[1] 这是一种形象的表述，"拿走"，不是说法院在案件审判中不再适用宪法，而是说法院对于宪法的理解（通常是在案件判决中对宪法的解释）不应该再约束其他权力分支。或者更准确地说，他并不是反对司法审查，而是反对司法至上。不过，美国司法审查从其诞生之日起，就与司法至上相纠结，几乎是同一个词。或许这还不是问题的根本，根本问题在于为什么不应该司法至上。在图什内特看来，由立法机构来行使"至上"权力——宪法的最终解释权——更有利于对于宪法价值的实现，这就将其研究的界限框定了：由谁在宪法问题上最终说了算，是法院还是国会抑或是其他什么机构，其目的不在于权力的分配，而在于宪法的目标是否有效实现，比如对于个人权利的保护。正是在这个意义上，凯梅林斯基批评图什内特说："假定政治过程能够与法院一样平等地保护公民的自由和权利，在美国历史和当代文化中缺乏根据。立法机构有时确实保护了公民自由和权利，而法院有时却做不到。但是鲜有争议的是，长期以来司法机构对于保护我们大多数的基本权利是必不可少的"。[2] 确实，没有什么证据能够证明，国会在对个人权利的保护上，比法院更加"负责任"。图什内特显然"高估了其他两个分支对宪法的遵从"。[3] 在注重经验研究的学术氛围中，缺乏经验的判断——结论——是没有说服力的，也是很难被学界所接受的。

当然，并不是所有政治宪法学研究者都如图什内特一样，喜欢"走极端"，阿克曼就不同。他的"二元论"的理论框架合理地解释了宪法的一般与特殊状态。[4] 一般就是"日常"，在日常政治下，司法过程是不可或缺的，因为政治是服从法律的——这是成文宪法的特质，政治是宪

---

[1] 参见［美］马克·图什内特《让宪法远离法院》，杨智杰译，法律出版社 2009 年版。

[2] Erwin Chemerinsky, "In Defense of Judicial Review: The Perils of Popular Constitutionalism", 2004 *U. Ill. L. Rev.* 673 (2004).

[3] *Id.*

[4] 参见［美］布鲁斯·阿克曼《我们人民：奠基》，汪庆华译，中国政法大学出版社 2013 年版，第 2—34 页。

法之下的政治——受到宪法约束的政治，这就是美国人不同于英国人的选择和决定。司法审查的功能在每个案件中显现出来，成为宪法发展的载体。特殊就是"非常"，在非常政治下，面对需要超越法律固定程序而行动时，司法未必是有效的力量。或者说，这个时候，司法出场是不合适的，与其"法治"身份不相符合的，诉诸于立法机构，更进一步，诉诸于人民自己，或许是更适当的。区分"日常"与"非常"是阿克曼对于美国宪法史理解的结构理论，对于宪法历史的这种解说是有说服力的，因为众所周知，在宪法发展的几个关键的时点上，司法确实不仅没有发挥"正能量"，反而"帮了倒忙"。日常与非常都是存在的，而且就量的比重而言，日常远远多于非常，这也可以解释为什么两百多年来，美国宪法在整体上是稳定的，除了那几个关键的节点——宪法时刻。如果是相反的情形，那就意味着非常多于日常，即这个国家总是处于宪法时刻，这样的情形显然并不是美国宪法历史的真实写照。作为集大成者，阿克曼堪称政治宪法学的代表性人物，其宏大叙事的研究风格，将美国宪法的历史放到更加广阔的历史时空上去叙述。这样的突破，并不是否定司法和司法审查。也就是说，他的常态与变化二元结构的理论框架，是建立在对于常态宪法的肯定基础之上的，常态宪法的标志性功能就是司法审查，是司法审查承担了宪法发展与变迁的"日常任务"。这也是阿克曼的理论影响力之所在。不是在先定的理论下展开，而是理论需要面对实践、解说实践。对于社会秩序的研究是社会科学的永恒主题，也是难以驾御的主题，可以说，阿克曼对于美国宪法秩序的把握是成功的。从另外一个角度看，他事实上是对于宪法发展和宪法政治变迁过程中，司法以及司法之外的力量和作用的思考：每当社会发展需要宪法的新回应，宪法就会面临新挑战，谁、就什么主题、在什么时候、以什么样的方式来应对挑战，实现变迁，需要进行经验考察。这是阿克曼理论的特色和意义之一。

需要指出的是，国内学术界常有将阿克曼与德国宪法学家施密特教授相提并论者，言二者如何如何相近、又怎样怎样一致。在笔者看来，他们是完全不同的，没有任何可以比较之处，将他们进行类比，是对阿克曼研究的最大误读。

对于美国宪法价值的秉承与坚持，是阿克曼研究的落脚点，他的价值立场与任何一位传统宪法学者没有两样。质言之，宪法是宪法学者的学术底线和边界，阿克曼自在其内。阿克曼研究的关注点之一是将美国两百多年来的宪法发展与美国立宪者的原初设计之间进行对照，发现其中的问题。他认为，大众民主的发展特别是政党政治的兴起，使得总统这个宪法权力分支的危险性大大加剧：总统几近于帝王，这是相当危险的，总统，而不是国会，成了最危险的分支。[①] 因而他对于美国政治运作偏离宪法所带来（和将要造成）的不良后果深深忧虑，当历史学家高唱"历史的终结"的乐观赞歌时，作为宪法学家的他却冷静地观察和分析，发出了"美利坚共和国的衰落"的清醒警示。正是这样冷静的声音，为徜徉在制度优势中的美国人敲响了警钟，让美国反思自己的体制和体制的运作。他肯定制宪者的智慧，也指出他们的不足："美德是脆弱的"，法官也不例外，特别是政治家的权术与法官的机智结合在一起时，如果为善，则社稷幸甚；如果为恶，可能是万劫不复。制宪者们所能够为这个新生国家设计的仅仅只是粗略的规则，不可能是具体、细致的操作细则，不可能是包治百病的药方或者包罗万象的放之四海而皆准的不二法门，毋宁是一个框架，一个原则。幸运的是，尽管不可能包治百病，却让这个年轻的国家渡过了一次又一次的危机，甚至是劫难，这不能不说是一种命定，或者说是一种机缘，连阿克曼也有一种"想想就后怕"的感觉。他一方面分析建国者的失败，一方面感慨许多危机的克服都是"纯属运气"，"所谓'运气'，我的意思是指因为他们愚蠢，所以我们应感到十分幸运，理由是，如果他们更聪明一些，则会发生更糟糕的情况，可能非常的糟糕"。[②] 其文眷眷，其意拳拳。在这里，我们看到的不是一位美国宪法偶像的破

[①] 参见[美]布鲁斯·阿克曼《美利坚共和国的衰落》，田雷译，中国政法大学出版社2013年版，第17—49页。

[②] [美]布鲁斯·阿克曼：《建国之父的失败：杰斐逊、马歇尔与总统制民主的兴起》，江照信译，中国政法大学出版社2013年版，第104页。

坏者，[①]而是美国宪法偶像的捍卫者、修复者。[②]

与阿克曼的研究大相径庭，施密特诠释了宪法学者的别样学术人生。按照陈新民教授的评述，如果说施氏"早年在波昂教学研究时代，仍不失作为一个公法学者所应有的执着心与学术良知"，[③]那么，其在纳粹时代所扮演的角色则已经没有任何可以肯定之处。不同于对总统之权的滥用时刻保持警惕的阿克曼，施氏醉心于魏玛共和的总统权力的绝对权威。他曲解魏玛宪法所规范的紧急命令制度和有关总统职权的条款规定，"混淆了人权须依法始得限制，而紧急权力依法方可行使的前提"。[④]在他看来，将帝国法院当作宪法维护者的观点是错误的，魏玛总统才是魏玛宪法的维护者，但事实证明，正是这位维护者断送了魏玛共和。他对魏玛总统制度之滥用、紧急命令制度的质变不置批评之辞，[⑤]甚至为这样明显背离魏玛宪法的政治现状进行学术背书，其价值立场与魏玛宪法南辕北辙，从根本上放弃了一位宪法学者的原则定位。可以说，当一位宪法学者将专制与极权看作是一个民主社会的出路和目标时，他就已经丧失了基本的学术立场，无论他的逻辑如何严密、体系如何完整、理论结构如何连贯协调，都不能够消解其本质上的背离——或者说，是前提和方向错了，所以与宪法价值背道而驰。当然，我们不必苛求先人，在重大的危机（或许也是机遇）面前，每个人都有为自己打算的本能，尤其在国家动荡的年代，社会和个人的悲剧都不可避免，但无论如何，学术是有规则的，学者是有底线的。这也从一个方面解释了为什么施氏在战后被德国法学界除名。可以肯

---

① 参见田雷《美国宪法偶像的破坏者——评阿克曼〈美利坚共和国的衰落〉》，《读书》2013年第6期。

② 《美利坚共和国的衰落》一书的结论部分，是以"居安思危"作为题名的，这足以看出阿克曼提出"美利坚共和国的衰落"命题的出发点。参见［美］布鲁斯·阿克曼《美利坚共和国的衰落》，田雷译，中国政法大学出版社2013年版，第222页。

③ 陈新民：《法治国公法学原理与实践》（中册），中国政法大学出版社2007年版，第403页。

④ 同上书，第409页。

⑤ 同上书，第410—411页。

定：将阿克曼与施密特相类比，既误读了阿克曼，也误读了美国的政治宪法学。

四 政治宪法学不是对传统宪法学的替代

政治宪法学研究扩展了传统宪法学的学术视野，弥补了后者只关注于司法过程的缺陷，突破了原有研究在内容与方法上的局限性，但是，政治宪法学仍然存在于宪法学的知识体系中，就像传统宪法学也在同样的环境中存在，政治宪法学并不以否定或者推翻传统宪法学作为学术"出发点"或者"终极目标"，换言之，政治宪法学不是对传统宪法学的替代。

传统宪法学也不可能被替代，因为宪法的法律属性不可替代。宪法首先是法律的，其次才是政治的，这是成文宪法的内在特质。不仅如此，政治性是以法律性为基础的即宪法的政治性是有前提的，这就是美国成文宪法所确立的宪法政治：政治受到法律即宪法的约束，或者说政治在宪法之下。对于这个问题的认识，需要分析两位教授的相关看法。其一是图什内特。图什内特在其著作的导论部分开篇写道："宪法为何重要……你很可能会认为，宪法重要，是因为它保护着我们的基本权利。我在这里提供的答案是不同的：宪法重要，是因为它为我们的政治提供了一种结构。是政治而非'宪法'成为了保护我们基本权利之机制的最终的——有时也是最近的——来源"。[①] 很显然，图什内特对宪法意义的理解集中在了政治问题上，采用的是"不是/而是"的思维方式：不是因为基本权利，而是因为政治，决定了宪法的意义。这种绝对区分式思维的缺陷是显而易见的：顾此失彼，失之偏颇。客观地说，宪法的重要性既体现在保护了基本权利，也体现在规范了政治，作为宪法学研究对象的宪法，本身具有二重属性：法律属性和政治属性，宪法既是法律的，也是政治的，法律与政治是宪法这

---

① [美]马克·图什内特：《宪法为何重要》，田飞龙译，中国政法大学出版社2012年版，第1页。

枚硬币的两面，二者可谓与生俱来、如影随形、相伴相生。强调一面而忽视另一面，是一种片面的认知方式。正如只认识到宪法的法律属性是不可取的观察方式一样，只认识到宪法的政治属性，也"不足以提供一种关于宪法重要性的完整的解释"。[①]

其二是克雷默。克雷默同样强调宪法与政治的关系以及宪法对于政治的重要意义，反对只关注宪法的法律性质以及将司法审查看作是美国立宪体制的全部内容。"人民立宪主义"是克雷默的标志性学术命题，[②] 但对于什么是人民立宪主义，克雷默没有明确解释过。从他的讨论来看，人民立宪主义是与司法审查相对立的存在，人民立宪主义似乎是指人民自己——而非法院、国会等宪法机构——决定了宪法的意义、主导了宪法政治的进程。他的结论是：最高法院并非宪法问题的最高权威，人民自己才是。[③] 换言之，就对于宪法意义的判断而言，是人民至上，而不是司法至上，司法应该服从人民。由此可见，克雷默混淆了日常宪法政治与非常宪法政治的界限以及人民与司法的不同角色。不可否认，人民在非常宪法政治状态即宪法变迁的重要时刻，发挥着不可或缺的推动作用，在这个意义上，人民自己或者人民自身是宪法政治进程的决定者，也是宪法意义的最终阐释者。但在日常宪法政治中，司法作为解释宪法的最高权威同样不可或缺。在某种程度上，我们可以把最高法院在宪法问题上的最高权威理解为是程序意义上的，因为法律纠纷的解决需要有一个最终的决断者，如果没有这样一个决断，则必然导致无休止的矛盾、纷争，甚至是冲突、对抗，而这显然不是法治状态。司法过程事实上也是平衡、调和、妥协的过程，一个最终的决定是必不可少的。最高法院就是最终决定者。这也是为

[①] ［美］马克·图什内特：《宪法为何重要》，田飞龙译，中国政法大学出版社2012年版，第9页。

[②] "人民立宪主义"的英文原文为"Popular Constitutionalism"，也有学者将其翻译为"民粹立宪主义"，参见翟国强《司法者的宪法？还是人民的宪法？——简评克莱默教授〈人民自己——民粹立宪主义与司法审查〉》，《中外法学》2007年第3期。

[③] See Larry D. Kramer, "Foreword: We the Court", 115 *Harv. L. Rev.* 5 (2001)。

什么杰克逊大法官说：我们说了算不是因为我们正确，而是我们正确只是因为我们说了算。① 宪法争议的解决也是如此。这是宪法作为法律的必然要求。因此，司法审查与司法至上同样具有正当性。克雷默不分场合地将宪法问题的最终权威诉诸于人民，实质上是对于司法审查和司法权威的取代，其风险在于虚化最高法院对于宪法的司法最终解释权，并且在很长时间内影响司法审查。正如凯梅林斯基所指出的那样，"人民立宪主义将导致未来的进步法官践行司法节制哲学，而不是实施宪法以促进自由和平等"。② 人民立宪主义的主张，对于自由与平等的宪法价值而言，没有益处，因为法院在促进平等和基本人权方面具有独一无二的作用，尤其是对于少数群体权利的保护，只有依靠司法过程而不是依靠多数人。③

传统宪法学不可替代的另外一个理由是：法律的规范研究必不可少。宪法的法律性质决定了宪法学与其他所有部门法学研究的共同特点：宪法的规范研究是基础，也是研究的核心和重点之所在，离开了规范研究，法学就根本不再是法学，宪法学也不再是宪法学。另外，就研究方法而言，科学的经验研究仍然需要建立在法律的规范命题之上，法学不因其科学化而衰落其规范化，科学或许可以解释一切，但它不是一切，非法律的科学，与法学没有关系，因而对于法学来说是没有意义的。宪法学也不例外。

在这里，我们有必要澄清一种似是而非的认识，即法学研究科学化的趋势必然以围绕法律推理与论证展开的法学规范研究的消亡为代价，或者从另外一个角度说：经验主义者思维必然取代法律人思维。这种判断没有理论和事实根据。以波斯纳法官为例，波斯纳是美国法律经济学研究的集大成者，其研究的鲜明特色是经验主义的（或者说

---

① We are not final because we are infallible, but we are infallible only because we are final. See Brown v. Allen, 344 U.S. 443 (1953).

② Erwin Chemerinsky, "In Defense of Judicial Review: A Reply to Professor Kramer", 92 *Calif. L. Rev.* 1013 (2004).

③ *Id.*

规范、秩序与公法

是实用主义的），但他并没有从根本上否定法律的推理与论证，用他的话来说："我并不简单地拒绝形式主义，这不仅因为世界上有诸如逻辑、数学和艺术这样价值巨大的形式系统，而且在法律决定制作上，逻辑也可以扮演一个重要角色。我拒绝的是那种夸大的形式主义，它认为法律概念之间的关系才是法律和法律思想的精髓"。[1] 换言之，波斯纳不是否定法律人思维存在的必要性，他反对的是将法律人思维推向极致，将法律的意义仅仅看作是法律概念之间的逻辑关系，以合法性为唯一目标或者唯一正确的目标，丝毫不考虑因果关系意义上的法律问题。如果说法律人思维追求的是法律的规范价值，那么，经验主义者思维则更加强调法律的可欲结果，在司法实践中，法官极端地采用这二者中的任何一造，都是不可取的，应该在二者之间寻求合理的平衡点。这也是为什么有学者认为："实现正义，哪怕天塌下来，在波斯纳看来，这是一种不负责任的司法态度"。[2]

所以，在对待法律人思维与经验主义者思维的关系方面，任何非此即彼的选择性命题都是没有实质意义的。因为二者的关系是亦此亦彼的共存关系，尤其是：法律人思维是司法判断的基础，也是对法官的一种指引和控制，它不可替代，但可以被补充或者修复（甚至可以说是完善）；经验主义思维的作用空间恰在法律人思维"短路"之时，于法官而言，撇开法律价值的规范判断而去追求法律的可欲结果，也同样不是负责任的司法态度。在一定程度上，波斯纳的代表作之一《超越法律》的立意也正在于此。尽管他强调法律的科学性和政策功能，但并不意味着这样的"超越"可以建立在无视法律的基础之上。在他看来，"任何时候，只要一个案件不能参照先例或参照某些明确的成文法文本予以决定，司法工作就不可避免地是规范性的。但是，在没有法律明文规定的地带，是否用经济学指导作出决定，这个问题应该是

---

[1] [美]理查德·A.波斯纳：《法理学问题》，苏力译，中国政法大学出版社2002年版，第568页。
[2] 同上书，"民主与法治的张力（代译序）"（苏力），第8页。

可以讨论的,而不必深陷在政治哲学和道德哲学之中"。[①] 如果我们认为"超越法律"就是不要法律,即抛弃掉实证法的法律价值的规范判断,以"所欲想的法律结果"为司法目标,那么,我们就在最根本的问题上误读了波斯纳。

五 结语:美国经验与中国问题

总结本文的讨论,政治宪法学不是"一切推倒重来"式的学术革命,不是宪法学的"改弦更张",而是宪法学学术谱系的一个扩展。在纵向上,政治宪法学以宪法学的起点为起点,没有脱离宪法学的知识基础和话语体系,也不曾偏离普遍认同的宪法价值;在横向上,政治宪法学关注于对整个宪法过程的经验研究,把宪法学研究对象"平摊"开来,探求司法以及司法之外的宪法行为,也放大了宪法学的科学特征。由此可见,政治宪法学对宪法学学术研究的进步意义是显著的。

政治宪法学的研究繁荣了宪法学。学者们之间的交流也因这样的繁荣获得了更加丰富的资源。学术之争主要是观点之争,在共享一个知识基础、价值立场的大前提下,方法是各自的选择,观点是自己的判断,学者之间的沟通不存在障碍,没有所谓的"鸡同鸭讲"的尴尬。[②] 观点纷呈,却不失据,彼此商榷,相互切磋。图什内特与凯梅林斯基之间的争鸣就是如此。图什内特喜欢把话说得绝对,并不似阿克曼那样,在自己能够判断、驾驭的范围内,得出结论。当图什内特激进地要将宪法从法院拿走的时候,他忽视了其判断的经验基础。在这里,凯梅林斯基质疑图什内特的正是他的观点。这一批评抓住了政治宪法学的"七寸":在一个人的宪法权利受到侵害的时候,你指望他从人民那里获得救济吗?这不仅是对于所谓的"人民立宪主义"的批评,也是对于政治宪法学局限性的揭示——无论经验研究如何证明了和证

---

① [美] 理查德·A. 波斯纳:《超越法律》,苏力译,中国政法大学出版社 2001 年版,第 26 页。

② 参见张翔《走出"方法论的杂糅主义"——读耶利内克〈主观公法权利体系〉》,《中国法律评论》2014 年第 1 期。

实了其他宪法机构——比如总统、国会,甚至是社会公众在宪法变迁和宪法政治进程中发挥了怎样的重要功能,但个人权利的保护始终离不开法院,如果说人民立宪主义的积极意义在于看到了司法立宪主义之外的存在,但是其缺陷在于否定司法立宪主义,那么,政治宪法学也是如此,这也是为什么严格的政治宪法学研究,比如阿克曼的研究,从来不曾有过这样的虚妄的学术雄心,他首先承认司法审查,承认司法立宪存在的不可或缺的功能,日常政治的运作,就是以司法机构对于宪法的适用来进行的,离开了这个前提,美国宪法政治就是一个日日处于"宪法时刻"的宪法政治,但那样的宪政是不是美国宪法政治,可能就是一个疑问了,更准确地说,是不是美国人想要的宪法政治,就不得而知了。在十年左右的时间里,图什内特教授不断修正自己的观点,从绝对的否定司法审查到温和地肯定司法审查,其观点的说服力和合理性也在增强。是不是因为凯梅林斯基的批评促使了图什内特的转变,我们无从得知,但有一点是肯定的:学术共同体内规范、有序的学术争论有助于认识的澄清,也正是在这个过程中,学者的进步,与学术的发展、知识的增量,是同步的。

不过,无论我们对于美国的政治宪法学研究抱有多大的学术尊重,也改变不了一个事实:作为"流派"的政治宪法学从来就不曾被美国的宪法学界所明确提出、认定过,更谈不上存在作为学术标签的"出生证"。这多少让我们觉得有些"失落",因为政治宪法学研究的影响之深远、对宪法学贡献之巨大,竟然是在"无名无分"的状态下悄然完成的。但这样的状态又何尝不是宪法学的美国风格或者法学的美国风格。由此想到中国宪法学。在方法尚未确定、范畴尚未厘清、目标尚未明晰的情况下,就径直宣布"XX宪法学"的诞生,真是颇具"中国特色"。与美国学者做得比说得多、实大于名的习惯相比,我们似乎更加热衷于名号。唯名与唯实真是一对对比鲜明的存在物。那么,事实上我们的宪法学又是怎么样的呢?在此,我们只需要反思一个基本问题即中国宪法学研究的起点在哪里?这个问题也可以转化成:什么是中国宪法学的基本共识?

中国现行宪法是成文宪法的事实,在客观上已经回答了宪法学的起点问题:中国宪法是法律,这也是中国宪法学研究的基本前提。然而,学界对于中国宪法是法律这个前提的认同度是值得怀疑的。或者说,对这个问题的认识,宪法学者并不全然是清晰的。如果说一些学者原来的认识是清晰的,那么,最高人民法院 2008 年对齐玉苓案批复的废止决定,[①]使得他们不再对宪法是法律这个命题抱有希望或者幻想。他们几乎不去反思和深究最高人民法院废止决定的宪法问题,而是陷入了一种几近"一切到此为止"的落寞状态,在夹杂着"失败论""盲目论""挫折论"等等诸种声音中,学者们似乎从学术上判定了这个问题的"死刑":中国宪法不是美国宪法,也不是世界上任何一个成文宪法国家的宪法,不能够像普通法律那样为司法过程所适用。还有一些学者索性提出"宪法未必是法律"的判断,他们另辟蹊径,似乎从欧陆作家抽象的理论(比如人民主权)中寻找到了表面的和解,而认识不到成文宪法本身就是人民主权的文字表达,成文宪法通过之日即是人民主权休眠之时。更有学者用英国实践来解答中国问题,他们忘记了一个基本的事实:与英国的不成文宪法不同,中国宪法是成文宪法。1982 年宪法的突出进步之处就是历史性地将宪法定性为法律,从而承袭了宪法是法律的成文宪法特质。不仅如此,1999 年法治原则入宪,更加强化了 1982 年宪法的法律性质。宪法的统治而不是议会的统治,是成文宪法之政治与不成文宪法之政治的根本区别……凡此种种,不一而足,中国宪法学看似繁盛与富足的背后是共识的缺失与困顿。

衡量学术研究的成熟程度存在多元的标准,但有一点是确定的:学术共同体共享一个知识基础即存在一个被学界广泛认同的理论核心或范式。这也是科学研究的基本要素之一。共识的重要性,可能是任何一个学科都不能够回避的,处于转型时期的中国宪法学需要认真对待。如果我们仍然在基础问题上纠结,缺乏共同接受的基本判断,那

[①] 参见《最高人民法院关于废止 2007 年底以前发布的有关司法解释(第七批)的决定》(法释〔2008〕15 号),最高人民法院办公厅编:《最高人民法院公报(2009 年卷)》,人民法院出版社 2010 年版,第 127—129 页。

么，我们的研究就很难摆脱原地徘徊的局面，更谈不上在科学研究的层面实现知识的增量，尽管表面上热闹非常。[①] 或许，是时候回到起点、回归常识、回应中国宪法学的真问题了。

---

① 参见赵娟《宪法是法律吗?》，《南京社会科学》2014 年第 7 期。

尊严的理念悖论及其宪法消解*

如果今天有人认为，人的尊严与死刑是并行不悖的、死刑正体现了人的尊严，那么多半会被冠以"另类言论"之名。当代世界范围内的法律共识是：人的尊严与人的生命可以在同一个意义上被衡量，二者的价值几乎可以相互替代，因而死刑被认为是对人的尊严的损害。"死刑无异于残忍和不人道的惩罚，死刑侵犯了生命权与人的尊严"。[①] 难以想象的是，这种另类之见的持有者正是世界哲学史上提出著名尊严命题的思想家康德。康德第一次发出了"人是目的而非仅仅是手段"层面上的人之尊严的哲学宣言，成为人类自我解放的标志性命题。然而，在他那里，这一尊严观支撑了死刑的设定与存在：死刑是人的目的意义而非手段意义，死刑的实施过程也是人的尊严的实现过程。在某种程度上，这样的矛盾结合体显现了康德尊严观的"悖论"。对此，我们固然可以用历史和时代的"局限性"来解释或为其辩护甚至开脱，但这并不能够从根本上解决问题，矛盾依然在那里，不论我们是不是有所体察抑或视而不见。可能更明智与更可取的态度是：思考为什么形成这样的悖论，作为一种哲学理念，其功能与局限何在，尊严作为宪法规范的积极价值又在哪里，宪法政治国家的相关实践可以为我们

---

* 本文原载于《南京社会科学》2013年第7期，已作修改。

① 〔德〕汉斯—约格·阿尔布莱希特：《欧洲的死刑制度》，载赵秉志主编《刑法论丛》2010年第2卷，法律出版社2010年版，第38页。

提供怎样的启示与借鉴。这一问题意识正是本文的出发点。

一 人是目的：道德形而上学尊严观

说康德伦理哲学是"解放人的哲学"或者"人学"，大抵是不会错的。在康德之前，从没有其他的哲学家把人的地位提升到这样的高度——"人成了上帝"。在他看来，人是有理性的，他以是否具有理性来区分"物件"和"人身"："那些其实存不以我们的意志为依据，而以自然的意志为依据的东西，如若它们是无理性的东西，就叫做物件。与此相反，有理性的东西，叫做人身"。[1]康德认为人是同样具有"理性的东西"，而非不具有理性的"物件"。作为有理性的人，能够自主、自律，因而具备德行——一种道德的力量。这其中，责任对于人的德行至关重要，人有所承担和负有责任是人的道德价值的体现，否则与"物件"无异。与利己主义伦理学不同，康德基于德行伦理学立场，认为"人之所以拥有尊严和崇高并不因为他获得了所追求的目的、满足了自己的爱好，而是由于他的德行"。[2]将人视为道德上自治的存在，是康德哲学的一大革命性进步。

在康德道德形而上学理论框架中，有两个原则或者命令至关重要，它们构成人之德行命题的核心内容，也是尊严观念的集中体现。康德认为，人作为有理性的东西，"有能力按照对规律的观念，也就是按照原则而行动，或者说，具有意志"。[3]人应该选择合乎理性的意志（实践上是必然的东西，也就是善的东西，或称善良意志）去行动，受制于对意志具有强制性的客观原则即理性命令的约束。其中，有一条"定言命令"即绝对命令，是人的行为的形式即行为所遵循的原则，可称

---

[1] 参见［德］康德《道德形而上学原理》，苗力田译，上海人民出版社2002年版，第46—47页。

[2] 同上书，译者代序"德行就是力量——从自主到自律"，第1页。

[3] 同上书，第30页。

为道德命令，①其内容是："要只按照你同时认为也能成为普遍规律的准则去行动"。②这实际上是人作为理性的道德动物生存的基本法则。这里的"能成为普遍规律的准则"应该是"善"的，你行为的动机应该是善的；同时，你自己的行为并不仅仅是你自己个人的，还直接影响着人与人之间的关系。因此，在整体上，个人的行为承载着人类社会的责任。具体来说：你要别人怎么对你，你就应该怎么对别人；你如果希望别人对你友善，你就不应该对别人不友善，因为，如果你对别人不友善，那么，别人也会对你不友善，你行为的规则绝不是仅仅对你一个人发生作用。所以，你在行动之前要想一想，你这样做的后果是否是你愿意接受的，因为别人也可以这样做，因而行动规则在于每个人的选择。这个命令强调的是人的责任理性——没有了这样的责任，人类社会的维持和延续就成为问题。而人作为人的尊严也体现在这样的责任中。

另外一条"实践命令"则直接与尊严相关，被康德反复强调。他首次提及这个命令时的表述是："于是得出了如下的实践命令：你的行动，要把你自己人身中的人性，和其他人身中的人性，在任何时候都同样看作是目的，永远不能只看作是手段"。③后来又进一步说："每个有理性的东西都须服从这样的规律，不论是谁在任何时候都不应把自己和他人仅仅当作工具，而应该永远看作自身就是目的。这样就产生了一个由普遍客观规律约束起来的有理性东西的体系，产生了一个王国。无疑这仅仅是一个理想的目的王国，因为这些规律同样着眼于这些东西相互之间的目的和工具的关系"。④这表明，人作为有理性的"人身"而非"物件"，是受尊重的对象。也只有人，才能成为主观和客观两个层面的目的之存在，人作为目的的绝对价值排斥将人作为手

---

① 参见［德］康德《道德形而上学原理》，苗力田译，上海人民出版社2002年版，第33—34页。
② 同上书，第39页。
③ 同上书，第47页。
④ 同上书，第52页。

段来使用，也排斥将人作为实现某种意志的工具来对待。承认人的理性、坚持人的主体地位、反对随意处置人，可能是康德"人是目的而非仅仅是手段"判断的根本意义所在，也是对人的尊严的肯定。同时，这个实践命令还包含着对人与人关系的定位：你有责任把自己当作目的、把别人当作目的；你有责任不把自己当作手段、不把别人当作手段。这意味着尊严也来自于人与人之间的相互尊重。

比较上述两个命令，可以发现它们内在的层次性和关联性：第一，定言命令是基本的，也是必须的，因而是绝对命令；实践命令则更进一步，属于"更高规则"，是一种高标准的要求。[1] 第二，定言命令构成了实践命令的指导性规则，实践命令是定言命令的具体落实和体现。换言之，定言命令本身没有确定什么样的准则能成为普遍规律，只是有一个笼统的要求即是"善"的，因为，如果不是善的，那么，这样的规则也同样适用于你自己，所以，你的选择趋向于善；而实践命令则非常明确，定言命令隐含或者预示的那个善的准则就是把自己和他人都作为目的来对待。

二 死刑正义：目的尊严论下的报应主义

那么，作为道德哲学的尊严观进入法律层面又是怎样的情形呢？在

---

[1] 有学者将"人是目的而非仅仅是手段"的判断称作康德的"绝对命令"。这样的表述或许并不准确。在康德著作的英文版中，定言命令即绝对命令的用词是 categorical imperative，实践命令的用词是 practical imperative，与此相对照，康德著作中文版的翻译是准确的。英文版对于绝对命令的描述是：The categorical imperative is therefore but a single one, and runs thus, ACT ACCORDING TO THAT MAXIM ONLY, WHICH THOU CANST AT THE SAME TIME WILL TO BECOME AN UNIVERSAL LAW. 参见 Immanuel Kant, *Essays and Treaties on Moral, Political, and Various Philosophical Subjects (Volume 1 of 2)*, Printed for the Translator; and Sold by William Richardson under the Royal Exchanoe, 1798, (ECCO Print Editions) p. 69. 对于实践命令的描述是：The practical imperative is then ACT SO, THAT THOU ALWAYS USE THE HUMANITY, AS WELL IN THY PERSON, AS IN THE PERSON OF EVERY OTHER, AT THE SAME TIME AS AN END, BUT NEVER AS A MEAN BARELY. 参见 Immanuel Kant, *Essays and Treaties on Moral, Political, and Various Philosophical Subjects (Volume 1 of 2)*, Printed for the Translator; and Sold by William Richardson under the Royal Exchanoe, 1798, (ECCO Print Editions) p. 81.

法律语境中，康德是一位刑法报应主义者和死刑的坚定拥护与坚持者。

康德认为："任何一个人对人民当中的某个个别人所作的恶行，可以看作是他对自己作恶。因此也可以这样说：'如果你诽谤了别人，你就是诽谤了你自己；如果你偷了别人的东西，你就是偷了你自己的东西；如果你打了别人，你就是打了你自己；如果你杀了别人，你就杀了你自己。'这就是报复的权利"。① 从"公共的正义"或者说是平等原则出发，报应主义反对刑罚适用过程中对报应之外的其他目标的裁量："谋杀人者必须处死，在这种情况下，没有什么法律的替换品或代替物能够用它们的增或减来满足正义的原则。没有类似生命的东西，也不能在生命之间进行比较，不管如何痛苦，只有死"。② 难怪一位美国学者对康德思想做过这样的评价："在康德看来，由于一些罪犯愿意以某种方式与州合作而减轻对他们的刑罚，显然是不公平的。如果康德知道了现代美国的辩诉交易，并且在欧洲这种做法也日益增多的情况，那他肯定会从自己在柯尼斯堡的坟墓中跳出来"。③ 康德坚持："刑法是一种绝对命令"，④ 他反对"要求犯罪者爬过功利主义的毒蛇般弯弯曲曲的道路，去发现有什么有利于他的事，可以使他免受公正的惩罚，甚至免受应得的处分"。⑤ 因为，"如果正义竟然可以和某种代价交换，那么正义就不成为正义了"。⑥

很显然，在康德看来，死刑本身是与"公平"或者"平等"的原则相符合的，特别是与"责任"相联系的。认定或者判断"人是目的而非仅仅是手段"，有一个前提：人作为有理性的东西是可以负责任

---

① [德] 康德：《法的形而上学原理——权利的科学》，沈叔平译，商务印书馆1991年版，第164页。

② 同上书，第165页。

③ [美] 乔治·P. 弗莱彻：《刑法的基本概念》，蔡爱惠译，中国政法大学出版社2004年版，第46页，转引自孙国祥《刑法基本问题》，法律出版社2008年版，第473页。

④ [德] 康德：《法的形而上学原理——权利的科学》，沈叔平译，商务印书馆1991年版，第163页。

⑤ 同上书，第163—164页。

⑥ 同上书，第165页。

的，对自己的行为负责是"必须的"，否则就谈不上"有理性"。所以，死刑是罪犯为自己的罪行承担责任而且是与其所犯罪行等量刑罚的责任，这样的责任正是"目的性"的表现。康德指出："法院的惩罚绝对不能仅仅作为促进另一种善的手段，不论对犯罪者本人或者对公民社会。惩罚在任何情况下，必须只是由于另一个人已经犯了一种罪行才加刑于他。因为一个人绝对不应该仅仅作为一种手段去达到他人的目的，也不能与物权的对象混淆"。[①] 这里我们看到，在对人作为"目的与手段"的关系理解上，康德似乎是表达一种"方向对内的一致观"：对犯罪者的处罚同尊重其个人的尊严相互联系、不可错位。

作为"实践命令"的核心，旨在承认人人都有自由和尊严，而且应该得到他人和社会的尊重，每个人都是目的，不是实现其他目的的手段，即康德所说的"这些东西相互之间的目的和工具的关系"。一个人只能因为给他人和社会造成侵害而受到惩罚，这个惩罚的目的也只是在于恢复被他的侵害行为所损害的正义，而不是为了其他目的。既然每个人的尊严都重要，那么，你就没有理由侵害别人。你实施了犯罪行为，就应该受到惩罚。同时，根据正义的要求，你所接受的刑罚种类应该是与你的犯罪行为的危害性程度相对应的，除此之外，不应该有其他目的的存在——否则，就没有把你当作目的来对待，而是把对你的惩罚看作了是实现其他目的的工具。而且，你所受到的惩罚应该是公正的，应该排除基于其他考虑可能给你减轻刑罚或者加重刑罚。你是一个有理性的、负责任的人，对自己行为承担后果是尊严的体现。在犯罪与刑罚问题上，人作为目的和手段的存在，应该是一个人对内的关系或者说是就一个个体来说是成立的，关涉他人则并非一致，以人作为手段去获得他人之目的，是不符合康德的意思的。

康德所坚持的报应主义，在实质上说是一个人对自己行为后果的承担，其出发点就是他的"人是目的而非仅仅是手段"。既然杀了别

[①] ［德］康德：《法的形而上学原理——权利的科学》，沈叔平译，商务印书馆1991年版，第163页。

人就是杀了自己,那么,死刑的存在就不是非道德的。死刑的存在恰恰是体现了人对责任承担的需要,也是人作为人具有尊严的应有之义。关于这一点,康德甚至把它推到了极致。他认为,"对罪犯与惩罚之间的平等,只能由法官的认识来决定,根据报复的权利,甚至直到处予死刑……现在,假定最高法院考虑他们的情况后作出这样的判决:每个人有自由选择下面两者之一的惩罚,死刑或终身劳役。从这两种选择中,我认为一个有荣誉感的人会选择死刑,而一个恶棍就会选择劳役。这是他们人性本质所作出的决定。因为,有荣誉感的人认为,他的荣誉价值高于他的生命本身;而一个恶棍所考虑的只是活下去,虽然是羞辱地活着,但是在他的心目中觉得,活着总比死去好"。[①]在这里,生命与荣誉、正义一样,都是不可替代的。

由以上分析可以看出,在康德的世界中,人是目的的尊严观与死刑正义是相容的,二者并不矛盾,死刑正是尊严的体现。这样的结论一定让今天的读者感到困惑:剥夺人的生命难道不是在损害人的尊严吗?睿智的哲学家何以这样"轻慢"生命和"无视"尊严?那么,康德这一尊严悖论又是如何形成的呢?

三 平等至上:尊严悖论的认识论根由

对于康德报应主义刑法立场的成因,学界曾作过评论。比如,有学者认为,至少有两个方面的因素在起作用,一是将道德与法律不加区别,或者说,将道德规则直接应用到法律规则中,即将道义报应与法律报应相统一,忽略它们的差异;二是从形而上学层面展开,强调论证中的逻辑上绝对自洽,从而形成矛盾或者悖论。因此,"正是因为坚持纯粹的形而上学标准,以道德作为论证前提的康德最终取消了法律规则的相对独立性,以道德评价取代了法律评价"。[②]确实,这两个

[①] [德]康德:《法的形而上学原理——权利的科学》,沈叔平译,商务印书馆1991年版,第166页。

[②] 方博:《康德刑法哲学探析》,载陈兴良主编《刑事法评论》第17卷,中国政法大学出版社2006年版,第643页。

因素不可忽视。不过，在笔者看来，构成康德尊严观之悖论的认识论根由在于其对于平等的偏爱和过度强调——坚持平等至上，这样的认识障碍形成了尊严观本身无法克服的内在矛盾。

在这个问题上，康德的认识或多或少与卢梭相关。虽然我们没有证据证明，康德关于平等的认识来自于对卢梭思想的"承受"，而且哲学之路的"康德之桥"与"卢梭之桥"说法是否存在也并不确定，① 但至少可以肯定的是，康德平等思想受到了卢梭的影响，甚至可以进一步说：正是对于卢梭思想的接受，形成了康德思想的败笔。所以，分析康德，卢梭是"绕不开"的思想先在者。

曾有学者将"极端平等自由之说"称作卢梭思想的内核，② 在严格意义上，这样的"连称"并不准确，卢梭思想的精髓更多地在于"极端平等之说"或者"平等"二字，而非"自由"。平等几乎构成了卢梭政治思想的主题词，终其一生，卢梭都在探究不平等的原因并寻求实现平等的道路。卢梭认为，"在自然状态中，不平等几乎是不存在的。由于人类能力的发展和人类智慧的进步，不平等才获得了它的力量并成长起来；由于私有制和法律的建立，不平等终于变得根深蒂固而成为合法的了"。③ 因此，文明社会的不平等就是必然的。要实现在文明社会中的平等，人类必须缔结社会契约形成新的联合体即国家。在这样的社会契约中，"每个结合者及其自身的一切权利全部都转让给整个集体。因为，首先，每个人都把自己全部地奉献出来，所以对于所有的人条件便都是同等的，而条件对于所有的人既都是同等的，便没有人想要使它成为别人的负担了……每个人既然是向全体奉献出自己，他就没有向任何人奉献出自己"。④ 最终，"我们每个人都以其自身及

---

① 有一个说法广为流传：要到达哲学之彼岸，必先过康德之桥，而欲过康德之桥，必先过卢梭之桥。足以看出两位思想家之间思想的关联性程度。但笔者没有查到这句话的确切文献来源。

② 参见江弱水《圣卢梭：对人民开讲》，《读书》2012年第11期。

③ [法]卢梭：《论人类不平等的起源和基础》，李常山译，商务印书馆1962年版，第149页。

④ [法]卢梭：《社会契约论》，何兆武译，商务印书馆2003年版，第19—20页。

其全部的力量共同置于公意的最高指导之下,并且我们在共同体中接纳每一个成员作为全体之不可分割的一部分。"① 不仅如此,"为了使社会公约不至于成为一纸空文,它就默默地包含着这样一种规定——唯有这一规定才能使得其他规定具有力量——即任何人拒不服从公意的,全体就要迫使他服从公意。"② 在这里,我们看到的是平等,而不是自由,当每个人的权利没有差别地全部转让给整体的时候,平等得到了体现——对所有人都一样、每个人都是无条件地付出,但是,自由却没有了保障——人的自由取决于联合体的公意,以公意名义宣布的所有规则就获得了无可置疑的正当性。因为"公意永远是正确的",③ 不服从公意被视为不服从整个国家,是对契约的违背,从而成为公共敌人,就必须承担相应的责任。这也是为什么卢梭理论会被认为与历史上的民主暴政不无关联。很显然,在自由与平等之间,卢梭更倾向于平等,难怪有学者评论:在卢梭看来,"'美德'的王国也就是平等的王国"。④

康德的报应主义死刑观恰是以社会契约论作为理论基础展开的,⑤ 或者说,承认社会契约论的前提。康德认为,基于社会契约而形成的国家,法律包括刑法的强制力就是具有合法性的存在,人民是必须一体遵守的。在刑法的衡量标准问题上,康德坚持平等原则,认为只有平等才是公正或者正义的。"公共的正义可以作为它的原则和标准的惩罚方式与尺度是什么?这只能是平等的原则。根据这个原则,在公正的天秤上,指针就不会偏向一边的,换句话说,任何一个人对人民当

---

① [法]卢梭:《社会契约论》,何兆武译,商务印书馆2003年版,第20页。
② 同上书,第24页。
③ 同上。
④ 这是普列汉诺夫对于卢梭思想的评价,参见[法]卢梭《论人类不平等的起源和基础》,李常山译,商务印书馆1962年版,附录(二)(《让·雅克·卢梭和他的人类不平等起源的学说》),第232页。
⑤ 也有学者认为,"康德有关政制的讨论是对其自然法则原则而非古典契约论所表达的社会契约理想的运用",参见[美]莱斯利·阿瑟·马尔霍兰《康德的权利体系》,赵明、黄涛译,商务印书馆2011年版,第358页。

中的某个个别人所作的恶行，可以看作是他对自己作恶"。①平等符合康德的道德哲学的一般规则：你要别人怎么待你，你就要怎么待别人。你谋杀了别人的生命，就必须付出自己的生命为代价，每个人都是生而平等的，而且在法律面前也应该平等，"谋杀人者死"即死刑是体现刑法平等的规则，其他刑罚不可替代，否则即是不平等——生命必须以生命为对等物，而不是其他，不符合刑罚的正义或者公正的要求。

康德的平等观在很大程度上是以"完全的对等"为内容的，它排除任何其他的可能衡量或者替代的因素，以实现绝对意义上的人与人之间的平等。事实上，平等也是康德权利理论的核心。在康德所理解的权利概念中，处理人与人之间关系是权利的第一要义，"就权利所涉及的那相应的责任来看——（1）首先，它只能涉及一个人对另外一个人的外在的和实践的关系，因为通过他们的行为这件事实，他们可能间接地或直接地彼此影响"。②而权利的法则是一种相互的强制——普遍与平等的相互强制的关系，类似于物理法则的作用与反作用的平衡，③也就是人与人之间承担同样性质的义务，才拥有同样的权利，"彼此平等"符合法律状态下的公共正义。④康德反对贝加利亚关于所有极刑都不公正的观点，⑤认为他的说法完全是诡辩和对权利的颠倒，"'如果我谋杀任何人，我将受刑'这句话没有别的含义，它只是说：'我自己和所有其他公民同样遵守法律。'"⑥可见平等在康德理论中的分量。

客观地说，在思想史上，并不是只有卢梭一人强调平等。平等，可以看作是人类能够认识到的"最初的正义"或者"基本正义"，是

---

① [德]康德：《法的形而上学原理——权利的科学》，沈叔平译，商务印书馆1991年版，第165页。

② 同上书，第39页。

③ 同上书，第43页。

④ 同上书，第133—134页。

⑤ Cesare Beccaria，18世纪意大利刑法学家，在《法的形而上学原理——权利的科学》中，译者将名字翻译成"贝加利亚"，在其他中文译著中，常译为"贝卡里亚"。

⑥ [德]康德：《法的形而上学原理——权利的科学》，沈叔平译，商务印书馆1991年版，第169页。

维系人类社会的基本规则之一。同时,平等也是最能够为人类接受的朴素的真理,甚至是最具有煽动性和蛊惑力的口号,人与人没有差异、人是同等状态的存在、人人当家做主——恰是最动人的理想图景和革命目标。但是,像卢梭这样将平等当作"目的",其他皆可为"手段",为了平等而牺牲自由的思想家并不多见,这也是卢梭思想为自由主义诟病的原因之一。康德将平等作为其尊严哲学和法律理论的基本出发点,以平等论证尊严和法律(刑法)责任,致使以人为目的的尊严哲学走向以死刑为正义的刑法立场,为尊严观念和自由主义理论蒙上了一层阴影,则着实令人惋惜。

四　悖论之消解：德国宪法经验

康德反对将形而上学道德原则的确立过程诉诸于经验的论证与检验,认为"决不可把经验作为依据,来推导这些必真规律的可能性"。[①]他没有想到的是,他的道德尊严观正是在经验中显现出生命力,并得以修正和发展。1949年,尊严作为宪法价值历史性地"进入"《德国基本法》中,开启了具有划时代意义的尊严之经验旅程。德国的宪法实践,将这一价值的宪法功能发挥得最为有成效,成为德国宪法政治的一大闪光点。

《德国基本法》第1条明确宣布:"一、人之尊严不可侵犯,尊重及保护此项尊严为所有国家机关之义务。二、因此,德意志人民承认不可侵犯与不可让与之人权,为一切人类社会以及世界和平与正义之基础。三、下列基本权利拘束立法、行政及司法而为直接有效之权利"。这三项内容具有逻辑上的递进关系:第一项是对人的尊严的概括性宣示,并明确指出其责任主体;第二项是将人权看作是人的尊严的体现,没有人权就无所谓尊严,也可以说,人的尊严就在于人权;第三项是规定人的尊严或者人权的具体化(成为基本权利)及其实现途径。在

[①] [德]康德:《道德形而上学原理》,苗力田译,上海人民出版社2002年版,第25页。

这里，《德国基本法》对于人的尊严的承认和保护，没有设定任何附加条件或者前提。换言之，人的尊严就是每一个自然人作为生命体的存在所拥有的尊严，不考虑（也不应该考虑）个人的任何特征或者属性——人应该有尊严，只因为人是人，而不是因为人是其他意义上的存在。第1条所传递的信息是：人的尊严不容置疑，或者说，"人权无需根基"。[①]

人的尊严原则在《德国基本法》中的确立，可以理解为是"对第三帝国时期大量侵犯人权事件的明确回应"。[②] 正如《德国基本法》的前言所写："我德意志人民，认识到对上帝与人类所负之责任，愿以联合欧洲中一平等分子之地位贡献世界和平，兹本制宪权力制定此基本法"。这里的"贡献世界和平"的另外一个含义就是说：我们曾经造成了世界的混乱和人类的灾难。德国战后构建《德国基本法》时的动机和指导性观点之一，就是"应当建立起一个全新的体制模式，以完全区别于那个导致灾难性后果的纳粹暴政统治"。[③] 人的尊严是这个全新体制的根本出发点。没有证据显示，《德国基本法》第1条的尊严条款与康德道德尊严理论有直接关联性，或者说，《基本法》的尊严价值就是以康德尊严观作为哲学基础的。"人性尊严作为《德国基本法》中'元法律性'（metarechtlich）的维度，自然会成为实证法的界限及实体基础，其实质内容不是来自于事先的假定或者一种形而上的哲学基础，而是来自于全社会的伦理共识"。[④]

在宪法实践层面，德国受到康德哲学的影响。不过，只要仔细观察就会发现，宪法法院并没有完全接受康德理论。在《德国基本法》层面

[①] 参见［英］约瑟夫·拉兹《人权无需根基》，岳林译，《中外法学》2010年第3期。

[②] ［德］维尔纳·霍伊恩：《德国〈基本法〉60年——变迁中的法治国家和民主》，汪磊译，载邵建东、方小敏主编《中德法学论坛》第8卷，法律出版社2011年版，第35页。

[③] 同上书，第34页。

[④] 张翔主编：《德国宪法案例选释》（第1辑·基本权利总论），法律出版社2012年版，第250页。

的人的尊严，并不以"责任"为先决条件。人之所以有尊严，并不因为人是有责任的存在，而只是因为人就是人，人的尊严是不需要附加任何前提和条件的。每一个人，即便是不能够成为道德上自治的个体，比如精神病人，也并不因此而丧失尊严。可见，宪法法院的判断是以尊严的国家义务为基础的，而不是以尊严的责任要求为基础的，道德哲学的逻辑并不必然成为法律特别是宪法的逻辑。宪法的根本意义即在于为人的尊严设定国家义务，在国家义务下，人的尊严没有差异。

不仅如此，德国宪法法院的相关实践也修正和超越了康德尊严理论。比如，在"终身监禁案"中，针对《德国刑法典》关于"任何出于残忍或为掩盖其他罪行而杀人的被告，都必须被判处终身监禁"的规定，宪法法院指出，"……每项犯罪必须和犯罪者的罪行及其严重程度相关。对人格的尊重尤其要求禁止残酷、非人和侮辱人格的惩罚。国家不能把犯罪者当作防止犯罪的工具，以损害其受到宪法保护的社会价值与获得尊重的权利……如果不考虑其个性发展来对待囚犯，并永远剥夺他获得自由的一切希望，那么，国家就打击了人格的核心"。① 对照这个决定，不难看出，宪法法院对于"人是目的而非仅仅是手段"的理解超越了康德报应主义的"本意"。

事实上，从"人是目的"出发，走向"报应主义"的结果，康德尊严理论在保持逻辑自洽性的表象之下，掩藏的是对于人与人之间基于公平（平等）原则之责任承担的过度强调的本质，甚至是将平等之责任的承担推到了"目的"的层面，报应主义即自然而然地成为"尊严"的题中之义。这其实也是该理论的最大缺陷：人的尊严体现在社会生活中的负责任的人格之存在，人格意味着责任，也意味着尊严。就自由与平等这两个宪法保护的重要目标而言，康德尊严理论的天平倾斜于平等一方，正是对平等的近乎严苛的追求，导致了报应主义的死刑理念。而在宪法实践中，取消死刑，② 或者允许法院将罪行的严重

---

① Life Imprisonment Case, 45 BverfGE 187.
②《德国基本法》第102条取消了死刑。

规范、秩序与公法

程度作为一个因素来考虑被判处终身监禁的刑事犯的释放问题，[①] 则是对报应主义的抛弃：平等无疑是重要的，但不是最重要的，当自由——生命的价值——被看作是不可替代的有尊严的存在的时候，同样是把人看作目的，而结果是走向自由。也就是说，即便一个人杀了另外一个人，凶手并不需要为其杀人行为付出生命的代价，因为其本身也需要作为目的来对待，尊严也不是以责任——至少不以对等的责任，也就是康德理解的"公平"原则——作为首要条件。所以，这样的理解，看似逻辑上的"断裂"，却是实质上的进步。宪法法院的这一决定实际上就是对自由和平等之间张力的调整，对于平等或者公平的强调让位于对于自由本身的尊重，或者说是自由的权重超过了平等：目的、个性、人格的方向指向了自由。也可以说，人权的国家义务，要求公权力更加倾向于保护自由：对于每个个体本身的尊重，超过（越）了对个体在社会中的角色的尊重。在一定程度上，平等的含义得到重构：人与人的平等，由人与人相互之间"对等"的责任要求，上升为宪法层面的对每个人的尊严的无差异保护，这样的平等已经不再是单纯的康德道德意义上的存在，也不是卢梭哲学中"全体服从全体"规则下的平等。作为宪法层面的平等，是以自由——人本身存在的价值——作为出发点的，对于人与人之间横向关系的强调，让位于对国家与每个人之间的纵向关系的强调，这恰是宪法的意义之所在。

需要指出的是，作为康德尊严观核心表达的"人是目的而非仅仅是手段"之语，在很大程度上成为衡量尊严是否存在与如何存在的标准或者尺度，或者说，他的尊严公式成为工具或者手段，这可能也是康德始料未及的。这样的情形或许跟这个表述本身的特点有关。恰如叔本华所言，"所有康德派这样不厌倦地跟着说的这句话：'人们只可一贯把人当作目的，决不可当作手段对待'，固然听起来像是一句有意义的话，因而对于所有那些想要一个公式，用以免除他们一切深思〔之劳〕的人

[①] 这是议会根据"终身监禁案"中宪法法院的决定对刑法典相关条款进行修正的内容之一。

们，这也是非常适合的一句话；然而在光线〔充分的地方看清楚些〕，这不过是极空泛，极不确定，完全是间接达到他原意的一句话。在任何一个场合应用这句话，都需要先加以特别的说明，特别的规定和限制；〔单是〕这样笼统地使用却是不够的，〔能〕说明的也不多，并且还是有问题的"。[①] 这样的评论有些片面，不过有一点却是清楚的：目的与手段在一定意义上是相对的，目的与手段之间的关系既取决于目的的选择与定位，也受到目的与手段之间的相对性质的影响。

在一个法律关系中，当我们判断有没有将人作为目的对待时，我们是有"对应物"或者"参照物"来平衡的，所以，不存在绝对的"目的"与"手段"。这也是为什么在议会修正了刑法典有关条款——允许法院把罪行的严重程度作为一个因素，来考虑终身刑事犯的释放问题——之后，仍然有这样的刑事犯并未获得释放。比如1986年的一个案件，[②] 法院以罪行的严重程度拒绝了这位服刑犯人的释放申请。"罪行的严重程度"标准事实上是一种功利主义的尺度，在这样的尺度下，目的与手段之间的关系就不是绝对的。我们很难划出一个界线：在这个界线之外，即是将人作为了手段而不是目的。手段的认定在很大程度上有赖于人类对于自身价值判断的程度、人权价值的被接受程度、司法作为的空间和限度。无论是在关于尊严观念的形而上学中，还是在关于法律权利所对应的惩罚方式——刑法规则讨论中，康德都排斥功利主义。然而，德国经验表明，功利主义是不可替代的工具，如果说人是目的的尊严观是人类一个既定的目标，那么，功利主义则是实现这个目标的途径。这或许是一种"讽刺"，不过并不令人意外，就是排斥功利主义的康德本人，也不免"偶尔"与功利主义相"纠结"。比如，康德曾经指出"己所不欲，勿施于人"这个规则的不可取之处："它不是人们相互间不可推卸的责任，并且那些触犯刑律的人，还会以

---

① ［德］叔本华：《作为意志和表象的世界》，石冲白译，商务印书馆1982年版，第478页。

② 72 BverfGE 105.

此为根据不服法官的判决，逃避惩罚"。[①] 显然，他在这里运用的即是功利主义的经验判断。

五　简要评判：康德尊严观之是非

以上我们对于尊严悖论的讨论，并不表明我们可以因此而否认康德的理论贡献。"人是目的而非仅仅是手段"的尊严观念的提出，是人类思想上的飞跃，具有划时代的革命性意义。即便我们可以发现其瑕疵，也不能够否认或者推翻其判断本身，所以，本文与其说是质疑，不如说是澄清与修复——更加理性地认识这个观念，而不是不加甄别地接受它。对于开创性思想，我们应该保持最大程度的尊重和敬意。"在一个精神伟大的人物的作品里指出一些缺点和错误，这比明确而完备地阐发这作品的价值要容易得多。这是因为这些错误总是个别的，有限的，所以是可以一览无余的。与此相反，天才打在他作品上的烙印却正是这些作品的优越性，既不可究诘，又取之不尽。这些作品因此才成为连续好些世纪不衰的导师。一个精神上真正伟大的人物，他的完美的杰作对于整个人类每每有着深入而直指人心的作用；这作用如此之远，以致无法计算它那启迪人心的影响能够及于此后的多少世纪和多少遥远的国家"。[②] 在今天看来，这样的评价依然是公允的。

不过，如果认为天才的作品没有缺陷，可能就是另外一个问题了——没有人可以说，自己的思想不可挑战地正确，即便是康德本人也不会这样宣布。人类思想的进步，恰是在挑战中前行的，如果我们把某种学说的正确性推向极端，我们就走到了我们出发点的反面——掉入了教条主义的泥潭。我们不必苛求先贤，正如我们不能够苛求自己一样，人类理性的认知是有限的。哲学的价值在于其更大程度上寻求不确定性。正是这样的不确定性，让我们摆脱偏见、传统的束缚，

[①] [德]康德：《道德形而上学原理》，苗力田译，上海人民出版社2002年版，第68页，脚注[11]。

[②] [德]叔本华：《作为意志和表象的世界》，石冲白译，商务印书馆1982年版，第565页。

扩展我们思考的视域，给我们一些可能性，[1] 哲学不能确定地告诉我们对于争论的正确答案，回答什么是对的，但是，可以给我们许多可能性——这样可能性能够扩展我们思考的视域，挣脱传统的束缚。明白了这一点，我们就可以从容地接受任何一种思想，又对这种思想保持冷静的客观的态度，不会去盲从，不会认为有一个"放之四海而皆准"的真理的闪现——能够照亮人类社会的整个征程。在这个意义上，对于康德尊严理论的任何完全否定或者完全肯定的立场都是不可取的。

《德国基本法》前言中的一句话"认识到对上帝与人类所负之责任"值得注意。[2] 这是说，作为负责任的德国人，不仅承负对于人类之责，也承负对于上帝之责。很显然，如果人是绝对理性的存在，那么，对上帝之责就无从谈起，只需承负对人类之责就足够了。但是，《基本法》却将"对上帝之责"放在"对人类之责"之前，这固然是在强调责任的无可推脱和义不容辞，不过，想必也有对人类自身理性的非绝对相信抑或是对罪恶的忏悔与救赎吧？想想纳粹时期，有谁不相信民主过程选举的领袖的绝对正确性？又有谁不认为人民的声音就是上帝的声音？由此看来，人的尊严进入宪法，更多的可能是基于历史的经验而达到的共识——是人类自我反省——尊严如此重要，必须看作是人类存在之首要条件，而未必是基于对这一理念的真理性的认识。在某种程度上，这也未必不是对绝对理性主义哲学的背离。事实证明，人的理性是有限的，甚至是靠不住的，如果人的理性走向了其反面，就会被异化为毁灭自身的力量，当人的理性能力被过高估计的时候更是如此。理性时代是人的解放的时代，又何尝不是"致命的自负"的时代，特别是20世纪以来，一路高歌的各种理念、思想、思潮、主义，让人类欣喜、激动、疯狂，最终这些"理性"与"人性"假定陷入了莫大

---

[1] Bertrand Russell, *The Problem of Philosophy,* Oxford University Press, 1998, p. 91.
[2] 这里的"上帝"一词，并不代表任何宗教意义，可以理解为一种超自然的存在，所以，不能据此认为德国是个宗教国家而非世俗国家。

的危机，人类为自己的理性付出了惨重的代价。① 正如一位德国保守派观察人士对东西方信仰问题所作的评论那样："东西之间，存在着一种极为奇特的平行对应。在东方，国家的教条一向坚持人类是自己命运的主人。但是即使连西方的我们，过去也对这一类口号深信不疑：也就是人类正迈向当家作主，掌握自我命运的路上……但是时至今日，这种自以为全能的口吻已经从东方完全消失，只剩下相对的'在我们这里'——东西两方，都已遭到重大挫折"。② 所以，德国人所反思的并不只是"一国一族"之荣枯，而是整个人类社会截至20世纪上半叶的命运。如果说《德国基本法》是制度的进步，那么，我们可以认为是德国人明白了"进步的常识"：进步是修正、调整和学习的过程以及对这个过程中的多种力量的理解，而不是对千古不易的历史规律的发现。那种以"毕其功于一役"的方式宣布"绝对真理"的做法不可能是进步，相反，最大的可能是倒退。因为在很多情况下，进步并不意味着也并不能够彻底解决问题，而人类一旦失去了这样的常识，就可能遭遇灭顶之灾。

谈到上帝，康德在其"三大批判"之一《判断力批判》中的观点值得重视。在讨论了"上帝存在的道德证明"之后，康德阐述了"这个道德证明的用处"，他说："理性在我们关于超感官之物的一切理念方面是局限于它的实践运用的诸条件之上的，这种局限就上帝的理念而言有一个显而易见的用处：它防止神学迷失于神智学（迷失于淆乱理性的那些夸大其词的概念），或沉湎于鬼神学（对最高存在者的一种拟人论的表现形式）；防止宗教陷入巫术（一种狂热的妄想，以为能够感觉到别的超感官的存在者并且还对之发生影响），或是陷入偶像崇拜（一种迷信的妄想，以为能够不通过道德意向而通过别的手段

---

① 参见［英］霍布斯鲍姆《极端的年代：1914—1991》，郑明萱译，江苏人民出版社1998年版，第16页。
② 同上书，第16—17页。

来使最高存在者感到愉悦)"。①因此,"我们就必须假定一个道德的世界原因(一个创世者),以便按照道德律来对我们预设一个终极目的,并且只要后者是必要的,则(在同样程度上并出于同一根据)前者也就是必然要假定的:因而这就会是有个上帝"。②在康德看来,上帝不是一个物理学意义上的存在,而是道德学意义上的存在,上帝的存在,或者说,人需要上帝,并不是否认人的目的性,而在于有效保障人的目的性。进言之,上帝是人类为自己进入文明状态后自我约束的最后屏障。

人是目的,是对人作为各种各样附庸的否定,也就是人的解放。承认上帝,并不意味着人的不解放,而是人的解放的保障——为人的解放设定道德约束,让人类有所敬畏,防止对于人类自身力量的盲目自信、夸大甚至放纵,即便是"万物之灵长",能够自主和自律,具有德行,也仍然需要约束。上帝无疑是人类道德律的内在控制机制,让人不至于异化为"没有约束的狂悖"的理性动物。在这个意义上,康德关于上帝存在的道德证明之说,看似"后退"或者"退步",实际上正是其对于自由主义宪法政治的贡献之所在。人类在上帝面前的谦卑,何尝不是对人类自身理性局限性的承认,这样的承认足以让人类接受世俗权力的有限性,因而对于权力怀有戒备甚至恐惧之心,权力从其存在之日起就必被施以枷锁或者镣铐——宪法政治恰是建立在这样的观念认知基础上的。上帝既是人类的"十字架",也是权力的"紧箍咒",这是人类的宿命,也是权力的宿命。因此,康德的上帝之说可能是"人是目的"的判断之外又一个有价值的命题,甚至可以这样说,

---

① [德]康德:《康德三大批判合集》(下),邓晓芒译,人民出版社2009年版,第491页。

② [德]康德:《康德三大批判合集》(下),邓晓芒译,人民出版社2009年版,第483页。在关于这个论述的注释中,康德说:"这一道德的论证不是要对上帝的存有提供任何客观上有效的证明,不是要向怀疑的信徒证明有一个上帝;而是要证明,如果他想要在道德上一贯地思考,他就不得不把这个命题的假定接受进他的实践理性的准则中来……"[德]康德:《康德三大批判合集》(下),邓晓芒译,人民出版社2009年版,第483页,脚注1。

规范、秩序与公法

二者是需要同时被认识和接受的，正是上帝的存在，人是目的的判断才不至于走向极端。在笔者看来，只有承认上帝，人是目的才有意义，康德哲学的完整意义才得以显现。

"人民"一词的宪法学反思[*]

在我国宪法学研究中,"人民"的含义一直没有得到有效澄清,由此造成了认识上的偏差。在实践层面,人民一词更是被"泛用",成了一个司空见惯却又模糊不清的存在。因此,有必要对其进行反思。

一 人民:抽象的道德概念、历史概念还是具体的宪法概念?

从总体上说,除在政治学意义上理解人民这个范畴以外,人民也是一个典型的宪法概念,尽管它不是一个法律概念,此处的法律是狭义的。在宪法学语境中,区别宪法与法律具有特殊意义,因为宪法所要调整的是人民与国家(政府)之间最基本的关系,而法律则是在宪法之下具体规定各种权利义务关系,通常并不出现以"人民"一词表示的法律主体,因此,人民是一个在宪法层面研究的概念。比如《美国联邦宪法》第1修正案规定:"国会不得制定关于下列事项的法律:建立宗教或禁止信教自由;剥夺人民的言论自由或出版自由;剥夺人民和平集会以及向政府申冤请愿的自由。"《德国基本法》第33条第1款规定:"所有德国人民在各邦均有同等之公民权利与义务。"那么,应该如何理解作为宪法概念的人民呢?

长期以来,我们的宪法学对于人民的解释没有脱离革命政治的历

---

[*] 本文原载于《法学论坛》2008年第4期,已作修改。

史道德观，人民一直被作为是革命政治的名词来认识而不是作为民主政治的名词来对待，原因在于我们习惯于用革命政治代替民主政治。在革命政治意义上，"人民"是与"敌人"相对的概念，因为分清敌友"是革命的首要问题"。而所谓人民，则是"以其存在和活动推定历史向前发展的那些社会阶级、阶层和社会集团"。① 对于敌我阶级的划分，决定了可以被称为"人民"的界限和范围，受到不同的革命目标的约束，人民与敌人的划分标准是动态的。因此，作为一个政治概念，人民是随着形势的变化而不断变化着的。就我国现阶段而言，"人民包括社会主义的工人、农民和知识分子以及其他一切拥护社会主义和拥护祖国统一的社会力量和爱国者"。② 换言之，"统一战线"的范围即为"人民"的范围。而在不同的时期，"统一战线"的构成是不同的。比如，2004年《宪法修正案》第19条规定："宪法序言第十自然段第二句'在长期的革命和建设过程中，已经结成由中国共产党领导的，有各民主党派和各人民团体参加的，包括全体社会主义劳动者、拥护社会主义的爱国者和拥护祖国统一的爱国者的广泛的爱国统一战线，这个统一战线将继续巩固和发展。'修改为：'在长期的革命和建设过程中，已经结成由中国共产党领导的，有各民主党派和各人民团体参加的，包括全体社会主义劳动者、社会主义事业的建设者、拥护社会主义的爱国者和拥护祖国统一的爱国者的广泛的爱国统一战线，这个统一战线将继续巩固和发展。'"

对于人民"构成"的划分决定了社会中不同阶级或阶层的人在国家政治生活中的地位。因此，当宪法宣称"一切权力属于人民"的时候，实际上是指全体国民中被认为是"人民"的那一部分国民是国家权力的所有者，而人民的"敌人"是不拥有这个权力的。不仅如此，在上述革命政治语境中，"人民"还被塑造成了一个整体概念，即将人民看作是具有同质性的单一的整体，这种认识使得人民成了一种不着

---

① 许崇德：《宪法》，中国人民大学出版社1999年版，第80页。
② 同上。

边际的、虚妄的存在：人民是每个人之外的"异己"力量，我们难以确定这样的人民与自己之间的关系。

但是，民主政治意义上的人民并非如此。宪法理论认为，"人民"是与"国家"或"政府"相对应的概念，[①]它意味着一国的全体国民即所有人。国民所处的阶级与阶层不同，并不决定他们在宪法中的地位不同。因为，人，而不是人的政治立场及意识形态，是政治制度设计最基本的出发点。人更确切地说是每个人的权利得到保护是政治制度的根本目的，即政府的创立有利于人民自身幸福的原则，人权是宪法进行政治制度设计的基础。美国《独立宣言》写道："我们视下列各点为不言而喻的真理：人人生而平等；人人生而具有造物主赋予的某些不可转让的权利，其中包括生命权、自由权和追求幸福的权利；为了保障这些权利，政府才在人们中间得以建立"，[②]"人民有权……建立一个政府，其赖以奠基的原则，其组织权力的方式，务使人民认为唯有这样才能获得他们的安全和幸福"。在这里，"人民"是指具体的个人，其在宪法中居于首要的地位。在宪法规范层次上，"人民"与"每个人"的涵义是相通的。《德国基本法》的表达就是一例。与美国宪法序言相似，《德国基本法》的前言明示："德国人民意识到在上帝和人类面前之责任，并作为统一欧洲的平等一员，决定为世界和平而努力；为此决心所激励，他们通过其选民权力而采纳了这部基本法"。在《德国基本法》中，我们读到"德国人民"（比如第1条）、"人民"（比如第20条）、"人人"（比如第2条、第3条、第5条）、"所有德国人"（比如第8条、第9条）、"任何人"（比如第103条），这些用语相互之间可以替换使用。当《德国基本法》第1条开宗明义地宣称"人格尊严不可侵犯，尊重与保护人

[①] 严格地说，国家与政府是有区别的，在此将这两个概念在同一个意义上使用。

[②] 需要指出的是，虽然《独立宣言》宣称"人人生而平等"，1787年制定的《美国联邦宪法》却并没有真正落实这一点，比如其第1条第2款规定："众议员名额和直接税税额，在本联邦可包括的各州中，按照各自人口比例进行分配。各州人口数，按自由人总数加上所有其他人口的五分之三预以确定。"这里的"其他人口"主要是指当时身份为奴隶的黑人。但我们并不能够因此而否定"人人生而平等"作为宪法政治追求的正当性与合理性。

格尊严是所有国家权力的责任"的时候，是说对每一个人的人格尊严进行保护的宪法追求，约束和控制着所有政府权力。

因此，在民主、法治意义上，人民就不再是个道德概念或历史概念。这是因为，宪法的核心价值是尊重和保护每个人的自由、权利与尊严，每一个人都可以被称作是人民。在宪法语境中，没有任何人——政府也不例外——有资格判断人的"进步"与"先进"与否，政府更不能以它的标准来衡量人的"优劣"，即使他的思想与社会的主流是格格不入的，也不能够宣布其为"异端"或"敌人"，政府更不能够以"正确"或"真理"自居去控制和要求人的服从。任何人都不能够垄断真理——特别是政府，更没有作出判断的权力，否则，即是认为政府是人民的主人，政府是先知先觉的。换言之，政府并不是真理的化身。宪法承认人与人之间的差异，这体现为宪法的宽容精神，其本质是政府即公共权力的宽容。宪法必须尊重和保护每一个人，尊重和保护不同思想、主张，承认社会中各种利益的差异性，并允许不同利益的共存和对各种不同利益包容。一个社会中人与人之间的差别和歧视是客观存在的，也是不可能消除的，我们不能够要求一个普通公民平等地对待其他人，但是，我们有理由要求政府平等地对待每一个人。因为，政府的产生是全体人民的"合意"，作为这种合意的契约形式，宪法保护每一个人，政府的承诺是针对每一个人都有效的。在立宪民主体制下，社会的基本价值判断是由多数人通过民主程序作出的，这表现为民主程序通过的立法，但是，少数人并不因此而成为"敌人"，他们同样有权利去挑战基于民主的多数决规则所制定的法律，利用宪法审查机制保护自己。也许这就是宽容的宪法政治与不宽容的革命政治的根本区别所在。同时，人民也不再是个抽象的整体概念，而成为一个具体概念。一直以来，我们都在整体意义上理解人民这个概念，并将其推向极致，成为"神圣"的象征，头上闪着"耀眼的光环"。但是，这种"人民"又是看不见、摸不着的。事实上，所有的整体概念最终都必须落实到个体头上才有意义。根据方法论的个体主义，整体是由相互联系的个体组成的，只有分解并分析个体性质及其相互联系才能认识整体。人民这个概念也不例外。

二 人民：始终为善、与恶无缘吗？

人民总是正确的，这是我们接受的关于人民的另一个观点。阿克顿勋爵在分析法国大革命的背景时指出，"卢梭的最先进之处是人民不会犯错误的信条。朱里曾教导说，他们不会做错事，卢梭则补充说，他们必定正确"。[①]那么，历史这个"论据的实验室"又对此观点做出了怎样的注解？

从人类历史来看，人民为"非"的事例并不鲜见。在伯里克利时代的希腊，"大权在握的人民有权做其权力范围内的一切事情，除了自己对是否方便得出的判断外，不受任何是非准则的约束……既有的力量无一能够约束他们；他们决意不受任何义务的束缚，除了他们自己制定的法律外，他们不受制于任何法律。获得解放的雅典人民，就是以这种方式成了一个暴君……他们的罪恶在苏格拉底的殉难中达到了顶峰"。[②]法国大革命时代，人民的意志被认为是绝对正确的因而是至高无上的，而大革命的教训表明，对于人民意志极端推崇以致神化的结果只能是一场灾难。正如作家房龙曾经总结的那样：革命使得"一些自尊心很强的民族终于摆脱了'一贯正确的人'强加在他们头上的枷锁，但他们却接受了一本'一贯正确的书'的指挥"。[③]在此，"一贯正确的书"即为卢梭的《社会契约论》。与路易十四的"朕即国家"相反，卢梭认为，"主权在民"。如果"一贯正确的人"是指以路易十四为代表的国王（当时是路易十六），那么，"一贯正确的书"就是《社会契约论》。过去，国王是唯一正确的化身，而现在，《社会契约论》成为唯一正确的革命指导思想和信条。在卢梭看来，人民的声音即是上帝的声音，作为人民的普遍意志的"公意永远是正确的""任何人拒

[①] ［英］阿克顿：《自由与权力》，侯健等译，商务印书馆2001年版，第200页。
[②] 同上书，第39—40页。
[③] ［美］房龙：《宽容》，迮卫、靳翠微译，生活·读书·新知三联书店1985年版，第353页。

不服从公意的，全体就迫使他服从公意"。① 法国大革命从最初的反对国王的封建暴政和不平等不公正的社会现实，最终演变为可怕的雅各宾派的红色恐怖，人民意志的"绝对正确性"理论为这些乌托邦分子的恣意妄为提供了"理论依据"。然而，革命的暴风骤雨并没有清除所有罪恶，一切过去之后，不宽容仍然是社会的主流意识形态，尽管变换了存在的方式："一年前，有人要是说当权者只是靠上帝的垂青度日，有时也会出差错，'不宽容'便会把他们送上断头台。现在，谁要是坚持人民的意愿不一定总是上帝的意愿，'不宽容'也会把他们推向死亡的道路"。②

需要指出的是，思想家从来不需要对自己的理论和学说负责。尽管"论起对法国大革命的巨大影响，没有人能超过卢梭"，我们却不能把法国大革命的种种错误归咎于他。但是，掌握国家权力的政治家却必须端正自己的指导思想，必须对自己的行为负责，否则，就会误入歧途。在法国革命"自由、平等、博爱"的口号声中，"人民""人民利益""人民意志"成为被少数极端分子用来排除异己的"合法根据"和"正当理由"，以至于我们可以把罗兰夫人的那句话套用过来：人民，多少罪恶假汝之名而行！

当我们撩开人民脸上的面纱，我们发现，人民也不过是普普通通的人，而"人人都不是天使"，有善的一面，也有恶的一面。制度的作用在于限制人的恶，如果没有制约，任何人都会成为恶棍。密尔曾经深刻地指出："有些正统基督教徒总容易想，凡投石击死第一批殉教者的人必是比自己坏些的人，他们应当记住，在那些迫害者之中正有一个是圣保罗呢"。③ 尤其是在政治领域，不受限制的权力必然导致暴政。古往今来，概莫能外。由此可知，权力无限的所谓"永远正确"的人民或人民意志与专制没有什么两样，在这个意义上，民主与专制并不

---

① [法]卢梭：《社会契约论》，何兆武译，商务印书馆2003年版，第24页。
② [美]房龙：《宽容》，迮卫、靳翠微译，生活·读书·新知三联书店1985年版，第352页。
③ [英]约翰·密尔：《论自由》，许宝骙译，商务印书馆1959年版，第26页。

是绝对对立的。如果人民意志成为一种绝对意志，那么，专制也就降临了。换言之，民主与专制之间并没有截然分离的泾渭分明的鸿沟。在立宪体制下，没有任何一种权力是至高无上的，不受限制的，不管它是以什么样的名义出现，即使是代表人民意志的立法权力也不例外。因为，那些被我们选举出来的担任立法任务的代表，其本质与我们普通人并没有什么两样，他们也具有智识上的局限性，也会犯错误，因而也同样需要受到约束和控制。承认有限政府原则，是宪法政治的基本特征。不承认这一点，就不可能接受对来自人民代表的立法进行审查的正当性。

三 人民与人民主权：是否都被我们误读？

如果说我们在一定程度上误读了"人民"的话，那么，导致这种误读的根本原因之一是我们误读了"人民主权"。

"人民主权"——200多年前的一种思想或理念——在现时代几乎成了所有国家的"立国之本"。人民主权获得了毋庸置疑的合法性，成为宪法的基本原则之一。中国宪法也不例外。50多年来，人民主权原则的实践取得了一定的成绩，但也存在一些问题。确实，就宪法的基本原则而言，没有哪一个原则能比"人民主权"更有魅力、也没有哪个原则比它更让人难以把握的了。

根据哈贝马斯的解释，"人民主权的概念来自于共和主义对近代早期的主权概念的袭取和评价，在那时，这个概念起初是与绝对统治者联系在一起的……这个概念可追溯到让·博丹；让-雅克·卢梭接过这个主题，用它来表示联合起来的人民的意志，并同自由平等的人们的自我管理这个古典概念融合起来，纳入现代的自主性概念"。[①] 在卢梭思想影响下，法国的人民主权被塑造成一种"整体主义的政治实践概念"，而在制度层面，法国政体最显著的特征是议会主权和立法至

---

① [德]哈贝马斯：《在事实与规范之间：关于法律和民主法治国的商谈理论》，童世骏译，生活·读书·新知三联书店2003年版，第373页。

上。在法国人的心目中，法治代表着正义的立法——而非宪法——的统治。但是，"这种整体主义的政治实践概念，现在也失去了它的光泽和推动力。在实现所有公民对政治意志形成过程之平等参与的法治国建制化的艰难过程中，内在于人民主权概念本身的矛盾也暴露出来了。人民，所有国家权力应该从此出发的人民，并不构成一个有意志有意识的主体。它只能以复数而出现，而作为人民它既无法整个地具有意识，也无法整个地采取行动"。[①] 更为重要的是，"现代社会并不是同质的"，因而"统一的人民主权的虚构，只能以隐藏或压制个别意志的异质性为代价才能实现"。[②] 在这个意义上，以"人民意志即公意至高无上"为理论基础并以牺牲个体意志为代价的议会主权，也并不具有超越一切的合法性。法国在1958年第五共和国之后的宪法制度发生了根本变革，集中体现在两个方面：其一，执法机构（内阁）享有宪法规定的有限立法权，立法机构不得侵入；其二，设立宪法委员会，使得政府机构的分权状态得以维持。至此，法国明确抛弃了其坚持近两个世纪之久的议会主权的民主理念，实现了对于立法权力的约束和控制。

事实上，以法国为代表的抽象的、整体意义上的"议会主权"或"议会至上"并不是人民主权原则的"唯一解释"，历史的发展也为我们提供了另外一种经验蓝本，那就是美国的实践。在托克维尔所处的时代，"人民主权原则已在美国取得人们可以想象到的一切实际进展。它并没有像在其他国家那样被虚捧而架空，它根据情况的需要以各种形式出现在美国"。[③] 其结果是人民主权原则以最直接的形式得到了实施。正如托克维尔所观察到的那样，在美国这个世界上第一个发展了大众民主制度的国家，从总统和国会议员到地方最基层的行政长官和议会议员，均由选民以不同形式选举产生。人民主权原则在具体的民

---

① ［德］哈贝马斯：《在事实与规范之间：关于法律和民主法治国的商谈理论》，童世骏译，生活·读书·新知三联书店2003年版，第627页。
② 同上书，第631页。
③ ［法］托克维尔：《论美国的民主》（上卷），董果良译，商务印书馆1988年版，第64页。

主实践中成长:"在美国,立法者和执法者均由人民指定,并由人民本身组成惩治违法者的陪审团。各项制度,不仅在其原则上,而且在其作用的发挥上,都是民主的。因此,人民直接指定他们的代表,而且一般每年改选一次,以使代表们完全受制于人民。由此可见,真正的指导力量是人民;尽管政府的形式是代议制的,但人民的意见、偏好、利益、甚至激情对社会的经常影响,都不会遇到顽强的障碍"。[1]因而"可以严格地说美国是由人民统治的"。作为"宪法的根基",人民是具体的、生动的存在,而"不是任何权力机构或野心家可以方便利用和玩弄的抽象名词",[2]在民主过程中,作为个人的人民成为实实在在的主权行使者,人民主权原则充满了生命力。

那么,人民主权作为宪法原则的意义与价值何在?从根本上说,人民主权的意义在于宣示政府的性质与政府权力的正当性或合法性。洛克指出:"从古至今,为患于人类,给人类带来城市破坏、国家人口灭绝以及世界和平破坏等绝大部分灾祸的最大问题,不在于世界上有没有权力存在,也不在于权力是从什么地方来的,而是谁应当具有权力的问题"。[3]人民主权意味着人民——而不是君主或其他少数人——应当具有权力。政府是人民的政府,人民是政府权力的所有者即政府权力属于人民,这是政府存在的正当性或合法性的基础。因此,人民通过制定宪法而授予政府权力是人民主权的根本体现,政府权力因此而具有合法的来源,人民的承认和认可使得政府具有正当性,政府权力的基础在于人民的认同,否则,政府就失去其存在的合法性基础。人民主权意味着人民对于宪法和政府权力具有最终权威。因此,人民主权说明了人民与政府之间的关系,政府权力来自于人民是人民主权原则最核心的内容。比如美国联邦政府由全体美国人民通过制定联邦

---

[1] [法]托克维尔:《论美国的民主》(上卷),董果良译,商务印书馆1988年版,第194页。

[2] 肖雪慧:《我们人民:国家命运的最终主宰者》,《云南大学学报》2005年第3期。

[3] [英]洛克:《政府论》(上),瞿菊农等译,商务印书馆1982年版,第89页。

规范、秩序与公法

宪法而产生，这意味着联邦国家的主权属于全体人民，人民主权原则成为联邦制的基本原则。因此，人民主权也可以解释为"人民对政府具有主权"。

另外，人民主权为人民遵守法律提供了合理的根据：服从法律何异于服从我们自己？法治国家的一个基本要求是政府和公民都在法律的约束之下，那么，公民为什么必须遵守法律？答案历来有多种。在国家和政府权力来自于人民的契约论理念下，立宪过程是一个思考和选择的过程，是一个公众讨论政治的过程，人民将对国家目的、政府权力的来源与运作、公民权利等问题讨论的结果变成宪法，从而使宪法成为基于社会共识而产生的一种对政府和公民都具有约束力的全民政治契约，一部反映全民理性意志的法律文件。因此，宪法是人民的合意的结果，人民通过讨论和协商，同意用宪法的方式将自己固有权利的一部分让渡出去从而形成政府权力，以实现靠自由建议、公开讨论以及非强迫的人民赞许和同意来实行统治。立法权是政府权力之一，立法机关、立法机关的成员构成及产生方式、立法过程所必须遵循的程序都是宪法明确规定的，因而是我们人民同意的。所以，立法机关在法定权限范围内按照法定程序所通过的法律，我们就必须服从和遵守。在这个意义上，服从法律是无异于服从我们自己的：法律与政府的存在是为了保护人民的自由，人民本身也是受统治的，但是，这种统治并不是外在地强加在人民头上的，而是内在于人民自己对自己的承诺——统治者与被统治者是相同的。换言之，人民既是统治者又是被统治者。因此，也可以说人民主权构成了人民自治的基础。

四 人民与国家（政府）：谁是目的？谁又是手段？

在宪法理念上，人民与国家（政府）之间的关系是非常清晰的。这种理念不承认所谓"君权神授"的教条，认为国家并不是从来就有的，其存在也并不是天经地义的，而是由契约产生，它必须符合一定的目的。国家权力是由先于其存在的人产生的，它的行使必须满足人和社会的现实需要，在这个意义上的国家权力才是合法的，这样的政府才具有合法存在的正当性。否则，国家或政府就失去了存在的意义和价值。因此，是人民通过宪法这个契约形式产生了国家，先有人民而后有宪法再有国家，而不是相反。

然而，长期以来，我们对于人民与国家或政府之间关系的认识比较含糊，我们所接受的结论是："国家利益高于一切"。国家意志和利益的至上性、排他性、绝对性成为国家经济活动及一切社会生活的最高原则和根本标准，结果是国家个人化、个人国家化。这在我们的宪法及法律中都有所体现。可以说，这种观念使得国家成为高高在上的存在，而人民成为国家的附庸，成为无足轻重的草民。除历史原因外，这种"国家利益高于一切"的观念与我们对于"主权"的误解不无关联。"主权"是一个复杂的概念，古今中外的学者们对此众说纷纭，莫衷一是。大致可以在两个层次上理解即对外意义上——在国际交往中的国家主权和对内意义上——国家或政府权力或称为国家的统治权。宪法中所涉及的主要是对内意义上的"主权"。那么，主权有没有限制？历来有两种观点：有限说和无限说。"主权无限说"认为："私人以及私人团体，对于国家，不能享有任何对抗的权利，国家为保持自己的生存与增进自己的实力起见，可以牺牲私人的任何利益和目的……一个人最高的义务，不在发展他的个性，而在完成他对于国家的义务。因此，任何反抗国家的行为，他以为都是不合理的行为……国家行使权力的时候，即在道义上，也可不顾私人的任何目的或利益"。[①]

对于这种主权无限说支配下的国家观，20世纪初英国思想家霍布豪斯曾经进行过批判，认为它是"导致政治专制和军国主义的理论根源"。霍布豪斯指出，"国家是个伟大的组织……然而，当国家被抬高到成为一个高高在上、不关心它的成员的实体时，它就变成了一个伪造的上帝"。[②] 他分析了两种不同的国家观："按照民主的观点，国家是人类的仆人，这有双重的意思，即评价国家时，既要看它为其成员

[①] 王世杰、钱端升：《比较宪法》，中国政法大学出版社1997年版，第31页。
[②] [英] L. T. 霍布豪斯：《形而上学的国家论》，王淑钧译，商务印书馆1997年版，第32页。

的生活做了些什么，又要看它在人类社会中起了什么作用。按照形而上学的观点，国家本身就是道德价值的唯一捍卫者。按照民主的观点，主权国家已经注定要从属于一个世界共同体。按照形而上学的观点，主权国家乃是人类组织的最高成就。真理何在，就让欧洲现在的情况来证明吧"。① 那么，欧洲的情况又做出了怎样的证明呢？主权无限学说成了法西斯主义的基石，纳粹时期的口号是"你什么都不是，你的民族才是一切"。法西斯给人类造成的灾难充分证明主权无限的国家观是多么有害和不可取。

今天，随着一系列国际组织与规则的发展与深化，"主权"在对外意义上的作用已经减弱；而在对内意义上，主权与人权的关系成为人们关注的焦点。国家主权正在被重解："国家现在被普遍认为是一项为人民服务的工具，而不是与之相反。与此同时，一种重新兴起的、范围广泛并日益扩展的个人权利意识，强化了个人的主权。即联合国宪章和后来的国际条约所规定的个人基本自由权。当我们今天读到联合国宪章时，我们就更加认识到，联合国宪章的宗旨是要保护人类的个人，而不是保护虐待他们的人"。② 事实上，国家不是什么神秘的存在，就是官员所组成的权力机构。在立宪政府的权力总体结构中，所谓无限权力的主权是不存在的。不仅如此，国家得到人民认同和支持的根据在于其遵循人民的真正意愿。国家作为整体必须关注其成员，作为国家的"宏大目标"必须同每个人的"渺小的生活"相结合，而不是损害个人的幸福去实现国家的幸福。国家的存在本身不是目的，而是为了生活在其中的每一个人。因此，国家与人民的关系也是权力与权利的关系，也是手段与目的的关系，对于后者的保护是前者的存在意义与价值。

---

① ［英］L. T. 霍布豪斯：《形而上学的国家论》，王淑钧译，商务印书馆1997年版，第134页。

② ［加纳］安南：《两种主权观》，曹世华译，载夏中义主编《人与世界》，广西师范大学出版社2002年版，第292页。

五　结语

我们对人民一词熟视无睹，在很大程度上是因为我们将其抽象化，并使其远离我们的生活。人类从来不会对自己没有经历过的事情抱有太大的信心，这也许是个常识。我们知道，在人类既往的经验与教训中，抽象地谈论人民这个概念是空洞的甚至有害的。人民是我们每一个人，与此相关的一切制度都是为了人——活生生的人民，理论和制度皆因人而存在，这是不证自明的道理。然而最简单的道理，也最经常为人们所忽视。但愿我们不再重复过去的悲剧，不被悲观论者所不幸言中，他们的论点是：人类从历史得到的教训就是——人类没有从历史得到教训。

自治与监督
——司法权威的宪法建构机理[*]

一 问题的提出

司法权威是法治不可或缺的内容和法治运行的保障力量。近年来，随着中国法治事业的推进，司法权威成为法治建设的关键词之一。世界范围内的经验表明，司法独立是实现司法公正的前提，也是司法权威得以确立的基础。当司法尚为某种政治的或者宗教的、个人的或者组织的附庸时，是谈不上权威二字的。因此，几乎所有现代成文宪法国家都以宪法条文明确规定司法的独立地位。同时，与任何国家公权力一样，司法权的独立也是有限度的。那种认为"只有绝对独立才能产生绝对权威"的观点不仅是荒谬的，而且是危险的。不受限制的权力极易产生腐败，异化为悖离权力设立初衷的破坏性力量，权威也自然不复存在。如果我们把司法独立看作是一种司法权的"自治"状态、对司法权的限制是一种安全性的"监督"装置，那么，司法权威的建构在很大程度上取决于自治与监督之间关系的对立统一：一方面，自治是必需的，不能因监督而损害自治；另一方面，监督是必要的，不能因自治而排除监督。在宪法层面，自治与监督的矛盾表现为国家权力与国家权力、国家权力与基本权利之间的内在张力。正确理解和合理定位这种张力是建构司法权威的关键所在。本文即以中国宪法文本

---

[*] 本文原载于《学习与探索》2013年第4期，已作修改。

和当下司法实践为基本材料，结合法治发达国家的相关制度，尝试探讨这种张力的平衡之道，希冀对中国司法权威的建构有所助益。

二 国家权力关系中的司法权威

我国宪法第 126 条规定："人民法院依照法律规定独立行使审判权，不受行政机关、社会团体和个人的干涉"。这一条被学界普遍认为是对司法独立的宪法确认，[①]事实上，它也是平衡司法领域权力与权力、权力与权利之间关系的总原则，司法权威的建构在很大程度上依赖于这种平衡的实现。

宪法第 126 条的内容表明，作为司法独立最集中体现的审判权独立是一项宪法原则。审判权的独立行使由宪法和法律作为保障，具体来看，宪法和《人民法院组织法》《民事诉讼法》《刑事诉讼法》《行政诉讼法》等全国人大和全国人大常委会制定的法律成为这种保障的文本根据。同时，"独立行使审判权"不排除对审判权的限制和约束，宪法和法律是审判权独立行使的保障，也是审判权的独立行使受到限制和约束的根据，换言之，独立与受限制都必须由宪法和法律来确定，独立的"空间"取决于宪法和法律的设定。这是"依照法律规定独立行使审判权"的双层含义。[②]此外，行政机关、社会团体和个人对司法独立的干涉是宪法直接禁止的。也就是说，被列举出来的这三类主体在任何情况下都无权干涉审判活动，他们对于审判活动的干涉行为不构成上述对审判权独立的限制，也不受宪法和法律的保护。比如行政机关。关于行政权与司法权之间的关系，除了第 126 条、第 135 条（"人民法院、人民检察院和公安机关办理刑事案件，应当分

[①] 由于我国宪法规定了人民法院和人民检察院并存和并列的权力格局，因而司法权由人民法院和人民检察院共同行使，中国语境下的司法权应该包括人民法院的权力（审判权）和人民检察院的权力（检察权）。本文研究主题限于人民法院审判权的运作，将司法权和审判权在同一个意义上使用，鉴于"司法独立"在法治国家是专门针对法院的审判权而言的，故本文所称司法独立即指审判权的独立行使。

[②] 参见蔡定剑《宪法精解》，法律出版社 2006 年第 2 版，第 440—441 页。

工负责，互相配合，互相制约，以保证准确有效地执行法律"）之外，我国宪法文本没有其他条款规定二者关系，在法律层面，司法权与行政权之间的关联性主要反映在《行政诉讼法》中。法律实践中，行政权对司法权的干涉是比较容易被辨识的，比如陕西省国土厅通过召开"判决"性质的协调会，"否决"已经生效的两级法院的行政诉讼判决，[①] 就是很明显的违法、违宪行为。从审判权运作的环境来看，审判权的独立与限制，实际上转化为不同国家权力之间的关系以及国家权力与基本权利之间的关系，主要表现为司法权与立法权之间的关系[②]、司法权与基本权利特别是言论自由之间的关系。本部分集中讨论权力关系。

司法权威有赖于司法权与立法权的合理定位。直接体现司法权与立法权关系的宪法条款是第128条即"最高人民法院对全国人民代表大会和全国人民代表大会常务委员会负责。地方各级人民法院对产生它的国家权力机关负责"。长期以来，法学理论界和法律实务界有一种根深蒂固的模糊认识：宪法规定的法院对人大负责的权力格局，决定了法院审判活动中法律适用的范围和方式。所谓"范围"，即人民法院只能适用法律而不能适用宪法；所谓"方式"，即人民法院在法律适用时，不能对不同层级法律规范之间的冲突进行明确判断，比如说明下位法因与上位法的抵触而无效。在笔者看来，这样的认识是有问题的，并不符合宪法相关规定的原义，在对人民法院审判权的独立行使造成没有根据的限制的同时，司法权威也随之受损。

就范围而言，第128条中的"负责"并不说明：人民法院只需要向法律负责，而不需要向宪法负责，因而不能够适用宪法，尽管人大是制定法律的机关。这里体现的是人大对法院的监督关系，即法院需要接受人大的监督，与宪法第3条、第62条、第63条、第67条的相

[①] 黄秀丽：《2010十大影响性诉讼名单：最大问题是公权力滥用》，《南方周末》2011年1月20日。

[②] 当然，检察机关与审判机关的关系、审判机关内部不同层级法院之间的关系也是重要方面，限于篇幅，本文不展开讨论这些关系。

关规定相"呼应"。处于总纲部分的第3条第3款规定:"国家行政机关、审判机关、检察机关都由人民代表大会产生,对它负责,受它监督。"这是从总体上明确人大与人民法院的关系,"负责和监督"由国家机构部分的条款来具体落实,最为突出之处体现在人事安排上,根据宪法第62条和第63条,全国人大有权选举和罢免最高人民法院院长。根据宪法第67条,全国人大常委会有权监督最高人民法院的工作。宪法没有具体规定法院向人大"负责"的方式和人大监督法院的方式,在实践中,各级人民法院都向人民代表大会和它的常务委员会报告工作,向人大报告工作可以看做是"负责"的方式,而听取人民法院的工作报告是人大监督法院的方式。① 通过分析这些条款,可以发现:人民法院对人大负责并不妨碍人民法院对宪法负责。宪法第5条第4款规定:"一切国家机关和武装力量、各政党和各社会团体、各企业事业组织都必须遵守宪法和法律。一切违反宪法和法律的行为,必须予以追究"。人民法院作为国家机关也在"必须遵守宪法和法律"的主体之列。因此,并不能够说,人民法院向人大负责只是意味着人民法院只对法律负责而不对宪法负责,宪法并不应该被排除在人民法院的法律适用范围之外。在与宪法之间的关系方面,法院和人大并没有根本差异,二者都是具有宪法地位的国家机构,也就是说,法院和人大都在宪法之下、受到宪法约束、需要向宪法负责,只不过人大的负责方式是落实在相关的立法活动中,而法院的负责方式是落实在具体的审判活动中。比如,现行宪法2004年第四次修正后,最高人民法院即向全国法院系统提出了"牢固树立宪法意识,通过审判活动维护宪法权威,保证宪法实施"的要求,其具体内容是:"各级人民法院在审判工作中要严格遵守宪法,通过公正高效的审判活动,将宪法修正案的有关规定真正落到实处"。②

就方式而言,人民法院可以在法律适用过程中对法律效力作出判

---

① 参见蔡定剑《宪法精解》,法律出版社2006年第2版,第443、336页。
② 参见《最高人民法院关于学习贯彻〈中华人民共和国宪法修正案〉的通知》(2004年3月24日法〔2004〕36号)。

断，与法院接受人大监督的权力结构模式无关。这里不妨以2003年"洛阳玉米种子纠纷案"来论证。①在这起民事案件中，原、被告双方就被告承担违约责任的具体赔偿价格和适用法律发生争议。助理审判员李慧娟（任该案审判长）主持的合议庭支持了原告的主张，判决适用全国人大常委会通过的《种子法》，而不适用河南省人大常委会通过的《河南省农作物种子管理条例》。判决书指出："《种子法》实施后，玉米种子的价格已由市场调节，《条例》作为法律位阶较低的地方性法规，其与《种子法》相冲突的条款自然无效"。此案判决一出，立刻引起轩然大波。河南省人大常委会认为该案判决"实质是对省人大常委会通过的地方性法规的违法审查，违背了我国人民代表大会制度，侵犯了权力机关的职权，是严重违法行为"。李慧娟法官随即受到免职处理，司法权威在人大的"监督"下面临"合法性危机"。

那么，如何看待这个问题呢？根据《立法法》，这个案件对于法律规范冲突时的选择适用是正确的。可能唯一不妥之处在于对"无效"二字的使用。但事实上，抵触（或者冲突）即无效，这是法理常识，也是法律秩序的内在要求。我国宪法和《立法法》基本上是从"正面"规定法律的等级效力的，采用的立法语言是"不得抵触"，没有采用"无效"。比如，宪法第5条第3款规定："一切法律、行政法规和地方性法规都不得同宪法相抵触"。《立法法》第五章规定了"适用与备案"，其中第78-88条关于法律规范效力等级的规定，也是采用了"不得抵触""效力高于""改变或者撤销"等表述，但是，这些表述的对应结果或者对应含义就是"无效"，"抵触"即意味着"无效"，"不得抵触"即"抵触无效"，就是没有效力、不能适用。②在该案中，"无效"本身是对该地方性法规条款在本案中不适用理由的说明和强调，未必构成对于地方人大立法权的侵犯和损害。适用法律的过程自然就

---

① 参见河南省洛阳市中级人民法院（2003）洛民初字第26号民事判决书。
② 一些国家的宪法为了强调宪法的最高效力，明确规定"抵触或违反无效"，比如《日本国宪法》第98条规定："本宪法为国家最高法律，凡与本宪法条款相违反的法律、命令、诏敕以及有关国务的其他行为之全部或一部，一律无效"。

是对法律进行审查的过程，或者说，审查法律是适用法律的前提，是适用法律不可以避免的"前奏"或者"准备"，就像适用法律也必须要解释法律一样，这是司法过程的本质属性，特别是在选择适用的场合，在法律规范效力等级的确定上，审查和解释更是必然状态。这是审判活动的内在要求。宪法和其他法律没有规定人民法院不可以进行这样的审查。尽管宪法第67条规定，全国人大常委会的职权之一是"解释法律"，但是，并不排除人民法院对法律的解释，只是如果发生不一致的认识，必须以全国人大的解释为最终解释。河南省人大常委会认为该判决"违背了我国人民代表大会制度"，是基于"法院对人大负责"的权力结构模式作出的，然而，权力模式和法律适用是两个不同的问题，并不因为法院由人大产生并向人大负责，法院就不可以在法律适用中对法律进行审查，很显然，与流行观点一样，河南省人大常委会也混淆了权力模式与法律适用之间的关系，似乎法院一旦审查法律，就构成对"法院由人大产生并对人大负责"规则的背离甚至破坏，实际上，这是完全不同的两个问题。

值得关注的是，种子案对于司法独立和司法权威的影响并没有随着主审法官李慧娟法官职务的被恢复而结束，2009年，最高人民法院发布《关于裁判文书引用法律、法规等规范性文件的规定》（法释〔2009〕14号），其中第7条规定："人民法院制作裁判文书确需引用的规范性文件之间存在冲突，根据立法法等有关法律规定无法选择适用的，应当依法提请有决定权的机关做出裁决，不得自行在裁判文书中认定相关规范性法律文件的效力"。可以说，人大的不当监督致使法院"不知所措"，就连对解释和审查法律这种司法过程固有权力的行使也"战战兢兢"，足见司法权的"虚弱"和司法权威的"虚弱"。

三 国家权力与基本权利关系中的司法权威

在宪法框架中，司法权威还有赖于国家权力与基本权利之间关系的协调。如前所述，人民法院审判权的独立行使受到宪法和法律的保障，因而司法独立是宪法确定的原则。同时，宪法也规定了公民的基本权利和自由，比如，第35条规定："中华人民共和国公民有言论、出版、集会、结社、游行、示威的自由"。第41条第1款规定："中华人民共和国公民对于任何国家机关和国家工作人员，有提出批评和建议的权利……"与第41条规定相对应的是宪法总纲部分的第27条第2款："一切国家机关和国家工作人员必须依靠人民的支持，经常保持同人民的密切联系，倾听人民的意见和建议，接受人民的监督，努力为人民服务"。作为宪法义务的落实，《法官法》第7条规定法官应当履行义务的第七项就是"接受法律监督和人民群众监督"。这说明：司法独立受到来自公民基本权利的约束或者限制，换言之，司法权与基本权利之间存在某种张力。由于监督权利的行使也往往以言论的方式表达，因此，这种张力主要集中体现在司法权与言论自由之间的关系上。而二者关系的平衡状态深刻影响着司法权威。

现实层面，有不少案件的判决反映了法院在处理二者关系上的不同态度，也由此给司法权威带来了不同的影响。总体上看，有两大类情况：理性对待言论→坚持独立审判→维护司法权威；盲目应对言论→独立审判受限→损害司法权威。其中，第一类案件为媒体公开报道的不多，"湖南女教师裸死案"可能是近几年来，法院坚持理性对待言论、独立审判的代表性案件。[①] 该案被称为"2006年中国网络第一大案"，大批网民高度关注案件进程并参与讨论，形成了具有倾向性的网络言论，一审法院在证据不足的情况下，本着"疑罪从无、维护人权"的原则，对被告人作出无罪判决。尽管仍有人对判决持不同看法，但法院严格依法判决的行为维护了司法权威。另外一个案件"杭州胡斌飙车案"也值得一提，[②] 在该案的审理过程中，公众言论几乎是全部要求"严惩"被告人，而一审法院还是坚持以事实为根据、以法律为准绳的原则，最后作出了公正判决。

---

① 即"姜俊武涉嫌强奸案"，参见湖南省湘潭市雨湖区人民法院（2004）雨行初字第6号刑事附带民事判决书。

② 即"胡斌交通肇事案"，参见浙江省杭州市西湖区人民法院（2009）刑初审字第337号刑事附带民事判决书。

但第二类案件不在少数,影响特别大的如刘涌案、许霆案、泸州"二奶"继承案、李昌奎故意杀人案等。许霆案中,① 如果说公众言论支配了审判活动也许是不为过的,从一审判无期徒刑到二审改判五年有期徒刑,该案"畸轻"的二审结果同"畸重"的一审结果一样,让人怀疑司法的独立性和法律适用的稳定性和严肃性,同时质疑司法权威。泸州"二奶"继承案中,② 同情原配妻子、排斥二奶的公众言论形成了一种道德力量,法院也以这样的道德立场为出发点,在审判中不采纳遗嘱,也不适用《继承法》的具体条款,而适用"公序良俗"的民法基本原则,该案判决因法院在"言论胁迫"下以道德替代法律而受到批评。李昌奎故意杀人案中,③ 法院应对公众否定性言论的做法竟然是置法律规定的程序于不顾,以所谓的"实体上的正确"替代了"程序上的错误",此举实为法治之大忌。成为"执法违法"的典型,损及司法权威。在这类案件中,刘涌案算得上是一个典型中的典型。④ 被告人刘涌一审被以"故意伤害(致人死亡)罪"判处死刑立即执行。刘涌不服、提出上诉,理由是公安机关在侦查过程中存在刑讯逼供、口供取得方式违法。在二审过程中,辩护人提出被告人在侦查期间的口供不能作为证据使用,并提交了能够证实刑讯逼供的相关证据。二审法院遂改判死缓。但公众言论普遍质疑二审结果,认为二审改判不当。后最高人民法院依照审判监督程序提审该案,最终再度判处刘涌死刑立即执行。⑤ 这种基于"不杀不足以平民愤"的思维作出的判决,实质上是司法对于所谓"民意"的退让和妥协,司法过程被言论左右和支配,司法权威在几乎众口一词的"杀声"中黯然退场。

---

① 即"许霆盗窃案",参见广东省广州市中级人民法院(2008)穗中法刑二重字第 2 号刑事判决书。
② 即"张学英诉蒋伦芳继承权纠纷案",参见四川省泸州市中级人民法院(2001)泸民一终字第 621 号民事判决书。
③ 参见云南省高级人民法院(2010)云高法终字第 1314 号刑事判决书。
④ 参见最高人民法院(2003)刑提字第 5 号刑事判决书(再审刘涌案)。
⑤ 陈兴良:《中国刑事司法改革的考察:以刘涌案和佘祥林案为标本》,《浙江社会科学》2006 年第 6 期。

规范、秩序与公法

令人费解的是，同样是备受公众"热议"的死刑案件，与在刘涌案中的"积极作为"相反，最高人民法院在2012年吴英案中则是"消极不作为"。[①] 被告人吴英一审被以集资诈骗罪判处死刑立即执行，二审被裁决"驳回上诉，维持死刑判决"之后，社会舆论一片哗然。面对见之于各种媒介的如潮恶评，特别是来自法律专业人士和非专业人士对于因"集资诈骗罪"而被判死刑的判决正当性的全面质疑（认为与"国家尊重和保障人权"的宪法原则相悖），最高人民法院依然采取"不予核准，发回重审"的"稳妥"做法，而不直接加以改判死缓或者无期徒刑，致使同类案件的处理难以形成统一的规则，[②] 下级法院特别是二审法院一再成为公众言论"围攻"的对象，从而使司法系统和司法权威受到损害。

分析上述现象，可以发现第二种案件类型中法院行为的偏差。这样的偏差在很大程度上缘于法院对于自身功能的定位不清或者模糊。毫无疑问，言论自由是公民的基本权利。言论自由是维护自由民主的制度条件，如果没有言论自由，其他自由很难得到有效保障；言论自由也是民主政治得以正常运转的前提和基础，没有信息的自由交流，选民就不可能作出理性的选择，政府（包括立法、行政、司法各个分支）权力得不到监督。因此，公民通过各种媒介发表对司法问题的看法，甚至否定、批评、指责法院判决，都是一个民主社会的正常现象。但是，司法权力的运作暴露在公众言论中，并不意味着司法必须"附和甚至依从"公众言论，司法必须坚持自己的判断，否则就失去了司法职能存在的价值和意义，也与司法独立的宪法原则相悖。

---

① 参见"吴英非法集资案"，浙江省金华市中级人民法院（2009）浙金刑二初字第1号刑事判决书；浙江省高级人民法院（2012）浙刑二终字第27号刑事裁决书。

② 集资诈骗犯罪是近年来的高发犯罪类型。比如，2012年6月至7月间就有两起集资诈骗案件公开审判，一起是江苏省南京市中级人民法院一审公开审理的"润在公司集资诈骗案"（参见新闻报道《南京女老板集资诈骗案涉及超40亿 一审获死刑》，《现代快报》2012年6月26日），另一起是浙江省丽水市中级人民法院二审公开审理的"丽水银泰特大非法集资案"（参见新闻报道《"银泰55亿集资案"二审维持原判》，《南方都市报》2012年7月21日），两起案件的主犯都获死刑。

在这里，有必要澄清一种似是而非的观点：公众言论是"民意"，司法不能无视民意，而应该尊重民意。其一，公众言论未必就是民意。民意即人民意志，是民主政治（非君主政治或贵族政治）的标志性概念。在民主制度运作正常的国家，民意汇集于代议制机构并最终体现和落实于法律制定过程中。在代议制民主机制下，人民意志而非个人意志或者组织意志上升为国家意志，人民意志即国家意志的表达由民主过程来完成：首先由人民直接选举出自己的代表即议员，人民以选举这一最重要的参与途径来影响国家政治和方针政策，再由人民的代表即议员经过确定的民主规则进行立法，其结果即是法律。也就是说，人民意志转化为法律的过程也就是人民意志得以实现的过程，民主过程的立法直接体现了一国人民在重大问题上的价值取向和判断——通过严格的立法程序确保法律代表社会的公共利益。因此，民主社会的法律也可以说是民意的代名词，立法机构直接集中和反映民意并形成法律，因而被认为是典型的民意机构。在这个意义上，没有反映在立法过程中的公众言论未必就是民意，至少不完全是民意。以公众言论为形式的法律之外的"民意"是一种不确定的存在，时常因某种信息的公开而瞬间呈现出与原初判断截然相反的态势和立场，[①]理性程度存疑。其二，即便公众言论是民意，司法过程也不需要（或者不应该）反映民意。宪法关于国家权力分配或者配置的目的，在于使得不同机关行使不同性质的职责、完成不同方面的功能。因此，不同类型的权力呈现出不同的特质，权力运作的基本要求是：各司其职、各负其责，如果权力发生错位，那么直接的后果就是导致制度的运行偏离正常秩序。与立法机关和行政机关不同，司法机关是法律性质的机构，而不是政治性质的机构，司法机关不反映民意——其职责和功能决定了其不是民意机构，司法过程是适用法律的过

[①] 根据苏力教授的研究，在许霆案发展过程中，"一审判决下来后，许多网友都在认为处罚过重的意义上支持许霆，批评广州中院，甚至主张许霆无罪；但重审时，仅因许霆说了一句最初曾想'替银行保管钱款'这样一句也许其主观上并非虚假的话，马上就引发许多网友转向，认为许霆活该判无期。"苏力：《法条主义、民意与难办案件》，《中外法学》2009年第1期。

程，这个过程体现法律的价值而不是作出价值判断和选择，作为价值选择过程的立法是由代议制的民主过程完成的，是立法权的范围。因此，法官必须忠诚于宪法和法律，而不是民意。近年来司法改革的某些内容事实上是与司法权的性质相左的。比如，最高人民法院在"能动司法"的口号下，要求各级法院发挥主动介入、主动服务的机制，及时解决纠纷，为"保增长、保民生、保稳定"服务，并提出应以人民群众满意度为价值取向。[①]事实上，司法过程的性质决定了"人民群众满意度"不是衡量司法公正和判决质量的标准，对法律负责而不是对民意负责是司法权的意义所在，法官不能够以满足"人民的意愿"而超越其司法固有权限和功能。

当然，我们也不应该忽视公共言论的有益成分和正面作用。公共对话（或称公共商谈，public discourse）是民主自治和现代法治的核心特征之一，公众的法治对话深刻影响着宪法制度的发展和完善。在宪法政治国家，作为言论自由重要组成部分的公共对话，包括了公开讨论公众关注的所有问题的自由。[②]在当下中国，法院判决是法治和宪法性公共问题之一，公民权利与宪法意识的觉醒，使得围绕这一问题的公开讨论成为可能。公众质疑、讽刺甚至是"攻击"司法的过激言论，本质上表达了对法治正义的诉求，他们对于司法的苛责可以看作是对中国整个法律系统在宪法框架下秩序化运作的期望。中国正处于社会转型的变革时期，法律规范与社会现实之间的矛盾更加突出，而立法的滞后与缺失，让司法事实上独自承担了舒缓和调适两者之间张力的责任。加之人大代议制功能没有充分发挥，民意的传输和沟通渠道不能正常运转，本来应该可以通过立法过程吸收的意见，都集中到了司法机关，法院几乎成了应对法律世界各种不满、异议、甚至愤恨言论的唯一机构，法院判决由此成为"汹汹民意"所指向的焦点，

[①] 参见新闻报道《王胜俊：能动司法是人民法院服务大局的必然选择》，《人民法院报》2009年9月10日。

[②] Robert C. Post, *Constitutional Domains: Democracy, Community, Management*, Harvard University Press, 1995, p. 135.

这真是司法难以承受的时代之重。这也提示我们：法治是一个系统工程，其中任何一个环节的运转状况"失调"都会直接导致整个系统的"乏力"。不可否认的是，公众言论也对司法过程形成了一定的约束，在某种程度上起到了防止司法权滥用的作用。宪法第 125 条规定："人民法院审理案件，除法律规定的特别情况外，一律公开进行。被告人有权获得辩护"。公开审理一方面是保护当事人权利的需要，另一方面也是要求司法必须接受公众的监督。司法公开为公众言论的表达提供了可能性，或者说，司法公开本身就意味着审判活动应该接受公众的评论和质疑。因此，我们不能够因为公众言论会对司法产生"压力"和"误导"就否认言论的存在价值，而应该吸收言论中的合理要素，使判决更加符合立法精神和司法公正的目标。无论如何，司法应对公众言论的"底线"应该是对司法独立原则和自身法定职责的坚守，而不是在种种争论和评论声中，左右摇摆、无所适从，甚至迷失自我，以追求"民意"或人民群众"感觉"的暂时满足为目的，牺牲司法公正，背离司法目标，削弱司法权威，与法治的要求渐行渐远。

四 自治与监督：司法权威的宪法建构理路

通过以上讨论可以发现，现阶段司法权威在司法权与立法权、司法权与言论自由的紧张关系中强弱不定、忽起忽落。司法权威的"阴晴圆缺"很大程度上取决于立法权不干预的几率、公众言论激烈的程度以及法院理性应对言论的可能性，处于"变动不居"的状态，难以成为法治的保障力量。造成这种局面的因素是多元的、复杂的，特别是不排除人治文化的影响、传统思维的惯性、社会矛盾积聚的现实困局等，但最重要和最根本的原因在于：宪法第 126 条的原则规定没有得到有效落实。[①] 在笔者看来，要有效落实第 126 条，从宪法层面建构司法权威的合理生成机制，至少应该从以下三个层面展开。

---

① 需要指出的是，全国人大和人大常委会立法并没有真正落实这一条，比如，在《人民法院组织法》中，宪法第 126 条的内容被一字未改地照搬到了第 4 条，但没有详细规定理应在法律层面具体化的"审判权独立"问题。

第一，划定权力、权利的边界。

权力、权利的有限性是法治国家的标志之一。这意味着，无论是国家权力还是公民的基本权利都被限定在某种幅度和范围内，有限性决定了权力和权利的一般存在状态：国家权力来自于宪法的授予，超越宪法的国家权力没有正当性和合法性，因而是无效的；公民基本权利来自宪法的确认，但并不是受到绝对保护、不受任何条件约束的无限权利，几乎所有权利都是有限的，超过规定限度即不受宪法保护。在有限性的整体框架下，国家权力某一个分支的正常运行，既取决于它与其他权力分支之间的权力—权力边界，也取决于其与公民基本权利之间的权力—权利边界。司法权也不例外。

长期以来，由于我国宪法在某种意义上处于"虚置"状态，并没有真正实施到处理权力关系和权利关系的冲突中去。宪法的原则性规定（第126条）没有转化为划定边界的具体实际规则。法律人士对于司法权与立法权之间关系的认识仍然停留在抽象的宪法规范层面，并不深究其内在逻辑和具体涵义，甚至想当然地认为立法权可以绝对控制司法权，因为"人民法院由人大产生并对人大负责"，以至于对"洛阳玉米种子纠纷案"这样明显的立法"干涉"司法的行为也并不感到奇怪，反而觉得是立法机构在行使"监督"之权。司法权与言论自由之间的边界也处于"模糊"状态，尤其是司法过程可以被公众言论介入的程度无从把握，由此造成"公众代替司法"甚至"言论判决或者媒体审判"的局面。根据学者的研究，在刘涌案中，公众言论几乎一开始就形成"一边倒"的态势，一审判决前即"认定"了刘涌的"罪行"并且"罪大恶极"，而公众之所以作出这样的判断，在于控方事先向媒体披露了刘涌案的处理情况和相关细节，公众从媒体的大量报道中获知了被控方掌握的"犯罪事实"，"正是这些未经庭审的所谓犯罪事实塑造了公众对刘涌等的基本印象，以后大众对辽宁高院二审改判的不满也主要是建立在对刘涌案的媒体报道基础之上的"。[①] 显

[①] 陈兴良：《中国刑事司法改革的考察：以刘涌案和佘祥林案为标本》，《浙江社会科学》2006年第6期。

然，这样的权力—权利关系是否符合司法独立的原则要求，存在疑问。因此，划清司法权与立法权、司法权与言论自由之间的边界是必需的。

第二，由法律划定权力、权利边界。

权力、权利的边界应该由法律来划定。就权力而言，司法权与立法权之间的边界问题属于"国家机构"方面的立法所要调整的对象和内容。根据宪法第62条的规定，这类立法在全国人大的立法职权范围内。《立法法》第9条将"司法制度"归为法律的专有立法事项，不得授权给国务院先行制定行政法规。这一规定是符合宪法第62条的，同时也存在一定的不清晰性，因为全国人大和全国人大常委会都有权制定法律，由二者中的任一主体来制定都符合《立法法》，而根据宪法第62条，显然只有全国人大才可以进行这方面的立法。因此，仍然应该以宪法第62条的规定为准。就权利而言，司法权与言论自由之间的边界确立涉及对于言论自由的限制问题。立宪国家的通则是：只有法律才能限制基本权利。需要指出的是，在确立司法权与言论自由之间的边界时，不应该当然以宪法第51条作为依据。第51条规定："中华人民共和国公民在行使自由和权利的时候，不得损害国家的、社会的、集体的利益和其他公民的合法的自由和权利"。一般认为，这条规定是宪法授权法律限制公民基本权利的立法根据，但在司法权与言论自由之间的关系方面，通常并不涉及言论自由对于"国家的、社会的、集体的利益和其他公民的合法的自由和权利"的"损害"问题，而是涉及对于司法权独立的利益与言论自由的利益进行平衡的问题。也就是说，这两个利益都是重要的——宪法层面的利益，平衡的结果是使得二者在行使上都有限制、都受到保护。在有的立宪国家，比如具有判例法传统的美国，这样的平衡是由法官在具体案件的审判中加以确定的，相比较而言，我国法律体系在整体上具有成文法系的主要特征，法院判决并不具有当然的先例效力，国家立法占有支配性地位，因此，应由立法来规定。

法律划定权力、权利边界的规范层次定位也符合宪法第126条关于"人民法院依照法律规定独立行使审判权"的内在要求。根据宪法第126条，司法独立的程度取决于法律——狭义法律——对这种独立约束或者限制的程度，实际上就是法律对权力、权利界限的划定尺度和标准。由以上讨论可以看出目前这一领域相关规范存在的问题。比如，2009年12月8日，最高人民法院印发《关于司法公开的六项规定》和《关于人民法院接受新闻媒体舆论监督的若干规定》的通知（法发〔2009〕58号），其中，《关于人民法院接受新闻媒体舆论监督的若干规定》的合法性就值得质疑。界定司法权与言论自由之间的关系，应该由人大制定的法律来完成，而不应该由"司法解释"来决定。如前所述，司法权与言论自由是宪法层次的权力与权利，约束或者限制它们的规范性文件只能是法律，其他效力等级的法律规范无权进行规制。可以说，最高人民法院的这个"司法解释"没有合法根据。

第三，法律划定边界的目标选择或价值定位：自治是主导，监督是补充。

法律划定司法权领域权力、权利的边界时，应该体现"以自治为主导，以监督为补充"的价值定位，以平衡司法自治与外在监督的关系。这一目标选择旨在有效保证司法独立，同时辅之权力、权利的限制。

司法独立的"主旨"地位是几乎所有立宪国家的首要选择。在立法、行政、司法三种权力处于平行状态的美国，司法独立是毋庸置疑的。当然，立法对于司法的约束也是存在的，其中最典型地表现在法官选任上的约束，比如，联邦最高法院大法官的任命程序是：总统提名，参议院同意。美国宪法第2条第2款规定，总统"提名，并经咨询参议院和取得其同意，任命大使、公使和领事、最高法院法官和任命未由本宪法另行规定而应由法律规定的合众国所有其他官员"。其中，参议院同意是关键环节，一般来说，总统的提名获得同意的可能性是比较大的，也曾经出现过总统提名某位候选人出任大法官而未获参议院同意的情形。① 在法律实践层面，立法权对于司法权的控制主要体现在：国会不能否决联邦最高法院某个司法判决的效力，尽管它认为某个判决偏离了法律或者宪法，国会能够采取的控制措施是：通过修改宪法，使得这个判决事实上归于无效；或者通过制定或者修改某部法律，以合法地"纠正"某个判决。但是，国会这类行动的有效性并不乐观，历史上成功的几率比较低，"明显胜利"的例子只有一个：美国内战后，国会启动修宪程序，通过和批准（并获得联邦宪法要求的四分之三州的批准）了充分体现正当程序和平等保护原则的宪法第13、14、15条修正案，事实上推翻了联邦最高法院在1857年Scott案中关于"奴隶是财产"的决定。②

在采用议会主权体制或者混合体制模式的国家，司法权的独立也受到保障。比如在混合模式的德国，《德国基本法》第92条规定："司法权付托于法官；由联邦宪法法院、本基本法所规定之各联邦法院以及各邦法院分别行使之。"在人事任命方面，联邦宪法法院的法官完全受制于民主过程，根据《德国基本法》第94条第1款，联邦宪法法院法官半数由联邦议会、半数由联邦参议院选举之。至于各联邦法院（包括联邦最高法院、联邦行政法院、联邦财务法院、联邦劳工法院以及联邦社会法院）法官的产生方式，《德国基本法》第95条第2款规定由"该管联邦部长会司法官选任委员会决定之，该委员会由各邦之该管部长与联邦议会选举同额之委员组成之"。也就是说，联邦宪法法院之外的其他联邦法院法官的任命由行政、立法共同决定。与美国不同，《德国基本法》第20条第3款规定："立法权应受宪法之限制，行政权与司法权应受立法权与法律之限制"。但是，受"立法权与法律之限制"的要求并不意味着排斥或者削减司法的独立地位，《德国基本法》第97

---

① 比如里根总统对罗伯特·博克教授（Professor Robert Bork）的提名就没有获得参议院同意。

② Dred Scott v. Sandford, 60 U.S. 393 (1857). 也称"蓄奴案"，这一案件被认为是美国宪法史上几个"臭名昭著"的失败判决之一。

条第 1 款明确宣示:"法官应独立行使职权,并只服从法律"。①

在上述立宪国家,立法直接介入司法过程、审查判案理据、宣布判决"违法"的情形是不可想象的,是对司法权的侵犯和干涉。如前文所述,我国宪法有关立法权与司法权之间关系的规定表明,立法对于司法的监督主要是人事任免方面的,人民法院对于人大的"负责",主要体现在法院对人大报告工作和在审判实践中对法律的负责。人大无权对法院的审判活动本身进行"监督"。只要仔细分析就能够发现,尽管相关条款的具体文字表述不同,事实上,我国宪法对于司法独立性的强调与德国并无二致。②因此,法律在划清司法权与立法权的边界时,必须严格恪守司法独立的宪法定位,不能够突破这一宪法界限。

我国现行的《各级人民代表大会常务委员会监督法》(简称《监督法》)是这一领域的典型立法。从总体上看,该法规定的人大监督法院的内容是"根据宪法"(第 1 条)的,但也有一些条款的规定并没有宪法根据,比如该法第 35 条规定:"全国人民代表大会常务委员会组成人员十人以上联名……可以向常务委员会书面提出对本级人民政府及其部门和人民法院、人民检察院的质询案"。这其中关于提出对"本级人民法院、人民检察院的质询案"的内容与我国宪法的文字和精神相违背。宪法第 73 条规定:"全国人民代表大会代表在全国人民代表大会开会期间,全国人民代表大会常务委员会组成人员在常务委员会开会期间,有权依照法律规定的程序提出对国务院或者国务院各部、各委员会的质询案。受质询的机关必须负责答复"。可见,宪法把质询的对象严格限定为行政机关,司法机关不在被质询的范围内。宪法的这一规定并非"随意"或者"遗漏",而是具有理性基础的:世界范围内的法治实践显示,质询作为一种监督手段,只被用于立法权对行政

---

① 我国 1954 年宪法的规定与这一表述极为相象,1954 年宪法第 78 条规定:"人民法院独立进行审判,只服从法律"。

② 有意思的是,在司法最为独立的美国,宪法的正文和修正案都没有类似中国和德国宪法这样"独立行使审判权"的规定。也许,我们可以把司法独立看作是不需要以规范落实的法治常识或者立宪国家的通例。

权的控制上，因而成为各国代议制机构（议会或者国会或者人民代表大会）监督权行使的主要方式之一。司法权是与行政权不一样的存在：行政权以如实执行立法机构所制定的法律为己任，司法权则重在依法独立地裁断和解决纷争。质询意味着议会有权对行政机关的某个或某些行政决定提出质问并要求行政机关作出答复，如果被扩展到司法机关，则不可避免地会涉及到具体案件的审理，直接影响审判权的独立行使，与宪法第 126 条的精神不符，因此，宪法通过时删除了宪法修改草案中确立的与国务院和国务院各部委并列的另外两个被质询对象即"最高人民法院、最高人民检察院"。[1] 可见，《监督法》第 35 条无宪法根据。

　　司法自治的主导性定位还体现在司法权与言论自由之间的边界划分上。言论自由作为监督司法的"补充"地位可以从美国宪法实践中获知一二。美国向来以其言论自由受到宪法保护的程度最高而自豪，学者们在研究中喜欢把美国和德国相比较，认为两国言论自由的哲学基础不同，美国言论自由受到限制的范围比德国更小，因而言论自由的空间更大。[2] 然而，即便是把言论自由视为"最根本的首要自由"的美国，在处理司法独立与言论自由的关系时，仍然以保证司法独立为第一要务，这一领域的案例法显示了联邦最高法院对待这一矛盾的基本立场。[3] 美国宪法第 1 修正案是言论自由的宪法根据，联邦最高法院在有关第 1 修正案的司法实践中形成了一个规则：在言论自由方面，作为拥有广泛受众的新闻媒介并不比普通人或者一般公众具有更多的第 1 修正案权利，也就是说，媒体与个人、公众的言论自由处于同等程度的保护之下。在很长一段时间内，联邦最高法院拒绝承认第 1 修正案的权利可以扩展到人们有权进入司法审判过程。这主要是为了保

---

[1] 参见蔡定剑《宪法精解》，法律出版社 2006 年第 2 版，第 352—353 页。

[2] Edward J. Eberle, "Public Discourse in Contemporary Germany", 47 *Case W. Res. L. Rev.* 797 (1997).

[3] Erwin Chemerinsky, *Constitutional Law (Third Edition),* Aspen Publishers, 2009, pp. 1649–1655.

护刑事被告人根据宪法第 6 修正案所享有的公平审判的权利。在 1979 年的 Gannett 案中，[①] 联邦最高法院认为，基于证据排除（主要是被告人供述的隐匿性）的考虑，法庭有权禁止媒介参加预审（审前）程序。法官在庭审中发现，如果某些证据或供述不被法庭采信而又被媒介公开报道，将对被告人不利——很有可能对其造成偏见，那么，经检控方和被告同意，法官就可以关闭法庭进行审判。联邦最高法院强调，没有任何人，包括媒介在内，可以对这一关闭提出异议；不过，一旦审判程序结束，法庭就可以提供庭审记录。1980 年 Richmond Newspapers 案中，[②] 联邦最高法院推翻了弗吉尼亚州最高法院在一起刑事案件的重审过程中排斥记者进入法庭的决定，联邦最高法院的多数意见指出，进入法庭的权利在传统上就是向公众开放的，参加刑事审判过程的权利受到第 1 修正案的保障。在以后的几个相关案件中，联邦最高法院适用 Richmond Newspapers 案的决定，判决关闭刑事审判过程是违反宪法的。[③]

不过，尽管联邦最高法院已经确认公众和媒介有参加刑事审判程序的第 1 修正案权利，因而如果没有"令人信服的政府利益且手段与目的严格相适"，法院无权决定关闭法庭，但是，对于 Gannett 案有关在预审程序中为了被告人利益可以关闭法庭的决定，联邦最高法院并没有完全推翻。这说明，言论自由的利益无疑是重要的，但当被告人获得公正审判的利益被认为更重要时，司法过程的独立性就必须受到切实保护，言论自由也存在着不可或者不宜介入的空间。美国的这一经验值得我国借鉴，也就是说，在未来的划定司法权与言论自由边界的立法中，我们应该以尊重司法过程的性质为基础，充分平衡相关利益，以实现利益的"多赢"。

[①] Gannett v. DePasquale, 443 U.S. 368 (1979).
[②] Richmond Newspapers v. Virginia, 448 U.S. 555 (1980).
[③] See Globe Newspaper Co. v. Superior Court, 457 U.S. 596 (1982); Press-Enterprise Co. v. Superior Court, 464 U.S. 501 (1984); Press-Enterprise Co. v. Superior Court, 478 U.S. 1 (1986).

从根本上说,"自治为主导、监督为补充"的权力、权利界分原则隐含了一个逻辑前提或者基本假定:司法权威的建构内在于司法自身的"强大"。事实上,这也是宪法政治国家的经验。美国联邦最高法院素有"世界上最有权势的法院"之称,其司法权威首屈一指,这当然离不开宪法层面权力、权利关系的合理界分,但更重要的一点在于:是联邦最高法院的"自立、自律、自新"成就了今天的"尊贵"与"光荣"。正如现任美国联邦最高法院大法官布雷耶所说:"如今,我们已可直接推定,一旦最高法院作出裁判,民众自会遵从执行。但是,在我国不同历史阶段,最高法院的判决都曾遭遇社会各界,甚至总统、国会的抵制、反对与忽视。"[1]曾几何时,联邦最高法院的过往也是不堪回首,比如,Scott案判决公布之后,在北方一片否定和谴责的言论风潮中,联邦最高法院的声誉一落千丈。通过年复一年的审判实践,联邦最高法院以其对宪法的准确理解和合理适用并在司法能动与司法节制的时代交替中把握宪法,使得宪法作为"活的宪法"不断成长,也逐渐赢得了人民的认同和信任。"时至今日,是人民的信任,推动最高法院确保宪法不沦为一纸空文;是人民的信任,促使最高法院确保宪法充分发挥其促进民主、维护个人自由、造福广大人民的职能"[2]。无独有偶,德国联邦宪法法院在半个世纪的宪法审查实践中,成功维持了其在公众心目中的合法地位,享有崇高威望。中国也不可能例外。司法权威需要人民对司法的认同、接受、尊重和信任,在终极意义上,这一切又都取决于司法过程的强大理性魅力及其道德力量。

五 结语

现阶段中国司法权威领域表现出来的种种"乱象",都直接或间接地与我们对宪法层面权力、权利之间关系的误解或误读相关。可以说,司法权威问题首先需要在宪法原理上加以澄清。我国宪法第126条即

---

[1] [美]斯蒂芬·布雷耶:《法官能为民主做什么》,何帆译,法律出版社2012年版,第3页。

[2] 同上书,导言,第5页。

司法独立条款为司法权威的建构提供了宪法基础，作为第 126 条的落实，在具体操作上，应该以法律的形式，划定司法权与立法权、司法权与言论自由的边界，以实现司法自治与外在监督的平衡。在自治与监督之间，应该确立自治"优位于"监督的原则目标。这意味着，在立法权、言论自由的有限约束下，司法的"自强"至关重要，司法必须用自己的审判活动向公众展示司法决定的合理性和正当性，引导公共对话在共享法治价值的前提下展开，通过良性互动，塑造人民的法治理性，争取获得人民的支持。这是一个艰难的过程，但司法别无选择，必须勇往直前，经受时间和社会的考验。只有如此，司法权威的建构才不至于仅仅成为"制度设计"意义上的存在。

中篇

人大与法院之间的关系辨析*

在我国，人民代表大会与人民法院之间的关系堪称"宪法死穴"。最典型的表现是，学者们对于法院的审判权是不是独立的、法官可否在司法过程因案件审理的需要而对法律法规进行审查、法院能不能适用宪法等一系列问题的判断，通常是否定的，理由和根据是宪法规定的人民代表大会制度，而一旦肯定，则意味着是对人大制度的违反、背离、抵触，甚至颠覆。地方国家权力机关也有同样的认识，2003年"洛阳玉米种子纠纷案"（以下简称"种子案"）发生后河南省人大常委会的态度和做法即是一例。① 十五年过去了，"种子案"暴露的宪法问题仍然没有得到很好的解决。令人疑惑的是，如果人大制度注定了法院对于人大的"从属"或者"依附"甚至"隶属"关系，而这样的关系又表明法院不具独立地位，那么宪法关于"独立行使审判权"的规定又有什么意义和必要？到底是人大制度原本如此或者说宪法规定了一个"不可能"的、不适当的制度，还是我们自己的认识有偏差？基于此种问题意识，本文尝试对这个宪法命题进行澄清。

---

* 本文原载于《江苏社会科学》2019年第1期，已作修改。

① 2003年洛阳市中院在一起玉米种子买卖合同纠纷案例的民事判决中，适用了《种子法》，而非《河南省农作物种子管理条例》。对此，河南省人大常委会认为："（2003）洛民初字第26号民事判决书中宣告地方性法规有关内容无效，这种行为的实质是对省人大常委会通过的地方性法规的违法审查，违背了我国的人民代表大会制度，侵犯了权力机关的职权，是严重违法行为"。参见河南省洛阳市中级人民法院（2003）洛民初字第26号民事判决书、河南省人民代表大会常务委员会豫人常法〔2003〕18号文件。

规范、秩序与公法

一　法院的权力来自人大？

法院是行使审判权或称司法权的机关，作为国家权力之一种的审判权来自何处？这构成我们理解人大与法院关系的第一个关键点。

学界对这个问题的讨论主要集中在对我国《宪法》第3条第3款内容的理解上，该款规定："国家行政机关、监察机关、审判机关、检察机关都由人民代表大会产生，对它负责，受它监督"。代表性的学说认为："人民代表大会是国家权力机关，是因为它代表人民行使对国家的统治权，由它来产生其他国家机关，它是其他国家机关权力的直接来源"。[1] 同样的见解，也出现在不少学者的著述中，比如"法院的权力都来自于人民代表大会，对人民代表大会负责，法院必须接受人民代表大会的领导和监督"，[2] 可见观点大致相似。

认真阅读宪法文本，会发现这一判断是存疑的。

"有宪法，才有权力"是立宪主义的基本出发点，也是成文宪法体制的基本特征。换言之，宪法是国家权力的"出生证"和"证明书"，宪法之外无权力，只有在宪法中确定的国家权力才是合法的存在，才具有合法性。

我国《宪法》也遵循了这一成文宪法规则，创设了包括人大权力在内的所有国家权力。《宪法》第三章国家机构部分依次规定了享有国家权力的国家机关：全国人大、国家主席、国务院、中央军委、地方人大和地方政府、民族自治地方的自治机关、监察委员会、人民法院和人民检察院，组成国家机构的国家机关的权力来自于宪法的明文规定，这是最根本的来源。另外，各个国家机关的具体组织形式及其权力行使规则还依赖于法律更细化的规定——通常由组织法来落实，法律进行细化规定的根据是宪法。在这个意义上，所有国家机关的权力都与人大相关，因为人大是法律（狭义）制定机关，在宪法授权法律

---

[1] 蔡定剑：《中国人民代表大会制度》，法律出版社2003年版，第27页。
[2] 韩大元：《宪法学基础理论》，中国政法大学出版社2008年版，第379页。

规定的场合，人大则负有立法的职责。迄今为止，只有"国家主席"和"中央军委"作为国家机关的权力行使规则以宪法作为根据，人大没有制定这两个机关的组织法，其主要原因有两个方面：一是这两个机关只在中央层面设立，权力也比较单一，宪法的规定非常清楚，本身已经基本解决了问题；二是全国人大组织法中有涉及这两个机关的内容，比如，《全国人大组织法》第15条规定："全国人民代表大会三个以上的代表团或者十分之一以上的代表，可以提出对于全国人民代表大会常务委员会的组成人员，中华人民共和国主席、副主席，国务院和中央军事委员会的组成人员，最高人民法院院长和最高人民检察院检察长的罢免案，由主席团提请大会审议"。所以没有必要再进行专门的规定。

法院权力即审判权的来源——无论是直接来源还是间接来源——也是宪法，《宪法》第128—133条关于人民法院的规定，即是法院权力的明确来源。比如，第128条规定："中华人民共和国人民法院是国家的审判机关"。第131条规定："人民法院依照法律规定独立行使审判权，不受行政机关、社会团体和个人的干涉"。这里需要区分审判权的来源、法院即审判机关或审判权载体的来源、法官即审判员或审判权行使者的来源。从宪法规定来看，法官产生于人大，法院和审判权则并非由人大产生，而是由宪法创设。《宪法》第3条第3款的表述，容易导致一种想当然的认知模式：宪法设定人大，人大设定法院，所以法院和其权力来自人大。实际上，宪法设定了人大，也设定了法院，人大产生的是"一届"或"一任"法院的工作人员（也是工作机构），不是法院和审判权本身。如果套用"铁打的营盘，流水的兵"的形象比喻，我们可以说"宪（法）定的法院，人（大）选的法官"，作为宪法机构的法院是固定的，作为宪法权力的审判权是固定的，作为在法院工作的法官是变动的。我们把行使审判权的人的来源，即法院的组成人员——法官，包括法院院长、副院长、审判委员会委员、庭长、副庭长和审判员——的产生过程和程序，当作是审判权的来源，这是一种误读。

在我国，宪法确立了国家审判机关系统和审判机关的宪法机构性质，各级法院均有宪法基础。《宪法》第129条第1款规定："中华人民共和国设立最高人民法院、地方各级人民法院和军事法院等专门人民法院"。人大通过相关立法如《人民法院组织法》和《法官法》等所处理的是宪法之下的具体问题。传统理论认为，"由人民代表大会产生"的涵义"是指国家行政机关、审判机关、检察机关的组织由人民代表大会立法设置，这些机关的活动原则和职权由人民代表大会以法律加以规定，其主要领导人都由本级人民代表大会选举产生，其他工作人员由人民代表大会或者常委会决定或任命"。[①] 这个解读的后半段内容即人大"产生"人员具有合理性，而前半段即把人大根据宪法进行具体化立法的行为也看作是"产生"，则忽视了审判机关的宪法地位，不仅如此，前半段的解释还存在一个逻辑上的不周延性：不是所有的人民代表大会都有权进行这类具体化的立法，地方各级人大就没有这个权力，而地方审判机关也是由地方人大产生的，可见前半段的解释内容并不可取，显然只有后半段能够适用于解释所有的人大与法院之间的关系。因此，对"由人民代表大会产生"的准确解读应该是，人大产生（或选举或决定或任命）审判机关的工作人员，并非产生审判权和审判机关本身。若以人员和机关的密切关联性——机关由人员构成、人员是机关的核心要素，或勉强可以说人大产生了审判机关，但绝对不是审判权。

上述关于法院权力来自人大的观点，在认知上有个广为接受的推理路径：来自人大就是来自人民，人大代表人民，旨在强调我国的所有权力都是人民的权力。比如"人大对法院的全面监督，确立了司法权力来源于人民、对人民负责、受人民监督的中国特色社会主义司法制度"。[②] 学界的通说是，我国是人民主权国家，实行的是人民代表大会制度，人大制度是人民主权的崭新形式和模式，人大是人民主权的

[①] 蔡定剑：《中国人民代表大会制度》，法律出版社2003年版，第173页。
[②] 张文显：《人民法院司法改革的基本理论与实践进程》，《法制与社会发展》2009年第3期。

载体，我国的人民主权就是人大主权，或者反过来说，人大主权即是人民主权。在笔者看来，这是对人民、人民主权、宪法、人大之间关系的不合理判断。将人民主权认定为人大主权的观点，实际上是将人大与宪法相等同，这是一种认识上的错位，因为人大不是宪法，只是宪法的创造物，是宪法创设的代议制机构，不是人民主权的承载者。中国人大被称作国家权力机关，其实，无论称作什么机关，都不会改变其代议制机构的性质。而且，权力机关这个称呼，并非中国独有，[①]比如，日本国议会也是权力机关，《日本国宪法》第41条规定："国会是最高国家权力机关，是国家唯一立法机关"。或许与其他大多数成文宪法国家的代议制机构相比，中国人大权力更大、更多，根据《宪法》第57条的规定，全国人大是"最高国家权力机关"，但性质仍然是宪法创设的代议制机构，并不能超越宪法而存在。这里的"最高"是在宪法最高效力下的最高，旨在强调代议制民主机构相较于其他机构的优越性或者优位性，不是与宪法最高"并驾齐驱"的最高。可以说，无论是否在宪法中写明代议制机构的最高国家权力机关地位，都不影响代议制机构权力的受限制性——受到成文宪法的限制。学界通说认为法院的权力来源于人大、来源于人大就是来源于人民，实质上混同了不同概念，将人大与宪法相类同，将人大与人民相类同。这恰恰是问题的关键之所在，对于人大宪法地位认识上的偏差，造成了对许多问题把握上的错误。

  应该指出的是，关于人大受宪法约束这一点，1954年《宪法》并没有反映出来，正式提出和落实这一点的是1982年《宪法》即现行宪法，具体内容可见《宪法》序言最后一段和第5条。这是新中国成立以来第一次在宪法文本中明确规定宪法作为根本法的最高效力和对所有国家机关的约束力，在这个意义上，现行宪法实现了从单纯的授权宪法到限权宪法的转变。实际上，如果我们仔细分辨可以发现，现行宪法已经在一些细节上落实了宪法至上，合理处理了全国人大与宪法

[①] 蔡定剑：《中国人民代表大会制度》，法律出版社2003年版，第29页。

的关系，这主要表现在对全国人大权力的设定上。前后四部宪法对于全国人大的权力规定都是采取了"列举+兜底"的模式，最后一项作为对前面列举权力项的补充，四部宪法都一样，但前三部的表述与最后一部不同。1954年《宪法》第27条第十四项是："（十四）全国人民代表大会认为应当由它行使的其他职权"。1975年《宪法》第17条是："全国人民代表大会的职权是：修改宪法，制定法律，根据中国共产党中央委员会的提议任免国务院总理和国务院的组成人员，批准国民经济计划、国家的预算和决算，以及全国人民代表大会认为应当由它行使的其他职权"。1978年《宪法》第22条第十项是："（十）全国人民代表大会认为应当由它行使的其他职权"。而1982年《宪法》第62条第十六项是："（十六）应当由最高国家权力机关行使的其他职权"。在这里，"应当由"和"认为应当由"有明显差异，从后到前的转换，不仅是措辞上的严谨，更意味着权力由来的差异，"应当由"表明宪法对没有列举到"权力清单"上的权力的承认，是宪法设定，是宪法作为根据对人大权力的承认和确定，宪法是主体，人大是客体；相反，"认为应当由"则是给了人大无限的权力，对人大无限制的授权，人大成了主体，宪法成了客体，人大成了主动的一方。宪法认为应当由，而不是人大自己认为应当由，才是限权宪法的模式。

二 法院由人大"产生"即没有独立性或审判权的独立性受限？

《宪法》第131条规定，"人民法院依照法律规定独立行使审判权，不受行政机关、社会团体和个人的干涉"。人大被排除在了列举的"干涉主体"之外，故此，通说认为，人大对法院基于《宪法》第3条第3款意义上的监督，不构成第131条规定的"干涉"。

在整体上，这个结论是能够成立的。一般而言，在立法、行政、司法三种典型的国家权力中，立法权力与其他权力之间都存在关系，我国人大与法院之间的关系更加"紧密"——法院的工作人员由人大选举或任命，由此产生一种监督关系。只是宪法上关于由它产生、对它负责、受它监督的表述过于原则，没有划清楚立法与司法之间权力的界限或者边界，不过，或许是不需要划清的，法治国家的一般做法是：司法独立或者审判权独立的宪法确认，即表明包括立法机构在内的所有国家权力皆不得介入司法。这里的问题在于，我国人大对法院的监督是否意味着《宪法》第131条规定的"独立行使审判权"受到限制？换言之，这种监督是否导致审判权的不独立或独立性受限？

我国学者对这个问题的回答多半是肯定的，根据仍然是第3条第3款。该款被解读为人大与法院在地位上的不平等，作为处于从属或者附属地位的法院，其审判权的独立性是无从谈起的，若承认审判权的独立性，则无异于是说法院与人大"平起平坐"。更有学者认为，司法的独立与否跟法官产生的方式有关联，"在奉行司法独立的多数国家，司法体制的设计初衷并非在于对民主性的考量，这不仅可以从法院系统的封闭性方面得到印证，而且还体现在法官的产生方式上。法官的产生不像议员一样是民选的，而是任命的。这一产生方式既是法官对宪法和法律负责的保证，也决定了法官在回应公众意志方面的局限性"。① 这种解释为我们提供了一种认识问题的规范思路，但也不无值得商榷之处。

从法治国家的实践来看，法官的来源方式与其独立性之间不存在关联。没有哪个国家的法官是"自封"的，总有产生的途径，或者以效率作为追求，由行政机构来任命；或以民主为追求，由立法机构来产生；或兼而有之，由立法、行政两种权力共同产生，无论如何产生，都不影响其独立性。这也是法治国家的通例。说到底，以法官产生的途径来定性司法权独立与否，可能是缺乏说服力的。若论法官产生过程的人民性，有的联邦制国家的州法官是由州人民直接投票选举产生的，其法官的人民性显然要高于由人大——代议制机构——间接选举产生的中国法官，也未听说哪位法官是对选民负责而非对宪法和法律

---

① 郑贤君：《论我国人民法院和人民代表大会关系的法理基础——兼议司法权的民主性》，《甘肃政法学院学报》2008年第3期。

负责的，法官审判权的独立性并不因其产生过程而受到影响。

"种子案"之后，地方人大与法院的关系一度成为理论热点，面对司法过程的"两难困境"——不审查不同层次法律规范冲突问题，则难以落实宪法至上和法制统一原则；审查，则有违反人大制度的风险，不少研究提出了化解的思路：确定法院的"国家性"和"整体性"，即地方法院不是属于地方的，而是属于中央的，将司法活动看作是"中央事权"，因而对地方性法规的审查不构成对人大制度的违背。对于司法活动的国家职能定位，具有进步意义，但问题并没有解决，突出的疑问还有不少：地方法院能不能审查行政法规？"种子案"的情况是地方性法规与法律冲突，若行政法规与法律冲突又该如何？地方法院能审查吗？如果可以，那么不就意味着地方法院（有可能是基层法院）与国务院"平起平坐"了吗？又或者，最高人民法院审查地方性法规与法律之间的关系，是否就可以不受人大制度的制约？那么最高人民法院能不能审查行政法规的合法性？如果可以，那么，最高人民法院与国务院就是"地位相等"了吗？更进一步，最高人民法院能不能审查全国人大及其常委会制定的法律？如果回答是肯定的，那么，最高人民法院岂不是跟全国人大及其常委会"地位相等"了？最高人民法院由全国人大产生对全国人大负责又怎么能审查全国人大的立法？司法/法院的国家性，仅仅是对于地方法院而言的，还是对于包括最高人民法院在内的所有法院而言的？等等。似乎，承认法院的国家性或强调司法的国家功能性质，只是一方面，另一方面也是更重要更关键的方面，是承认审判权的独立性：不因法院的"地位"而有所不同。

在这里，我们需要重新思考《宪法》第3条第3款关于"负责"和"监督"的意义。有学者认为，"我国的人民代表大会制度决定，法院与人民代表大会是对其负责并受其监督的关系。与国外的司法制度有很大不同的是，国外奉行司法独立原则，法院不可能对议会负责，受议会监督"。[①] 对人大负责受人大监督即意味着法院不独立？这个逻

---

① 蔡定剑：《中国人民代表大会制度》，法律出版社2003年版，第442页。

辑可能有点问题。负责和监督,意味着法院与人大在宪法权力关系上的关联性,强调的是我国法院或司法的人民性,以区别于不采用这种关联性的其他国家和旧中国的宪法安排,但并不能够由此推导出法院的不独立。产生、负责与监督是一种宪法权力关系,或者说是宪法权力关系安排,不涉及"地位"问题,与所谓的"地位"无关,产生、负责、监督也不是对地位的确定,以产生、负责、监督来确定人大与法院的地位是不适当的,全国人大的"最高国家权力机关"性质,并不能想当然地超越审判权。

特别应该指出的是,负责和监督关系,不是也不等于服从和领导关系,将负责和监督等同于服从和领导,是我们思维上的一种想当然的惯性,即是将产生、负责、监督看作是确立主体之间地位高低的标志,即由谁产生对谁负责受谁监督则必须受谁领导、听谁指挥、从属于谁,推导出人大地位高于法院,再以"地位"高低作为标准,得出法院不独立的结论。如果这样推论符合宪法原意,那么宪法确实是设定了一个矛盾甚至悖论的"不可能"和"不可行"的制度,幸运的是,我国宪法并非如此。

让我们回到宪法文本。从宪法文字来看,负责和监督不是服从和领导,负责、监督、服从、领导作为宪法用语,从来都不是随意使用的,如果我们把"服从"和"领导"看作两个宪法机构之间存在地位上的高低,那么,负责、监督就不是这个意思,否则,这几个词没有差异,不需要根据场合来使用。第3条第3款的原则规定落实在国家机构部分,人大与法院的具体关联上,我们看到的条款是:全国人大选举、罢免最高人民法院院长(第62条、第63条),全国人大常委会监督最高人民法院的工作,根据最高人民法院院长的提请,任免最高人民法院副院长、审判员、审判委员会委员和军事法院院长(第67条),县级以上地方各级人大选举并且有权罢免本级人民法院院长(第101条),县级以上地方各级人大会常委会监督人民法院的工作,依照法律规定的权限决定国家机关工作人员的任免(第104条),最高人民法院对全国人大和全国人大常委会负责,地方各级人民法院对产生

规范、秩序与公法

它的国家权力机关负责（第133条）。选举、罢免法院院长和任免副院长、审判员，是"产生"和"负责"的体现，更进一步看，"选举、任"对应了"产生"，"罢免、免"对应了"负责"，在宪法责任层面，"负责"的结果就是职务解除，对人大负责，即由人大来解除职务。学界普遍将"负责"理解为法院向人大报告工作，[①]这种解释没有宪法根据，现行宪法没有要求法院向人大报告工作的规定，尽管1954年宪法（第80条）、1975年宪法（第25条）、1978年宪法（第42条）都有报告工作的规定。关于"服从"和"领导"，国家机构部分的具体条款有，国务院统一领导全国地方各级国家行政机关的工作，规定中央和省、自治区、直辖市的国家行政机关的职权的具体划分（第89条），县级以上地方各级人民政府领导所属各工作部门和下级人民政府的工作（第108条），全国地方各级人民政府都是国务院统一领导下的国家行政机关，都服从国务院（第110条），最高人民检察院领导地方各级人民检察院和专门人民检察院的工作，上级人民检察院领导下级人民检察院的工作（第137条）。总结这些条款可以发现，行政机关上下级之间存在领导、服从关系，检察机关上下级之间存在领导、服从关系，对照一下，宪法关于审判机关之间关系的用词是"监督"不是"领导"和"服从"，第132条规定："……最高人民法院监督地方各级人民法院和专门人民法院的审判工作，上级人民法院监督下级人民法院的审判工作"。可见，对于人大与法院、政府、检察院的关系，宪法没有使用"领导"和"服从"，用的是产生、负责、监督，不是随意之举，而是具有宪法意义，是根据不同宪法机构的权力的性质来安排相互关系的。

从宪法权力关系的整体看，人大与法院之间不存在领导和服从关系，不仅如此，人大与政府（狭义）之间、人大与检察院之间也不存在领导和服从关系，全国人大与地方各级人大之间同样不存在领导和服从关系，全国人大与国家主席、中央军委主席之间也是如此，可以

[①] 蔡定剑：《中国人民代表大会制度》，法律出版社2003年版，第442—443页。

说，全国人大与国家机构体系中的所有国家机关之间，都不是领导和服从关系。当然，这并不表明人大与所有国家机关之间的关系都是同样的、没有差异的，对于不同国家机关的关系，宪法作了不同设计，最为突出的是，人大与行政机关之间的关系，与人大与审判机关、检察机关之间的关系存在差异，表现为人大对它们的监督程度不同。《宪法》第73条规定："全国人民代表大会代表在全国人民代表大会开会期间，全国人民代表大会常务委员会组成人员在常务委员会开会期间，有权依照法律规定的程序提出对国务院或者国务院各部、各委员会的质询案。受质询的机关必须负责答复"。宪法没有规定全国人大可以对最高人民法院进行质询。《宪法》第92条规定："国务院对全国人民代表大会负责并报告工作；在全国人民代表大会闭会期间，对全国人民代表大会常务委员会负责并报告工作"。宪法也没有规定最高人民法院向全国人大和常委会报告工作。宪法作这种安排并非没有根据，而是恰当处理了不同权力的性质和特点。一般来说，在三种权力中，立法与执法（即行政）之间的关系最为紧密，立法对执法的监督也最为直接和广泛，这是与执法权力强调"效率"的特点密不可分的，而与司法的关系相对疏离，司法权力作为"判断"的权力属性和特点，客观上要求中立、中持的立场和状态，我国宪法对于三种权力之间关系的安排符合成文宪法的一般规则和法治国家的通行做法。因此，虽然第3条第3款原则性地规定了人大与政府、监察委、法院、检察院之间关系的大的概括性的原则，但该原则形成的"产生—负责—监督"模式并不是没有差异地适用于对人大与所有国家机关之间关系的理解。问题在于，我们习惯将人大与法院之间的关系，理解为人大与政府之间的关系，不去区分它们的差异。更有甚者，我们将这种模式的涵义与行政机关上下级之间领导—服从模式相互混淆，即以行政机关内部权力关系套用到人大与法院之间的关系上，将法院看作是人大的"下级"，是服从人大领导的、在人大之下的机构，这种"行政权力思维"影响了我们对于二者宪法关系的准确判断。

与对人大与法院之间关系误判相关联的是，我们对于法治国家的司法独立原则的认识也有偏差。上面提到有学者认为我国"与国外的司法制度有很大不同的是，国外奉行司法独立原则，法院不可能对议会负责，受议会监督"。[①]这种观点具有普遍性，也是很多研究得出我国法院不独立的理由之一。实际上，司法独立并不是指司法机关不对立法机关负责和受其监督，或者是指司法机关与立法机关、行政机关完全分开，无任何关联，而是指司法权力的行使不受到来自任何权力的影响和控制，无论在组织形态上与立法机关或者行政机关之间存在什么样的关联。比如，美国体制是司法机关与其他机关关联最少的设计，其司法独立是毋庸置疑的，即便如此，从国会对包括联邦最高法院在内的整个联邦司法体系的控制来看，程度不低于对行政机关的控制，弹劾权力的范围包括了所有联邦官员——法官也在其中。我国人大的质询权力仅限于行政机关和行政官员。在这个意义上，也不能说司法不受立法监督。再比如，英国体制在2009年之前，司法机关与立法机关之间的区分并不明显，上议院也行使司法终审权，2009年之后设立最高法院，才将司法权彻底从立法权中剥离出来，但无论2009年之前还是之后，英国的司法都是独立的，实际上，司法独立也是英国对世界法治的最大贡献之一。这也说明，从组织形态和司法机关与其他国家机关之间的联系上来判断司法独立与否，并不是一个合理的标准，以司法权的行使过程的独立性来判断，才是合理的标准。

近二十年来，司法改革一直是我国重要的法治建设目标，理论研究成果不断涌现。不少学者的研究围绕组织上、经费上、活动方式上等一些方面，进行改革，以剥离法院和行政机关之间的关系，达到司法独立的目标，在笔者看来，这些都是在追求形式上的、外在的独立，而非问题的实质。如前所述，法治国家的经验是，司法独立的核心是审判权的独立，不是司法机关与其他机关之间的关系安排，比如司法机关在组织上与立法机关或者行政机关之间的关联性，司法机关受到来自其他国家机关的监督，也并不能够影响和妨碍审判权的独立行使。

[①] 蔡定剑：《中国人民代表大会制度》，法律出版社2003年版，第442页。

司法机关的独立，与审判权独立并不存在必然的"因果关系"。

三 人大体制决定了法院不能在司法过程审查法律？

我国学者普遍认为，司法审查是以三权分立为前提或者基础的，中国人大制度完全不同于美国的三权分立，所以中国法院不可以进行司法审查。三权分立被认为是指立法权、执法权、司法权三者之间为平行关系，互不隶属，可以相互控制，司法审查即是司法权对立法权的控制，相反，人大制度意味着法院从属于人大，法院不能审查人大立法，否则即意味着法院与人大是"平起平坐"的关系、就是三权分立。这一观点延续了几十年，已然是不可挑战的中国宪法学之定论。

不过，仔细思忖，这一成说似乎也未必是无懈可击。

严格地说，三权分立并不是一个成文宪法下国家权力组织形态或类型意义上的名词，其实质是强调立法机构与执法/行政机构之间相对独立的关系，即执法机构——以总统作为行政首脑——不是产生于立法机构，而是与立法机构一样，具有自己独立的选民基础，即人民不仅选举立法机构，也选举行政首脑。按照宪法学理论，这种体制被称作总统制，以区别于由立法机构产生执法机构的议会制（比如日本），也区别于既有立法机构产生的执法机构（内阁）又有选举产生的行政首脑兼国家元首（总统）的半议会半总统制（比如德国和法国，又称混合制）。在整体意义上，国家权力组织类型的划分似乎着重区别的是立法机构与执法机构之间的关系，对于司法权，则几乎所有成文宪法国家都承认其独立性。

从形式上看，我国《宪法》确立的国家权力组织形态——学者们称之为人民代表大会制度——非常特殊，与总统制、议会制、半议会半总统的混合制都不相同，但就实质上的宪法权力关系来看，与议会制的差异不大。最突出的一点是，行政机构受到立法机构的约束和控制更加直接，比如，《宪法》关于人大质询政府（狭义）的规定即反映了这个特点。"质询"是议会制国家议会监督行政机构的通常手段，再比如《宪法》关于行政机关对人大负责并报告工作的规定，也是议会制国家的通行做法。在总统制国家，不存在立法机构与行政机构这样的监督关系，尽管存在其他方面的监督关系。议会制国家通常不规定"审判机关由立法机关产生、对立法机关负责受立法机关监督"，只规定法官如何产生、如何监督法官，虽然我国《宪法》第3条第3款规定审判机关也由人大产生对人大负责受人大监督，但正如本文分析的那样，人大所产生、监督的是审判机关的工作人员即法官，负责也表现在法官职务的解除，这与议会制国家并无二致。不仅如此，在司法权的宪法安排上，议会制与总统制的差异不大，总统制国家也是在宪法中规定法官的产生，比如美国，就宪法文字看，联邦法院法官包括最高法院大法官在内，都被纳入了联邦政府（广义）官员的范畴。没有任期限制、终身任职的联邦法官，与其他行政官员一样，都要受到国会弹劾权的约束。所以，认为总统制是三权分立，是立法行政司法各自独立，司法权不受立法权和行政权的监督，是一种误读。关于司法权，则如同其他国家一样，规定其独立性，我国《宪法》第131条的表述是"独立行使审判权"。在这一点上，我国宪法与其他国家宪法只是用词上的差异，并无实质上的差异，都在强调审判权独立行使和不受干预。

由此可见，议会制、总统制、混合制的差异不在于司法机构的性质，而在于立法机构与行政机构之间关系的安排，中国人大制度与美国总统制的差异也在于这两种机构安排上的差异，前者近似于议会制，后者是典型的总统制。长期以来，我们习惯性地将《宪法》第3条第3款的规定，毫无差异地适用于人大与政府、法院、检察院之间的关系上，认为由谁产生就从属、隶属于谁、就没有差别地受到谁的控制。如前所述，我国人大与法院之间的关系，在"产生—负责—监督"层面，应该被理解为针对的是法官人事任免问题，是一种"宣示意义"上或"象征意义"上的存在——司法机构受到民主机构的约束，而非"功能意义"上的存在——民主机构对司法过程进行控制因而否定法官审理案件时对法律的审查，换言之，尽管法院由人大产生——法官由人大选举和任命，但一旦成为法官，则必须遵循司法过程的内在要求，服从司法过程自身的性质和规律，宪法关于"审判权独立"的规定恰在于保障法官遵从司法规律，反过来说，正是因为司法过程的特殊性——与行政执法过程不同，客观上要求审判权的独立行使，才需要宪法以明确条文加以规定。因此，这样的"负责"和"监督"不触及"审判权独立"原则，否则，宪法即是自相矛盾的。

那么，司法规律又是什么呢？从宪法角度看，司法过程因审理案件的需要对法律进行审查即是司法规律的一大内容，此规律形成的根由在于成文宪法体制。在规范意义上，成文宪法国家的法律体系是以宪法典作为构成基础的，由此形成了整个法律规范的"金字塔"型的效力层次，宪法具有最高效力，居于效力层次的塔顶，优占于其他所有法律规范。成文宪法体制下的所有国家机关都受到宪法的约束，正是宪法的最高效力地位，使得法院在司法实践中，不可以无视宪法对于其他法律规范的优先性或优位性，这意味着：法院在审判活动中，根据案件裁判的需要，依照宪法，更准确地说是依照宪法所确立的法律规范效力等级次序，对法律进行审查，从而作出司法决定。最典型的一种情形是：法官在法律适用过程中，面对法律冲突，比如上位法与下位法之间的冲突，包括普通法律与宪法之间的冲突，进行选择、判断。这种审查几乎发生在所有类型案件的审判过程中，是司法过程难以防止又无法回避的。从总体上说，宪法至上原则下，法院只能受到符合宪法的法律的约束。[①]

司法审查作为规律在成文宪法国家普遍存在。从司法审查的性质上看，属于广泛意义上的合宪性审查，不同层次法律规范之间的冲突因宪法效力的至上性而发生，与立法、行政、司法三种权力之间的关系没有因果上的关联性，无论议会制、总统制、混合制，或者是我国的人大体制，都存在。我国《宪法》序言最后一段关于宪法"是国家根本法，具有最高的法律效力"的规定、第5条关于"一切法律、行

[①] 参见赵娟《法院与宪法——世界经验和中国问题》，《南京大学法律评论》2016年秋季号。

政法规和地方性法规都不得同宪法相抵触"的规定,已经明示了成文宪法效力至上和由此形成的法律规范效力等级次序。可以说,司法审查发生的前提是宪法至上,而非三权分立,以是否为三权分立的权力构架来确定是否可以司法审查,是只看到了现象或者结果,没有看到本质或者原因。这也可以解释,为什么不是三权分立的成文宪法国家,也存在司法审查,在这里,总统制、议会制、混合制没有差异,因为它们有一个共同的根本原则——宪法至上。甚至可以说,只要确立了宪法至上,司法审查就不可回避。同样可以解释的是,为什么在不成文宪法体制下的英国法院,司法审查难以发生,法院对于不适当的议会立法只能消极地"暗地限缩或拖延",[1]而加入欧盟之后,司法审查成为了常态,这是欧盟法的至上性所导致的必然结果,是英国不成文宪法体制成文化转型的结果。

不仅如此,这个规律约束所有法院和法官。司法审查是成文宪法体制下审判权或者司法权的一个不可或缺的部分,缺少这个部分,审判权即是不完整的,其中的原因也不复杂,审判权的来源是宪法,宪法是审判权合法存在的基础,也是其裁判的合法性的终极标准和根据。[2]若法官"只对法律负责而不对宪法负责"——不少学者解说第 3 条第 3 款就得出这样的结论——法院只能用法律不能用宪法,那么法院受宪法约束就成了一句空话。司法审查以法官对于法律规范效力的判断作为内容,不因法院层级的不同而有所差异,不以法院的基层性质——最低一层的法院,而存在差异,是所有行使审判权的法官的责任田和必修课。法院体系构造是保证审判权顺利行使和实现的基础,诸如审级、管辖等的设计,是为了公正、效率,不是区别审判权的标志和标准,即低层级法院的法官的审判权与高层级法院的法官的审判权核心部分有什么不同。正是为了落实这个规律,也是这个规律的要求,宪

---

[1] 参见苏永钦《合宪性控制的理论与实际》,月旦出版股份有限公司 1994 年版,第 183 页,脚注 4。

[2] 赵娟:《中国宪法的成文性质与司法适用》,法律出版社 2015 年版,第 116—122 页。

法才构造与行政机关不同的法院体系。法院体系的构造，区别于下级服从上级的官僚行政体系和行政权力的层级性分配即从上至下的递减关系，不以法院的层次确定司法权行使上的差异，也可以说，法官面对的是宪法和法律，其服从的也是宪法和法律，其自身居于何种层级的法院，不影响其审判权的行使，这也是为什么不少国家关于审判权独立的宪法条款有这样的强调：法官只服从法律。比如，《德国基本法》第97条第1款规定："法官应独立行使职权，并只服从法律"。我国1954年《宪法》第78条规定："人民法院独立进行审判，只服从法律"。此处的法官或法院并无层级差异。

近二十年来，司法改革一直是我国法学研究的一大热点主题。有学者指出，改革必须要解决的问题之一即是人大与法院的关系，[①] 这个看法具有积极意义，但遗憾的是，其关注点更多地放在了组织关系上，即"产生—负责—监督"模式以及法院向人大报告工作方面，而对于法院应不应该、能不能够审查法律法规这一真正体现司法独立或者审判权独立的焦点问题没有深入讨论。审判权独立是司法独立的核心所在，法院在组织关系上与其他国家机关之间的关联在所难免，这样的关联并不影响其审判权的独立行使。在这个意义上，法官如何产生、法院如何组织，乃至行政诉讼案件是否要进行专门管辖以避免传统行政区划下行政权的影响甚至控制，都不是问题的关键，也并不能从根本上改变什么，真正的改革是承认审判权的独立，承认司法规律——成文宪法体制下审判权的司法审查职能和职责。可惜，关于这一点，当下学者很少关注，而这恰恰是司法改革的核心点。之所以用"承认"二字，在于这个责任不是通过改革创设出来后赋予法院的，而是司法过程本身的内在要求，因而是发现和承认。也有学者提出，应该"修正被绝对化了的人大至上观念"，根据《宪法》关于人民法院是审判机关、人民法院独立行使审判权的规定，"法院、至少其中的最高人民法院，应该有权在审理案件的过程中结合其所审理的具体案件对其所适

---

① 参见陈瑞华《法院改革中的九大争议问题》，《中国法律评论》2016年第3期。

用的地方性法规的合法性进行审查"。① 这一观点的建设性是明显的，值得肯定。但问题是：是否只有最高人民法院才可以进行审查、地方各级法院不可以吗？若如此，同为审判权独立行使受到宪法保障的法院，为什么最高人民法院可以而地方人民法院不可以？这样看来，只是观念或理念更新可能是不够的，还需要回到成文宪法的语境下，认识审判权的内在属性和要求，进一步厘清人大与法院的关系，不以衡量行政权的"级别"来对应判断审判权的性质，特别是以此确定法院审判权的范围和界限。

四 全国人大常委会垄断了所有宪法问题的决定权因而排除法院"染指"？

与上述人大体制排除司法审查的观点近似，有不少学者认为，《宪法》第 67 条关于全国人大常委会"解释宪法，监督宪法实施"的规定，排除了法院对于宪法问题的介入，换言之，宪法问题只能由全国人大常委会来处理。

这个看法似乎也很难经得起推敲。

在文本层面，这种观点使得宪法在结构上是自相矛盾的，其结果否定了宪法明确规定的所有国家机关的宪法实施职责，实质上是将"解释宪法，监督宪法的实施"的内容孤立起来理解，看不到这一规定与宪法的其他条款之间的关联性。"监督宪法的实施"的前提是"宪法的实施"，但不是只有全国人大常委会才能/才有权进行"宪法的实施"，这里的监督毋宁是对"宪法的实施"的监督，是对"宪法的实施"过程中出现偏差和问题的纠正。如果宪法的意图是"全国人大常委会是实施宪法的唯一机构"，则第 67 条的文字应该是"解释宪法，实施宪法"才是合适的。从整体上看，实施宪法的机关不止全国人大常委会，当《宪法》规定"本宪法……是国家的根本法，具有最高的法律效力"（序言最后一段）和"一切法律、行政法规和地方性法规都不得同宪法

---

① 童之伟：《顺应时势变迁更新人大制度理念》，《法学》2009 年第 12 期。

相抵触。一切国家机关和武装力量、各政党和各社会团体、各企业事业组织都必须遵守宪法和法律……"（第5条），即意味着所有国家机关都有权力和义务去处理宪法问题，因为作为宪法机构，它们都受到宪法约束，负有实施宪法的职责。法院也在其中。

当然，法院实施宪法有自己的特殊性，需遵循司法规律的要求，同时与全国人大常委会之间存在分工关系：法院在司法过程中对宪法问题的处理不具终局性，全国人大常委会才是最终决定的机构。我国《立法法》第99条规定："国务院、中央军事委员会、最高人民法院、最高人民检察院和各省、自治区、直辖市的人民代表大会常务委员会认为行政法规、地方性法规、自治条例和单行条例同宪法或者法律相抵触的，可以向全国人民代表大会常务委员会书面提出进行审查的要求，由常务委员会工作机构分送有关的专门委员会进行审查、提出意见"。这里的"认为"即有审查的要求，包含了最高人民法院的"审查前置"权力和责任，这是提请全国人大常委会作出终局决定的前提，从另外一个角度看，如果审查后"不认为"有抵触宪法的嫌疑，则不存在提请问题，这是对成文宪法体制下实施宪法主体的审查权的确认，最高人民法院则代表了司法过程的审查权。由此可见，《立法法》并没有把宪法问题当作是全国人大常委会的独有问题，其对于《宪法》第67条的理解和贯彻应该是准确的。实际上，这类宪法问题上的分工机制设计在大陆法系国家较为普遍。比如德国，对宪法问题进行终局处理的机构是宪法法院，但普通法院并不因此失去处理权力，相反，普通法院在案件审查过程中进行审查是其责任。《德国基本法》第100条第1款规定："法院如认为某一法律违宪，而该法律之效力与其审判有关者，应停止审判程序。如系违反邦宪法，应请有权受理宪法争议之邦法院审判之；如系违反本基本法，应请联邦宪法法院审判之。各邦法律违反基本法或各邦法律抵触联邦法律时，亦同"。在此，"法院如认为某一法律违宪"一句，意味着普通法院可以进行司法审查，这是宪法法院行使最终判断是否违反宪法之权的前提。不仅如此，这里还有一种隐含情形是："法院如不认为某一法律违宪"，则不需要交由宪法法院去进一步处理，普通法院的司法审查过程即告完结。①

值得注意的是，最高人民法院根据《立法法》第 99 条规定向全国人大常委会提出审查要求的案例并不多见。据报道，截至 2017 年 12 月，十二届全国人大期间全国人大常委会共接收各类审查建议 1527 件，其中属于全国人大常委会备案审查范围的有 1206 件，没有收到有关国家机关提出的审查要求。② 这表明最高人民法院五年来没有提出过审查要求，这个事实耐人寻味。可以说，在司法实践中，无论是行政案件，还是"种子案"之类的民事案件，甚至刑事案件，都存在审查问题，尽管不同种类案件诉讼中的审查内容有所差异，但都不可避免地需要处理法律规范的冲突，特别是下位法与上位法之间包括法律法规与宪法之间的抵触问题。法院审查是基于宪法效力的至上性而产生的，也是对宪法至上原则的坚持，法院所处理的实质上是宪法问题，这是司法过程的内在要求。那么，最高人民法院何以没有向全国人大常委会提出审查要求？其中缘由有待探究。

需要指出的是，我们并不能由宪法问题上的分工机制得出中国法院的审判权"不完整"或者"不独立"的结论。因为全国人大常委会对宪法问题的判断结果，不是案件的判决结果，案件的判决仍然由法院来作出。也就是说，尽管全国人大常委会是宪法问题的最终决定者，但不是审判权的最终行使者。

五　结语：人大与法院关系的正解？

通过以上讨论，我们大致可以得出一个初步的结论：法院的审判权来自于宪法而非人大，审判权的来源和审判员的来源是两个不同的问题，审判权的独立性、完整性受到宪法的保障，其运行规则也受制于宪法的明确规定。人大与法院之间的"产生—负责—监督"关系，

---

① 赵娟：《法院与宪法——世界经验和中国问题》，《南京大学法律评论》2016 年秋季号。

② 参见新闻报道《备案审查制①｜全国人大常委会发布 5 起审查建议案例有何深意》，http://www.thepaper.cn/newsDetail_forward_1915005，2017 年 12 月 28 日访问。

是人事层面上的，而不是审判权行使意义上的，更不是对审判权独立性和完整性的否定，我国宪法的成文宪法性质决定了立法权的受限制性，也决定了审判权所应遵循的司法规律。

这个结论能否构成对人大与法院关系的正解，或可再讨论。也许更需要强调的是我们解读宪法的视角，比如，我们是否仍然以革命政治的逻辑而不是宪法政治的逻辑来认识宪法规范，当人民代表大会不再是单纯"政权"意义上的存在，而是作为"治权"存在的成文宪法体制下的代议制机构，如何准确把握它的"最高"地位就值得认真对待；又比如，是否忽略1982年《宪法》与1954年《宪法》在性质上的差异——前者在新中国宪法史上第一次确立了宪法至上、法治和人权原则，依旧以解说1954《宪法》的理论基调或者惯性思维来研究1982《宪法》；再比如，是否应该避免把中西宪法的差异理解为社会制度上的不同而忽视成文宪法本身的特性从而误读和误判相关命题，将司法审查理解为三权分立的独有制度或者必然结果，同时不去深究司法过程的内在要求，想当然地用处理立法—行政关系的模式去处理立法—司法关系；等等，都值得反思。

法院与宪法*

　　法院与宪法之间的关系是成文宪法国家的一个基本宪法命题，也是宪法学研究的核心内容。原因并不复杂，因为迄今为止，世界上还很少有哪个立宪国家是离开了法院而实现了宪法政治的，甚至就连传统上属于不成文宪法体制的英国，也在宪法转型时期表现出了与成文宪法国家相似的特质：法院在宪法实施过程中不可或缺。那么，如何认识成文宪法体制下法院与宪法的关系？同样作为成文宪法国家的中国可否例外？这正是本文的研究意旨之所在。

一　法院是否受宪法约束

　　世界范围内的一个宪法通则是：在成文宪法国家，宪法具有至上地位，所有的国家公权力均受到宪法的约束，作为享有司法权的法院尤其如此。

　　上述判断存在一个不可忽略的前提：成文宪法国家。成文宪法与不成文宪法是宪法学研究对于宪法类型的一种划分，传统宪法学理论认为，就宪法的形式而言，宪法可以分为成文宪法和不成文宪法，所谓成文宪法是具有法典的宪法，不成文宪法是不具有法典的宪法，二者的不同只在于形式。但实际上，二者之间更是存在着实质性的差异。

---

* 本文原载于《南京大学法律评论》2016年秋季号，已作修改。

其中最突出的一点就是：在不成文宪法国家，比如英国，[①]其核心的宪法原则是"议会主权"或者"议会至上"，这是一条代议制民主政治运作机制的规则，体现了政治过程在国家统治和治理中的决定性作用和议会的至上地位，英国不成文宪法体制所展现的是其宪法的鲜明政治性质或者政治属性。而在成文宪法国家，比如美国，成文宪法兼具法律属性和政治属性，也就是说，宪法既是政治性的，也是法律性的，而且更重要的是法律性的。不仅如此，国家的统治秩序是建立在成文宪法的基础之上的，该统治秩序的最顶端不是议会，而是宪法，"宪法至上"即体现了成文宪法的这一特质。[②]区别于不成文宪法体制，成文宪法体制下，所有国家权力都在宪法的约束之下，立法权、行政权不能够超然于宪法之上，司法权也不例外。

成文宪法的至上性在美国1803年"马伯里诉麦迪逊案"中第一次被揭示和确认，[③]也由此开启了法院受宪法约束的历史。马歇尔大法官在该案中的结论是："美国宪法的特殊用语确认和支持了一个原则——与宪法抵触的法律是无效的，这是所有成文宪法的根本性原则。和其他政府部门一样，法院也受到这个原则的约束"。在宪法学界，马伯里一案素来被学者们认为是"司法审查第一案"，这种判断固然是不错的，因为该案实际上确立了联邦最高法院对于国会立法的合宪性审查权。不过，说它事实上是"宪法至上第一案"和"宪法约束法院第一案"可能更为准确，因为司法审查的依据即是联邦宪法具有最高法律效力，没有了宪法至上这一前提，司法审查就无从谈起。换言之，正是因为宪法的至上性，才需要进行司法审查，宪法是衡量所有立法的标尺和准则，而作为宪法机构的法院，不能受到"违反宪法的法律"的约束。因而马伯里案的意义远不止司法审查这个暗含的结论，

---

① 更准确地说，是加入欧洲共同体之前的英国，近半个世纪以来，英国已经不完全是不成文宪法体制，详见下文阐述。

② 关于成文宪法与不成文宪法之间差异的详细讨论，可参见赵娟《中国宪法的成文性质与司法适用》，法律出版社2015年版，第29—36页。

③ Marbury v. Madison, 5 U.S. 137 (1803).

更在于开创性地论证了成文宪法的至上效力以及成文宪法体制下宪法与法院的关系，这也是为什么马歇尔大法官在马伯里案中反复强调美国宪法是成文宪法。比如，马歇尔大法官指出："毫无疑问，那些制定宪法的人，对于构建这个国家的基本和首要法律是经过深思熟虑的，所以这种政府理论的结论必然是：违反宪法的立法是无效的。这一理论与成文宪法实质性相关，因此，本院认为它是我们社会的基本原则之一"。

其实，宪法至上或许是不需要论证的，作为一个宪法规则，宪法的最高效力在宪法文本中是明确的，可以直接被找到。《美国联邦宪法》第6条第2款规定："本宪法和依本宪法所制定的合众国法律，以及根据合众国的权力已缔结或将缔结的一切条约，都是全国的最高法律；每个州的法官都应受其约束，即使州的宪法和法律中有与之相抵触的内容"。可见宪法具有最高效力是有宪法文本根据的，法官受到宪法的约束也是有实在规范可依从的。尽管宪法文字中提到的是"每个州的法官"，但并不能够因此排除"联邦的法官"，联邦法官无疑应该受到联邦宪法的约束：联邦制下，联邦政府（国会、总统、联邦法院）的权力来源于联邦宪法和法律，联邦法院受联邦宪法和法律的约束是不需要强调的。有意思的是，第6条第3款的内容是："上述参议员和众议员，各州州议会议员，以及合众国和各州所有行政和司法官员，应宣誓或作代誓宣言拥护本宪法；但决不得以宗教信仰作为担任合众国属下任何官职或公职的必要资格"。由此可以看出，第3款关于宪法宣誓的规定，意味着宪法约束所有公职人员，合众国范围内的一切公权力，都受制于联邦宪法，而第2款对于宪法是最高法律的宣示，是宪法约束力的前提和核心内容。不仅如此，当第2款规定"宪法最高"的时候，首先提到了法官，因而宪法的至上性首要的、直接的约束对象是法官，虽然所有权力都受到宪法约束，但这样的约束仍然是存在差异的，即受到宪法约束的方式和程度是不一样的。在这里，我们可以进一步明确的是：成文宪法是法律文件，具有法律性质，其至上性首先约束司法权，或者说，宪法的至上性更直接和更根本地约束司法权,尽管也约束其他权力分支。马歇尔大法官在马伯里案中的解释和论证与第6条第2款、第3款的含义是契合的。

随着20世纪全球范围内立宪主义的兴起和发展,成文宪法几乎成为所有国家的自觉选择,以至于无论在何时何地,当人们谈到宪法的时候,除非有特别说明,就是指成文宪法,成文宪法与宪法成了同义语。在宪法文本中规定宪法的至上地位、规定国家公权力服从宪法的做法,十分普遍。比如,《日本国宪法》第98条第1款规定:"本宪法为国家最高法规,凡与本宪法条款相违反的法律、命令、诏敕以及有关国务的其他行为之全部或一部,一律无效"。第99条规定:"天皇或摄政以及国务大臣、国会议员、法官及其他公务员均负有尊重和拥护本宪法的义务"。再如,《德国基本法》在横向和纵向两个层面规定了宪法的至上地位。在横向上,第20条第3款规定:"立法权应受宪法之限制,行政权与司法权应受立法权与法律之限制"。这一个规定的核心意义在于:确定立法权在宪法之下,而不能超越宪法。该款从根本上确立了宪法的最高性,从历史背景看,这是对纳粹时期议会立法违反《魏玛宪法》(甚至超然于该部宪法之上)之事实的宪法矫正,同时也是对于成文宪法的基本性质的回归:代议制民主机构也要受制于宪法,宪法的至上地位不可动摇。在纵向上,第28条第1款:"各邦之宪法秩序应符合本基本法所定之共和、民主及社会法治国原则"。第31条规定:"联邦法律优于各邦法律"。这是对联邦宪法和法律优占于各州宪法和法律的宪法明示。可以说,宪法至上成为成文宪法的标志性规范。

当然,在世界各国的宪法发展历史上,也存在着一些没有规定上述内容的成文宪法,1919年的德国《魏玛宪法》和1936年的《苏联宪法》即是其中的典型代表。《魏玛宪法》有"民主宪法"之美誉,反映了民主兴起的时代里制宪者的民主主义宪法追求,其规则设计更多的是基于一种理念或理想,而不是实在的可操作性的规则,这其中就包括了忽视宪法的至上性与法院的职责定位。造成这一状况的原因是多重的,不排除是由于制宪者没有真正把握成文宪法的精髓，才制造出了一部理想色彩浓厚却难以真正落实的宪法。①《苏联宪法》则是标准的"革命宪法"或者"革命政治宪法"。宪法至上原则很难为制宪者们所确立，因为在革命政治下，宪法的秩序只具有形式上的意义，或者说，宪法秩序并不是制宪者追求的，相反，制宪者的出发点是以宪法的文字来确立革命阶级的最高统治地位，利用成文宪法这个形式来为这样的统治提供合法性和正当性基础。尽管《魏玛宪法》和《苏联宪法》在内容上存在不少差异，价值目标也大异其趣，但最终都没有逃过"一纸具文"的共同命运。可以说，这两部宪法（从世界范围看可能还远不止这两部）徒有成文宪法之外在形式，而不具有成文宪法之实质。在这个意义上，我们或许可以将成文宪法再作进一步的分类：形式上的成文宪法与实质上的成文宪法。如果我们把前者即形式上的成文宪法看作是成文宪法的"变异"，那么，实质上的成文宪法如《德国基本法》和《俄罗斯宪法》就可以看作是对成文宪法的"回归"。②

二 法院如何受宪法约束

虽然与其他国家机构一样，法院受制于宪法，但不同的是，法院受宪法约束，在很大程度上是基于成文宪法的法律属性而发生的。当宪法也被作为一部法律来对待，法律与法院之间的天然联系就不可避免地发生在宪法与法院之间。不仅如此，在规范意义上，成文宪法国家的法律体系是以宪法典作为构成基础的，由此形成了整个法律规范的"金字塔"型的效力层次，宪法具有最高效力，居于效力层次的塔顶，优占其他所有法律规范。正是宪法的最高效力地位，使得法院在司法实践中，不可以无视宪法对于其他法律规范的优先性或优位性。

---

① 有学者就曾经评论认为，魏玛共和国之崩溃，在于魏玛制度本身就是一个设计不良，也就是一个不可能的制度。参见陈新民《法治国公法学原理与实践》（中册），中国政法大学出版社2007年版，第411页。

② 《俄罗斯联邦宪法》第4条之2项规定："俄罗斯联邦宪法和联邦法律在俄罗斯联邦的全部领土上具有最高的地位"。

所以,"法院受宪法约束"这个判断也可以具体化为:"法院受宪法至上的约束"。

那么,法院受宪法至上的约束意味着什么呢?一个直接的回答是:法院在审判活动中,根据案件裁判的需要,依照宪法,更准确地说是依照宪法所确立的法律规范效力等级次序,对法律进行审查,从而作出司法决定。最典型的一种情形是:法官在法律适用过程中,面对法律冲突,比如上位法与下位法之间的冲突,包括普通法律与宪法之间的冲突,进行选择、判断。这种审查几乎发生在所有类型案件的审判过程中,是司法过程难以防止又无法回避的审查,所谓难以防止,是指由于司法权的被动性,使得法官对所面临的案件和面对的法律,不可预见和预知;所谓无法回避,是指由于司法权受宪法约束,使得法官不能对法律规范的效力等级视而不见,不去对冲突的法律进行判断。从总体上说,宪法至上原则下,法院只能受到符合宪法的法律的约束。

与宪法冲突的法律不能够约束法院。在美国,这种法律可能是联邦的立法,也可能是州的立法。前者如马伯里案,后者如"美国银行案"。[①] 马伯里案中,原告马伯里提起诉讼的法律依据是国会制定的《司法法》,马歇尔大法官发现,该法关于联邦最高法院初始管辖权的规定与联邦宪法的规定相抵触,所以,法院不能够遵循和适用《司法法》中违反宪法的条款。马歇尔大法官论证道:如果一项立法因抵触宪法而无效,它就不能够再约束法院,由法院强制地为其确定效力,就不是法律,就不能如法律一般成为运行的规则。阐明何为法律是司法机构的职责,面对两个相互冲突的法律,法院必须作出适用的决定。在一个具体案件中,当宪法和法律都可以被运用,而一项法律与宪法相违背,法院就必须决定是遵从宪法、还是遵从法律来对案件进行判决。宪法高于任何立法,宪法,而不是普通法律,必须被用于对案件的决定。换言之,法院只能选择适用宪法,不能适用法律。

在"美国银行案"中,有两个方面的争诉点:一是国会通过立

---

① McCulloch v. State of Maryland, 17 U.S. 316 (1819).

法成立美国银行（第二美国银行）并在各州设立分支是否符合联邦宪法；二是马里兰州议会是否可以对美国银行在马里兰州的分支进行征税。马歇尔大法官肯定了第一点，否定了第二点。马歇尔大法官认为，马里兰州没有权力对美国银行征税。这里涉及到联邦权力和州权力之间的冲突问题，马歇尔的解决思路是，国会成立美国银行的法律是符合联邦宪法的，即联邦权力在宪法授权范围内，因而是合宪的，那么，合宪的联邦权力即高于州的权力。作出这一判断的根据就是《美国联邦宪法》第6条的宪法至上原则，由于州征税权力的行使必须以州立法的形式为载体，所以马歇尔大法官的上述结论可以概括为：与联邦宪法和合宪的联邦法律相抵触的州立法无效，否则，联邦宪法至上性的原则即会受到破坏。

这项法律审查工作，在德国是法院的宪法义务，法官必须审查案件所涉法律与宪法之间的相容性。《德国基本法》第100条第1款规定："法院如认为某一法律违宪，而该法律之效力与其审判有关者，应停止审判程序。如系违反邦宪法，应请有权受理宪法争议之邦法院审判之；如系违反本基本法，应请联邦宪法法院审判之。各邦法律违反基本法或各邦法律抵触联邦法律时，亦可"。该款表明，普通法院负有审查法律合宪性的责任，并有权决定暂不适用"疑似违宪"之法律，其主旨背后的宪法原理是与马伯里案一脉相承的："违反宪法的法律无效且不可被适用"。在对于法律的宪法审查问题上，普通法院与宪法法院之间存在职能分工：前者只能审查，不能判断；后者能够审查，能够判断，宪法法院并没有垄断法律审查权力，所有法院都承担审查职责。

关于德国宪法实践，这里还需要澄清一个问题：宪法法院到底是什么性质的机构？在有些学者看来，德国宪法法院所行使的似乎是一种独立的特殊权力，超然于立法权、行政权、司法权之上。这种解读仅仅看到了现象，而没有把握实质。宪法法院在性质上是司法机构，行使的是司法权。《德国基本法》第92条规定："司法权付托于法官；由联邦宪法法院、本基本法所规定之各联邦法院及各邦法院分别行使之"。由此可见，德国联邦宪法法院分享了国家的司法权。尽管它可以同时行使具体的和抽象的宪法审查权力，表现出与以美国为代表的普通法模式不同的机制特点，但其司法机构的宪法定位是毋庸置疑的。我们可以把德国体制看作是将美国法院（包括联邦和州）的职能设计成由两类法院来分别行使，当然德国宪法法院还拥有美国联邦最高法院不享有的抽象审查权。在美国，曾有学者认为，美国的司法审查只是"偶然的事实"，因为一个独立的宪法法院同样可以完成司法审查的任务，对此，惠廷顿教授指出："由一个特别的机关实施宪法审查，这需要积极地创设这样一个机构，并授予其权力；否则这种审查权将自然落到司法部门头上，因为它天生具有这一功能。于是，德国不得不明确地创设了一个宪法法院，而法国不得不明确禁止司法审查；它们都有意识地防止了采用成文宪法之自然结果的发生"。[1] 这样的解说是有道理的，因为法院与审查之间具有天然的联系。其实，我们的认识还可以再进一步：德国宪法法院也是司法机构，其行使的仍然是司法审查性质的权力。在这个意义上，德国并不是"防止了"成文宪法的自然结果，而是以德国的方式"接受了"这一结果。

主动接受成文宪法之自然结果的还有英国。传统上，英国是一个不成文宪法国家，在"议会主权"原则下，司法审查不是一个"显性的"问题，甚至有学者认为，在英国体制下，审查是不可能发生的。按照苏永钦教授的观点，"由于宪法的不具特别形式，加上法治原则与国会主权原则，英国根本不能想象法官可以公开抵制适用法律，最多只是暗地限缩或拖延"。[2] 不过，这一判断只针对传统英国宪法体制具有合理性，而不符合当代英国宪法实际。事实上，加入欧共体（后来的欧盟）之后，英国的宪法体制已经处于从不成文宪法到成文宪法的转折阶段，欧盟法（创立共同体的三项原始条约）的至上性客观上已

---

[1] ［美］基思·E.惠廷顿：《宪法解释：文本主义、原初意图与司法审查》，杜强强等译，中国人民大学出版社2006年版，第230页，注释［54］。

[2] 苏永钦：《合宪性控制的理论与实际》，月旦出版股份有限公司1994年版，第183页，脚注4。

经将英国纳入了成文宪法国家体系，欧盟法即成为事实上的英国成文宪法，在审判实践中，法官也就不可避免地面临着在国内法与欧盟法冲突之时的审查和适用问题。现代英国宪法政治显示了成文宪法"话语"特质：居于最高法律效力地位的欧盟法成为控制国内法效力的标准，法律的效力等级次序也由此形成，法官在司法过程中必须尽到审查之责。作为一种准备和应对措施，英国议会在相关立法中规定了欧盟法的效力，比如，英国议会制定的《欧洲共同体法》（1973年1月生效）第2条第1款规定："所有被规定在一系列条约中的权力、义务、责任和限制均在英国国内具有法律效力，而不需要进一步立法"。不仅如此，英国的应对措施还体现在机构的调整上。作为宪法转型的标志之一，英国在2009年设立了完全独立的最高法院，将原来议会（上议院）中的司法职能分离出来，从而与立法职能相区别，其司法审查的力度得到加强。相较于18世纪美国立宪时代的英国宪法体制——由议会主导的政治过程为特点的不成文宪法模式，现代英国宪法已向成文宪法模式靠近，尽管在形式上仍然与美国成文宪法的传统模式不一样。可以说，英国已经吸收或借鉴了美国成文宪法的法律性运作经验，而一旦有了成文宪法，就必须按照成文宪法的运作机理行事，没有其他路径可以选择。当然，这个过程不可能一步到位。[1]在近年来的一些相关案例中，英国法官通过司法判决，维护了欧盟法的至上地位，力求在英国不成文宪法之下的议会主权与加入欧盟后事实上的成文宪法下的宪法主权之间保持某种平衡，以期既尊重英国的宪法传统，又认真对待新的宪法挑战和现实。[2]

三　法院为何受宪法约束

那么，法院为什么应该受到宪法的约束呢？

---

[1] 参见赵娟《中国宪法的成文性质与司法适用》，法律出版社2015年版，第120—121、222—223页。

[2] 参见李蕊佚《议会主权原则与欧盟法至上原则的冲突与包容》，载谢立斌主编《中德宪法论坛》（2014），社会科学文献出版社2014年版，第212—224页。

法院受宪法约束的理由可能是复杂的，其中最主要的是法院的司法性质和宪法的法律性质。享有司法权的法院，是法律机构，其作为司法分支的固有职能是司法性职能即案件的审理和判决——所谓的"定分止争"。简言之，法院专事"是非判断"，不同于作为立法机构（也称政治机构）的议会的"价值选择"，也不是作为行政机构的总统的"法律执行"，这在任何一种权力构架模式下都是基本相似的。从总体上说，立法机构、行政机构的宪法实施都是在落实宪法的规定，但就对于宪法之法律属性的实现来看，唯有司法过程才能完成，宪法约束司法裁判活动，集中体现了宪法的法律属性。[①]正如普通法律的效力的彰显离不开司法一样，宪法也是在司法过程中体现其法律效力。在成文宪法体制下，"法官没有权力无视宪法"是基本要求，其意义有两个方面：法院受到宪法约束，宪法才可能真正是法律的而不仅仅是政治的，而法院的法律机构性质才能得以体现；法院只有受到宪法约束，其司法活动才可能具有终极意义上的合法性，因为司法权的合法性既来自于其由宪法产生，也来自于其对于宪法的遵行。

实际上，这个问题还可以再往前推进一步：为什么法院应该受到宪法至上法则的约束？因为法院受宪法约束的根本点在于其受宪法至上的约束。在更深层次的意义上，这个问题又可以最终转化为：为什么宪法至上？关于宪法至上之根据的理论有很多种，这里我们主要关注马伯里案中的解说。马歇尔大法官认为，人民具有原始权利，宪法是人民创立政府的文件，由宪法确定的政府构架是基本的。人民权利具有最高权威，因而宪法设计的政府构架的规则是永久性的。人民意志和权威组织了政府，并给不同部门规定了其相应的权力，每个部门都不得超越各自的权限。立法权力受到规定与限制，因为宪法是成文的，这些限制不得被混淆或遗忘。如果这些限制可以被随意地超越，那么，宪法限制权力的目的就没有意义，有限权力政府与无限权力政

[①] 有学者曾对司法审查的理由作多向度解读，理由之一是"宪法系政治性法律，而非法律性政治"。参见李宗惠《宪法要义》，元照出版有限公司2009年版，第572页。

府之间就没有任何区别。这里存在一种需要选择和判断的情形：或者是宪法是至上和首要的，不能被随意改变；或者宪法与普通立法处于同一层次，和其他法律一样，可被立法机构兴致所至而更改。马歇尔大法官的论证可以归结为"人民主权理论"，即人民享有最根本的权力，人民制定了宪法，宪法直接来自于人民的意志和授权，因而是根本法。而普通法律是人民代表所组成的代议制机构的产物，其效力必然低于宪法，人民意志超越人民代表的意志，所以，宪法具有至上性。这一理论表明了成文宪法所形成的秩序结构：人民主权—成文宪法—代议制机构。在这一结构中，成文宪法是人民主权的文字表达，具有效力上的终极权威。宪法，而不是普通法律，体现了人民的根本意志，代议制机构是由人民的代表而不是人民本身构成的，其立法是人民意志的间接行使。由此可见，法院受宪法至上的约束，其实质在于受人民意志的约束，只有在终极意义上受到人民意志的约束，法院的合法性和正当性才是可以成立的。

　　不过，马歇尔大法官在马伯里案中阐释的经典人民主权理论在当代受到了挑战。宪法至上的确立，可能并不一定要诉诸于人民主权。欧盟法至上即是一例。欧盟法在各成员国的直接效力和最高效力，使得欧盟法成为超越各成员国法律（包括除英国以外的各成员国的成文宪法在内）的共同宪法。有意思的是，欧盟法的最高地位并不来自于共同体条约的明确规定，而是司法过程的结果，具体地说，是欧洲法院通过司法案例确立了欧盟法的至上性。欧洲法院在阐释欧盟法至上原则时，也没有像马歇尔大法官那样，将至上性的基础追溯至共同体人民本身的意志，而是强调了共同体条约与一般国际条约相比的特殊之处，即共同体条约所创立的永久的共同体独立秩序，因而共同体法律具有独立的法律基础，不被质疑，且不被成员国法律所超越。换言之，条约相当于宪法，这实际上等于承认了欧盟作为超国家的实体政治联盟地位，尽管与美国这个典型的联邦制国家存在差异，但是，欧盟已远离了权力松散的邦联状态，走进了权力紧密与集中的联邦状态。在这个意义上，欧盟无疑是20世纪之后人类社会关于国家结构形式的新的创造和实践，而且是通过条约的形式。这不得不促使我们反思和审视经典成文宪法理论的局限性。比如，美国19世纪最伟大的法官之一斯托里曾经讨论过宪法与契约的不同之处。他认为，美国宪法不是契约或协定，因为契约的各方都出于自身的利益来解读契约，按照有利于自身利益的方式来解释契约，因而其效力是不确定的，也缺乏控制力，宪法则是针对所有人的命令和强制性基础规则，具有永久的约束效力。[1] 如今，欧盟法的至上性质使得形式上的条约（也可以看作是契约）具备了宪法的实质，那么，在欧盟语境下，契约与宪法的区分还有意义吗？值得思考。

更有意思的是，欧盟法的至上性在很大程度上是由成员国的法院来落实的，这多少有点"倒果为因"的意味。"成员国在其权能范围内承担适用共同体法责任的法官，有义务确保这些法律规范的完全的法律效力，在必要时，自主决定国内立法中与共同体法相违背的规定不予适用，即使这一国内法后于共同体法，而不需要请求或等待上述法律规定通过立法或其他宪法途径予以废止"。[2] 这是一种"共同体化"的过程，在这个过程中，"对于国内法官而言，其在使命上被认为是普通法意义上的共同体法官"。[3] 没有办法，这可能是法官和法院的宿命，因为与其他国家机构不同，须臾离不开法律的是法院，法院的职责即在于运用法律处理争诉，当面对法律冲突的时候，必须作出选择和判断。或许我们可以说：法院必须服从法律的法治规则，客观上促使了欧盟法至上性在司法领域的落实，不仅如此，各成员国的司法决定也促使国内立法机构通过修改立法来确保国内法与欧盟法的相容性。在很大程度上，欧盟成员国的法官与美国各州的法官具有功能上的相似性：各州的法官适用自己所在州的宪法和法律，也适用联邦宪

---

[1] 参见［美］约瑟夫·斯托里《美国宪法评注》，毛国权译，北京大学出版社2006年版，第128—138页。

[2] ［法］德尼·西蒙：《欧盟法律体系》，王玉芳等译，北京大学出版社2007年版，第370页。

[3] 同上。

法和法律，但是，如果州法抵触联邦法，则州法官必须选择适用联邦法。同样的，成员国法官在碰到本国法与欧盟法冲突的情况下，也必须适用欧盟法。正是在法官的司法实践中，联邦法的至上性得以贯彻，欧盟法至上性的实现也依赖于法官的活动。正如美国的州法官也在实质上成为了联邦法官一样，欧盟成员国的法官也发挥着共同体法官的功能，其中的根由在于：宪法至上和欧盟法至上的规则约束法官，无论其身处何地、身份何异，都服从于共同的规则。如果我们把欧盟看作是一种准联邦制的政治形态，其实践验证了英国宪法学家戴雪在一个世纪前的明智判断：联邦主义意味着法制主义的优势地位，换言之，意味着对法院权威的普遍遵从。[1] 虽然，戴雪主要是以美国联邦制作为讨论对象的，但其论证的联邦制机理同样可以解释所有采纳法治原则、通过法治途径进行实质性联合的政治实体。欧盟为世界范围内国家或者地区间的联盟提供了成功先例，这样的联盟是法治的联盟和统一，而贯穿于法治联盟和统一的主线和基础是联盟法的至上性。

与欧盟相类似的还有我国香港地区的宪法实践。《香港基本法》有香港特区的"小宪法"之称，[2] 无论我们承认与否，其已经成为香港地区事实上的宪法。因为该法在香港地区具有最高效力和至上权威，任何与之相抵触的香港立法都是无效的。关于回归之前香港法院是否具有司法审查权问题，学界是有争议的，但回归之后香港法院的司法审查权却是不争的事实。[3] 那么，为什么回归之后香港法院具有司法审查权呢？有学者将其中的缘由归结于普通法传统，也有学者将其归结于《香港基本法》所确立的香港地区的权力构架，或者归结于分权体制，等等，这些解说当然是有合理成分的，但都没有触及到问题的根本点。实际上最根本的原因在于：回归之后，香港地区已由原来的英国不成

---

[1] See A.V. Dicey, *Introduction to the Study of the Law of the Constitution (8th ed.)*, Macmillan, 1915, p. lxxviii.
[2] 参见陈弘毅《宪法学的世界》，中国政法大学出版社 2014 年版，第 150 页。
[3] 参见朱国斌《香港特区法院的司法审查权》，《二十一世纪》2011 年 4 月号总第 124 期。

文宪法体制转变成为成文宪法体制,《香港基本法》即发挥着成文宪法的功能,成文宪法的至上性客观上要求法院的司法审查,香港法院的司法审查权是附随该基本法而产生和存在的。也可以说,司法审查与宪法至上之间是结果—原因关系,与三权分立之间不是结果—原因关系,而在学者们的认识中,往往是将司法审查与三权分立画等号,事实上,应该将司法审查与宪法至上画等号。假如我们将三权分立看作是司法审查的原因,就很难解释为什么并不是采用三权分立这种政府组织形式的香港地区,[①]也存在司法审查机制,同样解释不了为什么采用议会主导制的国家(比如日本)和采用混合体制的国家(比如德国),司法审查仍然存在。然而,众所周知,《香港基本法》并不是由香港立法机构制定的,而是由全国人民代表大会制定的,很难看作是香港地区人民意志的直接表达,如果我们用传统成文宪法理论的人民主权学说来解释《香港基本法》的至上性,恐怕说不通。更加吊诡的是,缺乏人民主权的解说基础,并不影响《香港基本法》本身的性质,也不妨碍其作为实质性的成文宪法发挥功能和效力。

上述欧盟和香港地区的宪法实践提醒我们:宪法的至上性权威或许并不一定是来自于人民主权原理,也可以来自于其他理由。甚至可以说,宪法为什么至上这个问题本身可能是不重要的或者不是最重要的,重要的是,只要在规范层面确立了至上权威即是在发挥宪法的功能,而我们关注的焦点不应该再是其至上性权威来自何处,而是其至上性权威如何实现。法院受宪法约束的意义正在于此。

四　回到中国语境:法院与宪法关系的规范解说

与世界上绝大多数国家的成文宪法一样,我国现行《宪法》即

[①] 官方对香港政治体制的认定是"行政主导",不是"三权分立"。参见新闻报道《中联办主任:香港不是三权分立,特首超然三权之上》,http://news.china.com/domestic/945/20150913/20381232.html,2015 年 11 月 16 日访问。不过,按照陈弘毅教授的理解,《香港基本法》设立了特区行政长官与立法会之间的权力制衡。参见陈弘毅《宪法学的世界》,中国政法大学出版社 2014 年版,第 154 页。

1982年《宪法》也宣布了宪法的至上性，集中体现在序言最后一段和正文第5条。其中，序言最后一段规定："本宪法以法律的形式确认了中国各族人民奋斗的成果，规定了国家的根本制度和根本任务，是国家的根本法，具有最高的法律效力。全国各族人民、一切国家机关和武装力量、各政党和各社会团体、各企业事业组织，都必须以宪法为根本的活动准则，并且负有维护宪法尊严、保证宪法实施的职责"。与序言原则性规定相对应，正文第5条更加强调了宪法至上性的具体要求："中华人民共和国实行依法治国，建设社会主义法治国家。国家维护社会主义法制的统一和尊严。一切法律、行政法规和地方性法规都不得同宪法相抵触。一切国家机关和武装力量、各政党和各社会团体、各企业事业组织都必须遵守宪法和法律。一切违反宪法和法律的行为，必须予以追究。任何组织或者个人都不得有超越宪法和法律的特权"。这些规定突显了我国现行《宪法》的成文宪法性质。

不同于新中国立宪历史上的前三部宪法即1954年《宪法》、1975年《宪法》、1978年《宪法》，1982年《宪法》第一次规定宪法的根本法地位和最高效力，至于作这样宣布的背景和动机，官方文献给出的解说是：其一，反思历史经验教训。其二，为了保障宪法的实施。其三，借鉴外国宪法通例。[①] 以1982年《宪法》修改之时中国法学研究状况和法治水平，修宪者能够基于上述三个方面的考虑而将宪法至上规定进宪法文本之中，已是了不起的进步。就文本的突破性而言，现行《宪法》已经完成了对于实质性成文宪法的回归——如果在某种程度上我们把前三部《宪法》看作是成文宪法的变异的话，值得充分肯定。但是，问题依然存在，最为突出的一点就是：对于我国人民法院而言，宪法的最高效力到底意味着什么？对于这个问题的回答构成我们解析中国法院与宪法之间关系的路径，这里分三个层次展开。

[①] 参见全国人大常委会办公厅研究室政治组编《中国宪法精释》，中国民主法制出版社1996年版，第90页。

第一，人民法院具有宪法地位。

我国《宪法》关于人民法院的规定，集中体现在文本的第三章（国家机构）第七节（人民法院和人民检察院）第123—128条，第三章之外也有部分条款涉及人民法院。从文本的内容来看，人民法院是由宪法设定、负有宪法职责的国家机构，具有宪法地位。

《宪法》第123条规定："中华人民共和国人民法院是国家的审判机关"，这意味着人民法院是宪法规定的审判机关。在我国，人民法院在宪法上的功能（分工）定位是审判机关，区别于作为立法机关的人大，也不同于作为行政机关的人民政府和作为检察机关的人民检察院。审判机关，在法治国家一般也称为司法机关，审判权与司法权可以在同一个意义上使用，我国宪法没有使用司法机关、司法权这类概念，而是使用了审判机关、审判权的概念，形成了人民法院—审判机关—审判权的"三位一体"。不过，不论名称上有什么不同，作为法院的核心功能都在于裁判解决争议，裁判解决争议即是司法活动（或称行使司法权的活动）。"司法为在发生争议，代表国家适用宪法、法律及其他拘束力之法规范，来做出裁决的权力。所以司法权即包括了裁判权及为执行职权所进行之法令解释权等。各国宪法可以针对司法权内容作若干调整，但裁判解决争议，则为司法颠扑不破之任务"。[①] 我国宪法用"审判机关"和"审判权"涵盖了人民法院对所有类型争议的裁判解决职责和权力。[②]

不仅如此，人民法院是宪法规定的国家的审判机关。《宪法》第123条关于人民法院是审判机关的规定，还有一个重要的性质上的限定：国家的审判机关。在这里，作为定语的"国家"不可被忽略，理

[①] 陈新民：《宪法学释论》（中册），三民书局2015年版，第682—683页。
[②] 这也是为什么全国人大1989年制定《行政诉讼法》时，并不需要以修改宪法为前提。尽管1982年宪法修改之时，我国人民法院裁判案件的类型基本上是民事案件和刑事案件，行政案件在当时尚未出现，也不在人民法院的受案范围内，但人民法院的审判机关定位决定了人民法院对于行政案件的裁判是没有障碍的，因为不论是什么类型的案件，审判机关都是通过裁判来解决争议，这是审判权（司法权）的实质。

解这一定语，是进一步认识人民法院性质的必要环节。概括地说，规定人民法院是"国家的审判机关"，在于强调人民法院作为审判机关的国家机构性质。这里需要结合《宪法》第124条的规定来理解，第124条的内容是："中华人民共和国设立最高人民法院、地方各级人民法院和军事法院等专门人民法院"。这意味着，我国的人民法院——从最高人民法院到地方各级人民法院和各专门人民法院，都是宪法设定的国家机构，是审判机关。具体地说，只要是人民法院，即是国家性质的，不论是最高人民法院，还是地方各级人民法院或者各专门法院。[①] 人民法院的层级——是最高还是地方各级（抑或专门），不影响其国家性质。举例而言，即便是地方基层法院——层级上的最低一级，也是国家的审判机关。从另外一个角度看，人民法院是"国家的审判机关"的规定，也是强调审判权的国家属性。这个属性意味着人民法院是代表国家、以国家的名义行使审判权，[②] 这里的国家，是一个整体意义上的存在，是审判权的整体性保证。仍以基层人民法院为例，与最高人民法院和地方其他层级的人民法院一样，基层人民法院是国家的人民法院，不因其是最低一个层级，而丧失其审判权的国家属性，其仍然是在行使国家审判权。

更需要强调的是，人民法院是具有独立宪法地位的国家审判机关。人民法院的独立宪法地位体现在两个方面：一是人民法院作为审判机关，具有组织体系上的完整性、统一性、独立性。根据《宪法》第124条，最高人民法院、地方各级人民法院以及各专门人民法院构成了我国人民法院完整的组织体系，人民法院作为审判机关的职权和职能存在排他性——审判权只能由人民法院统一来行使，不能由其他任何机关来行使。人民法院体系内部的关系受制于《宪法》第127条的规定，

[①] 有学者敏锐地注意到，我国宪法是世界上为数不多的将最高法院和地方法院都直接规定在宪法中从而使得整个法院体系都具有宪法地位的宪法，这一见解具有合理性。参见王建学《地方各级人民法院宪法地位的规范分析》，《法学研究》2015年第4期。

[②] 参见韩大元《宪法学基础理论》，中国政法大学出版社2009年版，第382页。

即"最高人民法院是最高审判机关。最高人民法院监督地方各级人民法院和专门人民法院的审判工作,上级人民法院监督下级人民法院的审判工作"。也就是说,上级法院与下级法院之间是监督关系:在实际的司法过程中,表现为审级关系,而不是命令与服从、领导与被领导的行政层级或官僚科层关系。人民法院组织体系外部的关系受制于《宪法》第128条的规定,即"最高人民法院对全国人民代表大会和全国人民代表大会常务委员会负责。地方各级人民法院对产生它的国家权力机关负责"。这里的"负责"也是一种监督关系,负责意义上的被监督,来自法院在人事(产生)上与人大之间的关联性:"国家行政机关、审判机关、检察机关都由人民代表大会产生,对它负责,受它监督"。(《宪法》第3条第3款)具体来说,最高人民法院院长由全国人大选举和罢免(第62条第(七)项、第63条第(四)项)、全国人大常委会任免最高人民法院副院长、审判员、审判委员会委员和军事法院院长(第67条第(十一)项)、县级以上地方各级人大选举并且有权罢免本级人民法院院长(第101条第2款)、县级以上地方各级人大常委会监督本级人民法院工作(第104条)。人大与法院之间的监督和被监督关系,并不影响法院作为审判机关的独立地位。

二是人民法院审判权的独立行使受宪法保障。《宪法》第126条规定:"人民法院依照法律规定独立行使审判权,不受行政机关、社会团体和个人的干涉"。根据这一条,人民法院有独立进行审判的权力,该条排除"行政机关、社会团体、个人"的干涉,并不意味着审判权可以受到其他主体的干涉,这样的排除只具有"列举"意义而没有"穷尽"意义,"审判权独立"是这一条的规范要旨。值得注意的是,人民法院审判权独立,是指各级法院审判权的独立。因为各级法院都是专门行使审判权的机构,宪法是将审判权分配给各级法院行使的,并没有专门限定在最高人民法院,人民法院上下级之间的监督关系不影响各级法院在审判权行使上的独立性。另外,"法院对人大负责"的监督关系,也不妨碍法院审判权的独立行使。世界范围内的宪法通则是:法院在产生过程与其他国家机构之间的关联性,比如,是由立法机构产生（比如我国），还是由行政机构产生（比如日本），抑或是由行政机构和立法机构共同产生（比如美国、德国），都不构成对审判权独立的否定。相反，几乎所有成文宪法国家都在宪法中以"专条"的方式规定司法的独立性，比如，《德国基本法》第97条第1款规定："法官应独立行使职权，并只服从法律"。这个规定与我国1954年《宪法》第78条的文字表述风格十分相近，我国的条款内容是："人民法院独立进行审判，只服从法律"。这类条款旨在对审判权独立进行宪法明示。

第二，宪法约束人民法院。

从我国《宪法》序言最后一段和第5条的内容来看，宪法约束包括人民法院的审判权在内的所有国家公权力。

宪法文本中的"一切国家机关"，是受到宪法约束的主体类型之一，也是最重要的一类主体。宪法约束（甚至只约束）国家机关和其他公权力机构，是宪法基本原理，也是立宪国家的通则，意味着国家机关等公权力主体（而非其他私主体）负有宪法职责、承担宪法责任。如果说《宪法》序言最后一段是针对所有组织和个人进行的一般宣布，那么，第5条即明确将宪法约束的对象限定在了国家机关和其他公权力主体上，这样的限定符合宪法原理。在我国，国家机关的类型可以分为立法机关、行政机关、审判机关、检察机关，按照《宪法》，一切国家机关都必须遵守宪法和法律，作为审判机关的人民法院也在其中。所以，宪法约束人民法院是有直接宪法文本根据的。

然而，很长一段时间以来，学界流行着一种颇具影响力的观点：人民法院受法律约束，不受宪法约束，因为人民法院只能依照法律——不包括宪法在内的法律——进行审判活动，所以"宪法约束国家机关"的判断需要具体区分：宪法约束人大即立法机关，由立法机关根据宪法制定法律，再由法律约束人民法院即司法机关，并由此得出人民法院不直接实施宪法而是直接实施法律的结论。更进一步说，如果人民法院也直接受宪法约束，则在地位上与人大"平起平坐"了，而人民法院应该被看作是低于人大的"次级机构"——因为人民法院是由人大产生的，故在地位上与人大是从属关系、不是平行关系，若承认宪法约束人民法院，即将法院与人大的关系看作是平行关系了，是错误的。笔者认为这一观点值得质疑。

最需要质疑之处是：这样的认识缺乏文本根据。当宪法要求一切国家机关等主体都"必须遵守宪法和法律"时，人民法院并没有被排除。如果宪法有意体现这一观点，那么作现在这样的文字表述就是不合适的，从宪法文本中，我们看不出这样理解的根据，而且在宪法条文的其他部分，也找不出支持这一观点的根据。结论只能有一个：不是宪法文本表述错了，而是我们的理解错了。有些学者常常将《宪法》第126条的规定（"人民法院依照法律规定独立行使审判权，不受行政机关、社会团体和个人的干涉。"）作为论证这一观点的理由，他们将这里的"依照法律规定"解说为"人民法院只能根据法律、不能够根据宪法进行案件审理"，即司法过程的法律依据只有法律、没有宪法，因为此处的"法律"一词排除了宪法，专门指由全国人大和全国人大常委会制定的法律，宪法被排斥在了司法裁判的法律依据之外。这实际上是对第126条内容的误读，因为第126条的目的在于保障人民法院审判权的独立地位。审判权独立（或者说司法独立）是法治的特征之一，宪法文本中宣示司法的独立地位，是现代成文宪法国家的通行做法，我国《宪法》第126条也担负了这样的功能。虽然我国《宪法》没有采用"司法独立"或"法官独立"或"法院独立"等文字，而是采用了"独立行使审判权"的表述，但意旨是相同的。因此，该条是对法院独立审判权的保障条款而非对法院审判活动之法律依据的限制条款，将该条解读为人民法院只能依照法律而不能依照宪法进行审判活动是没有根据的。[①]

另外，这一观点也与成文宪法的一般规则相背离。如前所述，成

[①] 参见赵娟《中国宪法的成文性质与司法适用》，法律出版社2015年版，第235页。

文宪法的法律属性，客观上要求作为法律机构（而非政治机构）的法院承担实施的职责。宪法，也如其他法律一样，是司法裁判过程的规范依据，在宪法实施主体中排除法院，即相当于排除甚至否定我国《宪法》的法律属性，而事实是：与1954年《宪法》、1975年《宪法》、1978年《宪法》相比，1982年《宪法》的突破性进步即在于将宪法定性为法律，从而继受了"宪法是法律"的成文宪法特质。《宪法》序言最后一段关于宪法是"国家的根本法，具有最高的法律效力"的宣布、第5条关于"一切法律、行政法规和地方性法规都不得同宪法相抵触"的规定，从根本上改变了我国宪法仅仅是政治文件的历史。所以，我们对于法院与宪法之间关系的解读也应该回归到成文宪法的语境中来。

实际上，上述有影响力的观点并不新鲜，在近一个世纪前的德国即存在过。魏玛共和时期，权威宪法学说认为：根据《魏玛宪法》，法官独立审判是依据法律而言，此法律是采形式意义，故唯有以国会通过之法律才可以由法官信守，而非将抽象的宪法当作法官裁判的标准。[①]也就是说，法官无权处理宪法问题，宪法问题只能由国会即立法机关来处理。这种学说是否是对《魏玛宪法》的准确解读，本身是有争议的。其实，只要我们稍加观察，就能够发现该学说是有问题的。《魏玛宪法》第102条规定："法官独立，只服从法律"。若将"法律"解读为字面意思，则是不包括宪法的，相反，则是包括宪法的。有意思的是，《德国基本法》第97条第1款规定："法官应独立行使职权，并只服从法律"。两相对照，后者与前者的文字并无实质性差异，而后者约束下的法官，也必须对基本法即宪法负责。几近相同的文字，为什么含义不同呢？

显然，对于"只服从法律"的准确解读十分关键，这几个字的本质在于宣示司法的独立地位，两部宪法皆然，没有差异。其旨在强调

---

① 参见陈新民《法治国公法学原理与实践》（中册），中国政法大学出版社2007年版，第405页。

法律之外无司法，法官不能够服从法律之外的权力或者权威，而不是在说法官只服从法律（狭义），不服从宪法，更不是说，法官只适用法律（狭义），不适用宪法。如果按照权威学说，就很难解释为什么基本法约束下的所有法院的法官都具有宪法职责——审查法律的合宪性，而在魏玛共和下的法官，就不可以适用宪法。当然，权威学说的产生与《魏玛宪法》本身的缺陷是有关联的，该宪法对于宪法至上性的忽视，在客观上为这类权威学说的流行提供了机会。需要特别指出的是，这种将法院隔离于宪法之外的观点在二战之后被摒弃，作为实质性成文宪法的《德国基本法》，确立了所有国家权力均在宪法之下的原则，立法机关、行政机关、司法机关概莫能外。同样的，中国1982年《宪法》也回归到了实质性成文宪法的状态中来。就性质而言，1982年《宪法》与《德国基本法》应该处于同一性之中，而区别于《魏玛宪法》，若我们仍然以《魏玛宪法》之时的理论来解说1982年《宪法》，则不仅是一种时间和空间上的错位，也是性质上的错位。值得注意的是，时至今日，学界仍有将1982年《宪法》与《魏玛宪法》相提并论的研究视角和立场，以前者来类比后者，并套用当年即魏玛共和时期的宪法理论来解读中国现行《宪法》。在笔者看来，这样混淆是不适当的，也是没有根据的。

第三，宪法至上原则要求人民法院进行司法审查。

如前所述，在成文宪法体制下，法院在案件审判过程中，负有司法审查之责，这是宪法至上性的规范要求，那么，在我国，人民法院是否也有这样的职责呢？

我国宪法文本没有明确规定人民法院的司法审查之权，不过，如果我们就此认为人民法院不应该进行司法审查，那就可能将问题简单化了。一个突出的疑问是：抵触宪法的法律和法规等法律规范能不能作为法院审判的依据？换言之，法官能不能适用一个违反宪法的法律？或者更宽泛一点来看，法官能不能适用一个与上位法相抵触的下位法条款？就像"洛阳玉米种子纠纷案"中地方性法规抵触法律时主审法

规范、秩序与公法

官的判断和选择一样。① 在"种子案"审理过程中,主审法官认为与上位法(全国人大常委会制定的《种子法》)抵触的下位法(河南省人大常委会制定的《种子条例》)关于种子价格的条款无效,不予适用,而应该适用上位法即《种子法》。如果我们的回答是肯定的,即承认抵触宪法的法律也必须为法官所适用,那么我国《宪法》中关于宪法"具有最高的法律效力"的规定还有什么意义?如果我们的回答是否定的,那么理由又是什么?显然,对于这个问题的讨论需要我们更细致地思考和更审慎地对待。

在此,一个确定的正面回答是:我国人民法院应该也必须进行司法审查,司法审查是人民法院的责任。

人民法院的这一职责来自于宪法的规范要求,或者说,司法审查是人民法院的宪法职责,更准确地说,是宪法至上效力的必然结果,是宪法约束人民法院(或者人民法院受到宪法约束)的结果——人民法院受宪法约束的实质是受宪法至上约束。如前所述,在成文宪法国家,宪法具有实质性的约束力,拘束所有的法律规范,同时,宪法具有最高效力,所有法律规范都不得同宪法抵触,由此形成统一的法律效力等级秩序。我国《宪法》也具有同质性,《宪法》序言最后一段(宪法具有最高法律效力)和第5条第3款(一切法律、行政法规和地方性法规都不得同宪法相抵触)的内容即体现了成文宪法的基本要求。也正是在这个意义上,法院负有责任:人民法院受宪法最高效力的约束,宪法的至上性要求人民法院不能无视法律的效力等级次序即法律秩序的统一问题,一项违反宪法的法律不可以约束中国法官。在案件审判过程中,必须对所适用的法律进行审查,违宪的法律不能约束法院和法官,法院或法官有拒绝适用违宪的法律的权力——这一权力被看作是司法权(审判权)的有机组成部分。换言之,司法审查的权力与司法权如影随形,不可分割,否则,司法权就是不完整的,难以履行其受到宪法至上性约束所产生的责任。这也是为什么有学者在讨论

---

① 参见河南省洛阳市中级人民法院(2003)洛民初字第26号民事判决书。

司法机关适用法律之原则时，坚持认为，"司法官对于违背宪法之法规，普遍有拒绝适用之权。宪法为国家之根本法，一切法规均不得与之抵触，苟有违反宪法之法规，司法官得拒绝适用"。[1] 倘若法官不去审查所要适用的法律规范，无异于是在"闭着眼睛"适用法律，[2] 这显然不是法官应有的态度。相反，法官适用法律时必须"睁大眼睛"，避免适用违反宪法的法律规范、违背宪法至上性要求。

从理论上讲，上述解说符合成文宪法关于宪法至上性的规范要求，却不能忽视一个问题：人民法院的司法审查没有明确的宪法文本根据——宪法文字没有直接授权人民法院可以这样做，那么上述解说是否没有疑问？或者更进一步：上述解说是从宪法至上得出人民法院可以司法审查的结论的，这两者之间是否存在直接的"因果关系"，因而不需要宪法的明确规定作为"媒质"？

仔细分析成文宪法国家或者地区的经验，可以发现：司法审查权的宪法存在具有不同的情形。有的宪法以文字形式明确规定了法院的司法审查之权，比如，《日本国宪法》第98条第1款规定："本宪法为国家最高法规，凡与本宪法条款相违反的法律、命令、诏敕以及有关国务的其他行为之全部或一部，一律无效"。这一规定是对宪法至上原则的确立，第81条规定："最高法院为有权决定一切法律、命令、规则以及处分是否符合宪法的终审法院"。根据这一条，最高法院和下级法院都有权行使司法审查权，最高法院享有最终审查权。由此可见，日本采用了与美国相同的普通法院审查体制，即所有法院都有司法审查之权，而且这种审查之权具有完整性：不仅要对适用的法律进行审查，而且要决定或者判断所审查法律的合宪性，最高法院与下级法院

---

[1] 何任清：《法学通论》，台北商务印书馆1984年版，第124页。
[2] 姜明安教授认为，"法院在行政诉讼中虽然不能直接认定行政法规、规章违法和撤销违法的行政法规、规章，而应提请全国人大常委会审查、认定违法和撤销，但法院在具体案件审理中不能完全不审查行政法规、规章的合法性。法院不应闭着眼睛适用法规和规章，不管所适用的法规、规章是合法还是违法"。姜明安：《改革和完善行政诉讼体制机制 加强人权司法保障》，《国家行政学院学报》2015年第1期。

之间的差异只在于最高法院的审查权是终局性的——可以纠正下级法院的审查结果。日本与美国的不同之处在于：前者既规定宪法至上，又规定法院有权审查；后者只规定宪法至上，没有规定法院有权审查。前者可以看作是对后者宪法文本缺陷的弥补。

与日本不同，德国对美、日式的司法审查权进行了"切割"，而且对于普通法院的司法审查权没有做出正面的规定。如前所述，《德国基本法》第100条第1款的内容是："法院如认为某一法律违宪，而该法律之效力与其审判有关者，应停止审判程序。如系违反邦宪法，应请有权受理宪法争议之邦法院审判之；如系违反本基本法，应请联邦宪法法院审判之。各邦法律违反基本法或各邦法律抵触联邦法律时，亦可"。这个条款清晰地表明了"分割"的司法审查权：普通法院的司法审查是不完整的，宪法法院才是最后的决定者。美国式的司法审查在德国是由普通法院和宪法法院共同完成的，这是一种阶段或者时间上的分割，也是一种决定力大小的分割。其中，"法院如认为某一法律违宪"一句，意味着普通法院可以进行司法审查，但似乎也不是宪法进行正面的明确授权，而是作为宪法法院行使判断是否违反宪法之权的前提，因为宪法法院才有权处理是否违宪的问题，普通法院的权力毋宁是"审查＋发现"的权力，当然还有必然的"不予适用＋暂停诉讼"的权力。不仅如此，这一句还有一个隐含的情形是："法院如不认为某一法律违宪"，则不需要交由宪法法院去进一步处理，普通法院的司法审查过程即告完结，呈现的就是"审查＋适用"的权力状态。而这样的状态应该是一般状态或者说是常态——因为民主过程的立法，有违宪嫌疑的毕竟是少数、是例外，而不是多数、不是规则。如果反过来，有违宪嫌疑的立法占据了大多数，那么这个国家的立法机制就是异常的，就不是司法审查所能解决的，必须修正或者改革立法机制。即便如此，司法审查仍然是必要的，尽管绝大多数情况下并不发生违宪的情形，《德国基本法》第100条第1款的意义也正在于此。

上述德国的经验表明：法院的司法审查之责（也是权力）并不因为缺乏宪法的明确授权性规定而被否定，这一职责包含在相关的宪法规范当中——由相关宪法条款的内容导出这个结论。我国现行《宪法》没有规定"法律抵触宪法者无效",但规定了宪法"是国家的根本法,具有最高的法律效力"和"一切法律、行政法规、地方性法规都不得同宪法相抵触"。这样的规定同样要求人民法院在面对"抵触"的法律和法规时必须进行判断和选择,不能回避,否则,宪法效力最高、不得同宪法相抵触的宪法规定就没有了实际意义。其实仔细分析可知,宪法"最高效力"和"不得抵触"要求的结果即是"抵触宪法无效",在很大程度上,最高效力和不得抵触暗含了抵触无效的结果。从另外一个角度看,人民法院在案件审理过程中的司法审查,也是在履行"宪法实施"的责任。根据《宪法》序言最后一段和第5条,与其他国家机关一样,人民法院也是宪法实施主体,负有宪法实施之责,宪法实施最直接的要求是维护和落实宪法的最高效力,这一宪法责任要求人民法院进行司法审查。

不过,对于上述人民法院的司法审查之责,国内不少学者并不认同。概括起来,不认同的理由主要有三点:其一,这种司法审查权力的实质是宪法审查权,而根据我国《宪法》,人民法院没有宪法审查权力,宪法审查权为全国人大常委会所垄断,所以,人民法院不可以进行司法审查;其二,我国不实行西方的三权分立制度,而实行人民代表大会制度,所以不能够进行司法审查。如果承认人民法院可以进行司法审查,则会对我国人民代表大会制度构成违背,因为人民法院由人大产生并向人大负责,所以不能审查法律的合宪性;其三,我国《立法》规定了法律审查制度,排除了人民法院在审查中的角色和功能,因此,人民法院没有权力进行审查,而且也不需要进行司法审查。在笔者看来,这三点理由都是不能成立的,以下分别进行回应和分析。

首先,人民法院的司法审查与全国人大常委会宪法审查是相容关系。对于人民法院司法审查的实质是宪法审查的判断,笔者是认同的,但并不认同由此所得出的结论。根据《宪法》第67条关于全国人大常委会之"解释宪法,监督宪法的实施"职权的规定,解释宪法、决定法律是否违反宪法的权力,归于全国人大常委会,其他机关无权作出,

规范、秩序与公法

人民法院也没有这个权力。从整体上看，我国宪法对于违宪审查权的授予，与德国比较相似——由专门机关来行使这一权力，但是，这一规定并不能够用来否定人民法院在案件审判过程中的司法审查。全国人大常委会所垄断的是最终审查、宣布是否违宪的权力，并没有也不可能垄断人民法院在审判过程中基于法律适用的需要所进行的司法审查，更代替不了人民法院的司法审查。人民法院的司法审查与全国人大常委会的违宪审查是并行不悖的，前者针对的是司法过程的法律适用，在个案中发生效力。关于法院这种司法审查，德国学者将之称作为"具体"审查，"即与某个具体个案紧密相关，而被审查的规范是否有效又直接影响到该案判决结果的审查"；① 后者则直接针对法律条文，是一种具有普遍约束力的抽象审查。同时，前者审查的结果是决定是否在案件中使用某一个法律条文，后者的审查结果则是宣布被审查的条款是否违反宪法或者抵触上位法而无效。就类型而言，我国也是一种"切割"状态的审查机制设计，人民法院的司法审查处于"审查—适用"的阶段，全国人大常委会的审查属于"审查—宣布"的阶段。与德国和我国台湾地区不同的是，我们没有在宪法上规定两个阶段之间在程序上的"衔接规则"：人民法院审查后，如果认为法律违反宪法时，应该怎么做，是不是"停止审判"，提请全国人大常委会审查。

从根本上说，上述将全国人大常委会进行违宪审查的体制看作是对人民法院司法审查之排除的看法，存在一个误区：将审查看作是宪法审查机关独占的唯一性权力，看作是全国人大常委会一个机关的事情。其实，宪法对于全国人大常委会宪法审查机构的确认，并不意味着所有的宪法问题都应该和必须由全国人大常委会来处理和解决。这种确认，毋宁是全国人大常委会在宪法问题上做出最后决定的意义。而我们习惯上将宪法问题"专门化"，只看到"最终决定权"，看不到"阶段性决定权"，就像有不少学者一提到德国宪法，马上想到（甚至

---

① ［德］康拉德·黑塞：《联邦德国宪法概要》，李辉译，商务印书馆2007年版，第512页。

是只想到）的就是联邦宪法法院，似乎只有宪法法院才能处理宪法问题和处理所有的宪法问题，岂不知宪法问题并不只是宪法法院的事情。在德国，"对宪法问题作出审判，并不是独立的宪法法院的特权……实质意义上的宪法诉讼也可以在其他的法院进行……一般法院所不拥有的仅仅是最终的、具有普遍性约束力的决定法律不予适用的权力——此项做出具有'法律'效力的权力被保留于联邦宪法法院"。[①] 在这一点上，我国与德国具有相似性：德国的普通法院与宪法法院共同处理司法过程中的宪法问题，我国的人民法院与全国人大常委会共同承担了审查职责，德国普通法院和我国人民法院都是"阶段性决定者"，德国宪法法院和我国全国人大常委会都是"最终决定者"。

其次，人民代表大会制度不是人民法院进行司法审查的制度障碍。学界一个根深蒂固的观点是：我国实行人民代表大会制度，不是三权分立，权力之间的制衡不存在，所以，人民法院不能够进行司法审查。这种认识的误区之一是：认为司法审查与三权分立之间是依存关系，将司法审查等同于三权分立，或者说在三权分立与司法审查之间画等号。本文第三大部分的讨论表明：司法审查存在的前提或者说原因是宪法至上，而不是三权分立，宪法至上与司法审查之间是因果关系，三权分立与司法审查之间不是因果关系。误区之二是：认为人大制度与司法审查之间是相斥关系。长期以来，主流观点一直认为，中国实行人民代表大会制度，中国法院由人大产生，所以法院具有从属性，只对法律负责、不对宪法负责，不像实行三权分立的美国那样，司法是独立的，直接向宪法负责、受宪法约束。其实，不论采用什么样的国家权力结构形式，无论法院和法官如何产生，都不影响司法在成文宪法下的地位。中国宪法关于法院与人大之间关系的规定以及法院的宪法定位，即法院的司法权能定位和其独立性，与其他成文宪法国家的相关规定并没有本质差异，而其他国家在法院对宪法负责和法院判

[①] ［德］克劳斯·施莱希、斯特凡·科里奥特：《德国联邦宪法法院：地位、程序与裁判》，刘飞译，法律出版社2007年版，第21—22页。

断法律效力问题上是没有疑问的。在我国,人民法院的司法独立地位决定了其对于法律规范是否适用的审查判断不存在障碍。从各国情况看,法官的产生或取决于立法权力(比如德国宪法法院法官由参、众两院分别选举产生),或取决于行政权力(比如日本最高法院长官法官由内阁提名天皇任命、其他法官由内阁任命),或取决于立法权与行政权的共同作用(比如美国联邦法院法官由总统提名、参议院通过),但无论司法机关产生的过程是由立法还是由行政来决定,司法的独立地位和其审判职责都不会有什么不同。司法的独立性质与法官由谁任命或者司法机关的产生过程无关,"司法权的运作只受宪法及法律的拘束,其他国家机关不能加以干预",[①] 这是法治国家的一般规则。在中国也不应该例外。

从根本上说,认为人大制度阻却法院审判权独立和法院对宪法负责的观点,是混淆了权力结构关系与法律适用关系,也就是没有理清楚权力结构与法律适用之间的关系。学者们习惯认为,中国宪法规定的法院对人大负责的权力格局,决定了法院审判活动中不能对不同层级法律规范之间的冲突进行明确判断,比如说明下位法因与上位法的抵触而无效。其理由是,在现行的权力关系中,人民法院由人大产生、向人大负责,所以排除了法院对于宪法问题的介入,而法院一旦介入宪法,就意味着对于权力关系的背离甚至破坏。这实际上是将司法过程的法律适用包括宪法适用关系与权力关系没有理由地纠缠在了一起。这样的认识在中国宪法文本上是没有根据的。立宪国家的实践表明,法院或者法官的产生过程与法院受宪法约束之间没有必然联系,或者说根本没有联系,完全是两回事。[②]

值得一提的是,持上述观点的学者不在少数,而且多将我国的人大体制与英国的议会主权相提并论。比如,有学者在讨论英国当代司法审查的合法性基础时,将其归为法律共同体的共识即"共识理论",

---

[①] 吴庚:《审判独立的实质内涵》,《中国法律评论》2014年第1期。
[②] 参见赵娟《中国宪法的成文性质与司法适用》,法律出版社2015年版,第240—241页。

这一理论"通过法律共同体的共识解释司法审查的合法性并划清司法审查的界限，它使我们关注法庭内外的各种意见，关注各种主张之间的对话，并尊重在当代社会业已达成的共识"。[①] 与既往的其他理论相比，共识理论更具合理性和包容性，对于英国司法审查的合法性基础的解说更准确，值得肯定。其实，如果更进一步，把共识不仅仅归结为对自然正义等抽象的法律原则的共识，而且是对作为欧盟成员国的英国的宪法体制由不成文向成文转型，议会主权教义的衰落是伴随这种转型过程的必然代价的共识，那么，共识的内容或许就具有了更实在的规范基础和宪法理论支持。不过，对于该学者提出的英国和中国"都信奉议会主权（在中国则是全国人民代表大会），都没有通常意义上的违宪审查"，因而"两个国家的司法审查能够找到一些共同语言"的看法，[②] 笔者不能认同。中英两国在司法审查问题上的共同语言，并非来自于"都信奉议会主权"的体制，因为宪法转型前的英国，是不成文宪法体制，信奉议会主权；但中国不是，作为成文宪法国家，中国不是人大主权，而是宪法主权。与英国之"议会的统治"不同，中国是"宪法的统治"，这是成文宪法与不成文宪法的根本区别之所在。两国在司法审查问题上的共同语言，建立在英国向成文宪法体制转型的背景下，即成文宪法体制（中国的完全、英国的不完全）是两国司法审查的共同前提，司法审查的合法性基础在于宪法至上／欧盟法至上的成文宪法原则。如果借用"共识理论"之说，也是基于对成文宪法体制的承认以及对成文宪法下法院与宪法之间关系原理的接受。

最后，《立法法》所规定的法律审查不能够代替人民法院的司法审查，尽管二者之间存在关联性。从《立法法》第97条的规定来看，全国人大、全国人大常委会享有改变或者撤销法律、行政法规、地方性法规、自治条例和单行条例的权力，国务院享有改变或者撤销部门规章和地方政府规章的权力，省级人大享有改变或者撤销其常委会制定

[①] 何海波：《司法审查的合法性基础——英国话题》，中国政法大学出版社2007年版，第164页。

[②] 同上书，第164—165页。

和批准的地方性法规的权力,地方人大常委会享有撤销本级人民政府制定的规章的权力,省、自治区的人民政府享有改变或者撤销下一级人民政府制定的规章的权力。可见,《立法法》的思路是依照"权力关系"展开的——由制定相关法律规范的"上级机构"来审查和撤销,以解决不同层级的法律规范之间的冲突问题,这是一种由立法机关主导的法律审查权力格局。很显然,这种审查是专门的、抽象的法律审查,而不是针对具体争议的审查。因此,在《立法法》确立的"审查—撤销"程序中,人民法院没有权力介入,这里的审查是以"撤销"与否为目的的审查,其结果具有普遍性约束力。但是,在具体案件审理过程中出现的法律规范之间的冲突问题,人民法院有权处理,这涉及司法过程的展开。所以,人民法院有权力依照"审查—适用"程序或模式来判断和决定具体案件中的法律适用问题,这是一种附带的、具体的审查,以决定是否在个案中"适用"该法律为目的,并不涉及对某一法律是否具有普遍性约束力的认定和宣布。[1]

不可否认的是,《立法法》所确立的法律审查机制与人民法院的司法审查之间存在关联性。其一,两种审查均以《宪法》确立的、由《立法法》具体化的法律规范效力等级为准则。《宪法》第 5 条第 2 款规定:"一切法律、行政法规、地方性法规都不得同宪法相抵触",作为对这一条款的具体化落实,《立法法》第 87—89 条规定:宪法具有最高的法律效力,一切法律、行政法规、地方性法规、自治条例和单行条例、规章都不得同宪法相抵触,法律的效力高于行政法规、地方性法规、规章,行政法规的效力高于地方性法规、规章,地方性法规的效力高于本级和下级地方政府规章。这样的法律效力次序为人民法院的司法审查提供了标准,该标准也是由立法机关主导的抽象审查的标准。其二,《立法法》关于法律审查之提请制度的规定,在很大程度上弥补了《宪法》规定的不足,为人民法院的司法审查和全国人大常委会的

---

[1] 参见赵娟《中国宪法的成文性质与司法适用》,法律出版社 2015 年版,第 123—124 页。

违宪审查提供了"衔接机制"。根据《立法法》第99条的规定，最高人民法院认为行政法规、地方性法规、自治条例和单行条例同宪法或者法律相抵触的，可以向全国人大常委会提出书面审查要求，由常委会工作机构分送有关的专门委员会进行审查、提出意见。地方各级人民法院可以向全国人大常委会书面提出进行审查的建议，由常委会工作机构进行研究，必要时，送有关的专门委员会进行审查、提出意见。这意味着，最高人法院提出的审查要求会得到全国人大常委会的意见，有利于最高人民法院对于案件审理过程中的司法审查的处理——全国人大常委会的意见即违宪审查的结果直接影响了最高人民法院对于法律规范的适用；而地方各级人民法院的审查建议则不一定得到全国人大常委会的意见，《立法法》对于提出审查要求的主体限定在了中央国家机关和省级人大常委会层面，包括地方各级人民法院在内的其他国家机关只可以提出建议。

未来《立法法》再次修订之时，是否会将提出审查要求的主体扩展到地方各级人民法院，目前很难预测。若依照当下我国地方高级人民法院可以向最高人民法院提出请示并由最高人民法院进行批复的做法，即便不扩展到地方各级人民法院，也是可以通过最高人民法院向全国人大常委会提出审查要求而间接得到处理的。[①]

五　结语

总结本文的讨论，在采用成文宪法的国家或地区，法院与宪法之间关系的一般原理是：法院受到宪法约束，这样的约束集中体现在法院因司法裁判的需要而对法律进行的审查，司法审查的理由在于宪法的至上性质，无论宪法的至上性的根源是什么，都不影响法院的宪法责任。这一原理同样适用于实行成文宪法体制的中国。我国《宪法》文本确立了宪法至上原则，在审判活动中审查法律是人民法院的宪法

[①] 当然，这样的处理方式也有成本：于司法效率不利，也无助于各级法院法官们的宪法素养的培养。

职责。人民法院的这一职责是由我国宪法的成文性质决定的，与政府组织形式的宪法构架无关，实行人民代表大会制度并不构成否定人民法院受宪法约束并进行司法审查的理由。

历史地看，本文讨论的并不是一个全新的主题。曾经有一段时间，学者们对于这个问题给予了充分的关注，2000年前后围绕齐玉苓案批复展开的宪法司法化研究热潮即是明证。不过，2008年最高人民法院对齐玉苓案的"批复"废止之后，[①]学界似乎不再关心这个问题，更有一种颇具代表性的解读：废止意味着官方已作结论，宪法司法化问题没有意义。如果我们将宪法司法化研究的内容或者内容之一看作是研究和处理法院与宪法之间的关系，那么，在中国，这个问题真的没有意义吗？在笔者看来，这个问题是有重要意义的，因为几乎每个人民法院每天都会碰到类似于"种子案"中法律适用与审查的问题，这是司法过程不可推卸的责任，理论探讨必须把道理说清楚。

学界对于这个问题认识上的模糊，很大程度上与我国《宪法》文本的"语焉不详"有关。如前所述，《宪法》写进"宪法至上"是基于三点考虑：反思历史经验教训、为了保障宪法的实施、借鉴外国宪法通例。然而，这三个方面的考虑都存在局限性：关于反思历史经验教训，主要是反思"文革"中宪法未经法定程序便被无形废止的教训，维护宪法的尊严和稳定。[②]关于《宪法》第5条（通过时不包括现在的第1款）入宪，"彭真在宪法修改委员会上说，写这条是'文革'经验的总结，讲了共产党的领导也要遵守宪法。在修改宪法的过程中，许多同志都指出，为了杜绝像'文革'这样的事件发生，一定要重视加强社会主义法制建设，宪法对于这方面的问题一定要有所规定"。[③]

[①] 参见《最高人民法院关于废止2007年底以前发布的有关司法解释（第七批）的决定（法释〔2008〕15号）》，载最高人民法院办公厅编《最高人民法院公报》（2009年卷），人民法院出版社2010年版，第127—129页。

[②] 参见许崇德《中华人民共和国宪法史》，福建人民出版社2003年版，第647页。

[③] 蔡定剑：《宪法精解》，法律出版社2006年第2版，第182页。

这里没有涉及宪法至上与人民法院之间关系的处理；关于为了保障宪法的实施，是一种整体上的目标，在保障宪法实施的思路上，采用的是以立法机关为主导的模式和机制，宪法与司法之间的关系没有被强调，忽略了司法作为法律机构（而非政治机构）与宪法的"天然关联性"。后来《立法法》的设计仍然延续了《宪法》的思路：将宪法的实施看作是立法机构、行政机构的事情，与人民法院无关；关于借鉴外国宪法通例，这种借鉴是不全面的，只照抄了"宪法最高效力"的字样，没有把宪法至上对法院的要求学习过来，比如是不是要求法院的服从，即没有把宪法最高与法院之间的关联性突显出来。序言和第5条中的"一切国家机关"当然包括人民法院，但是，由于没有被突出出来，加之长期以来法院远离宪法被认为是符合宪法原意的，故法院与宪法之间的必然关联被忽视，甚至被误读。

可以说，1982年《宪法》修改之时，修宪者基本上没有想到宪法最高效力与人民法院之间的关系以及如何处理二者的关系。这样的局限性与当时的社会背景有关，无可厚非，亦并非"无可救药"，而是可以通过理论解说来克服的——在承认现行《宪法》的成文宪法性质的前提下进行解说。学者的责任正在于此。

案例指导制度的合法性评析 *

　　最高人民法院近年来最引人注目的改革举措之一是正式宣布建立案例指导制度，其规范形式是 2010 年 11 月 26 日发布的《最高人民法院关于案例指导工作的规定》（以下简称《案例指导规定》）。《案例指导规定》主要就指导性案例的发布主体与选择范围、负责指导性案例具体事务的机构、案例指导工作的程序、指导性案例的效力、既往指导性案例的清理等问题作出了规定，由此构建了案例指导制度的基本内容：最高人民法院有权确定和发布对全国法院审判、执行工作具有指导作用的指导性案例，裁判已经发生法律效力并符合"社会广泛关注"等五种列举条件之一的案例可以被确定为指导性案例，各级人民法院在审判类似案例时，应当参照最高人民法院发布的指导性案例。在中国目前的法律体系框架下，案例指导制度是个从无到有的"新生事物"。任何新出现的制度都不免面临各种挑战，案例指导制度也不例外。以公权力的授予和行使为主要内容的制度，首当其冲的问题是其权力来源上即形式上的合法性。权力法定是一切公权力存在的规则，没有法律依据的权力是非法的、无效的，这是法治国家的基本特点之一。同时，就制度本身的具体规则而言，符合理性的制度设计才具有正当性基础，才能够成为一种合法的存在，因此，内容的合法性也是一个无法回避的问题。本文即以《案例指导规定》为对象，讨论案例

---

* 本文原载于《江苏社会科学》2011 年第 6 期，已作修改。

指导制度形式和内容的合法性。

一 最高人民法院的权力：根据与内容

在我国，与其他国家机构的权力一样，最高人民法院的权力也只能来源于宪法和法律。根据《宪法》和《人民法院组织法》的规定，我们可以把最高人民法院的司法权归结为三个大的方面。[①]

1. 审判权

最高人民法院和地方各级人民法院是国家的审判机关，行使作为司法权组成部分的审判权。审判权是最高人民法院的基本权力之一，也是审判机关的职能得以实现的保障。《宪法》第123—126条原则上规定了这一权力的行使与保障。《人民法院组织法》第31条明确了最高人民法院有权审理的案件类型：一是法律、法令规定由它管辖的和它认为应当由自己审判的第一审案件；二是对高级人民法院、专门人民法院判决和裁定的上诉案件和抗诉案件；三是最高人民检察院按照审判监督程序提出的抗诉案件。

2. 监督权

《宪法》第127条规定："最高人民法院是最高审判机关。最高人民法院监督地方各级人民法院和专门人民法院的审判工作，上级人民法院监督下级人民法院的审判工作"。这是最高人民法院监督权的宪法来源。对于宪法这一原则性的授权条款，作为下位法的《人民法院组织法》没有作出进一步的具体规定，而是照搬了《宪法》第127条的部分原文，[②] 对此，全国人大常委会作为宪法解释机关也没有进行过解释，因而这一权力的范围和限度在很大程度上取决于最高人民法院自

[①] 由于《宪法》规定了人民法院和人民检察院并存和并列的权力格局，因而司法权由人民法院和人民检察院共同行使，中国语境下的司法权应该包括人民法院的权力和人民检察院的权力。

[②] 参见《人民法院组织法》第29条。

己的理解和把握。那么,立宪者对于最高人民法院监督权的设定初衷又是什么呢?

从建国以来四部宪法的内容来看,1954年宪法第79条第一次规定了监督权条款,其后的1975年宪法没有规定,1978年宪法第42条规定了与现行宪法第127条相同的内容。在我们能够查阅到的有关立宪背景资料的研究文献中,没有发现关于最高人民法院监督权问题的说明。曾经任职于全国人大常委会机关的蔡定剑教授,对第127条中的"监督"这样解释:"主要是指上级人民法院对下级人民法院在审判活动中是否正确适用法律进行监督。体现在最高人民法院对各级人民法院已经发生法律效力的判决和裁定,上级人民法院对下级人民法院已发生法律效力的判定和裁定,如果发现确有失误,有权提审或者指令下级人民法院再审;有权审判检察院按照审判监督程序提起的案件;可以通过对审判过程具体运用法律的解释纠正审判过程中的违法和不当行为等"。[1] 这一学理解释与《人民法院组织法》的相关条文相对应,该法第13条第2款规定:"最高人民法院对各级人民法院已经发生法律效力的判决和裁定,上级人民法院对下级人民法院已经发生法律效力的判决和裁定,如果发现确有错误,有权提审或者指令下级人民法院再审"。从权力法定的角度,我们应该把最高人民法院的这一监督权力作狭义理解:仅限于对案件审判过程中法律适用的监督。不应该作任何扩展,否则会构成对各级人民法院审判活动的干涉。在笔者看来,《宪法》第126条关于审判独立原则的规定——"人民法院依照法律规定独立行使审判权,不受行政机关、社会团体和个人的干涉。"——同样适用于最高人民法院权力的限制,换言之,最高人民法院也不得干涉各级人民法院依照法律规定独立行使审判权,除非有《人民法院组织法》第12条规定的情形发生。

---

[1] 蔡定剑:《宪法精解》,法律出版社2006年第2版,第442页。

3. 司法解释权

迄今为止，与司法解释权相关的法律有三部：《人民法院组织法》《全国人民代表大会常务委员会关于加强法律解释工作的决议》《各级人民代表大会常务委员会监督法》。其中，《人民法院组织法》第32条规定："最高人民法院对于在审判过程中如何具体应用法律、法令的问题，进行解释"。这是对最高人民法院司法解释权的直接授予；《全国人民代表大会常务委员会关于加强法律解释工作的决议》第二项规定："凡属于法院审判工作中具体应用法律、法令的问题，由最高人民法院进行解释"。这是对司法解释权的再次确认；《各级人民代表大会常务委员会监督法》第31—33条对司法解释权的监督进行了规定，主要包括备案制度；提出审查制度；建议审查制度；要求修改、废止制度；做出法律解释制度。另外，最高人民法院发布的《最高人民法院关于司法解释工作的规定》明确了最高人民法院制定司法解释的具体程序要求。司法解释的效力仅限于审判过程中法律、法令的具体应用，因此，司法解释是具有特定针对性的规则，而非具有普遍约束力的立法。

二 指导性案例的性质：判断与理由

很显然，在上述最高人民法院三种类型的法定权力中，不存在设定案例指导制度的权力。这就不可避免地需要讨论这一权力的合法性或者正当性问题。从简单的逻辑思维出发，我们应该进一步思考的是：如果案例指导制度的设定是最高人民法院现有权力行使的方式，那么，我们就不能得出该制度没有合法依据的结论；否则，其合法性值得质疑。在此，对指导性案例性质的认定至关重要。

这里比较容易区分的是审判权、监督权与指导性案例的关系。审判权表现为对其所管辖的一审案件、上诉审案件和抗诉案件的审判，其特点是对个案的处理，而指导性案例侧重于对以后同类案件的规范和指导，显然不是审判权的表现形式和内容；监督权主要表现为对地方各级人民法院和专门人民法院在案件审判过程中法律适用上的监督，其形式在于对认为确有失误的已经发生效力的判决和裁定进行提审或者指定再审，监督权仍然是与具体案件的审判联系在一起的。这一点与指导性案例并不相关。因此，需要特别澄清的是指导性案例与司法解释权的关系。

指导性案例是不是司法解释权的表现形式？对此，"两高"的两位研究室主任有不同观点，可以说完全相反。最高人民法院研究室主任认为指导性案例是司法解释的一种形式，最高人民检察院研究室主任则认为不是。① 我们此处只针对最高人民法院研究室主任的观点进行分析。最高人民法院研究室主任指出："人民法院的指导性案例，从其性质上看是解释法律的一种形式，更准确地说，是解释宪法性法律以外的国家法律的一种形式，如有关刑法、刑事诉讼法、物权法方面的指导性案例，实际上起到了解释、明确、细化相关法律的作用。在此需要明确的是，指导性案例所具有的明确、具体和弥补法律条文原则、模糊乃至疏漏方面的作用，不是造法而是释法的作用。因此，指导性案例是法官释法而不是法官造法，是总结法律经验法则而不是创制法律经验法则"。② 这一表述可以归结为两点：指导性案例是司法解释的一种形式；指导性案例不是法官造法。对此，笔者并不认同。

问题之一：是司法解释吗？

认为指导性案例是司法解释的观点无疑为这一制度找到了合法性根据，因为司法解释是《人民法院组织法》明确授予最高人民法院的权力。但在笔者看来，这一观点并不成立。

---

① 参见新闻报道《"两高"研究室主任详谈"中国特色案例指导制度"的构建》，《法制日报》2011年1月5日。尽管在笔者看来，这样的分歧是令人费解的：同样是案例指导制度，作为同为最高司法机关的法院和检察院给出了不同的性质认定。有意思的是，从"两高"发布的文本来看，最高院和最高检的文本显然不同，我们考察的对象是最高院的文本。

② 参见最高人民法院研究室主任胡云腾回答记者提问的内容，新闻报道：《"两高"研究室主任详谈"中国特色案例指导制度"的构建》，《法制日报》2011年1月5日。

其一，司法解释的形式不包括指导性案例。根据《最高人民法院关于司法解释工作的规定》第6条，司法解释的形式分为"解释"、"规定"、"批复"、"决定"四种。其中，"解释"是"对在审判工作中如何具体应用某一法律或者对某一类案件、某一类问题如何应用法律制定的司法解释"所采用的形式；"批复"是"对高级人民法院、解放军军事法院就审判工作中具体应用法律问题的请示制定的司法解释"所采用的形式；"规定"是"根据立法精神对审判工作中需要制定的规范、意见等司法解释"所采用的形式；"决定"是"修改或者废止司法解释"所采用的形式。这里比较容易排除的是"解释"、"批复"和"决定"，它们各自的含义非常明确，与指导性案例不相关，可能有关联的是"规定"这一形式。"规定"所承载的是"根据立法精神对审判工作中需要制定的规范、意见等司法解释"，在此，需要明确的是，指导性案例是否有"立法精神"作为根据。如前所述，在作为最高人民法院权力来源的《宪法》《人民法院组织法》《全国人民代表大会常务委员会关于加强法律解释工作的决议》中，没有关于指导性案例的条文规定，也没有体现这样的立法精神。

其二，司法解释的制定程序与指导性案例的认定程序并不相同。根据《最高人民法院关于司法解释工作的规定》，司法解释应当经最高人民法院审判委员会讨论通过，司法解释的制定应当经过立项、起草与报送、讨论、通过、发布几个阶段。而根据《案例指导规定》，指导性案例的认定需要经过遴选、审查、报审几个步骤，最终由最高人民法院审判委员会讨论决定。很显然，两者程序并不相同。

其三，司法解释与指导性案例所受到的监督情况不同。根据《各级人民代表大会常务委员监督法》和《最高人民法院关于司法解释工作的规定》的规定，最高人民法院的司法解释应当自公布之日起三十日内报全国人民代表大会常务委员会备案。除备案之外，《各级人民代表大会常务委员监督法》对于司法解释的立法监控措施还包括："国务院、中央军事委员会和省、自治区、直辖市的人民代表大会常务委员会认为最高人民法院、最高人民检察院作出的具体应用法律的解释同法律规定相抵触的，最高人民法院、最高人民检察院之间认为对方作出的具体应用法律的解释同法律规定相抵触的，可以向全国人民代表大会常务委员会书面提出进行审查的要求，由常务委员会工作机构送有关专门委员会进行审查、提出意见。"（第32条第1款）"全国人民代表大会法律委员会和有关专门委员会经审查认为最高人民法院或者最高人民检察院作出的具体应用法律的解释同法律规定相抵触，而最高人民法院或者最高人民检察院不予修改或者废止的，可以提出要求最高人民法院或者最高人民检察院予以修改、废止的议案，或者提出由全国人民代表大会常务委员会作出法律解释的议案，由委员长会议决定提请常务委员会审议。"（第33条）根据《案例指导规定》，指导性案例由最高人民法院自行决定，不需要备案，也不受制于全国人大常委会其他形式的监督。

由上述分析可以发现，指导性案例是与司法解释不同的规范或者规则，两者存在性质上的差异。[①]

问题之二：不是法官造法吗？

尽管在名词的采用上称之为"指导性案例"，似乎不具有必须服从的效力，但从《案例指导规定》的条文看，指导性案例并非"指导"本意，而是具有强制力，或者说是具有强制性的约束力。这可以从该规定关于指导性案例的效力条款，以及最高人民法院研究室主任的相应解释中得到证明。

[①] 《人民法院第二个五年改革纲要（2004—2008）》对于案例指导和司法解释进行了分别规定，其中第二大部分第13项指出："建立和完善案例指导制度，重视指导性案例在统一法律适用标准、指导下级法院审判工作、丰富和发展法学理论等方面的作用。最高人民法院制定关于案例指导制度的规范性文件，规定指导性案例的编选标准、编选程序、发布方式、指导规则等"。第14项指出："改革和完善最高人民法院制定司法解释的程序，进一步提高司法解释的质量。最高人民法院对司法解释的立项、起草、审查、协调、公布、备案等事项实行统一组织、统一协调，并定期对司法解释进行清理、修改、废止和编纂。规范最高人民法院将司法解释报送全国人民代表大会常务委员会备案的制度"。这种并列式的分开表述，也在一定程度上说明两者并不是包含关系。

《案例指导规定》第 7 条规定:"最高人民法院发布的指导性案例,各级人民法院审判类似案例时应当参照"。我们可以将这一条款与《行政诉讼法》关于人民法院审理行政案件的法律依据条款作一个对比,就会发现"指导"并非指导。《行政诉讼法》第 52 条规定:"人民法院审理行政案件,以法律和行政法规、地方性法规为依据。地方性法规适用于本行政区域内发生的行政案件。人民法院审理民族自治地方的行政案件,并以该民族自治地方的自治条例和单行条例为依据"。第 53 条第 1 款规定:"人民法院审理行政案件,参照国务院部、委根据法律和国务院的行政法规、决定、命令制定、发布的规章以及省、自治区、直辖市和省、自治区的人民政府所在地的市和经国务院批准的较大的市的人民政府根据法律和国务院的行政法规制定、发布的规章"。由此可以看出,人民法院审理行政案件,以法律、行政法规、地方性法规、自治条例和单行条例为依据,同时参照规章的规定。"参照"意味着规章在行政案件审理过程中处于"任意性依据"的地位——规章是人民法院在审查被诉具体行政行为合法性时,根据案件具体情况和具体行政行为所依据的规范性文件情形,自己决定是否适用的规范。《行政诉讼法》的这一规定与《立法法》对于规章性质和效力的认定是一致的,更准确地说,作为立法在后的《立法法》对立法在前的《行政诉讼法》的这一规定提供了更加明确的规范说明:《立法法》第 2 条规定:"法律、行政法规、地方性法规、自治条例和单行条例的制定、修改和废止,适用本法。国务院部门规章和地方政府规章的制定、修改和废止,依照本法的有关规定执行"。可见《立法法》对待规章的立场,与对待法律、行政法规、地方性法规、自治条例和单行条例有区别,只是有限地承认规章的制定属于立法范围。因此,《行政诉讼法》的"参照"条款规定在法律的效力等级次序认定上是合理的。

  《案例指导规定》第 7 条的"应当参照"显然不同于《行政诉讼法》的"参照"。立法语言中,"应当"通常有"应该"的含义,意味着适用者没有选择的余地。最高人民法院研究室主任接受记者采访时,曾经对"参照"和"应当参照"作出解释:"参照就是参考、遵照的意思,即法官在审判案件时，处理不相类似的案件时，可以参考指导性案例所运用的裁判方法、裁判规则、法律思维、司法理念和法治精神。处理与指导性案例相类似案件时，要遵照、遵循指导性案例的裁判尺度和裁判标准。"应当就是必须。当法官在审理类似案件时，应当参照指导性案例而未参照的，必须有能够令人信服的理由；否则，既不参照指导性案例又不说明理由，导致裁判与指导性案例大相径庭，显失司法公正的，就可能是一个不公正的判决，当事人有权利提出上诉、申诉"。[①]因此，这里的"应当参照"条款表明，指导性案例不是法官审判过程中的"任意性依据"，而是"强制性依据"——必须直接适用的法律规范。

但是，与法律、行政法规、地方性法规、自治条例和单行条例不同，指导性案例这一强制性依据并非由有关国家机关依照法定职权和程序创制而成——既非国家最高权力机关和它的常设机关依法制定的法律，也非中央国家行政机关和地方有关国家机关依据法定权限和程序制定的行政法规、地方性法规、自治条例和单行条例以及规章，而是由最高人民法院——不享有根据《宪法》《人民法院组织法》《立法法》规定的立法权——通过自行设定的程序（《案例指导规定》）创制的。因此，这与"法官造法"并无二致，更准确地说，是法院造法。

三 案例指导制度的合法性：问题及其展开

《案例指导规定》的序言部分是这样表述的："为总结审判经验，统一法律适用，提高审判质量，维护司法公正，根据《中华人民共和国人民法院组织法》等法律规定，就开展案例指导工作，制定本规定"。通过以上分析，我们认为，《人民法院组织法》（和其他法律以及宪法）并没有为案例指导制度提供法律条文和立法精神上的根据，因此，在现有法律规定以及由此所确立的最高人民法院司法权力框架下，案例

---

① 参见最高人民法院研究室主任胡云腾回答记者提问的内容，新闻报道：《"两高"研究室主任详谈"中国特色案例指导制度"的构建》，《法制日报》2011年1月5日。

指导制度的合法性存在问题。我们可以为案例指导制度寻找到的唯一依据是最高人民法院2005年印发的《人民法院第二个五年改革纲要（2004—2008）》，《纲要》第二部分"二、改革和完善审判指导制度与法律统一适用机制"第13项指出："建立和完善案例指导制度，重视指导性案例在统一法律适用标准、指导下级法院审判工作、丰富和发展法学理论等方面的作用。最高人民法院制定关于案例指导制度的规范性文件，规定指导性案例的编选标准、编选程序、发布方式、指导规则等"。鉴于《纲要》本身并非法律，因而无法为案例指导制度提供合法性根据。

事实上，案例指导制度的合法性问题并不是一种孤立的存在。在中国当代社会转型的大背景下，制度变迁与法律规范之间存在着紧张关系，这种紧张关系反映了法律（包括宪法）应对社会发展的需要与文本规定的稳定性之间的矛盾。这一矛盾在宪法层面表现得尤为突出。"家庭联产承包责任制"入宪的过程就是一例。1978年12月，安徽省凤阳县小岗村18户农民私下签订了一份相当于"生死文书"的"包干合同"，分了生产队的土地，[①] 当时实施的1978年《宪法》第7条第1款明确规定："农村人民公社经济是社会主义劳动群众集体所有制经济，现在一般实行公社、生产大队、生产队三级所有，而以生产队为基本核算单位。生产大队在条件成熟的时候，可以向大队为基本核算单位过渡"。但小岗村农民的行为并没有受到"追究"，相反，小岗村实际上成了农村实行家庭联产承包责任制的第一份"试验田"，直接推动了全国的经济体制改革。值得注意的是，作为对1978年《宪法》进行系统修改的产物，1982年《宪法》在通过时并没有对这一改革措施及时加以确认，与1978年《宪法》第7条内容对应的第8条第1款第一句规定："农村人民公社、农业生产合作社和其他生产、供销、信用、消费等各种形式的合作经济，是社会主义劳动群众集体所有制经济"。直

[①] 参见武文胜、艾琳主编《中国民生60年》，五洲传播出版社2009年版，第128页。

规范、秩序与公法

到1999年第三次宪法修正时，才将上述内容最终修改为："农村集体经济组织实行家庭承包经营为基础、统分结合的双层经营体制。农村中的生产、供销、信用、消费等各种形式的合作经济，是社会主义劳动群众集体所有制经济"。至此，经历了20年之久，现实中已经广为实践的家庭承包经营制度成为宪法正式的文本规范。

针对制度改革与宪法文本之间的张力，有学者提出了"良性违宪"概念，[①]试图缓和这一张力中的法治悖论。客观地说，"良性违宪"是一种"无奈"的现实主义态度，也是对中国法治问题解读的"本土"路径。但是，对于中国现状的理解，并不能够代替我们对于是非的判断。笔者并不赞同、也无意用"良性违宪"或者"良性违法"之说为不具有合法性的公权力进行辩护。如前所述，在现有的法律规范层面，《案例指导规定》所建构的案例指导制度在合法性上存在问题，解决这一问题的直接途径是通过修改《人民法院组织法》，使得最高人民法院获得法律上的授权，从而有权决定指导性案例的效力。不可忽视的是，如果这一授权成为现实，将会对我国现行法律体系的框架产生"牵一发而动全身"的效应，随之需要做出相应修改的法律至少包括《立法法》《各级人民代表大会常务委员会监督法》和三大诉讼法。而最重要的是，在作为司法权根本来源的《宪法》没有规定最高人民法院享有这一权力的前提下，《人民法院组织法》作为法律进行授权就存在着是否符合《宪法》的问题。因此，要从根本上使得案例指导制度获得合法性，还必须修改《宪法》。

鉴于我国《宪法》规定的修宪和修法程序相对容易，[②]因而通过修宪和修法来解决案例指导制度的合法性问题并非难事，我们几乎不需要多费笔墨来讨论修改的具体步骤。但是，《案例指导规定》所建构的

---

① 参见郝铁川《论良性违宪》，《法学研究》1996年第4期。
② 我国《宪法》第64条规定："宪法的修改，由全国人民代表大会常务委员会或者五分之一以上的全国人民代表大会代表提议，并由全国人民代表大会以全体代表的三分之二以上的多数通过。法律和其他议案由全国人民代表大会以全体代表的过半数通过"。可见，修宪与修法的程序要求相对宽松，我国宪法具有"柔性宪法"特征。

案例指导制度是我们需要的制度吗？行文至此，笔者对案例指导制度合法性的讨论都是从形式上展开的，换言之，是预设了其内容上的合法性——假定其规定本身不存在疑问，只需要从规范层面来评判。然而，内容的合法性是我们无法回避的问题，也是我们探讨任何制度的合法性时不可或缺的组成部分。在某种意义上，对于内容的讨论比对于形式的讨论更加重要，如果一种制度的设计本身并不合理和正当，那么，使其获得形式上的合法性就没有意义，甚至会造成资源的浪费。

四 内容合法性质疑：确定与效力

从《案例指导规定》的条文来看，至少有两个问题需要我们"认真对待"：一是指导性案例的确定，二是指导性案例的效力。

第一，指导性案例的确定问题。

根据《案例指导规定》，成为指导性案例的条件是：裁判已经发生法律效力，并符合五种情形之一，即社会广泛关注的、法律规定比较原则的、具有典型性的、疑难复杂或者新类型的、其他具有指导意义的案例。最高人民法院有权确定发布指导性案例，各级人民法院和人大代表、政协委员、专家学者、律师以及其他人士可以推荐候选指导性案例，指导性案例最终由最高人民法院审判委员会讨论决定。

以上规定表明，指导性案例的范围和数量是有限的，需要经过最高人民法院确定。在此，我们不难看出《案例指导规定》对于指导性案例的前提预设：指导性案例是可以通过推荐和讨论而被决定的。那么，这样的预设是否合理呢？在笔者看来，这种预设所反映的理性推定与立法过程没有区别，而与司法过程基于经验判断的常识是相悖的。霍尔姆斯法官有句名言：法律的生命不在于逻辑，而在于经验。从普通法国家判例制度的实践来看，一个已经发生效力的判决是否可以成为约束后来相似案件判决的先例，并非由最高法院事先确定和发布，而是取决于这一判决的合理与否——能够成为先例的判决，是在裁判实践中"大浪淘沙"的结果。在这个意义上，没有任何已经发生效力的判决可以不经实践的检验而成为先例；从另外一个方面看，所有发生效力的裁判都有可能成为先例，因为谁都无法确定以后将要发生的案件与先前的哪类裁判具有相似性。同样的，所谓指导性案例的"指导"作用不是被"决定"的，其之所以具有"指导性"，在于其具有合理性和说服力，能够被后来的裁判实践所接受，成为被援引的对象。因此，任何已经发生法律效力的裁判都有可能成为后来案件裁判的指导性案例，它们在范围和数量上是难以被事先确定的。

第二，指导性案例的效力问题。

根据《案例指导规定》，最高人民法院发布的指导性案例，各级人民法院审判类似案件时应当参照。如前所述，这一规定直接赋予了指导性案例以强制适用的效力。在笔者看来，将指导性案例的效力作"刚性化"规定，无疑是把指导性案例与法律相混淆。在回答记者提问时，最高人民法院研究室主任指出：指导性案例制度不同于西方的判例制度。[①]事实上，即使在普通法国家的判例制度下，先例也并不具有绝对的效力。在此，我们以先例运作过程为例，澄清对于先例的一大误解——其效力当然约束后来的相似案件，以说明指导性案例应该具有的本质特征。

与法律产生于代议制民主的价值判断过程不同，先例是司法裁判实践的产物，集中体现了法官的智慧和经验。普通法实践中的遵循先例也称作先例规则，是指当诉讼过程中出现相同的法律诉争点时，法院需要遵循先前的司法决定。[②]一般认为，遵循先例的理论基础在于：其一，先例的存在可以满足法治状态下法律的确定性、可预测性的要求，不至于使得司法过程成为任意裁判的过程，以约束可能"脱缰"的司法自由裁量权，在这个意义上，遵循先例是对法官的控制；其二，

[①] 参见最高人民法院研究室主任胡云腾回答记者提问的内容，新闻报道：《"两高"研究室主任详谈"中国特色案例指导制度"的构建》，《法制日报》2011年1月5日。

[②] Bryan A. Garner, *Black's Law Dictionary (Third Pocket Edition),* Thomson/West Co., 2006, p. 672.

人的认知能力的有限性，决定了法官的知识是不完备的，遵循先例意味着后来的法官可以从其前辈法官那里学习智慧，达到在相似的案件中法律适用上前后一致的目的。但是，如果我们从另外一个方面看，判例制度又是以尊重法官的司法自由裁量权为前提的———一些不断为后来的法官所援引、生命力旺盛的先例，往往是睿智的法官们创造性地解释宪法或法律的决定，[①] 本身就充满了司法"创意"。同时，先例作为经验，又不可避免地具有局限性，是一种基于选择和判断的"不完善的知识"，在判例法制度实践中，推翻先例的情况也不时发生。这是因为先例的"推陈出新"是一种动态的过程，当固有的先例成为阻碍社会发展的存在时，就会被后来的裁判否定和抛弃，由此可能建立起新的先例。正是在这样的演化历程中，法官的经验不断被总结，先例也随着社会的发展而发展，从而形成了连续的、富有建设性的"对话"，使得司法过程成为探究抽象法律规则的合理性的过程。因此，遵循先例并非一项一成不变的规则，先例并不具有对于后来相似案件裁判的绝对约束力。

《案例指导规定》序言中"为总结审判经验"的表述说明，指导性案例同样来自于经验，因此，与普通法中的先例一样，作为经验的指导性案例也是"不完善的知识"，其效力需要在实践中检验。将指导性案例的效力绝对地加以确认，不仅不利于法官面对具体案件，作出适当的裁判，而且还将束缚法官对于新的指导性案例的发现和总结，偏离经验主义的方向。

五　结语

总结以上讨论，按照《案例指导规定》的内容，最高人民法院建立案例指导制度缺乏宪法和法律上的根据。同时，指导性案例的确定

[①] 比如，在美国联邦最高法院1919年的"抵制征兵第一案"（Schenck v. United States, 249 U.S. 47 (1919)）中，霍尔姆斯法官首次确定的"清楚与现存危险"标准就反映了霍尔姆斯法官对于宪法第一修正案的创造性解释，成为后来对相似案件裁判的司法标准。

过程和效力规则，与指导性案例作为审判经验之总结的本质属性不相契合。因此，案例指导制度在形式和内容上都存在着合法性缺陷。对于"改革和完善审判指导制度与法律统一适用机制"的目标而言，案例指导制度未必是不需要的。但是，究竟应该建立什么样的案例指导制度和怎么样建立这一制度，却是我们必须认真思考和研究的问题。如果以合法性的缺失为代价来获得制度的确立，那么，改革的实践结果只会离法治渐行渐远。这显然不是我们的初衷。

八二宪法结构性权力失衡症剖解
——切脉吴英案[*]

一 病发:"命悬一判"

如果说"吴英案"是2012年中国最受关注的社会焦点话题之一,大抵是准确的。吴英女士是原浙江本色控股集团有限公司法定代表人,2007年3月16日因涉嫌非法吸收公众存款罪被捕。2009年12月28日,浙江省金华市中级人民法院作出一审判决,以集资诈骗罪判处吴英死刑,剥夺政治权利终身,并处没收其个人全部财产。2010年1月,吴英提起上诉。2012年1月18日,浙江省高级人民法院作出二审判决,裁定驳回上诉,维持死刑判决。2012年4月20日,最高人民法院裁定不核准吴英死刑,将案件发回浙江省高级人民法院重审。2012年5月21日,浙江省高级人民法院作出终审判决,以集资诈骗罪判处吴英死刑,缓期二年执行,剥夺政治权利终身,并处没收其个人全部财产。从案发到审结,吴英案历时五年,最后以"死缓"判决告终。

在严格意义上,吴英案算不上"疑难案件"或"大案要案",其涉及的实体与程序上的刑法问题并不十分复杂。然而,自二审被"驳回上诉,维持死刑判决"之后,吴英案三个字迅速成为媒体和公共讨论的一个"热词",社会公众对这起关乎人命的刑事案件表现出了极高的

---

[*] 本文原载于《江苏社会科学》2013年第2期,已作修改。

关注度，见诸于各种媒介的相关报道、评论甚或争论纷至沓来。[①] 围绕此案"罪与罚"的种种争议点和相关问题，法律人士和非法律人士见仁见智。有对法院裁判的理解和接受，但更多的是质疑甚至否定，似乎一夜之间，异议沸沸，民怨汤汤。何以一起普通的刑事案件如此为国人所瞩目？个中缘由似非一元。在笔者看来，吴英案本质地反映了难以否认和无法回避的中国宪法问题。吴英的"命悬一判"，实际上是八二宪法固有之疾的急症暴发，吴英案历史性地成为观测和诊断八二宪法否泰的切脉点，就像中外宪法政治发展进程中许多看似偶然的事件一样，吴英案也因为这样的时空际会而显现出宪法事例的典型特质。本文即以吴英案的"标本"意义，分析八二宪法运作中出现的症状，从而判断八二宪法所患之病，并提出诊疗方案。

二 症状之一：立法权的怠惰

民主是宪法的起点，也几乎是立宪国家整个权力运行机制的开端。代议制民主是现代国家普遍采用的民主形式，作为民主国家标志的"民主政治"是通过代议制机构的立法和其他活动来体现和落实的，其中最重要的就是立法即制定法律，代议制机构也因此被称为立法机构。"政治"一词含义的广泛性和复杂性，使得几乎任何一个人都可以对它进行自己的定义。然而，在民主、法治背景下谈政治，政治的内涵无疑是确定的。政治学家古德诺有过一个经典表述：政治是国家意志的表达，行政是国家意志的执行。[②] 在代议制民主机制下，国家意志不是某一个个人的意志或者某个组织、党派的意志，而是人民的意志，国家意志即人民意志的表达是由民主过程完成的：首先由人民直接选

---

① 比如，陈有西：《集资类犯罪的裁判误区——兼议吴英该不该核准死刑》，《中国改革》2012年第3期；张维迎：《从吴英案审视市场的基础》，《中国企业家》2012年第4期；易中天：《刀下留人，就是为自己和法治积德》，http://blog.sina.com.cn/s/blog_476e068a0102dyf5.html，2012年2月1日访问；秦前红：《在司法与政治之间进退失据的最高法院》，http://www.calaw.cn/article/default.asp?id=6974，2012年4月26日访问。

② 参见［美］F·J.古德诺《政治与行政》，王元译，华夏出版社1987年版，第12—13页。

举出自己的代表即议员，人民以选举这一最重要的参与途径来影响国家政治和方针政策，再由议员经过确定的民主规则进行立法，其结果即是法律。换言之，国家意志表达的过程就是人民意志转化为法律的过程，民主过程的立法直接体现了一国在重大问题上的价值取向和判断——通过严格的立法程序确保法律代表社会的公共利益。因此，法律也可以说是政治、民意的代名词，立法机构直接汇集和反映民意并形成法律是其政治性的集中体现。立法机构也因其政治功能的职分而被认为是典型的政治（民意）机构或者政治分支。民主法治状态下的法律是政治的另外一个名称，政治作为国家意志的表达落实在人民代表制定的法律之中，宪法更是政治的题中之义。

中国也是代议制民主国家。根据现行八二宪法的规定，国家的一切权力属于人民，人民行使国家权力的机关是全国人民代表大会和地方各级人民代表大会。全国人民代表大会和地方各级人民代表大会都由民主选举产生，对人民负责，受人民监督。中华人民共和国全国人民代表大会是最高国家权力机关，它的常设机关是全国人民代表大会常务委员会。全国人大和全国人大常委会行使国家立法权。改革开放30年来，中国立法速度不断加快、立法数量显著增加，到2010年底，中国特色社会主义法律体系已经形成。从形式上看，这个体系"是以宪法为统帅，以法律为主干，以行政法规、地方性法规为重要组成部分，由宪法相关法、民法商法、行政法、经济法、社会法、刑法、诉讼与非诉讼程序法等多个法律部门组成的有机统一整体"。[①] 但是，宪法的文字与精神在多大程度上实质性地成为所有法律规范的"统帅"，则是一个需要深入研究的问题。特别在公民基本权利领域，立法并未有效落实"国家尊重和保障人权"的宪法原则。一位思想家说过：民主最大的敌人是有惰性的人民。这句话用于描述中国的民主机构也是合适的。更准确地说，正是全国人大及其常委会的立法"怠惰"——很多时候表现为立法不作为或者不适当作为，使得某些与人权相悖的

---

① 参见《〈中国特色社会主义法律体系〉白皮书》（国务院2011年10月发布）。

法律仍然作为法律而存在,并约束着行政和司法的执法行为,也从根本上导致了司法的执法被动状态。

吴英案就是一例。该案显示:集资诈骗罪的最高刑是否必须是死刑——是一个关涉人权保护的宪法问题,需要立法机构认真对待。1997年修订的刑法将集资诈骗罪列为"破坏社会主义市场经济秩序罪"大类中"金融诈骗罪"的一种,规定最高刑是死刑。集资诈骗罪涉及3个法条即《刑法》第192条、第199条、第200条,其中第199条规定:"犯本节第一百九十二条、第一百九十四条、第一百九十五条规定之罪,数额特别巨大并且给国家和人民利益造成特别重大损失的,处无期徒刑或者死刑,并处没收财产"。修订后的刑法实施以来,国家政治经济形势发生了深刻变化,最突出之处是2004年的宪法修正案将"国家尊重和保障人权"写进宪法第33条第3款。在人权保护正式成为宪法原则后,死刑问题尤其是经济犯罪的死刑问题成为法律专业人士和社会各界关注的热点,全国人大常委会也对刑法的相关条文进行了修正。截至2011年2月,全国人大常委会先后通过了八个刑法修正案。最近一次的《刑法修正案(八)》取消了13项死刑,其中有5个是金融类的犯罪,原第199条包括的票据诈骗罪、金融凭证诈骗罪、信用证诈骗罪也在取消之列,但是,不包括集资诈骗罪。关于没有取消的原因,全国人大常委会给出的解释是:集资诈骗罪虽然与票据诈骗罪、金融凭证诈骗罪和信用证诈骗罪同属金融诈骗犯罪,但该罪的被害人往往是不特定的人民群众,受害者人数众多,涉案金额惊人,不仅侵犯人民群众的财产权益,扰乱金融秩序,还严重影响社会稳定。近年来,这类犯罪尚未得到有效遏制,在个别地方仍然时有发生。在这种情况下,对于集资诈骗数额特别巨大并且给国家和人民利益造成特别重大损失的犯罪,在现阶段仍然需要保持高压态势,适当保留死刑是必要的。因此,本条保留了集资诈骗犯罪可以判处死刑的规定。[①]

[①] 参见全国人大常委会法制工作委员会编《中华人民共和国刑法释义》(第5版),法律出版社2011年版,第352页。

由此看来，财产权益、金融秩序和社会稳定构成了保留该罪死刑的重要理由。

就立法目标而言，财产权益、金融秩序和社会稳定无疑是重要的公共利益，但是，是否必须以剥夺一个公民的生命为代价去实现这些利益，却应该依照比例原则加以衡量。比例原则是宪法政治国家普遍采取的衡量立法对于基本权利的限制是否与宪法相符的标准，它强调限制手段的运用必须有利于法定目标的实现；当有不同手段可供选择时，应该采用对公民权利损害最小的手段；立法保护的公共利益必须大于损害的公民个人利益。比例原则体现了法律对于人权限制的宪法限制，是为法律设定的标准——尽管法律可以基于公共利益的目的而限制人权，但必须遵守宪法原则，否则，不管法律以什么样的名义和理由限制人权，都是对人权的侵害。没有证据显示，死刑及其适用可以遏制集资诈骗犯罪。

据不完全统计，直到吴英案之前，全国法院适用《刑法》第192条、第199条等相关条款，以集资诈骗犯罪判处行为人死刑（包括立即执行和缓期二年执行）的案件就不下11起，[1]有较大影响的如"王振英、朱桂琴等28人集资诈骗上诉案"（（1999）高刑终字第626号）、"陈国品集资诈骗、贷款诈骗、非法吸收公众存款、虚报注册资本案"（（2004）蚌刑初字第37号）、"杜益敏集资诈骗案"（（2008）浙刑二终字第59号）等。相关数据揭示，浙江省为这类犯罪的高发地区，2000年至2011年，浙江一共审结集资诈骗犯罪案件8起，最轻的（主刑）刑罚是"有期徒刑三年"（"杜鑫芽集资诈骗上诉案"，（2000）浙法刑终字第539号），最重的是"死刑，立即执行"（"杜益敏集资诈骗案"）。[2]实践表明，死刑没有起到遏制集资诈骗犯罪的效果。事实上，集资诈骗犯罪的动机在于人对经济利益的渴望和追求，在市场供求关系的作用下，这种"狂热地追求价值增殖"的无限冲动可以让人不惜

---

[1] 资料来源于北大法宝法律信息数据库，http://www.pkulaw.cn/cluster_form.aspx?Db=pfnl&menu_item=case&EncodingName=，2012年8月16日访问。

[2] 同上。

冒"上绞刑架"的危险，死刑的威慑力有限的。同时，集资诈骗行为中的被集资对象多是职业的或半职业的高利贷者，他们追逐高额利息和回报的欲望在一定程度上促成了诈骗行为，很难说他们对自己财产损失结果的造成不存在过错。总体上，这类犯罪对于社会稳定的影响程度和范围究竟怎样，仍然是一个不确定的结果。不仅如此，对于上述立法目标而言，死刑和无期徒刑都可以作为达致该目标的手段，与无期徒刑不同的是，死刑是剥夺罪犯生命的刑罚方法，是刑罚体系中最严厉的惩罚手段，而生命是超越一切价值之上、没有等价物可代替的有尊严的存在。① 因此，这一犯罪的死刑规定通不过比例原则的合宪性检验。

这样看来，《刑法》第199条关于集资诈骗罪最高刑是死刑的规定应该被取消。而立法机关没有以主动、积极的勤勉态度来对待，致使其仍然留在刑法之中。在一个民主法治国家，所有政府行为和活动都必须基于法律，因而对于自由的最大威胁来自立法：没有法律规定，任何部门（无论是行政还是司法）都无权限制自由。一旦背离宪法人权原则的法律获得通过，就成为法治之旅的"危险开端"——表面上看似平常的一个条款，某一天就会在司法过程夺人性命。虽然死刑规定与死刑适用是两个问题，也就是说，立法中是否规定死刑与司法中是否适用死刑不是一回事，但是，法治原则下，司法裁量的空间始终在法律规定的范围内，否则即有违法之嫌。

三　症状之二：司法权的虚弱

与代议制民主过程的立法权定位不同，行使司法权的最高法院不是民意机构而是法律机构。以美国为例，最高法院的法官非由选举产生，他们的去留不受制于周期性的民主选举，法官也不参与立法，与选民或者民意不发生关联。所以，一般认为最高法院法官是"政治中

---

① 参见［德］康德《道德形而上学原理》，苗力田译，上海人民出版社2002年版，第53页。

立"的——不像作为立法机构的国会和作为行政机构的总统,都具有各自独立的选民基础,需要直接或间接地对选民负责。最高法院则作为司法分支,只需要对宪法和法律负责。然而,法官的"政治中立"或者"司法中立"并不意味着最高法院不具有政治性或者政治功能。毫无疑问,司法分支的固有职能是司法性职能即案件的审理和判决——所谓的"定分止争",这在任何一种权力构架模式下基本上都是相似的。但这并不是最高法院功能的全部。当最高法院在具体的案件审判过程中"创造"法律,甚至"创造性"地解释和适用宪法的时候,它已经是在发挥政治功能了。一般情况下,这种"创制"行为的正当性或必要性来自于成文法(包括宪法和法律)自身难以克服的缺陷即法律的局限性——不合目的性、不周延性、模糊性和滞后性。[1]对于法律局限性克服的手段之一就是司法适用法律中的解释权力,必须允许司法机构的解释——否则法律适用会成为不可能或者成为机械的"削足就履"而不利于法律目的的实现。在司法实践层面,为数不多的法律和法律适用规则都不明确的案件,即是"司法过程中创造性因素发现自己的机遇和力量的案件",因而"也就是在这里,法官承担起了立法者的职能"。[2]至于最高法院在司法审查(即宪法审查)过程中对宪法的解释和对立法违宪的宣布,是司法对宪法原则的坚守和对立法偏离宪法方向的纠正,更是立宪国家司法分支之政治功能的重要内容。因此,最高法院具有政治性或政治功能已经成为当代国家权力运行的通例。

中国最高法院同样具有政治性或政治功能。中国最高法院具有政治功能并非因为中国现行体制下最高法院的执政党"控制"属性——比如最高法院院长的党员身份,而是基于最高法院的宪法和法律地位。可以说,最高法院的政治性与执政党没有直接关系。在中国,一切权

---

[1] 参见徐国栋《民法基本原则解释》,中国政法大学出版社1992年版,第137页。

[2] [美]本杰明·卡多佐:《司法过程的性质》,苏力译,商务印书馆1998年版,第102—104页。

力属于人民，国家意志一定是人民意志，而且主要是以法律为载体的人民意志，最高法院在宪法和法律之下是其政治性的前提。中国宪法所确立的国家权力构架以代议制机构——全国人民代表大会——作为"最高权力机关"，国务院（行政）、最高人民法院（司法）都是在这个最高权力机关下的执行机关，最高法院的院长由全国人大选举产生和罢免，最高法院对全国人大和常委会负责。可见，与立法、行政、司法之间的平行权力关系相比，由立法机构产生并对立法机关负责的中国司法（行政也一样）离民主过程更近、关系更紧密，说其具有"天然"的政治性也不为过。

　　在"建设社会主义法治国家"的宪法目标下，最高法院作为"最高审判机关"，是法治不可或缺的实施力量。与所有法治国家一样，强调"实行依法治国"的中国最高法院也需要面对法律的局限性——这是任何代议制国家都不能克服的现实，中国立法机构也不具有"特异功能"以消除这些"与生俱来"的法律缺陷，最高法院也不可避免地需要在某些案件审判过程中发挥政治功能。中国目前正处在社会转型和发展的变革时期，较之以往，法律规定与社会现实之间的矛盾更加突出，如何有效舒缓和调适两者之间的张力是最高法院政治功能的重要内容，也是最高法院面临的严峻挑战。尤其是在人权保护领域，立法机构固然首当其冲——应该完善落实宪法基本权利的相关立法并有效清理与宪法条文和精神不一致的立法，而司法的问题可能更为棘手：一方面，与立法机构（和其他国家机关）一样，最高法院负有维护宪法尊严、保证宪法实施的职责。根据《法官法》，法官必须"忠实执行宪法和法律"，法官的首要义务就是"严格遵守宪法和法律"，最高法院的法官也不例外。而且，最高法院有责任对地方各级法院遵守和执行宪法与法律的审判活动进行监督。另一方面，在立法机构没有适时制定和修改相关立法的情况下，最高法院即处于被动地位。加上宪法没有规定司法对立法的宪法审查权力亦无权解释宪法，最高法院在具体案件中如何发挥政治功能——探究立法意图和预期后果，通过解释来发现法律、发展法律，既做到忠实执法又切实保护当事人的基本权利，确非易事。

吴英案中，浙江省高院改判吴英"死刑，缓期二年执行"的消息一出，有评论即称"死刑取消了"，这真是天大的误解。"死缓"并不是独立的刑种，而是一个运用死刑的刑罚制度或者说是死刑的一种执行方式，其性质仍属死刑。最高法院"不予核准，发回重审"的做法尽管在程序上没有任何瑕疵，但却没有真正发挥出在人权保护问题上应有的政治性作用。

《刑事诉讼法》第239条规定："最高人民法院复核死刑案件，应当作出核准或者不核准死刑的裁定。对于不核准死刑的，最高人民法院可以发回重新审判或者予以改判"。可见，在死刑复核程序中，最高法院的权力不只是不予核准、发回重审，同时并存的还有不予核准、予以改判。既然刑法关于死刑的立法宗旨是"保留死刑，严格限制死刑"，《刑法》第48条关于死刑适用对象的要求是"死刑只适用于罪行极其严重的犯罪分子"，而且《刑法》第199条对集资诈骗罪刑罚规定的内容为"数额特别巨大并且给国家和人民利益造成特别重大损失的，处无期徒刑或者死刑，并处没收财产"，在这里，"处无期徒刑"与"处死刑"之间的"或者"关系，无疑是对犯罪严重程度上的区别和把握，但也未必不是司法可以选择的刑罚种类适用。也就是说，在符合数额特别巨大并且给国家和人民利益造成特别重大损失的条件下，可以判处死刑，也可以判处无期徒刑。那么，对于至少从犯罪的性质、犯罪的情节和犯罪的后果三个方面来衡量都构不上"罪行极其严重"的吴英，最高法院直接改判"无期徒刑"也是在法定刑的范围内。

最高法院直接改判的政治功能是显著的：明确司法对于集资诈骗案死刑适用的立场，使得该罪的死刑规定在实际上失去意义。"立法的废除，死刑的司法适用也就寿终正寝。但司法作为相对独立运作的系统，其运作过程也会对立法产生作用，在立法没有废除的情况下，司法减少和限制死刑或者如一些国家的司法机关在立法没有废除死刑的情况下，对死刑实际上弃之不用，就为立法的废除创造了条件"。①同时，也可以为全国各级法院对于集资诈骗案的量刑提供统一的法律适用标准。作为最高审判机关的最高法院，负有监督地方各级人民法院和专门人民法院的审判工作的宪法职责。②吴英不是因集资诈骗犯罪被判死刑的第一人，也不会是最后一人。这一次浙江省高院最终以吴英有立功表现为由改判了死缓——二审宣判后、最终改判前，该院一直对吴英的立功情节不予认定，如此反复无常，乃司法之大忌，那么，在以后的同类案件中，二审法院是不是都能够为罪犯找到立功或者其他情节而改判死缓呢？可是，最高法院没有选择直接改判。

最高法院在吴英案中的作为并不令人费解，是由来已久的司法权"虚弱"的表现。值得思考的是，最高法院在"能动司法"的口号下，要求各级法院发挥主动介入、主动服务的机制，及时解决纠纷，为"保增长、保民生、保稳定"服务，③却没有意识到，能动司法并不应该是所有层级法院的职能定位，而只应该是最高法院本身的职能之一——能动司法是实现最高法院政治功能的途径或者说是政治功能的同义语。在宪法政治国家，司法能动以及与之相对应的司法节制，更多地被用来描述和评价司法审查实践中最高法院的司法理念或司法哲学，而且，这种司法哲学突出地体现在有关基本权利的宪法判例中。④司法能动或政治功能的发挥不是司法权的常态，而是"非常应对"。过度强调政治性，不仅不利于最高法院司法性的本质，还会在宪法权力构架中造成分工和定位的混乱，因此，司法的政治功能是辅助性的，在一般情况下，司法节制或者谦抑是"美德"。然而，当司法完全无视自己的政治

---

① 孙国祥：《刑法基本问题》，法律出版社 2008 年版，第 507 页。

② 最高法院目前正着力建设案例指导制度，依笔者愚见，吴英案应该有希望成为基本权利案件中的指导性案例的，可惜最高法院坐失了机会。对于案例指导制度的评论，参见赵娟《案例指导制度的合法性评析——以〈最高人民法院关于案例指导工作的规定〉为对象》，《江苏社会科学》2011 年第 6 期。

③ 参见 2010 年《最高人民法院工作报告》。

④ 比如美国联邦最高法院的"米兰达案"（Miranda v. Arizona, 384 U.S. 436 (1966).）和"罗伊案"（Roe v. Wade, 410 U.S. 113 (1973).）等，就属于司法能动哲学的标志性判决。

性一面时，实际上就是放弃了自己的宪法职责。"司法节制会把大量的公民自由完全置于立法与执法分支之手"。①在近年来关于司法权性质与定位的各种似是而非的争论和评论声中，最高法院左右摇摆甚至无所适从，就连对"解释法律"这一司法过程的固有权力的行使也"惶恐不安"，②司法权的虚弱可见一斑。

四　诊断：权力结构失衡综合症

由以上观测可以发现，八二宪法的病症不是"急火攻心"，而是"结构性机能失调"：在现行宪法权力构架下，司法权的"先天不足"和"后天谦抑"，无力在基本权利案件审理中"平衡"立法权，立法权处在不受控制的状态，其运行的结果得不到评价。首先，缺乏直接来自人民的控制——通过周期性的选举迫使人民代表们制定的立法符合人民意志。由于全国人大代表是通过间接选举产生的，与选民之间的关系并不直接，难以受到有效的监督，至于全国人大常委会成员与选民之间的关系就更为疏远；其次，缺乏间接来自其他机构比如行政和司法的控制——行政和司法都由人大产生、对人大负责、受人大监督，控制只是"单向的"，而不是"双向的"，司法难以对立法提出实质性的意见；第三，缺乏专门的宪法审查机构的控制——通过审查判断某部法律的合宪与否，无论是法律实施前还是实施后，其合宪性都无从确定。

需要指出的是，就《立法法》所设计的法律审查体系而言，无论是全国人大通过的基本法律还是全国人大常委会通过的其他法律都不在审查之中。虽然《立法法》第88条第一项明确规定："改变或者撤销

---

① ［美］阿奇博尔德·考克斯：《法院与宪法》，田雷译，北京大学出版社2006年版，第183页。

② 《最高人民法院关于裁判文书引用法律、法规等规范性文件的规定》（法释〔2009〕14号）第7条规定："人民法院制作裁判文书确需引用的规范性文件之间存在冲突，根据立法法等有关法律规定无法选择适用的，应当依法提请有决定权的机关做出裁决，不得自行在裁判文书中认定相关规范性法律文件的效力"。

法律、行政法规、地方性法规、自治条例和单行条例、规章的权限是：
（一）全国人民代表大会有权改变或者撤销它的常务委员会制定的不适当的法律，有权撤销全国人民代表大会常务委员会批准的违背宪法和本法第六十六条第二款规定的自治条例和单行条例"，但是，第90条的内容只规定了有权机关向全国人大常委会提出关于审查行政法规、地方性法规、自治条例和单行条例的申请要求，以及其他组织和个人提出对这些法律规范进行审查的建议，而没有规定由谁向全国人大提出关于全国人大常委会立法的审查申请。由此，我们可以看出《立法法》的立场：尽管就职权上说，全国人大有权改变或者撤销其常委会制定的法律，但是，在程序上，没有规定任何主体有权提出对法律违反宪法的撤销申请或者建议，所以，这里关于全国人大改变或者撤销其常委会的法律的权力规定不具有操作性。所谓"权力存在、程序阙如"，其意义就只能是"理论上的"了。集中体现现行宪法序言最后一段和第5条之精神的《立法法》第78条规定："宪法具有最高的法律效力，一切法律、行政法规、地方性法规、自治条例和单行条例、规章都不得同宪法相抵触"。这一规定不只是一种宣示，应该得到切实贯彻。

权力结构失衡决定了立法权的怠惰的克服几乎是无解的。宪法的人权原则需要人大及其常委会以立法的方式加以具体落实，而立法的合宪性完全取决于立法机关的"宪法自觉"，一旦立法机关怠于行使或者不能认真对待立法——特别是基本法律，就会发生这样的情形：背离宪法文字和精神的立法成为限制甚至剥夺公民人身自由的"正当根据"，这不能不说是法律的悲哀或者说是法治的悲哀。事实证明，依赖于立法机关的"自我觉醒"是靠不住的，没有约束的政治就一直会是"无人负责的政治"。

值得注意的是，近十多年来，中国的媒体一直有意无意地扮演着"宪法审查机构"的角色，而公众成了行使宪法审查权的"法官"。"媒体审判""舆论审判"甚或"民意审判"等不时成为法学研究文章中的高频词。有句西方法谚说得好：法律莫过于人情。当一个判决结果因为不合情理甚至有悖"天理"（自然法）而不能为一般人所接受时，一定是法治过程的某个环节出了问题——或是立法、或是执法。一位社会知名人士曾以"刀下留人，就是为自己和法治积德"为题，在自己的博客中发出挽救吴英之声。① 从表面上看,似乎法治与道德并不相干,实际上，如果法治的结果以罔顾道德为代价，那么，这样的法治就远离了人们基本的良善认知，就不是"正义的追求"。如果说法治有"底线"，应该是对人的自由和尊严的尊重和保护即人权底线，这实际上也正是道德的底线。突破了这个底线，不仅法治会失守，道德也会失守。媒体和公众质疑、讽刺甚至是"攻击"司法的过激言论，何尝不是对法治正义的渴望和诉求，他们对于司法的苛责又何尝不是对中国整个法律系统的期望。当然，媒体或者舆论并不就是民意，至少不完全是民意。在民主法治运作正常的国家，民意体现在立法权行使过程中。立法机构作为民意机关，与民众的距离最近，立法反映民意是其"本分"。在三种权力中，立法权是最活跃、最亲民的，而司法权是最冷静的。司法机关不是民意机关，从来就不需要在法律之外反映民意。司法对于法律负责，就是对民意的负责，法官适用法律的过程就是实现民意的过程。在这个意义上，司法与民意不存在矛盾。如果司法与民意之间发生偏差，要么法官适用法律错误，使得体现在法律中的民意难以成为司法判断的依据，这是司法出了问题；要么法律本身没有反映民意，代议制过程失灵，这是立法出了问题。在吴英案中，没有证据表明法院枉法裁判，可见问题出在立法。现阶段中国立法权的怠惰，使得民意没有很好地反映在立法中，致使司法承受立法之弊，本应是"最后一块盾牌"，却被推上了"风口浪尖"，面对汹汹之势的舆论，说"司法代立法受过"也许并不夸张。这真是转型期中国司法难以承受的时代之重。

透过这些喧嚣的现象，我们发现，媒体的角色或者功能的"错位"，实质上反映了社会发展对于制度的需求——面对有效的宪法审查制度

---

① 参见易中天《刀下留人，就是为自己和法治积德》，http://blog.sina.com.cn/s/blog_476e068a0102dyf5.html，2012年2月1日访问。

缺位的现实，民众的需求只能依靠媒体的活动来满足，这也客观地暴露出民众权利意识觉醒与权利保障制度缺失之间的紧张关系。尽管公共对话（public discourse）是现代宪法政治的核心特征之一，公众的宪法对话对宪法政治制度的意义不可小视，[①]包括专家学者和普通公民在内的关于宪法性问题的广泛讨论，可以深刻影响宪法制度的发展，但是，媒体毕竟不是宪法审查机关，权利的保障需要宪法审查制度的构建和运作。比如吴英案，有人认为是舆论救了她，很难确定这个说法是不是有根据，即便如此，那么，吴英之后的其他人呢？吴英案的波澜刚刚平息，新的案件又进入人们的视线，就在刚刚过去的六、七两个月，已经有两起集资诈骗案公开审判，一起是江苏省南京市中级人民法院一审公开审理的"润在公司集资诈骗案"，[②]主犯孙海瑜被判死刑；另一起是浙江省丽水市中级人民法院二审公开审理的"丽水银泰特大非法集资案"，[③]主犯季文华也获死刑。这一回媒体还能救他们吗？

五　处置：宪法"常识性"药方

探究八二宪法病症之根，不难看出，根在宪法的预设前提：人民的代表是不会犯错误的，应该被给予绝对信任；人民代表行使权力的机构也是不会犯错误的，因而宪法审查是不需要的。一位当年参加八二宪法修改讨论的专家坚决反对设立专门的宪法委员会，他的理由是："有人提出全国人大常委会违宪怎么办？不应该有这个问题。从理论上说，全国人大常委会违宪，那整个国家就有问题了。但是，全国人大常委会违宪也不要紧，全国人大可以管……那么还可进一步问，全国人大违宪怎么办？这是绝不可能的。这是对我们国家根本制度的怀疑！如果真的出

[①] Michael C. Davis, "Constitutionalism and Political Culture: The Debate over Human Rights and Asian Values", 11 *Harv. Hum. Rts. J.* 109 (1998).

[②] 参见新闻报道《南京女老板集资诈骗案涉及超40亿一审获死刑》，《现代快报》2012年6月26日。

[③] 参见新闻报道《"银泰55亿集资案"二审维持原判》，《南方都市报》2012年7月21日。

现，那就是说整个国家出问题了"。① 既然不会犯错，也就不需要纠错的机制。其实，没有人不会犯错，由人操作的机构也不例外。宪法审查机制就是为了使得错误能够得以纠正，不至于造成难以挽回的后果，与整个国家有没有问题或者是不是出了问题没有关系。宪法政治国家的实践表明，立法权行使不当的情形并不鲜见，关键在于能不能最大程度上避免和减少失误。以德国为例，德国议会2004年通过的《航空运输安全法》中，第14条第3款备受争议，其内容是：在可以断定遇劫飞机将被用于攻击他人生命的目的且没有其他地方可以避免该现实危险的特殊情形下，允许使用武器。德国总统霍斯特·库勒在签署该法案时对这一规定的合宪性提出了疑问，该条款很快被提交到联邦宪法法院，最终被裁定违宪。联邦宪法法院的裁定理由之一是：当机上载有乘客及机组人员时，将之击落即是对人权条款的违背。如果除行为人外机上还有其他人员时，向飞机发射导弹就是对他们生命权和人格尊严的侵犯。②三十年前中国八二宪法修改之时，专家们提出设立宪法委员会（或宪法法院）的建议，大多是基于对"文革"中宪法受到破坏之教训的记取和悲剧再次发生的预防，③可以看作是"理论上"的主张，今天，由吴英案提出的宪法审查机构的建立问题就不再是一个可以"留待讨论"的理论话题，而是一个迫切需要解决的现实问题。

宪法审查是宪法政治体系不可或缺的部分，没有了它，宪法肌体特别是立法权就没有免疫力或者说在生病时不能及时得到医治，只会越拖越重。人民代表与立法机构不会犯错误的预设，本质上将法律的绝对正确性看作是立法权行使的必然结果。然而，在立法权的运行呈现出没有任何可能的"回路"（也没有与行政权、司法权"循环"性质的互动）的状态下，法律的正确性是没有保障的。这也是法治的局限性之所在。

---

① 张友渔：《宪政论丛》（下册），群众出版社1986年版，第292页，转引自蔡定剑《宪法精解》，法律出版社2006年第2版，第95页。
② 参见［德］塔吉扬娜·柯乐《被劫飞机：可否被击落？》，丁灵敏译，载赵秉志主编《刑法评论》2010年第1卷，法律出版社2010年版，第297—298页。
③ 参见蔡定剑《宪法精解》，法律出版社2006年第2版，第94—95页。

规范、秩序与公法

宪法作为"控制法律的法律",需要宪法审查的工具性作用,以实现立法权行使的结果即所制定的法律不偏离宪法的目标与方向,否则,人权只是宪法层面的一种宣示而已。因此,宪法审查的意义在于:只有合宪(符合宪法的文字或者精神)的法律才能够存在和发挥效力。

事实证明,相信人民代表和人民代表行使权力的机构不会出错的预设,只是一厢情愿的善良愿望,结果只会是失望。宪法的常识是:对于权力的控制是信任权力的前提,没有控制就没有信任,权力控制是实现权力存在目的的唯一途径。这个常识同样适用于中国。与其他立宪国家一样,在中国,宪法约束着所有国家公权力,立法、行政、司法都必须服从宪法,公民基本权利的保护是所有国家机构的职责所在。如果说国家权力不同分支之间的运作机制是否良好存在着某种检验标准的话,那么,对公民基本权利的保护程度无疑是重要标准之一,这其实也是国家权力存在的根本目的之一。我们知道,仅凭任何一个权力分支的力量,都支撑不起宪法大厦。宪法审查机制的建立和运作,首先可以使立法权得到控制,防止其偏离应然的方向;还可以在立法、行政、司法之间形成一种既合作分工又相互约束的良性互动关系,使它们在各自权力范围内、以各自不同的权力运行模式共同服务于宪法的目标,也就是要求它们从不同角度以不同方式对宪法负责——在一个追求民主法治的国家,对宪法负责应该成为所有国家权力分支的"誓言"。需要强调的是,没有实践,制度永远是纸上谈兵。世界范围内的经验显示,法治未必需要"本土资源",但必定需要"本土实践"。可以预见,中国宪法审查制度的实践将不会一帆风顺,权力之间的摩擦与磨合都将是再平常不过的事情,这是一个不断学习、修正和进步的过程。通往自由的道路没有捷径,正如托克维尔所言:"任何才干也没有比保持自由的技巧可以收获更丰,但任何事情也没有比学习运用自由更苦"。[①]所以,我们必须有足够的耐心,还必须容忍实践中的差错。

---

① [法]托克维尔:《论美国的民主》(上卷),董果良译,商务印书馆1988年版,第274页。

宽容和协作的意愿和程度，决定了宪法政治的命运。①

六 结语

子曰：三十而立，四十而不惑。八二宪法拖着疾患之躯，走过了三十年，其间偶有跌跌撞撞，尚能踉跄坚持，直至吴英案病发，遂为天下忧。这或许就是中国宪法政治发展进程中亦悲亦喜的宿命式机缘：吴英案之于八二宪法，是冥冥中的不期而遇，更是不期然而然的考问：作为国家的人权最高守护者，八二宪法究竟应该以何种姿态"自立于世"？让笔者不无多虑的是：岁月匆匆，当不惑之年再回首，八二宪法是否还会面对同样的质疑……

---

① 参见［美］阿奇博尔德·考克斯《法院与宪法》，田雷译，北京大学出版社2006年版，第402页。

微博、规制与行政法治[*]

2011年岁末,《北京市微博客发展管理若干规定》(以下简称《规定》)"横空出世",这部规制提供微博客服务的网站和微博客用户的政府文件,给网络世界带来了不小的冲击力。网民高度关注《规定》关于微博实名注册的要求及其这一要求可能给言论自由带来的限制性影响,一时间,"微博实名制"成为网络最热门的流行语之一。[①] 在笔者看来,如果仅仅把《规定》看作是或者等同于"微博实名制",未免流于肤浅,也失之全面,事实上,它反映的公法问题远不止如此,其中最重要的就是其合法性。

一 《规定》是什么"法"?

《规定》公布之时,北京市人民政府新闻办公室专门召开了记者招待会,当记者问及"对已开展微博客服务的网站以及已开设微博客账号的用户如何执行《规定》"时,北京市互联网信息内容主管部门新闻发言人说:"开展微博客服务的网站应当依法办理相关审核、审批手续,微博客用户应当使用真实身份信息注册,是其法定义务"。[②] 言下之意,

---

[*] 本文原载于《南京社会科学》2012年第4期,已作修改。

[①] 参见赵仁伟《北京市规定微博注册应用真实身份引发热议》,http://fushun.nen.com.cn/74874607252799488/20111218/2553109.shtml,2012年1月20日访问。

[②] 参见新闻报道《北京市互联网信息内容主管部门新闻发言人就〈北京市微博客发展管理若干规定〉答记者问》,http://www.calaw.cn/article/default.asp?id=6333,2012年1月20日访问。

《规定》规定的义务是法定义务，那么，《规定》是什么"法"？

对这个问题的回答需要我们从《立法法》谈起。《立法法》的首要目的是"为了规范立法活动"（第1条），关于"立法"之"法"的范围，《立法法》第2条进行了规定："法律、行政法规、地方性法规、自治条例和单行条例的制定、修改和废止，适用本法。国务院部门规章和地方政府规章的制定、修改和废止，依照本法的有关规定执行"。由此可以看出，依据《立法法》，在宪法之下，构成"法"的只有居于"适用"《立法法》地位的法律、行政法规、地方性法规、自治条例和单行条例，处在"依照"《立法法》地位的国务院部门规章和地方政府规章，并不是严格规范意义上的"法"，它们的法律效力是附条件的。另外，根据《立法法》第五章"适用与备案"相关条款的规定，我国法律效力的等级次序是宪法、法律、行政法规、地方性法规、规章。规章是法律体系的最低的一个层次，其中，地方政府规章在法律效力上处于最低地位。《规定》的制定和公布主体是北京市人民政府新闻办公室、北京市公安局、北京市通信管理局、北京市互联网信息办公室。作为北京市人民政府的组成部门，这四个机构没有规章制定和发布权，《规定》显然不是地方政府规章，其性质只能被认定为行政机关的其他规范性文件。这意味着，《规定》的制定必须具有包括规章在内的上位法的依据，否则，其合法性就存在疑问。

二 《规定》依据的是什么"法"？

《规定》第1条说明自己的制定依据是："《中华人民共和国电信条例》、《互联网信息服务管理办法》等法律、法规、规章"。其他规范性文件应该依据其相关上位法的规定，这是一个基本规则。从字面上看，这里的"法律、法规、规章"都是其他规范性文件的"上位法"，似没有问题，但是，仔细阅读这句话，会发现仍然有进一步讨论的必要。

首先需要确定的是《中华人民共和国电信条例》（以下简称《电信条例》）和《互联网信息服务管理办法》（以下简称《管理办法》）的法律性质。《电信条例》和《管理办法》都是经2000年9月20日国务院第 31 次常务会议通过后公布施行的，它们的制定主体均为国务院，因此，根据《立法法》，二者同属行政法规。毫无疑问，在效力层次上，行政法规可以作为规章和行政机关其他规范性文件的制定依据。很显然，《电信条例》和《管理办法》是行政法规而不是狭义的法律，那么，怎么可能或者可以在列举了两部行政法规之后"等"出个"法律"？《规定》第 1 条是将"法律、法规、规章"并列写出的，这里的"法律"就不是广义的，而是狭义的，即由全国人大或者全国人大常委会通过的规范性文件。既然列举出的法律依据是《电信条例》和《管理办法》，而它们又都不是法律，就不应该在列举之后采用"等法律、法规、规章"的表述，这样的句式和内容容易让读者将这两部行政法规或者将两部中的一部误读为法律。如果这一文字表述是"立法者"的疏忽，那么，这个疏忽是不应该有的。

三 《规定》"所依之法"是否成立？

《规定》最受关注和质疑的内容有两项：其一，用户必须使用真实身份注册微博客账户，与之对应的条文是第 9 条："任何组织或者个人注册微博客账号，制作、复制、发布、传播信息内容的，应当使用真实身份信息，不得以虚假、冒用的居民身份信息、企业注册信息、组织机构代码信息进行注册。网站开展微博客服务，应当保证前款规定的注册用户信息真实"。其二，网站提供微博客服务必须经过审批，与之对应的条文是第 6 条："本市行政区域内网站开展微博客服务，应当在申请电信业务经营许可或者履行非经营性互联网信息服务备案手续前，依法向市互联网信息内容主管部门提出申请，并经审核同意"。当记者问起这两项规定的法律依据时，新闻发言人明确回答：它们的法律依据分别是《中华人民共和国电信条例》第 59 条第（四）项和《互联网信息服务管理办法》第 5 条。[①] 那么，《电信条例》第 59 条第（四）

---

① 参见新闻报道《北京市互联网信息内容主管部门新闻发言人就〈北京市微博客发展管理若干规定〉答记者问》，http://www.calaw.cn/article/default.asp?id=6333，2012 年 1 月 20 日访问。

项、《管理办法》第 5 条可否为《规定》的第 9 条、第 6 条提供依据？

《电信条例》第 59 条第（四）项规定："任何组织或者个人不得有下列扰乱电信市场秩序的行为……（四）以虚假、冒用的身份证件办理入网手续并使用移动电话"。显而易见，这里所说的是"办理入网手续并使用移动电话"时的实名要求，意味着一个没有入网（尚未获得独立的 IP 地址）或者已经入网又需要新的网络服务（新 IP 地址）的人，都必须以真实的身份证件办理相应手续。换言之，网络空间中每一个 IP 地址的获得都以用户的实名注册为对价。那么，这一"实名制"规定能否扩展到对微博客的注册行为的规制？注册微博客不同于"办理入网手续并使用移动电话"，应该被归为"上网"。"上网"是指一个人登录互联网以利用网络资源，不论其是否拥有独立的 IP 地址。在《电信条例》和《管理办法》中，"入网"和"上网"是被严格区别使用的，它们的含义完全不同。比如，《管理办法》第 13 条规定："互联网信息服务提供者应当向上网用户提供良好的服务，并保证所提供的信息内容合法。"可见，"入网"的内容和要求是特定的，不能扩展到"上网"。注册微博客是利用网络以传播信息的一种方式，是"上网"、不是"入网"。如果将"入网"作扩大化的理解或者解释，则会导致这样的结果：任何与网络活动相关联的活动或者行为都会成为或者纳入"实名"的规则，这无疑是扩大了政府规制权力的范围，而且是没有限制的扩大，这肯定不是"入网实名制"设立的目的或者初衷。因此，《电信条例》关于"入网实名制"规定并不能为《规定》第 9 条关于实名注册微博客账户的要求提供依据。

《管理办法》第 5 条规定："从事新闻、出版、教育、医疗保健、药品和医疗器械等互联网信息服务，依照法律、行政法规以及国家有关规定须经有关主管部门审核同意的，在申请经营许可或者履行备案手续前，应当依法经有关主管部门审核同意"。这里有两个问题需要分析，第一，关于"依照法律、行政法规以及国家有关规定须经有关主管部门审核同意的"。显而易见，"经有关主管部门审核同意"的前提是"依照法律、行政法规以及国家有关规定"，可以肯定："审核同意"

的法律位阶是法律、行政法规以及国家有关规定。更具体地说，只有"法律、行政法规以及国家有关规定"才能规定互联网信息服务的"审核同意"问题。法律、行政法规的含义是明确的，前者是由人大或者人大常委会制定的规范性文件，后者是国务院制定的规范性文件，含义较为模糊的是"国家有关规定"，笔者以为，对这六个字理解的关键在于"国家"二字。"国家有关规定"仅限于国家的规定，不包括地方的规定，而能够以国家名义发布或者公布有关规定的主体只能限于中央政权机关，全国人大和全国人大常委会、国务院及其部委等机构、最高人民法院和最高人民检察院可以代表国家。根据《立法法》的规定，享有国家立法权的机关是全国人大和全国人大常委会，享有行政立法权的是国务院及其部委等机构。因此，"国家有关规定"应该包括全国人大和全国人大常委会除法律之外的规范性文件以及国务院的决定、命令和其他规范性文件，鉴于"规章"在《立法法》中的"依照"地位，如果我们将"国家的有关规定"作广义的理解，可以认为其包括了国务院的部门规章。但是，由于2004年实施的《行政许可法》将国务院部门规章排除在有权设定行政许可的法律规范之外，我们可以确定："国家有关规定"不包括国务院部门规章。无论如何，"国家的有关规定"必须是"国家级"规范性文件。从本质上看，《管理办法》将规定"审核同意"的权力归于中央而非地方。北京市人民政府新闻办公室等四个机构无权代表国家，它们做出的规定，不是"国家的有关规定"，它们没有权力规定"审核同意"问题。所以，《管理办法》第5条并不是《规定》的第6条的法律依据。

第二，关于"从事新闻、出版、教育、医疗保健、药品和医疗器械等互联网信息服务"。这里的关键在于对"等"字的理解：是"等内等"还是"等外等"？如果是前者，则意味着需要"审核同意"的只有列举出的"新闻、出版、教育、医疗保健、药品和医疗器械"方面的互联网信息服务；如果是后者，则意味着不限于被列举出的这些项目，还包括没有被列举出的其他项目，照这样理解，则可以说：所有种类和内容的互联网信息服务都必须经"审核同意"。在笔者看来，无论哪种理解，都不可能给《规定》第6条提供根据。按照等内等理解，则需要"审核同意"的互联网信息服务不包括微博客，那么，《规定》就根本没有依据，不需要再讨论下去；按照等外等理解，《规定》也没有根据。理由是：根据《行政许可法》第14条至第17条的规定，法律可以设定符合《行政许可法》规定事项的行政许可；尚未制定法律的，行政法规可以设定行政许可。（第14条）尚未制定法律、行政法规的，地方性法规可以设定行政许可；尚未制定法律、行政法规和地方性法规的，因行政管理的需要，确需立即实施行政许可的，省、自治区、直辖市人民政府规章可以设定临时性的行政许可。（第15条）其他规范性文件一律不得设定行政许可。（第17条）由此可以看出，即便《管理办法》规定了对微博客的许可，那么，作为落实或者实施层面的规范性文件最低也必须是省、自治区、直辖市人民政府的规章。《规定》是北京市人民政府四个部门的其他规范性文件，不是北京市人民政府的规章，显然没有权力对实施行政许可作出规定。值得注意的是，《管理办法》第11条规定："互联网信息服务提供者应当按照经许可或者备案的项目提供服务，不得超出经许可或者备案的项目提供服务。非经营性互联网信息服务提供者不得从事有偿服务。互联网信息服务提供者变更服务项目、网站网址等事项的，应当提前30日向原审核、发证或者备案机关办理变更手续"。据此，原本不提供微博客服务的网站，完全可以通过履行"变更手续"获得这项服务的提供权，不需要"审核同意"。

四 《规定》可以"突破"上位法的义务性规定吗？

关于微博客的内容禁止问题，《规定》第10条基本上照搬了《电信条例》第57条和《管理办法》第15条。《电信条例》第57规定："任何组织或者个人不得利用电信网络制作、复制、发布、传播含有下列内容的信息"，禁止的内容一共是九项；《管理办法》关于"互联网信息服务提供者不得制作、复制、发布、传播含有下列内容的信息"的规定也是九项，内容与《电信条例》相同。然而，《规定》第10条规定："任何组织或者个人不得违法利用微博客制作、复制、发布、传播含有下列内容的信息"，禁止的内容一共是十一项，其中，有九项与《电信条例》第 57 条和《管理办法》第 15 条规定的内容相同，另外增加的两项为："……（九）煽动非法集会、结社、游行、示威、聚众扰乱社会秩序的；（十）以非法民间组织名义活动的……"这里的问题是：作为"下位法"的其他规范性文件能否突破上位法有关禁止性规定的内容，《规定》可否突破《电信条例》和《管理办法》的规定？

虽然《立法法》对这个问题没有明确规定，但是，根据行政法的一般原理，我们不难分析出答案。与行政区分为受益行政和负担行政两大类相对应，行政法也可以分为受益行政法和负担行政法，前者是规定行政相对人可以享有的权利或者可以获得的利益，后者则是规定行政相对人必须履行的义务或者必须承担的责任。受益行政法可以突破上位法的规定，为行政相对人规定更多的权利和利益，相反，负担行政法不能突破上位法的规定为行政相对人设定更多的义务或者责任。这主要是因为：法律的位阶越高，其民主正当性就越高，为公民设定负担性规定的规范合理性程度就越高。因此，下位法只能扩大权利和利益——受益性规定，不能扩大义务和责任——负担性规定。我国的立法实践也说明了这一点。以《行政许可法》为例，对于行政相对人来说，行政许可的存在意味着对自由的限制，因为必须获得行政机关的同意，相对人才可以从事某项活动，行政许可在本质上增加了相对人的负担；对于行政机关来说，行政许可的存在意味着行政权力，因为行政机关获得了要求行政相对人必须作为的权力。行政许可的范围越宽泛，行政相对人的自由越狭小，行政机关的权力越强大。为此，《行政许可法》将设定行政许可的法律规范层次限定在法律，行政法规、地方性法规设定行政许可都是附条件的，省、自治区、直辖市人民政府规章设定行政许可的条件更加严格。《行政许可法》第 16 条第 1—3 款规定："行政法规可以在法律设定的行政许可事项范围内，对实施该行政许可作出具体规定。地方性法规可以在法律、行政法规设定的行政许可事项范围内，对实施该行政许可作出具体规定。规章可以在上位法设定的行政许可事项范围内,对实施该行政许可作出具体规定"。这说明,在行政许可问题上,下位法只能是对于上位法的"实施"方面进行规定,不能够突破上位法规定的行政许可事项范围——不能为相对人设定更多的许可事项。同样的,《规定》第10条也是对于行政相对人的负担性规定——"不得违法利用微博客制作、复制、发布、传播含有下列内容的信息",这样的禁止性规定越多,相对人的负担越重、自由越少。因此,《规定》比《电信条例》和《管理办法》多出的第九项和第十项没有合法根据,应该没有效力。[1]

如果说《规定》第10条是超越上位法的限制性规定,要求相对人"不得做什么",那么,《规定》第4条就是没有合法根据地要求相对人"必须做什么"。第4条规定:"网站开展微博客服务,应当遵守宪法、法律、法规、规章,坚持诚信办网、文明办网,积极传播社会主义核心价值体系,传播社会主义先进文化,为构建社会主义和谐社会服务"。其中"积极传播社会主义核心价值体系,传播社会主义先进文化"即是对网站作为内容的义务性规定,这一规定在上位法中找不到相应条款的支持,在信息传播的内容规制问题上,《电信条例》和《管理办法》都只有"不得"方面的规定,而没有"必须"方面的规定。因此,《规定》第4条的这个要求同样构成对上位法义务性规定的突破。

五 《规定》能够"宣示"没有法律依据的政府权力吗?

《规定》第5条规定:"本市制定微博客服务发展规划,规定开展微博客服务网站的总量、结构和布局"。这是对政府规制权力的概括性"宣示",文字表述让人联想到不少地方政府对出租车行业的规制模式。[2]这一条的上位法根据是什么?《电信条例》第3条规定:"国务院信息

---

[1] 当然,《电信条例》第57条、《管理办法》第15条禁止性内容的规定本身也值得质疑。一个最直接相关的问题就是:这一规定的上位法的根据是什么?在这里,我们假定第57条、第15条规定的合法性不存在问题,将其推定合法,以展开分析。

[2] 事实证明,这种规制的效果并不理想,甚至很糟糕。参见陈斌《取消出租车牌照管制,可增200万人就业》,《南方周末》2009年2月19日。

产业主管部门依照本条例的规定对全国电信业实施监督管理。省、自治区、直辖市电信管理机构在国务院信息产业主管部门的领导下，依照本条例的规定对本行政区域内的电信业实施监督管理"。《电信条例》并没有关于对从事某项电信服务的经营者进行总量、结构和布局控制的规定。第31条规定："电信业务经营者应当按照国家规定的电信服务标准向电信用户提供服务。电信业务经营者提供服务的种类、范围、资费标准和时限，应当向社会公布，并报省、自治区、直辖市电信管理机构备案。电信用户有权自主选择使用依法开办的各类电信业务"。《管理办法》也没有授权省、自治区、直辖市电信管理机构进行这方面的规制。可见，这一宣示缺乏法律依据，是政府对于自身权力的违法预设。

事实上，《规定》第5条不仅在合法性上有问题，在合理性上也有问题。"规定开展微博客服务网站的总量、结构和布局"的目的是什么？可能的目的是：规定开展微博客服务的网站的数量以最终控制微博客数量。但是这个目的未必能够达到。如果说作为实物的出租车需要占有一定的空间——比如道路，因而勉强可以认为需要所谓"总量控制"的话，那么，微博客这个可以与互联网共存的信息传输方式，需要什么样的"总量"控制呢？在互联网上，微博客的传输不受地域、时间的限制，一个地方开展微博客服务网站的数量与其微博的数量之间不存在着同消同长的关系。显而易见的是：北京的网民可以不选择北京（作为登记地）的网站注册微博，同样可以在北京上网，登录自己的微博传送信息。其实，不管网民在什么网站上注册微博，只要能够上网，他就可以利用微博，不论他身在何处。所以，北京市控制开展微博客服务网站的数量并不能够控制住北京微博客的数量。因此，微博客的总量和开展微博客服务的网站的总量控制没有意义。唯一有意义的是政府：政府通过这样的宣示获得了对这一新型互联网服务方式的规制权力，确定其权力行使的范围扩展到了这个新的领域，大有"技术发展到哪里，政府权力就扩展到哪里"之势，其结果是又多了一个需要政府审批的"项目"，而审批权力的运行成本由相对人乃至全体纳税人承担。

另外，与《规定》第5条相关联的另外一条规定是第2条："本市行政区域内的网站开展微博客服务及其微博客用户，应当遵守本规定"。按照字面的意思，"及其微博客用户"是指在北京的网站上注册的微博客用户，他们可能是北京市居民，也可能是北京以外的其他地方的居民，这意味着，本条同时规定了两种管理规则：对于网站是"属地管理"，对于"微博客用户"则是"属人管理"。在此，"属人管理"规则的正当性和可行性值得怀疑。

六　结语

由以上讨论可知，尽管作为上位法的《电信条例》和《管理办法》是《规定》的制定根据，但它们并不能为《规定》关于用户必须使用真实身份注册微博客账户、网站提供微博客服务必须经过审批的条文提供依据，《规定》为行政相对人设定的义务和责任，突破了上位法的明确规定，《规定》对政府规制权力的宣示和预设缺乏合法依据。由此可以认为，《规定》是一部存在合法性瑕疵的政府规制文件。依法行政是行政法治的基本要求和核心标志，《规定》明显与行政法治的要求不相符合。事实上，就政府对微博客的规制行为而言，合法性仅仅是问题的一个方面，必要性也值得关注。《规定》有关"微博实名制"的内容并不是国内"首创"，2009年5月1日实施的《杭州市计算机信息网络安全保护管理条例》就规定了"网络实名制"，杭州也由此成为全国第一个通过地方立法实行"网络实名制"的城市。由于媒体鲜有报道，杭州两年来的实施效果不得而知，但已经为人们公知的是，在世界上第一个也是唯一一个强制推行网络实名制的国家——韩国，这项制度的实施效果并不理想。负面结果之一就是使得网络黑手有可乘之机，导致个人信息处于不安全状态。典型例子当数2011年7月发生的网络用户信息外泄事件：韩国SK通讯旗下的门户网站Nate和社交网站"赛我网"受到黑客攻击后，约3500万名用户的信息（包括姓名、生日、电话、住址、邮箱密码和身份证号码等）外泄，而韩国总人口

规范、秩序与公法

大约 5000 万。①

事实证明，希望通过实名制解决网络空间的嘈杂与无序、网民非理性言论的偏激与任性、网络语言暴力的无形与骄横、商业炒作与网络推手等因素介入下的网络信息失真与失范等现象，只能是政府一厢情愿的"无私的善良愿望"。长期以来，基于一种"父爱主义"家长制功能定位，②政府习惯于扮演"慈父"的角色，并代替人民去选择和判断，总以为可以通过规制手段去"保护"人民。岂不知，政府的规制未必能够保护人民。反过来看，人民也未必在任何时候、任何事情上都需要政府的保护，特别是在表达领域，人民自身的成熟是至关重要的。在一定意义上，言论自由存在的前提就是承认人民有足够的判断能力，并相信在言论自由的实践中，人民可以获得这样的能力。至于人民可能受到的言论伤害，司法诉讼是有效解决途径，近来相关案件的司法判决在很大程度上肯定了网络言论的自由空间及其边界，体现了司法救济的现实可能性。③这说明，微博言论问题未必需要政府的"主动"介入。

事实上，在政府无私的"慈父情结"背后，潜藏着政府总以为自己无所不能、无所畏惧的"禀性"。我们总是过高地估计自己认知世界的能力，总以为自己能够绝对地把握真理，却最终饱尝无知的苦果。自古以来，人类有多少悲剧是源于自己的无知和致命的自负，以法律为名的悲剧也不例外。特别需要指出的是，今天的互联网是一个复杂多变的世界，从其产生之日起，这个人类科技的创造物就不愿"臣服"

---

① 参见宋珏《韩国网络实名制兴废记》，《南方周末》2012 年 1 月 12 日。
② 父爱主义也称作家长主义或者家长制，对应的英文是 "Paternalism"。根据《布莱克法律词典》的解释，父爱主义是指一种对其公民的个人事务担当责任的政府政策或者实践，尤其是指通过提供公民所需的方式或者以严格规制他们的行为的方式达到政府这一目标。See Bryan A. Garner, *Black's Law Dictionary (Third Pocket Edition)*, Thomson/West Publishing Co., 2006, p. 526.
③ 被称为"微博言论第一案"的"北京金山安全软件有限公司诉奇智软件（北京）有限公司董事长周鸿祎案"就是典型。参见北京市第一中级人民法院判决书：（2011）一中民终字第 09328 号。

于人类固有的秩序规制的拘束。互联网作为一个不可分割的整体存在的自身特殊性，决定了对它的任何分国界、分地域、分行政区划的法律规制都是困难的，甚至是徒劳的。①互联网在很大程度上只服从于自身规则的互联网自治性"主权"，构成了对传统的主权国家理念和法律约束观念前所未有的挑战。正因为如此，不少法治发达国家在对待互联网言论立法规制问题上，都采取了极为谨慎的态度。而且，这类立法稍不留神就会面临违宪审查，美国1997年国会通过的《正派通讯法》就是一例。这一旨在保护未成年人不受由电信设施传播的"淫秽"或"猥亵"信息影响的立法，其网络空间的言论规制手段在1997年和2004年受到了合宪性挑战。②可见，网络规制立法的科学性与合宪性仍然有待论证。面对至今无法完全控制与驾驭的网络技术及其相关的一系列尚未澄清的法律质疑，审慎地而非仓促地采取规制措施，也许是政府较为明智的选择。

---

① 比如备受关注的"雅虎跨国网络言论案"（UEJF v. Yahoo! Inc.），由于法、美两国在实体法上的差异和程序法上不可协调的冲突，该案最终以"有判决无执行"画上句号。Caitlin T. Murphy, "International Law and the Internet: An Ill-Suited Match Case Note on UEJF & LICRA v. Yahoo! Inc.", 25 *Hastings Int'l & Comp. L. Rev.* 405 (2002).

② See Reno v. American Civil Liberty Union, 521 U.S. 844 (1997); Ashcroft v. American Civil Liberty Union, 535 U.S. 564 (2004).

集会类行政许可案件的宪法检视[*]

一 问题的提出

很多年前，曾有宪法学者略带谐谑又不失严肃地说：在中国，几乎所有民间发起的集会、游行、示威（已经发生）都是非法的，因为政府不许可任何非官方组织的集会游行示威，[①] 所以"非法"是注定的。集会、游行、示威是公民的基本权利，我国《宪法》第 35 条规定：中华人民共和国公民有言论、出版、集会、结社、游行、示威的自由。1989 年的《中华人民共和国集会游行示威法》（以下简称《集会法》）对于集会游行示威权利的行使作出了具体规定，[②] 该法设定了集会游行示威活动的行政许可制度，"非法"之说的实质是针对集会游行示威的许可而言的。当法律规定了许可制度，但政府总是作出不予许可的决定，而申请者在没有获得许可的情况下集会游行示威，或者根本不申请许可即举行集会游行示威，则活动性质不可避免是非法的。这类现

---

[*] 本文原载于《江苏社会科学》2017 年第 6 期，已作修改。
[①] 为简洁起见，本文在多处将"集会、游行、示威"表述为"集会游行示威"。
[②] 1989 年 10 月 31 日，第七届全国人民代表大会常务委员会第十次会议通过《中华人民共和国集会游行示威法》，并于当日由第二十号主席令公布施行。与许多法律在条文中专门另行确定"施行之日"不同，该法通过之日、公布之日、施行之日"三合一"，创立了我国立法史上的"效率先锋"。

象迄今为止仍然存在。[①]不过，问题意识仅停留在"非法"的层面，可能是远远不够的。很显然，"非法"不是我们的追求，无论是从形式主义的法治还是实质主义的法治，"非法"都是"不光彩"的存在，或者说是"负能量"。我们需要进一步追问：如果宪法规定的基本权利在现实中总以"非法"的状态存在，那么基本权利的价值又是什么呢？或者从正面来说：如何使得宪法规定的基本权利具有实在的意义？这是制度的难题，也是学者的难题。

本文即是对这个难题的局部思考。本文选择集会游行示威行政案件作为研究样本，限于篇幅，本文没有将这类案件全部囊括到研究对象中，而是选择了其中因为申请集会游行示威许可遭到行政机关否定而诉诸法院的案件，即不服不予许可决定而提起诉讼的行政案件，将其称作集会游行示威行政许可案件，亦简称为集会类行政许可案件。案件来源是北大法宝法律信息数据库，访问时间为2016年5月至7月。本文的研究思路是：首先整理和梳理出集会类许可行政案件的概貌，总结其模式特征；其次对这类行政案件之行政决定和司法决定的法律根据进行分析，主要涉及与集会游行示威权利相关的法律、行政法规、地方性法规；第三步对人民法院行政裁定的合法性提出质疑，试图揭示司法机关在基本权利实现过程中的角色错位；最后结合《宪法》和《立法法》的规定，提出从宪法角度或者视野解决当下问题的出路和途径。

二 研究样本：集会类行政许可案件

北大法宝数据库的资料显示，围绕集会游行示威行为而发生的行政案件主要有两大类，一类是行政许可案件，一类是行政处罚案件。前者

[①] 比如，2016年5月在一些省份发生的关于高考招生名额分配问题上的考生家长集会游行，在性质上即可以认定是"非法"的，因为没有事先从政府主管部门获得许可。主流媒体对这些集会的报道用了比较温和的标题："陈情"，政府也没有追究当事人的法律责任（未见披露）。不过，在其他时候，没有申请许可就集会，或者申请了但政府不予许可就集会，通常的结果是"非法＋处罚"。

与集会游行示威的许可直接相关，后者则与对集会游行示威行为的处罚直接相关。当然，许可与处罚之间也有关联性，有些集会游行示威行为没有申请许可就举行或者申请了但行政机关不予许可后照样举行，后果是被行政机关行政处罚，对处罚决定不服再向人民法院提起行政诉讼，即成为集会游行示威行政处罚案件。从数量上看，行政处罚案件占了近95%，行政许可案件占了5%。经过整理，我们可以把集会类行政许可案件进一步分为两大类，第一大类是：申请人申请许可—行政机关不予许可—申请人向人民法院提起行政诉讼—人民法院不受理，这类案件通常是人民法院作出"行政裁定书"；第二大类是：申请人申请许可—行政机关不予许可—申请人向人民法院提起行政诉讼—人民法院受理并判决维持行政机关决定，这类案件通常是人民法院作出"行政判决书"。就数量而言，第一大类占了99%，第二大类占了1%，迄今为止，笔者所能找到的第二大类案件只有一个，这在形式上显示了集会类行政许可类案件的一般模式和个别模式，一般模式是：不许可—不受理，个别模式是不许可—受理—维持。以下用图表分别列出。

表1　第一大类集会类行政许可案件（不许可—不受理型，一审）

序号	案件名称	裁定书文号/法院	申请集会动机	原行政决定	诉讼请求	法院裁定	裁定理由（概要）
1.1	周某某等诉长沙市公安局行政许可决定纠纷案	(2012)芙行初字第20号 湖南省长沙市芙蓉区人民法院	对集体土地征收安置方案和结果不满。	被告市公安局以原告申请举行的游行将直接危害公共安全、社会秩序为由，决定不予许可。原告向长沙市人民政府提出复议，复议维持市公安局决定。	市公安局认定申请举行的游行将直接危害公共安全、社会秩序没有充分根据，不予许可决定违反《集会法》，损害了原告的政治权利。请求撤销市公安局的决定书。	驳回周某某等19人的起诉。	行政复议决定是终局行政决定，集会申请的不予许可决定是行政机关最终裁决的具体行政行为，不属于法院行政审判权限范围。

续表

序号	案件名称	裁定书文号/法院	申请集会动机	原行政决定	诉讼请求	法院裁定	裁定理由（概要）
1.2	刘立申、王爱昌等人不予受理行政裁定书案	（2014）赣行诉初字第00002号 江苏省连云港市赣榆区人民法院	认为区政府合并镇的行为违法。	刘立申等十六人向赣榆区公安局递交《现场游行申请书》，请求由刘立申负责组织300余人举行游行。区公安局决定不予许可，刘立申等向赣榆区政府提交行政复议申请，区政府维持。	撤销由区公安局的不予行政许可决定，判令被告重新作出准予游行的行政许可决定，或判令被告按照《集会法》第10条出面沟通告知区政府与起诉人协商解决恢复使用欢墩镇名称。	对刘立申等十六人的起诉，本院不予受理。	集会属政治权利范畴，不属于人身权、财产权。行政复议决定是最终裁决行为。法院对由行政机关最终裁决行为不服提起的诉讼不予受理。
1.3	王XX诉辽宁省公安厅许可通知书案	（2014）皇行初字71号 辽宁省沈阳市皇姑区人民法院	要求协商解决相关案件的具体问题。	原告向被告递交《集会游行示威申请书》，被告作出《集会游行示威不许可通知书》。原告不服，向辽宁省人民政府申请行政复议，复议决定书维持了不许可决定。	认为被告不予许可的决定，属适用法律错误，不予许可的理由不能成立，省政府违法作出复议决定。为了查清被告违法作出不许可通知书的事实真相，提起诉讼。	驳回原告王XX的起诉。	《集会法》没明确对集会不许可可以提起行政诉讼，原告请求撤销被告集会不许可通知书的诉讼，不属行政诉讼受案范围。
1.4	姚得文诉湖南省公安厅许可决定案	（2014）芙行初字第35号 湖南省长沙市芙蓉区人民法院	反映法院在相关案件中的裁判问题。	原告申请集会，省公安厅作出《集会游行示威不许可决定书》，原告申请复议，湖南省人民政府作出维持不予许可决定的《行政复议书》。	请求撤销省公安厅作出的（湘）公集字第4号《集会游行示威不许可决定书》，确认原告申请集会事项合法有效。	驳回姚得文的起诉。	省公安厅的不予许可决定涉及姚得文的权利事项，不属行政诉讼受案范围，不属法院行政审判权限范围。省政府已作出复议。

续表

序号	案件名称	裁定书文号/法院	申请集会动机	原行政决定	诉讼请求	法院裁定	裁定理由（概要）
1.5	李红卫与济南市公安局公安行政许可判决书案	（2014）历行初字第33号山东省济南市历下区人民法院	认为作为被强拆、抢占的被拆迁户，权利被侵害。	原告申请游行，被告作出《集会游行示威不许可决定书》，原告申请复议，济南市人民政府经审查决定，维持被告不许可决定。	要求法院确认被告作出的《集会游行示威不许可决定书》违法，撤销被告的《不许可决定书》，判令被告限期依法重新作出具体行政行为。	驳回原告李红卫的起诉。	《集会法》未赋予提起行政诉讼权利，同级政府复议决定为最终裁决，属最终裁决行为，不属行政审判权范围。
1.6	张涛诉启东市公安局许可案	（2015）门行初字第0043号江苏省海门市人民法院	对刑事案件审判有异议	原告提出游行申请，被告以申请举行的游行将直接危害公共安全、破坏社会秩序为由，作出不予批准许可决定。原告不服，申请复议，启东市人民政府维持。	请求法院依法撤销被告于2015年2月5日作出的启公集（2015）001号不予批准行政许可决定书。	驳回原告张涛的起诉。	申请游行许可与否，不属行政诉讼受案范围。《集会法》未赋予申请人提起行政或其他诉讼的权利。起诉无法律依据，应予驳回。

上述表1中的案件均为一审案件，笔者查阅二审案件后发现，二审的结果全部是维持了一审的裁定、驳回上诉人的上诉请求，说明"不许可—不受理"的状况在二审阶段没有得到纠正，所以这里只选用了一审案件，应该是有代表性意义的。另外，上表中的案件，有些案件的二审裁定书在数据库有显示，有些没有显示，应该有两种可能性：一是数据库的资料不全，发生了上诉，但上诉的裁定书没有被收入库中，二是一审裁定后，原告没有提起上诉，所以不可能存在二审裁定书。在北大法宝上所能够查找的表1中几个案件上诉阶段的裁定书显示，二审法院的裁定都是"维持一审裁定"。比如，案1.1的上诉案件

"周某某等与长沙市公安局集会游行示威不予许可决定纠纷案",[①] 二审法院即长沙市中级人民法院的裁定是:驳回上诉,维持原裁定。案 1.5 的上诉案件"李红卫与济南市公安局许可上诉案",[②] 二审法院即济南市中级人民法院的裁定是:驳回上诉,维持原裁定。

当然,也有公民利用程序上的权利,坚持一直把"官司打到底"的,表 1-1 即是这样的例子,从而形成了由同一个公民提出的"集会许可系列案"。这是笔者在北大法宝上唯一查找到的一审、二审、申诉三个程序完整的案例,具有典型意义。有意思的是,在三个阶段,法院"不受理"的理由有相同之处,也有不同之处,很值得我们思考。

表 1-1　　　　　　第一大类集会类行政许可案件
（不许可—不受理型,一审、二审、其他/申诉）

案件名称	裁定书文号/法院	审级	申请集会动机	原行政/司法决定	诉讼请求	法院裁定	裁定理由（概要）
马天青诉大连市公安局其他案由行政裁定书案	（2014）西行初字第18号辽宁省大连市西岗区人民法院	一审	为了解决民告官4大案	原告申请集会游行,被告作出不予许可决定,原告提起行政复议,复议决定维持。	撤销市政府、公安局违反宪法及部门法所作的行政复议决定书、不许可决定书,还法于民,解决民告官四大案。	对马天青的起诉,本院不予受理。	集会是《宪法》所规定的公民政治权利,而根据《行政诉讼法》及其相关法律规定,公民主张其人身权、财产权受到侵害的,可提起行政诉讼,政治权利不属人民法院行政审判权所管辖的范围。

[①] 湖南省长沙市中级人民法院行政裁定书（2012）长中行终字第0070号。
[②] 山东省济南市中级人民法院行政裁定书（2014）济行终字第59号。

续表

案件名称	裁定书文号/法院	审级	申请集会动机	原行政/司法决定	诉讼请求	法院裁定	裁定理由（概要）
马天青游行示威不许可案	（2015）大行终字第236号 辽宁省大连市中级人民法院	二审	同上	对起诉人马天青的起诉，本院不予受理。	请求撤销一审裁定，立案审理本案。	驳回上诉，维持一审裁定。	公民等认为人身权、财产权受侵犯的可以提起行政诉讼。集会是政治权利，不属人身权、财产权。法律法规并未规定对政治权利可以提起行政诉讼。公民对政治权利方面的处理不服提起诉讼的，法院不应受理。一审法院决定正确，本院予以支持。
马天青申请游行示威行政申诉复查驳回申诉通知书案	（2015）大行审监字第30号 辽宁省大连市中级人民法院	其他/申诉	同上	驳回上诉，维持一审裁定。	请求撤销一、二审裁定，对本案依法立案、审判。	驳回申诉。	《集会法》规定，对不许可决定不服的，可向同级政府申请行政复议，复议决定是最终裁决。法律规定行政机关最终裁决行为不属行政案件范围。集会属宪法赋予公民基本权利中的政治权利，不属法院受理行政诉讼的人身权和财产权。二审裁定并无不当，申诉理由不成立。

第二大类案件，数据库中只找到一个案件即"刘志松与南充市公安局顺庆区分局治安行政许可案"，表2是该案的详细信息。

表2 第二大类集会类行政许可案件（不许可—受理—维持型，一审）

案件名称//判决书文号//审判法院	刘志松与南充市公安局顺庆区分局治安行政许可案//(2015)顺庆行初字第70号//四川省南充市顺庆区人民法院
原行政行为//理由	被告针对原告的申请，做出《集会游行示威不许可决定书》，原告申请行政复议，复议维持了不许可决定。被告认定：原告申请示威游行的目的是为了让被告去要求市中院对其提出的问题再次解决，想让自己打官司的事情引起社会关注，扩大影响。申请不符合要求。
诉讼请求//理由	1. 请求撤销顺庆区公安分局（2015）公顺字第1号集会游行示威不许可决定书。2. 诉讼费由被告承担。 1. 因顺庆区公安分局违反游行集会示威法第十条及实施条例第十一条，要求解决具体问题的应当依法向市中院和省高院作出《协商解决具体问题通知书》，其作出的不许可决定书是简单化的不作为行为。2. 因顺庆区公安分局作出的游行集会示威不许可决定书属法律违法、程序违法，所以复议决定书也应当撤销。3. 申诉人要求解决的具体问题"是存在、合法的"，是应当依法解决的。
法院判决	驳回原告刘志松的诉讼请求。
判决理由	《集会法》第十二条规定了不予许可的四种情形，《四川省〈集会游行示威法〉实施办法》第九条第（四）项规定"有充分根据认定申请举行的集会、游行、示威将直接危害公共安全或者严重破坏社会秩序的，将不予许可。"被告顺庆区公安分局作为本行政区域内行使治安管理职权的行政机关，有权依照法律规定对原告的申请作出决定。被告主管的是本行政区域的社会治安工作，对申请人的申请是否符合法律规定，是否会引起社会不稳定等因素需要全面考虑。被告认为原告的申请不符合要求作出不予许可是其职权所在，被告作出的不许可决定书认定事实清楚，适用法律正确，行政程序合法。

三 "不许可—不受理"决定的法律根据

观察表1中的集会游行示威行政许可案件，"不许可—不受理"模式的形成具有法律上的根据，更进一步说，这类模式具有合法性：不许可，是《集会法》规定的对于许可申请的一种行政决定，另一种是许可决定；不受理，是《行政诉讼法》规定的对于提起行政诉讼的请求的一种司法裁定,另一种是受理。不许可、不受理分别对应行政行为和司法行为。在这里,我们将问题的重点集中在司法过程,因为如果不许可是一种必然的行政决定,而不受理则直接将当事人的司法救济之门完全关闭,行政诉讼的意义不复存在。在此我们有必要把这类案件所涉及的法律法规进行梳理,见表3。

表3　集会类行政许可案件涉及的主要法律法规司法解释
（以表1、表2为例）

名称/内容模式/阶段	集会游行示威法	集会游行示威法实施细则	集会游行示威法实施办法	行政诉讼法	最高人民法院执行行政诉讼法的解释
不许可—不受理之不许可	第12条	—	—	—	—
不许可—不受理之不受理	第12条,第13条	第14条	—	第11条,第12条	第44条
不许可—受理—维持之不许可	第12条	—	四川省实施办法第9条	—	—
不许可—受理—维持之受理—维持	第12条	—	四川省实施办法第9条	第69条	—

关于不许可的根据。在表1所展现的案例中,行政机关不许可的理由是共同的,集中在实体层面,而非程序层面。也就是说,集会的申请人在申请过程中是满足了程序性条件的,但行政机关认为申请不符合实体性条件。

《集会法》对集会游行示威行为设定的行政许可,意味着集会游行示威不是"自动""自觉""自律"的表达,而是需要政府规制的表达。《集会法》第7—9条规定了集会的申请与许可程序,第7条第1款:"举行集会、游行、示威,必须依照本法规定向主管机关提出申请并获得许可。"(该条第2款规定不需要申请许可的集会游行:国家举行或者根据国家决定举行的庆祝、纪念等活动;国家机关、政党、社会团体、企业事业组织依照法律、组织章程举行的集会。）第8条："举行集会、游行、示威，必须有负责人。依照本法规定需要申请的集会、游行、示威，其负责人必须在举行日期的五日前向主管机关递交书面申请。申请书中应当载明集会、游行、示威的目的、方式、标语、口号、人数、车辆数、使用音响设备的种类与数量、起止时间、地点（包括集合地和解散地）、路线和负责人的姓名、职业、住址"。第9条第1款："主管机关接到集会、游行、示威申请书后，应当在申请举行日期的二日前，将许可或者不许可的决定书面通知其负责人。不许可的，应当说明理由。逾期不通知的，视为许可"。由此，《集会法》确立了许可程序：负责人5日前申请/提交集会申请书—主管机关2日前决定许可或者不许可，由此可见，集会行为的形式要求是：提交集会申请书—不许可应该说明理由/逾期不通知，视为许可。申请人除符合形式上的要求外，许可还需要受到实体上的限制，《集会法》第12条对集会游行示威进行了实体性的限制性规定，列举了不予许可的四种情形：反对宪法所确定的基本原则的；危害国家统一、主权和领土完整的；煽动民族分裂的；有充分根据认定申请举行的集会、游行、示威将直接危害公共安全或者严重破坏社会秩序的。

本文研究的案件中，申请人申请集会游行的理由各不相同，有维权的，有诉愿的，基本上是个人或小群体的利益诉求，而非对于政治问题、公共政策问题的关注和表达，这或许是中国现阶段公民申请集会游行示威的目的特点；同时，拟举行集会的规模也不一致，有几个人的，有几十个人的，有几百个人的，接受申请的主管机关（公安机关）都适用该条规定的第四种情形即"有充分根据认定申请举行的集会、游行、示威将直接危害公共安全或者严重破坏社会秩序的"作为不予许可的法律根据，从而结果归于一个：不许可。

关于不受理的根据。表1中，对于申请人在行政机关"不许可决定"之后向人民法院提起的行政诉讼，人民法院的决定是"驳回起诉"和"不予受理"。从法院的裁定来看，不受理主要涉及《集会法》和《行政诉讼法》的规定。

规范、秩序与公法

《集会法》第13条规定了申请人的救济途径："集会、游行、示威的负责人对主管机关不许可的决定不服的，可以自接到决定通知之日起三日内，向同级人民政府申请复议，人民政府应当自接到申请复议书之日起三日内作出决定"。由此，《集会法》确立了申请—许可、申请—不许可—复议的行为模式。在这里，《集会法》规定了申请人申请复议的权利及其行使要求。从表1的案例看，所有的申请人都申请了复议，复议的结果也是相同的：维持公安机关的不许可决定。在人民法院看来，《集会法》第13条的规定，实际上是将行政复议看作是一种"行政终局裁定"。也就是说，申请人不服不许可的决定，只能提起行政复议，不能提起行政诉讼。因为第13条（和《集会法》的其他条款）没有规定申请人可以提起行政诉讼，无论是直接提起，还是在行政复议之后提起，因此，集会申请人的权利救济方式止于行政复议，不能进入到行政诉讼领域或者环节。因为《行政诉讼法》第11条（新法第12条）第1款规定的受案范围没有列举集会游行示威权利受到侵害后的行政诉讼救济，而且根据第11条第2款的"兜底性"规定即"除前款规定外，人民法院受理法律、法规规定可以提起诉讼的其他行政案件"，《集会法》没有规定"可以提起诉讼"，所以不予受理是很正常的结论。同时，根据第12条（新法第13条）规定："人民法院不受理公民、法人或者其他组织对下列事项提起的诉讼……（四）法律规定由行政机关最终裁决的行政行为"。人民法院将申请集会许可的行政复议决定看作是"行政机关最终裁决的行政行为"，驳回起诉就顺理成章了。

更有人民法院为了强调对于《集会法》第13条关于申请人申请行政复议的规定是"行政机关最终裁决的行政行为"，从国务院的《集会法实施细则》中找到根据，该《实施细则》第14条规定："集会、游行、示威的负责人对主管公安机关不许可的决定不服的，可以自接到不许可决定书之日起3日内向同级人民政府申请复议。人民政府应当自接到复议申请书之日起3日内作出维持或者撤销主管公安机关原决定的复议决定，并将《集会游行示威复议决定书》送达集会、游行、示威的负责人，同时将副本送作出原决定的主管公安机关。人民政府作出的复议决定，主管公安机关和集会、游行、示威的负责人必须执行"。此处"人民政府作出的复议决定，主管公安机关和集会、游行、示威的负责人必须执行"的内容是《集会法》中没有的，其中"必须执行"被解读为"最终裁决"，为人民法院不受理申请人的诉讼请求提供根据。

此外，在表1-1的"系列案"中，三个阶段的行政裁定都贯穿了一个理由：政治权利不可诉，根据是《行政诉讼法》第11条第1款。也就是说，将第11条第1款的规定解读为，行政诉讼的受案范围仅仅限于公民等的"人身权、财产权受到侵害"后的救济，集会、游行、示威是政治权利——宪法基本权利中的政治权利，不是人身权、财产权，所以，不在人民法院的受案范围之内。当申诉人提出，集会游行示威的权利是宪法规定的基本权利、不是政治权利，以为自己的诉讼提供宪法根据的时候，法院的驳回理由是："根据《行政诉讼法》，法律规定由行政机关最终裁决的具体行为不属于人民法院受理行政案件的范围。公民等申请行政机关履行保护人身权、财产权的法定职责，行政机关拒绝履行或者不予答复的以及认为行政机关侵犯其他人身权、财产权的，可提起行政诉讼。集会、游行、示威属于宪法赋予公民基本权利中的政治权利，不属于人民法院受理行政诉讼的人身权和财产权范围"。[①] 类似的理由，也在表1中的案1.2的法院决定中出现："侵犯其人身权、财产权以外的其他权利，必须有法律、法规明确规定可以提起诉讼的，人民法院才予以受理。而集会、游行属于政治权利范畴，并不属于人身权、财产权"。[②] 在这里，我们可以看出，案1.2对《行政诉讼法》第11条第1款的解读与表1-1的"系列案"略有差异，其认识为：第11条不限于对人身权、财产权的救济，也可以是人身权、

---

① 参见"马天青申请游行示威行政申诉复查驳回申诉通知书案"，辽宁省大连市中级人民法院（2015）大行审监字第30号裁定书。
② 参见"刘立申、王爱昌等人不予受理行政裁定书案"，江苏省连云港市赣榆区人民法院（2014）赣行诉初字第00002号裁定书。

财产权以外的其他权利,即非人身权、财产权也可以被纳入行政诉讼的受案范围,但有一个前提:必须是法律、法规规定可以提起诉讼的。而集会权利不是人身权、财产权,而是政治权利,法律即《集会法》没有规定可以提起行政诉讼,所以不属于人民法院的受案范围。

从以上分析可以看出,不许可决定集中在对于《集会法》关于不予许可的实体性条件(情形)的认定上,而不受理决定的法律根据则集中在对于《集会法》《集会法实施细则》《行政诉讼法》的相关程序性规定的理解上。

四 "不许可—不受理"决定的合法性?

不过,如果我们深究行政机关的决定理由和人民法院看似成立的裁定理由,就会发现,以上对于"不许可—不受理"决定的法律根据的解读并不具有完全的说服力,相反,这样的合法性是值得质疑的。

让我们先看不许可决定。表 1 中,原告申请集会游行示威的动机各不相同,归纳起来分别是:对集体土地征收安置不满(案 1.1)、认为政府合并镇的行为违法(案 1.2)、要求协商解决案件具体问题(案 1.3)、反映法院裁判问题(案 1.4)、作为被强拆、抢占的被拆迁户权利被侵害(案 1.5)、对刑事案件审判有异议(案 1.6)。从整体上看,申请集会游行示威是申请人希望维护、争取、保护自己以及相关群体利益的方式,集会是一种法律途径——需要经过政府批准才能进行的法律途径。主管机关——申请人所在地的公安机关,对于申请处理的结果是:不予许可。就《集会法》的规定而言,有许可,就有不许可,许可和不许可都是正常的决定,问题在于,如果法律施行后,没有许可,只有不许可,就很难说是正常的了。不予许可是有法律根据的,即《集会法》第 12 条:"申请举行的集会、游行、示威,有下列情形之一的,不予许可:1. 反对宪法所确定的基本原则的;2. 危害国家统一、主权和领土完整的;3. 煽动民族分裂的;4. 有充分根据认定申请举行的集会、游行、示威将直接危害公共安全或者严重破坏社会秩序的"。上述几个申请案件中,没有涉及到 1—3 项限制事项,即不存在这些内容，公安机关能够根据的理由只剩下了第4项：有充分根据认定申请举行的集会、游行、示威将直接危害公共安全或者严重破坏社会秩序的。这一项恰恰给了公安机关巨大的行政自由裁量权。就表1中的六个申请来看，我们很难得出"将直接危害公共安全或者严重破坏社会秩序"的结论，甚至可以说，这样的结果发生的概率非常小或者根本不可能发生，因此并不足以让公安机关作出不许可的决定。当然，如果我们将集会游行示威，不论是什么样的集会游行示威，看作是"不稳定"，甚至集会游行示威本身就是"直接危害公共安全"和"严重破坏社会秩序"，那么，没有集会游行示威是能够被允许的。集会游行示威权利与公共治安利益之间的紧张关系，是普遍存在的，但绝不意味着政府可以据此"一味拒绝批准"，否则即是对集会游行示威的完全限制甚至禁止。《集会法》的立场是限制，但不是禁止，如果所有的申请都被拒绝，则不是限制，而是禁止。显然，对于基本权利，政府不能禁止，只能限制。问题在于：当限制的结果与禁止无异，那么，基本权利的"实质"即遭到了侵害，[①]这样的政府行为、立法就有违反宪法的嫌疑。

再来看不受理决定。针对人民法院不受理决定的法律理由，我们需要澄清三个关键问题：第一，如何解读《行政诉讼法》关于受案范围的规定。该法（新）第12条第1款在列举了11项具体情形后，最后作了一个笼统性的规定："（十二）认为行政机关侵犯其他人身权、财产权等合法权益的"。该条第2款规定："除前款规定外，人民法院受理法律、法规规定可以提起诉讼的其他行政案件"。在此，"其他人身权、财产权等合法权益"是否应该包括集会游行示威的权利？按照有的法院的解释，集会游行是"政治权利"，不是"人身权、财产权"，

---

① 《德国基本法》第19条第2项规定："基本权利之实质内容绝不能受侵害"，这意味着，法律虽然可以限制基本权利，但是法律限制本身也是有限制的，宪法明确排除对基本权利实质内容造成侵害的立法。从程度上看，如果法律对于基本权利的限制使得基本权利的行使事实上不可能，则构成对基本权利实质内容的侵害。我国《宪法》虽然没有明确条文禁止对基本权利的实质性侵害，但应该接受这一宪法原理。

所以不予受理。按照第 2 款，《集会法》和《集会法实施细则》又没有规定当事人可以提起行政诉讼，所以，也不在受理范围。不仅如此，《行政诉讼法》对于不予受理的情形有排除性规定，即该法（新）第 13 条规定的四种情形，其中，最后一种情形是"（四）法律规定由行政机关最终裁决的行政行为"。关于"政治权利"不可诉的判断，没有学理根据和法律根据。集会游行示威可以归为政治权利，但并不意味着政治权利就不可诉。如果论政治权利，"选举权和被选举权"是最重要的政治权利，但也有"人身权"的性质在里面，况且选举权也是可诉的，20 世纪 80 年代就发生过有关选举权的民事诉讼。如果人身权、财产权都可诉，那么在基本权利体系内排在最前面的权利类型就没有不可诉的理由。比如言论自由，如前所述，我国宪法将其放在选举权和被选举权之后，位列第二，可见其重要程度。

第二，如何理解《集会法》和《集会法实施细则》的规定。如果说，《集会法》只是没有明确规定当事人可以提出行政诉讼的话，那么，《集会法实施细则》则将问题推向了极端："复议决定，主管机关和申请集会的负责人必须执行"。这个表述，在很多法官看来，就是复议决定即最终决定，当事人不可以再起诉，因此，符合《行政诉讼法》关于排除的第四项的情形。不过，不要忘记了第四项排除的表述："（四）法律规定由行政机关最终裁决的行政行为"。在这里，"法律规定"是一个重要的要求，应该理解为狭义的法律即全国人大和全国人大常委会制定的法律。《实施细则》显然不是，只有《集会法》是狭义的法律，因此，如何理解《集会法》的规定就非常关键。《集会法》确实没有在条款中明确规定当事人提起诉讼的权利，但我们不能就此得出结论说：关于集会申请的不许可决定、复议机关的复议决定，就是法律规定的行政机关最终裁决，因为《集会法》没有"必须执行"的字样。更进一步看，如果把"必须执行"理解为"最终决定"，那么，《实施细则》即有抵触《集会法》的嫌疑，因为《集会法》不存在"人民政府作出的复议决定，主管公安机关和集会、游行、示威的负责人必须执行"的内容。这一规定是《实施细则》对于《集会法》的"权利限制性"

扩充，没有宪法和法律根据。基本权利的限制只能基于法律（代议制机构立法）的规定，是成文宪法国家普遍接受和采行的宪法基本原则。

第三，如何理解《集会法》与《行政许可法》（简称《许可法》）之间的关系。具体地说，如何理解《集会法》规定的集会游行许可与《许可法》规定的行政许可，是什么关系？如果集会许可属于《许可法》所调整的许可，那么，《许可法》的规定就应该适用于《集会法》关于许可的规定。《许可法》第7条："公民、法人或者其他组织对行政机关实施行政许可，享有陈述权、申辩权；有权依法申请行政复议或者提起行政诉讼；其合法权益因行政机关违法实施行政许可受到损害的，有权依法要求赔偿"。有权提起行政复议或者行政诉讼，是对于所有许可行为都适用的，集会许可也不应该被排除。不仅如此，我们不需要从"其他人身权、财产权"条款，来解释集会游行许可是法律、法规规定可以提起诉讼的行为，而可以直接从《行政诉讼法》第12条第1款找到诉讼根据，该款列举的受案范围包括"（三）申请行政许可，行政机关拒绝或者在法定期限内不予答复，或者对行政机关作出的有关行政许可的其他决定不服的"。况且，就《集会法》与《许可法》通过和施行的时间来看，《集会法》是前法，《许可法》是后法，在同一个问题上，法律有不同规定的，应该是后法优于前法，这也是一般法理。这样的解释，符合《集会法》之立法目的："为了保障公民依法行使集会、游行、示威的权利，维护公共秩序和社会安定。"（第1条）在这里，"保障"和"维护"应该是矛盾的统一，但保障是首要的，维护秩序和安定，应该服从于保障的前提。由此可见，人民法院不受理的合法性是存在疑问的。

相比较而言，在"不许可—不受理"的决定中，行政机关的不许可模式固然是对于集会游行示威权利行使上的直接否定，但人民法院的不受理模式对于基本权利的负面影响力更大。行政机关以"秩序"为目的否定基本权利时，其行为即处于"自由"的对立面，而法律给予的行政自由裁量权，加剧了这样的对立。从各国的实践来看，行政机关以主动、积极的姿态保护自由的现象比较少见，更多的是迫于法律的明确规定不得不这样做。最典型的情形是:《集会法》对于自由裁量权的行使规定了十分严格的标准和要求时,或者《集会法》对集会游行示威规定为"登记制"而非"许可制"的时候,行政机关即更可能会趋于对自由的保护。但作为司法机关的人民法院不同,其与生俱来的定位即在于保护权利和自由,应该起到权利保护的最后一道防线的作用。特别是在基本权利层面,司法承担了更大的责任,人民法院的不受理决定,实际上使得公民通过诉权的行使来维护自由的机会被剥夺,失去了通过法律途径(而非其他途径)实现自由的可能性。诉权作为程序性权利是非常重要的,相关国际公约将其确定为人权,是具有理性基础的:实体性权利的保障需要程序性权利作为路径和手段。很多时候,人民法院对于自己角色的认知和定位是有问题的。人民法院是权利救济机构,区别于行政机关,而当人民法院将自己等同于行政机构时,行政权与司法权在事实上成为一种权力。或者说,看上去是两个机构在行使两个权力,实质上是一个机构在同时行使这两个权力,或者根本上司法权也是行政权,结果可想而知。或许这正应了孟德斯鸠的经典判断:"如果司法权不同立法权和行政权相分离,自由也就不存在了。如果司法权同立法权合而为一,则将对公民的生命和自由施行专断的权力,因为法官就是立法者。如果司法权同行政权合而为一,法官便将握有压迫者的力量"。[1]

五 "不许可—不受理"困局的破解:宪法可以做什么?

根据宪法原理,在采行形式(主义)法治的状态下,法治与宪法政治之间的差异仅仅在于宪法是否也发挥了法律的作用——且是最高效力法律的作用,从法治到宪法政治只有一步之遥:宪法约束并控制法律,宪法的功能出现在法治的尽头。当形式上的合法性应该受到质疑时,宪法政治就应然而至了。可能问题的关键在于:宪法怎么起作

---

[1] [法]孟德斯鸠:《论法的精神》(上册),张雁深译,商务印书馆1961年版,第156页。

用？在我国《宪法》所确定的宪法监督体系下，全国人大、全国人大常委会均负有宪法监督的职责，其中，全国人大常委会负有日常的宪法监督责任，《宪法》第67条规定的全国人大常委会的职权之第一项即是"解释宪法，监督宪法的实施"。学界一般认为这是对我国宪法审查制度之立法机构模式的最明确的设定。《立法法》则更进一步，确定了法律的"适用与备案审查"机制（第五章）。那么，现行制度破解"不许可—不受理"的权利困局的路径是什么呢？

如上所述，"不许可"决定更多地涉及实体性的规范，《集会法》关于集会游行示威的规定本身存在问题。按照《宪法》，全国人大有权"改变或者撤销全国人民代表大会常务委员会不适当的决定"（第62条），《立法法》规定，"全国人民代表大会有权改变或者撤销它的常务委员会制定的不适当的法律。"（第97条）可见，可以改变或者撤销《集会法》的机构是全国人大，当然，全国人大常委会也可以自行修改。这里的问题是，谁有权力提请全国人大来修改这部法律？从《宪法》和《立法法》的规定来看，包括国务院、最高人民法院、最高人民检察院、省级人大常委会在内的国家机构，仅限于对行政法规以下的法律规范的合宪性、合法性提出审查要求，对于法律（狭义）的合宪性问题，这些机构没有权力提出审查。《全国人民代表大会组织法》第9条规定："全国人民代表大会主席团，全国人民代表大会常务委员会，全国人民代表大会各专门委员会，国务院，中央军事委员会，最高人民法院，最高人民检察院，可以向全国人民代表大会提出属于全国人民代表大会职权范围内的议案，由主席团决定交各代表团审议，或者并交有关的专门委员会审议、提出报告，再由主席团审议决定提交大会表决"。根据第10条规定，一个代表团或者三十名以上的代表，也可以向全国人民代表大会提出属于全国人民代表大会职权范围内的议案。显然，上述全国人大主席团等机构、人大代表和代表团有权力提出修改议案，这是合法途径。不过，这些机构以及人大代表或代表团提出修改的动力有多大（正如全国人大常委会自行修改《集会法》的动力有多大），都是不确定的。当然，我们有理由期待全国人大常委会对《集会法》的修改，毕竟全国人大常委会对于《刑法》的修改做出了"自我修正"的实践。尽管在删除了不少死刑罪名的同时，增加了不少新的罪名，但无论如何，修改至今（《刑法修正案（九）》），整体上是符合"国家尊重和保障人权"的宪法原则的。

那么，从宪法的角度看，《集会法》的规定在哪些方面需要修正呢？第一，是否对集会游行示威权利的行使规定许可制，需要进行再衡量。从世界各国的规定来看，对于集会游行示威有许可制（比如美国的不少州）和登记制（比如德国）两种制度。[①]一般认为，登记制更有利于集会权利的行使，对集会权利的限制也更小。当然，在一些采行许可制的国家或者地区，95%以上的集会申请都可以获得许可的情况下，许可制和登记制之间的差异并不明显。这里的关键在于：若实行许可制，必须对不许可的情形作出严格的规定，客观上使得行政机关的自由裁量权的范围极小，"迫使"行政机关批准许可；如果行政机关不予许可，则极易导致其行政行为违法的结果——通不过法院的司法审查。第二，增加申请人对于行政机关的不予许可决定可以提起行政诉讼的规定。如前所述，人民法院普遍将《集会法》第13条的规定解读为申请人没有提起行政诉讼的权利，实际上这样的解读是存在问题的，没有规定可以提起诉讼不等于没有权利提起诉讼。再者，《许可法》关于当事人提起复议和诉讼的规定，客观上已经弥补了《集会法》第13条规定的不足。然而，要让人民法院"名正言顺"地受理，或者说，要让人民法院的不受理决定没有理由，最合适的做法是在《集会法》中以条文的方式规定申请人对行政机关的不许可决定可以向人民法院提起行政诉讼。

不过，上述修改《集会法》的做法是一种完美状态，更多是未来的规划，而不是很快就能够实现的设想。当下，可能更现实的问题是：

[①] 准确地说，德国是一般登记制＋特殊许可制，《德国基本法》第8条规定："一、所有德国人均有和平及不携带武器集会之权利，无须事前报告或许可。二、露天集会之权利得以立法或根据法律限制之"。

在《集会法》尚未得到修正的情况下，如何改变现在的状态？

笔者以为，人民法院的宪法自觉至关重要，即人民法院在涉及基本权利行政诉讼案件的处理上，应该具有宪法立场。这要求人民法院对于实体法和程序法的理解需要符合宪法的文字和精神，通过宪法来理解相关法律和相关条款，对于所适用的法律作合乎宪法的解释和理解。在这方面，德国的实践可以给我们有益的借鉴。[①]具体到本文讨论的集会类行政许可案件，对于《集会法》第13条的理解即很关键，作出符合宪法的理解，则不会否定申请人提起行政诉讼的权利；对于《行政诉讼法》第12条作符合宪法的解释，则不会将这类案件排除在人民法院的受案范围之外，作出不受理的决定。更进一步看，在受理了这类案件之后，在诉讼过程中，即会对被诉行政行为（不许可决定）作出实质性的审查。而不会如表2中的"刘志松与南充市公安局顺庆区分局治安行政许可案"，法院将许可和不许可看作是行政机关的绝对权力，集会游行示威许可与否，是行政机关的权力，完全由行政机关进行判断，人民法院不介入。按照这样的解释，那么申请人提起行政诉讼的意义何在？

在判断行政机关适用法律法规是否正确的问题上，法院若只是看到行政机关所做的行政决定有法律根据即判断其适用正确的话，那么几乎所有行政行为都是正确的。法院不仅应该说明行政机关作出不许可决定的合法性到底是什么，还应该说明合法性能不能成立，在认定公共秩序问题上，行政机关不许可决定与维护公共秩序之间的内在关联是否存在，维持行政机关不许可决定的理由才可能是令人信服的。从整个人民法院系统来看，作为最高审判机关的最高人民法院，负有更重要的宪法职责。当地方各级人民法院在集会案件审理过程中对于法律的理解有偏差的时候，最高人民法院应该发挥最高审判机关"统一法律适用"的功能，一个比较方便的做法是：通过推荐指导性案例，

[①] 参见［德］斯特凡·科里奥特《对法律的合宪性解释：正当的解释规则抑或对立法者的不当监护》，田伟译，《华东政法大学学报》2016年第3期。

明确对这类案件作出受理决定的根据,从而为各级法院提供指导。比如,表2的"刘志松与南充市公安局顺庆区分局治安行政许可案",撇开维持行政机关决定的行政判决结论,受理决定本身是应该被肯定的,可以考虑推荐为指导性案例。

另外,全国人大常委会解释宪法的功能也有待发挥。从规范层面看,制定《宪法解释法》是启动宪法解释程序机制的基本途径,[①]可以有效落实《宪法》第67条。就司法过程对于保护基本权利的重要程度而言,允许人民法院向全国人大常委会提请宪法解释十分必要。中国人民大学法学院研究团队提出的《宪法解释程序法(专家建议稿)》,[②]对"具体审查性解释的请求主体"作了规定,第10条第1款的内容是:"地方各级人民法院、专门人民法院(或法官)在审理案件过程中,认为所适用的法律、行政法规、地方性法规、自治条例和单行条例、规章等规范性文件同宪法相抵触的,应裁定中止诉讼程序,提请最高人民法院,由最高人民法院决定是否向全国人民代表大会常务委员会提出解释宪法的要求"。这个思路具有合理性,一来,肯定了人民法院在案件审理过程中对所适用的法律规范的审查权力(也是责任)。这一权力是审判权的重要部分,也是人民法院受到宪法约束(宪法至上)的体现,被成文宪法国家,特别是采行"专门审查模式"的成文宪法国家所普遍接受;二来,强调了最高人民法院的特殊作用。"由最高人民法院决定是否"提出解释要求,意味着最高人民法院在审查问题上有先行判断的权力,这符合最高人民法院作为最高法院的功能定位,同时避免了可能出现的不必要的解释请求。

不过,这样的规则安排也有缺失之处,比如集中到最高人民法院,固然有利于问题的统一解决,但司法效率上或恐有失,因此,规定由各级人民法院直接提请全国人大常委会也是可行的。这样安排除效率

[①] 参见马岭《我国宪法解释的程序设计》,《法学评论》2015年第4期。
[②] 参见韩大元等《〈中华人民共和国宪法解释程序法(专家建议稿)〉及其说明》,http://www.calaw.cn/article/default.asp?id=10166,2015年1月28日访问。

上可以提升之外，也有利于对各级人民法院法官的宪法素养的培养，从而提升所有层级法院的宪法责任意识——在我国，最高人民法院和地方各级人民法院都是宪法机构，[①]具有宪法地位，都负有宪法职责，属于宪法实施主体，而不仅仅是最高人民法院。[②]同时，为了达到这样安排的目的，可以规定各级人民法院在提请解释时，必须有"确实的根据"，或者以"确信其（所适用的法律规范）违宪"作为前提条件，并要求附以详尽的案件说明和违宪理由的提请解释的申请书。

六 结语

总结以上讨论，集会游行示威是《宪法》明确规定的基本权利，却被行政过程和司法过程所吞噬，自由无处显现，宪法在应然层面的规范效力仍然没有得到落实，尚未成为权利保护的利器。这或许与中国法治发展的"初级阶段"有关。中国当下的法治进程正在经历无视宪法所造成的阶段性阵痛，实践中有不少侵害正是以法治之名作出的，撇开宪法的法治，其恶果不亚于没有法治，司法首当其冲。当宪法不能够被司法过程所适用，法院的决定就可能是在违反宪法的法律、法规之下作出的，法官往往只看法律、法规，不看宪法。[③]自由要得到保障，必须用宪法来型塑司法，这个过程不可回避。法治发达国家的经验表明，自由受保障的程度，在很大程度上取决于司法服从于宪法（受到宪法约束）的程度。"当一个国家开始接近于实现其最充分的能动主义潜质的时候，司法与行政便开始融合。如果说在一个彻底的'无为而治'型的国家中，所有的活动，包括行政活动，都带有一定的审判色彩的话，一个完全的能动型国家的所有活动，包括审判活动，

[①] 参见王建学《地方各级人民法院宪法地位的规范分析》，《法学研究》2015年第4期。

[②] 参见赵娟《中国宪法的成文性质与司法适用》，法律出版社2015年版，第108—136页。

[③] 同上书，第179页。

规范、秩序与公法

便都带有一定的行政色彩"。① 中国司法到底应该呈现出什么样的"面孔",是成为行政的"共谋",充当"政策实施"者的角色,还是摆正自己的宪法位置,以解决纠纷和救济权利为己任,是一个需要认真对待的问题。

---

① [美]米尔伊安·R.达玛什卡:《司法和国家权力的多种面孔:比较视野中的法律程序》,郑戈译,中国政法大学出版社2015年版,第115页。

下篇

美国不成文宪法是什么*

近几年来，一度不受重视的不成文宪法问题，日渐成为学者们关注的理论热点之一。在不少学者的研究中，美国存在不成文宪法的现象，不时被拿来作为论证成文宪法与不成文宪法之间不是并列关系的根据，进而成为论证中国不成文宪法的比较法根据。这很容易让读者产生一种印象甚至得出一个结论：以美国这个成文宪法的首创国之例，足以说明不成文宪法与成文宪法的区分是没有多大意义的，包括中国在内的成文宪法国家普遍施行的宪法至上原则（亦是成文宪法原理）似乎也失去了被坚持的理由。在笔者看来，问题或许并不那么简单。美国不成文宪法究竟是什么，仍然有必要从理论上加以澄清。

一 美国何来"不成文宪法"？

众所周知，美国是世界上第一个成文宪法国家，与其"宗主国"英国的不成文宪法形成鲜明的对比，也开启了现代立宪主义——世界范围内的宪法类型或体制以成文宪法为主导——的历史。在一个成文宪法国家谈论不成文宪法，不是一件容易的事情，需要充分的理据，我们首先必须面对的一个问题就是：美国何来不成文宪法？

在美国，"不成文宪法"作为一个名词的提出，是在法学学术研究过程中。学者们对于不成文宪法的研究，最早可以追溯到19世纪末，

---

* 本文原载于《中德法学论坛》2019年第16辑上卷，已作修改。

规范、秩序与公法

20世纪的研究成果最多，进入21世纪以来仍有学者投入其中。[1] 从整体上看，这些研究具有极强的本土性，是对美国宪法实践主要是立法、执法、司法权力运作的考察和评价，以及对于宪法运作中各种内在与外在因素的观察和描述，较少涉及与外国体制和理论的对比，[2] 针对的和回答的是美国宪法问题，展开分析和探讨的语境是成文宪法体制。可以说，美国不成文宪法既是一个老问题，又是一个新问题，甚至称得上是一个"常说常新"的问题。

综观这些研究可以发现，学者们对不成文宪法的认识，有共通之处，也有差异，各自的侧重点不尽相同。比如，有针对国会、总统、联邦最高法院的具体宪法实践的，那些不成文宪法即是在宪法文本之外支持或者支撑宪法实施的因素；[3] 有专门针对联邦最高法院的审判活动的，即由案例展开，探究司法过程的不成文宪法问题，不成文宪法与司法审查的依据、合法性乃至推理技术有关；[4] 有针对美国宪法运作的历史发展的，不成文宪法被从整体上抽象为宪法运作背后的原则、理念，甚至传

---

[1] See Christopher G. Tiedeman, *The Unwritten Constitution of the United States: A Philosophical Inquiry into the Fundamentals of American Constitutional Law*, G.P. Putnam's Sons, 1890; Thomas C. Grey, "Do We Have an Unwritten Constitution?" 27 *Stan. L. Rev.* 703 (1975); Akhil Reed Amar, "America's Constitution, Written and Unwritten", 57 *Syracuse L. Rev.* 267 (2007); Lawrence B. Solum, "Originalism and the Unwritten Constitution", 2013 *U. Ill. L. Rev.* 1935 (2013).

[2] 在这方面，泰德曼教授的研究是个例外。See Christopher G. Tiedeman, *The Unwritten Constitution of the United States: A Philosophical Inquiry into the Fundamentals of American Constitutional Law*, G.P. Putnam's Sons, 1890, pp. 16–45.

[3] See Akhil Reed Amar, "America's Constitution, Written and Unwritten", 57 *Syracuse L. Rev.* 267 (2007); Akhil Reed Amar, *America's Unwritten Constitution: The Precedents and Principles We Live By*, Basic Books, 2012.

[4] See Thomas C. Grey, "Do We Have an Unwritten Constitution?" 27 *Stan. L. Rev.* 703 (1975); Thomas C. Grey, "Origins of the Unwritten Constitution: Fundamental Law in American Revolutionary Though", 30 *Stan. L. Rev.* 843 (1978); Thomas C. Grey, "The Uses of an Unwritten Constitution", 64 *Chi.-Kent L. Rev.* 211 (1988).

统、文化等；① 等等。一个有意思的现象是：无论采用的是哪种研究角度或者研究方法，司法过程都是绕不过去的存在，司法审查与不成文宪法之间的关系被普遍承认，几乎所有研究都不同程度地提及相关案件或最高法院，司法审查过程中的不成文宪法成为学者们的共识。对这一现象的解释理由或许有很多，其中不排除：在美国宪法构架中，最高法院在宪法问题上居于举足轻重的地位，司法审查自然成为观察和讨论不成文宪法不可或缺的宪法实施过程。这也为我们观察美国不成文宪法问题提供了一个思路：由司法过程切入，应该是合理的视角。

论及司法过程的不成文宪法研究，美国当代著名法学家格雷教授堪为这个领域的权威，其代表作《我们是否有一部成文宪法？》算得上是经典论文，② 故这里以解读格雷的论文为主线，同时观照其他学者的观点，由此对美国不成文宪法问题窥出一斑。

格雷是这样提出他的研究主题的："在审查法律的合宪性时，我们的法官是应该自我设限，仅决定相关法律是否与源自成文宪法典的规范存在冲突？还是说，他们可以去执行自由和正义的原则，即使这些原则的规范性内容并未见之于美国建国文件的文本范围内？除却司法审查本身的正当性问题，这很可能是关于我们的根本法，我们所能提出的最根本的问题"。③ 对此，格雷持肯定态度，他指出："我们美国人

---

① 参见［美］劳伦斯·却伯《看不见的宪法》，田雷译，法律出版社 2011 年版。另可参见 Christopher G. Tiedeman, *The Unwritten Constitution of the United States: A Philosophical Inquiry into the Fundamentals of American Constitutional Law,* G.P. Putnam's Sons, 1890; Lawrence B. Solum, "Originalism and the Unwritten Constitution", 2013 *U. Ill. L. Rev.* 1935 (2013).

② Thomas C. Grey, "Do We Have an Unwritten Constitution?" 27 *Stan. L. Rev.* 703 (1975). 根据 HEINONLINE 法律数据库的统计，截至 2015 年 12 月 11 日，这篇文章被引用次数高达 2972 次，居引证率前茅。此文的中文译本可参见［美］托马斯·格雷《我们是否有一部不成文宪法？》，田雷译，载［美］托马斯·格雷《美国法的形式主义与实用主义》，黄宗智、田雷选编，法律出版社 2014 年版，第 1—18 页。

③ ［美］托马斯·格雷：《我们是否有一部不成文宪法？》，田雷译，载［美］托马斯·格雷《美国法的形式主义与实用主义》，黄宗智、田雷选编，法律出版社 2014 年版，第 1 页。

确实生活在一部成文宪法之下，它在 1789 年得到通过并自此后有过 27 次的修正，而且我们承认该成文宪法自我宣布为'国土上的最高法律'。但是，我们还有一部不成文宪法去补充着这一最高的成文宪法，此不成文宪法是由建国文件所授权或至少为其所承认，并由我们的法院在两个多世纪内通过一种普通法的过程发展而成。当美国法院基于立法侵犯了根本权利而推翻制定法时，特别是当相关权利从来未曾得到原初宪法文本以及其后修正案所正式表述或保护时，不成文宪法就得到了最生动的自我呈现"。[1]因循格雷教授的研究思路，可以看出美国不成文宪法问题的由来：不成文宪法产生于司法过程。

在格雷看来，美国具有成文宪法的事实是确定的。不仅如此，1789 年的美国联邦宪法——成文宪法——具有至上效力，这是成文宪法的固有品质，是首先必须被坚持和遵行的，法官的司法审查过程也必须受其约束。这是司法审查的前提，这一点没有疑问，在一般情况下，法官正是根据成文宪法来判断立法的合宪性的。这里的问题在于，对于那些体现了自由与正义且并没有被成文宪法所规定的原则，法官是否可以加以运用以判断立法的合宪性，以保护没有被成文宪法规定的权利，则是需要认真对待的。比如，对于那些没有被成文宪法文本写明的权利，法官能不能用体现了自由和正义的原则——这些原则也没有被成文宪法明文规定——去审查立法的合宪性。正是在这样的情况下，不成文宪法被发现：它不表现为成文宪法的明确的文字和条款，而是体现了自由和正义的原则，在司法审查中被法官们运用，并据此作出立法是否违反宪法的裁判。可见，不成文宪法是由法院的司法实践发展出来的，不成文宪法是司法审查的产物。

在这里，不成文宪法不是一种宪法类型上的实体性的宪法概念，而是一个抽象的学理概念，包括格雷在内的诸多学者也是在宪法学研究的意义上使用这个概念的。不仅如此，这个名词是学者对于美国宪

---

[1] [美] 托马斯·格雷：《美国法的形式主义与实用主义》，黄宗智、田雷选编，法律出版社 2014 年版，中文版序言（田雷译），第 4 页。

法实践的一种描述，更具体地说，是学者对于法院的司法审查实践的理论揭示和解说。当学者将司法审查过程中法官的这类审查活动与不成文宪法这个概念相关联时，实际上是对法官司法审查行为的认同：用不成文宪法来解说司法审查，反映了学者们的肯定和支持立场。

二 不成文宪法"似"什么？

如上所述，不成文宪法问题来源于或者说是"被发现于"司法审查过程，再进一步看，被学者称作不成文宪法的存在，比如格雷提到的"自由和正义"的原则，在形式上表现为法官在司法审查中对宪法所进行的解释：法官运用这样的原则之时，是在解释宪法之时，或者说，不成文宪法实际上是法院的宪法解释，同时也是宪法解释方式或者技术，甚至可以归结为成文宪法司法适用过程中的一种实施机制——灵活性的机制，"不成文"在很大程度上是对于法官解释宪法的灵活性或者灵活地解释宪法的描述，这是克服"固化"缺陷的机制。

众所周知，普通法的传统是：法院适用法律必须首先解释法律，法院对于宪法的适用也不例外，解释宪法是法院分内之事。那么，为什么学者要将法官所进行的宪法解释与不成文宪法相关联呢？格雷认为，原因在于这样的解释具有特殊性。——不成文宪法问题产生于司法审查领域，但是，已有的实践和研究不能够解说这个问题，需要用新的理论来解说，不成文宪法之说因此而诞生。更具体地说，马伯里诉麦迪逊案作为司法审查制度的起始性案件，[①]开创的是一种司法审查的"纯粹解释模式"。[②]马伯里案的问题很典型，其核心点是制定法（国会制定的《司法法》）与成文宪法（即《美国联邦宪法》）之间的冲突，马歇尔大法官直接运用成文宪法来评价和判断制定法，得出了违反宪法的法律不能约束法官的结论，启动了法院对法律的合宪性审

[①] Marbury v. Madison, 5 U.S. 137 (1803).
[②] 参见［美］托马斯·格雷《我们是否有一部不成文宪法？》，田雷译，载［美］托马斯·格雷《美国法的形式主义与实用主义》，黄宗智、田雷选编，法律出版社2014年版，第1页。

查的历史。但是，这样的模式并没有"涵盖"司法审查的全部范围。司法审查过程是复杂的，标准的模式或者套路有时难以应付，成文宪法也不可能对所有问题特别是权利问题规定得详尽、具体，法官是否可以运用体现了自由与正义且又没有被成文宪法所规定的原则，以判断立法的合宪性，就成了一个现实的难题。如果说马伯里案中法院进行司法审查的正当性已经被证明了，那么，当法官们运用成文宪法文本以外的原则和价值来判断立法的合宪性的时候，这样的正当性何在？这就是格雷教授的问题——这样的正当性是需要被证明的。因为，在成文宪法之下，宪法才是法院行为的合法性和正当性的根据，失去了宪法根据，法院行为就是存疑的。在马伯里案中，马歇尔大法官论证司法审查的合理性时，曾经反复提到美国宪法的成文形式，正是成文宪法这一区别于传统英国不成文宪法的现实，使得马歇尔的结论让人信服。当然，他在成文宪法基础之上得出的"成文宪法与普通法律存在明确冲突的情形内前者的最高性"，也是其得出最终结论的重要根据。

不仅如此，根据格雷教授的研究，不成文宪法因保护公民宪法权利的需要而产生。格雷教授认为，不成文宪法问题并不是20世纪才产生的问题，19世纪就已经出现。而且，"在我国不成文宪法的历史上，19世纪的晚期是最具争议的历史阶段，在这一时期，联邦和州的法官积极进取地发展出一些宪法原则，保护'合同自由'免于劳工管制，同时限制对私人商业定价的税收和调控管制。这一历史走向所引发的回应，开启了政治和知识界对不成文宪法原则整个概念的持续攻击"。[①]当然，随着法院注意力和关注点的转移——从实体经济正当程序领域转移到公民宪法权利问题上，不成文宪法的问题即集中到了法院所发展出的新的宪法权利上。"我们的上一代已经看到了宪法权利更进一步的发展，这些权利显然——有时候是公然——并非根源于文本解释，主要有私隐权、投票权、旅行权以及'法律平等保护'适用于联邦政

[①] ［美］托马斯·格雷：《我们是否有一部不成文宪法？》，田雷译，载［美］托马斯·格雷《美国法的形式主义与实用主义》，黄宗智、田雷选编，法律出版社2014年版，第16页。

府后形成的权利"。① 格雷教授总结道:"简言之,无论显白的文本表达还是隐微的含义,都有一种原初的理解:不成文的高级法原则具有宪法地位。从建国伊始,一直持续到美国内战,美国法院都基于该理念来展开行动,并且作为法院司法审查的一部分功能去定义和执行此类原则。第 14 修正案的制定者意识到这段历史,通过该修正案第一部分的'宏大原则'再次确认了最初的理解。此后,美国法院已经公开宣称并且执行不成文的宪法原则,其过程并没有重大的断裂"。②

由此可见,不成文宪法作为原则,其内容是自由和正义,只是这些自由与正义并没有被成文宪法的具体规范所涵盖或体现。法官运用不成文宪法原则所审查的案件的类型,集中在公民宪法权利争议问题上,"这种批评集中围绕着平等保护学说的新'根本利益'路径,以及在家庭和性事务中所出现的放任自由的私隐权"。③ 时常被学者提及的案例是"堕胎案"。④ "案例包括私隐权以及在性私密事务内的选择自由,它们在成文宪法中无迹可寻,但在过去半个世纪内,确由法院援引去废止禁止避孕、堕胎和同性恋性关系的法律"。⑤ 可以说,在司法审查过程中,不成文宪法产生于司法过程保护公民宪法权利的需要。

这一产生的动因非常重要,值得强调。成文宪法内含了政府权力和公民权利两个维度的张力,当某种权利并没有明确出现在宪法文本之中,其是否受到宪法的保护就成为法院在司法审查过程中面临的

---

① [美]托马斯·格雷:《我们是否有一部不成文宪法?》,田雷译,载[美]托马斯·格雷《美国法的形式主义与实用主义》,黄宗智、田雷选编,法律出版社 2014 年版,第 16 页。

② 同上书,第 16—17 页。

③ [美]托马斯·格雷:《美国法的形式主义与实用主义》,黄宗智、田雷选编,法律出版社 2014 年版,中文版序言(田雷译),第 2 页。

④ Roe v. Wade, 410 U.S.113 (1973). 也称"罗伊案"。有意思的是,在美国,有的学者将不成文宪法产生的时点归为罗伊案的判决。也有学者认为,开始有不成文宪法的时点要远远早于罗伊案,美国法官从一开始就准备保护宪法文本之外的宪法权利。See Jed Rubenfeld, "The New Unwritten Constitution", 51 *Duke L. J.* 289 (2001).

⑤ [美]托马斯·格雷:《美国法的形式主义与实用主义》,黄宗智、田雷选编,法律出版社 2014 年版,中文版序言(田雷译),第 4 页。

问题。在这里，法官对于宪法文本的解释包含了某种"创造性"的成分——某些权利因为与宪法的精神相契合而成为宪法保护的对象，某些权利因为"深深根植于我们民族的传统"而被认为是基本权利，纳入到宪法保护的范围，等等。

三 不成文宪法的"合法性"何在？

不成文宪法基于保护权利的需要而产生，或许是其合法性的一个方面，需要进一步追问的是，为什么基于权利的保护而产生就具有合法性呢？基于权利保护的目的或者目标而行使宪法并未规定的权力就是合法的吗？也就是说，目的或者结果的正当是否就意味着行为本身的正当呢？或者更准确地说，为什么不成文宪法是合法的？离开了成文宪法的文本，还是合法的吗？

这可能是我们更应该关注的一个关键点。这也在很大程度上反映了美国宪法的成文性质和成文宪法体制的特点。合法性或者正当性的追问，是一个法治政府的根本问题。在成文宪法国家，一切权力的行使都必须在宪法中找到最终的根据，这是法治政府的基本要求，当权力在宪法之外运行时，其合法性和正当性就是存疑的。司法权力的行使也不例外。这也可以解释为什么不成文宪法之名词是由学者们总结的，而非法官们提出的。事实上，法官是不可能明确提出的，因为法官的根本依据是美国联邦宪法即他们的成文宪法，否则其审查的正当性即存在疑问，而学者们提出这个名词时，也是以一种不确定的，甚至是怀疑和质疑的语气和态度。在学者们看来，如果要把法官实践的根据归结为不成文宪法的话，那么最大的问题和最核心的问题就在于如何判断和证明这种依据的正当性和合法性。因为在成文宪法国家，任何偏离成文宪法的法律根据都被预设为是不正当的，除非可以证明这样的偏离实质上是符合美国联邦宪法的精神的，这也是为什么法官通常会将其依据追溯到联邦宪法的制定过程。

或者我们可以从另外一个角度看，这个概念也是学者对于司法审查实践的反思，反映了宪法学研究的现实关怀和实践理性。这个名词本身就已经隐含了学者们对于法官进行这类司法审查的合法性和正当性的承认或者认同。尽管他们认为这是可以讨论的，但针对是否存在不成文宪法的问题，"一种肯定的回答可以更好地符合美国实践的现实"。[①]这样的态度事实上反映了学者们的法学或者法律立场——现实主义。正如格雷教授所言，他关于不成文宪法的一系列论文，"呼应着实用主义法律理论，共同批判了普遍化的形式主义，同时也强调实践以及实用理性作为根本法律规范的根源"。[②]

不过，即便是坚持实用主义立场的格雷教授，在对于不成文宪法的合法性问题上，也以成文宪法作为标准。这也可以说明，尽管实用主义可以解释或者说明宪法的实际存在是什么，而且应该承认这样的实际存在，但是，存在与合理之间距离的跨越必须由形式主义来完成。"当然，我们美国人确实生活在一部成文宪法之下……但是，我们还有一部不成文宪法去补充着这一最高的成文宪法，此不成文宪法是由建国文件所授权或至少为其所承认，并由我们的法院在两个多世纪内通过一种普通法的过程发展而成"。[③] 由此可见，不成文宪法是作为对成文宪法的补充而存在的，不是对成文宪法的超越，更不是替代。那么，法院又是如何通过一种普通法的过程来发展不成文宪法的呢？格雷教授发现，"联邦最高法院在法律形式上会引用美国宪法典内庄严的概括性条款，典型如正当程序条款或平等保护条款，以之为法律裁判的文本基础"。[④] 也就是说，最高法院在论证宪法保护某项并未出现在宪法文本上的权利时，依然要以宪法典为根据，给权利披上"文本外衣"。这意味着，不成文宪法只有为成文宪法所接受和容纳，才是合法的，即不成文宪法必须符合成文宪法的精神或意旨。简言之，不成文宪法

---

① ［美］托马斯·格雷：《美国法的形式主义与实用主义》，黄宗智、田雷选编，法律出版社2014年版，中文版序言（田雷译），第4页。

② 同上。

③ 同上。

④ ［美］托马斯·格雷：《我们是否有一部不成文宪法？》，田雷译，载［美］托马斯·格雷《美国法的形式主义与实用主义》，黄宗智、田雷选编，法律出版社2014年版，第7页。

的合法性依赖于成文宪法，取决于其与成文宪法的关系，不成文宪法的合法性需要通过成文宪法来厘清、证成。在这方面，阿玛教授有相同的立场，他强调："不成文立宪主义必须与成文立宪主义相连接，成文宪法不能被忽视和吞并"。[1] 也就是说，成文宪法的基础性地位不可动摇。如果脱离了成文宪法去承认不成文宪法，不成文宪法则是很难成立的——无论不成文宪法表现为哪一种形态，或者被发现或出现在哪个权力分支，抑或哪个权力分支的哪个环节，其必须以成文宪法作为前提和基础。

四　不成文宪法问题的实质是什么？

由以上讨论可以看出，美国不成文宪法的研究在很大程度上是对于其成文宪法的研究，进言之，美国不成文宪法问题的实质是成文宪法问题，是成文宪法实践中的问题，不成文宪法问题的根源在成文宪法。

不成文宪法的存在，在客观上反映了成文宪法的局限性。与所有成文法一样，成文宪法也与生俱来地具有局限性，所以，解释宪法就像解释法律一样，成为宪法实施的重要环节，司法审查过程中的法官裁量——表现为宪法解释，也就成为不可或缺的存在。当解释找不到成文宪法的根据的时候，解释本身就成为了宪法。这是成文法的宿命，成文宪法也逃不掉。

不成文宪法是成文宪法变迁的方式之一。不成文宪法事实上反映了宪法文本与宪法实施之间的关系，或宪法文本与宪法实践之间的关系。规范与事实之间的紧张关系，可以反映在任何一种法律关系之中，因为法律的滞后性决定了法律规范与客观的社会现实之间总是存在着距离，因为"法律一制定出来就落后了"。但是在宪法关系中，因为宪法本身的特殊性，除了规范与事实之间的惯常矛盾之外，宪法的政治属性与法律属性之间也存在张力。问题的关键在于，法官进行着价值

---

[1] Akhil Reed Amar, "America's Constitution, Written and Unwritten," 57 *Syracuse L. Rev.* 267 (2007).

判断，如果说在马伯里式的传统司法审查模式中，法官们所进行的是对于法律的价值判断，因为是依据成文宪法来评判法律的合宪性，那么，当法官们所依据的是不成文宪法的原则时，就不仅仅是对于法律价值的判断，也是对宪法价值的判断，或者说，法官们在进行着宪法的价值判断。成文宪法要保持一种与时俱进的状态，修宪是一个途径，解释也是一个途径，不成文宪法的存在正是宪法变迁的途径之一。恰如格雷教授所言："这个国家以及它的宪法都是古老的，正式的宪法修正案又极其困难，同时时移世易，因此宪法发展必须要有一定的空间，不仅要有修正案的轨道，还要有解释性的调适"。①

特别需要强调的是：不成文宪法对于宪法发展和变迁的作用和功能的发挥，是借助于成文宪法这个媒介完成的。而有些学者忽视了这一点，这是致命的忽视，离开了这一点，我们就不能够正确地理解成文宪法体制下的不成文宪法的意义。

值得注意的是，不成文宪法、司法审查与成文宪法之间存在关联性。实际上，司法审查与宪法变迁和发展之间存在关系。成文宪法的确定性是其优点，但也是其缺点，因为规范和文字本身所能够表达的意思毕竟是有限的，所以，成文宪法同样具有所有成文法的固有局限性。要保持一部成文宪法与时俱进，修改宪法是一种途径，但并不是唯一途径。法官在司法审查过程中对宪法的解释，也是更新宪法的一种方式，在美国宪法这个极其刚性的宪法形态下，修宪的难度非常大，在很多时候，是通过解释而不是通过修宪实现宪法的与时俱进。但是，解释的边界在哪里？几乎所有的司法审查案件，法官都需要解释宪法，没有解释就没有适用，问题在于，在没有成文宪法的规范依据的情况下，法官的解释如何令人信服？也就是说，当法官将审查法律合宪性的根据诉诸于成文宪法之外的原则时，谁、又以什么样的标准，能够确保法官不是在"滥用权力"？法官进行司法审查，必须在终极意义上

---

① ［美］托马斯·格雷：《美国法的形式主义与实用主义》，黄宗智、田雷选编，法律出版社2014年版，中文版序言（田雷译），第4—5页。

证明自己判断的正当性，符合宪法——宪法文本的规范和宪法文字及其精神——才是正当的，不应该在宪法之外寻求正当性。最典型的现象是：关于合法性，法官们的办法或许更直观，无论他们在司法过程中"承认"或者"创设"了什么样的权利，都是以宪法文本的"正当程序"和"平等保护"两大原则作为宪法根据来说理的。比如，新近的"同性婚姻平权案"，[①] 法院为同性婚姻权利提供宪法保护的根据即是宪法的"正当程序"条款，当然，也用到了"平等保护"条款。而以罗伯茨首席大法官为代表的反对意见，则强调法院意见与宪法没有关系。显然，多数法官和少数法官对于同性婚姻作为宪法权利的合法性存在不同判断。

五 美国不成文宪法与英国不成文宪法何异？

前述探讨表明，美国不成文宪法是作为成文宪法的补充而存在的，是附随成文宪法而存在的；其产生于或者存在于成文宪法发挥作用的场域，离开成文宪法，是谈不上不成文宪法的；其存在的必然性在于，成文宪法与所有成文法一样，具有局限性，不成文宪法可以弥补这一局限性，实现成文宪法的与时俱进；其合法性以成文宪法为根据，更具体地说，不成文宪法的合法性取决于其与成文宪法之间的关系——是成文宪法所能承认的，或者是与成文宪法契合的。

那么，被美国学者称作不成文宪法的存在，与英国的不成文宪法是什么关系？二者是一回事吗？美国存在不成文宪法的现象，是不是对成文宪法与不成文宪法之分类理论的否定，以至于区分成文宪法与不成文宪法成为不必要？可以说，我们对于美国不成文宪法的承认，并不是对成文宪法与不成文宪法之分类的否定。相反，通过观察被美国学者称作不成文宪法的存在，可以让我们更清楚地发现成文宪法与不成文宪法界分的意义。

成文宪法与不成文宪法是宪法学研究对于宪法类型的一种划分。

[①] Obergefell v. Hodges, 576 U.S. 644 (2015).

美国不成文宪法是什么

传统宪法学理论认为，就宪法的形式而言，宪法可以分为成文宪法和不成文宪法，所谓成文宪法是具有法典的宪法，不成文宪法是不具有法典的宪法。比如，英国是不成文宪法，美国是成文宪法，前者只有宪法性法律，后者有宪法典，成文与不成文之间的不同只在于形式。或者说，二者之间只有形式上的不同而没有实质上的不同。

但实际上，作为宪法类型，成文宪法与不成文宪法之间存在着实质性的差异。其中最突出的一点就是：在不成文宪法国家，比如英国，[①]其核心的宪法原则是"议会主权"或者"议会至上"。这是一条代议制民主政治运作机制的规则，体现了政治过程在国家统治和治理中的决定性作用和议会的至上地位，英国不成文宪法体制所展现的是其宪法的鲜明政治性质或者政治属性。而在成文宪法国家，比如美国，成文宪法兼具法律属性和政治属性，也就是说，宪法既是政治性的，也是法律性的，而且更重要的是法律性的。不仅如此，国家的统治秩序是建立在成文宪法的基础之上的，该统治秩序的最顶端不是议会，而是宪法即宪法典，"宪法至上"即体现了成文宪法的这一特质。因此，成文宪法与不成文宪法不仅是宪法类型上的不同，也是宪法体制上的差异。区别于不成文宪法体制，成文宪法体制下，所有国家权力都在宪法的约束之下，立法权、行政权、司法权不能够超然于宪法之上。特别是立法权，其受到宪法约束的状态尤其需要强调，因为，不成文宪法体制下的立法权超然于其他权力之上，没有任何权力可以约束立法权，成文宪法则不同。可以说，成文宪法开启了将政治转化为法律的历史。成文宪法作为政治的法律化，旨在实现对于权力的法律化控制即对于政府的法律控制，也就是实现政府权力在宪法之下，无论是什么类型的政府权力都不例外，尤其是立法权力。成文宪法作为政治规则的载体，以宪法文本形式为一国政治设定最基本的规则和要求，使

[①] 更准确地说，是加入欧洲共同体之前的英国。近半个世纪以来，英国已经不完全是不成文宪法体制。当然，2016年英国全民公投之后，情况又发生了变化。英国如果最终脱欧成功，那么其宪法体制是否能够回到、如何回到原来的不成文宪法体制，则是一个值得观察的问题。

规范、秩序与公法

得政治运作法律化。同时，与法律一样，宪法具有规范性特质，规范性在于其确定性和强制性的品格，这样的特质使得宪法政治区别于任意、反复无常、随心所欲的政治，从而防止统治者的恣意。[①]这或许可以解释：为什么尽管在总体的法律传统上，美国承继了英国，但在宪法问题上，美国却选择了不同于英国的另外的形式——制定成文宪法。

不同的宪法体制决定了不同的宪法存在和发展形态。在英国不成文宪法体制下，是无所谓成文宪法与不成文宪法的，这里的意思是，英国不存在成文宪法典，不仅仅是与美国在宪法形式上的差异，而实质也根本不同。在成文宪法体制国家，成文宪法典具有最高法律效力，也就是宪法至上，宪法典成为整个国家法律效力体系和层次的"统帅者"，法律规范之间的效力等级次序是确定的。而在不成文宪法国家，法律规范之间的效力等级次序是不确定的，不存在作为最高法律的宪法。所以，在成文宪法体制下讨论不成文宪法问题，其实质只能是：不成文宪法以成文宪法的价值作为价值，其合法性取决于与成文宪法之间的契合程度。不成文宪法作为成文宪法发展和变迁的过程的产物，补充着成文宪法的不足，在大多数情况下，作为法院司法审查过程的宪法解释，约束着所有国家公权力，有时，也可以说是"过渡物"——由法院的宪法解释最终成为确定的宪法文字即体现为宪法修正案。在这个意义上，不成文宪法是成文宪法发展和变迁的一种方式或者途径。

因此，美国不成文宪法，既不是宪法类型上的不成文宪法，也不是宪法体制上的不成文宪法。美国成文宪法体制决定了美国不成文宪法的性质，美国不成文宪法存在的前提是成文宪法体制。美国不成文宪法是成文宪法体制下的不成文宪法，不是不成文宪法体制下的不成文宪法。美国不成文宪法不是一个与成文宪法相并列的概念，而是一个从属于成文宪法的概念，其本身不构成一种独立的宪法形态，不具有英国不成文宪法的性质。这样说，可能有咬文嚼字之嫌，但这个前

[①] 以上关于成文宪法与不成文宪法关系的讨论，可参见赵娟《中国宪法的成文性质与司法适用》，法律出版社2015年版，第29—36页。

提是需要澄清的，否则，我们即会混淆两种不同宪法体制，作出错误的判断。我们把"美国不成文宪法"替换成别的什么名词来替代，都是可以的，比如"看不见的宪法"，"隐藏的宪法"，"文本之外的宪法"，等等，不管叫什么名称，其性质都不是英国不成文宪法意义上的不成文宪法。

六 结语：不独是美国法问题？

总结本文的讨论，在美国语境下，被学者们称作不成文宪法的存在物，形式上是司法过程中法官为了保护公民权利的需要而对成文宪法所作的解释，抑或是宪法解释方式。不成文宪法"依附"成文宪法而存在，与宪法典之间不是并列关系，而是依从关系。不成文宪法并不能够脱离成文宪法而存在，也不能够自己证明自己的正当性，其合法性取决于成文宪法，需要从成文宪法那里寻得根据和支持。与英国的不成文宪法体制不同，美国不成文宪法不具有宪法体制和宪法类型上的意义，而是成文宪法的局限性所带来的附随性现象。值得强调的是，美国学者对于不成文宪法问题的研究，是在其成文宪法体制下展开的，这个前提，是不可以被忽略的，也为所有成文宪法国家的同类研究提供了经验。

需要注意的是，同样作为成文宪法国家，在宪法政治发展的不同阶段，理论家对于不成文宪法现象的理解存在差异。比如，在法国，学者们关注的焦点一度是：宪法的真正含义究竟是什么，抑或，谁才是真正的宪法，是形式上存在但并未充分实施的成文宪法典，还是在宪法典之外实际发挥作用的规则——这样的规则为国民所认可——即宪法习惯法或不成文宪法。[①] 这种"非此即彼"的选择和判断，实质上是对政治实践与宪法文本之间的背离状态的反思，也是成文宪法典的法律地位没有被确立以及成文宪法的至上效力尚未得到落实时的纠结

---

① 参见肖彤《法兰西第三共和与勒内卡皮唐的宪法习惯法理论》，《法理》2018年卷（总第4卷）。

规范、秩序与公法

甚至无奈,这或许是绝大多数处于宪法政治不发达阶段的成文宪法国家都会面临的共同问题。而在当代德国,基于《德国基本法》作为成文宪法的规范意义得到了真正实现,学者们对于不成文宪法的讨论多在成文宪法的秩序前提下展开,比如宪法学家黑塞教授指出:"如果一部宪法是成文宪法,那么它的稳定性和理性化的功效便会得到增强……当宪法内容被概括成一段文字,并且通过文本解释的方法能够被说明时,成文宪法就对可能产生各种不同理解的可能性进行了限制,并且为宪法的具体实现提供了固定的标准"。[1]黑塞教授认为,成文宪法不是一个"无缺漏"的系统,因而需要非成文宪法法律的补充,但"为了实现成文宪法的功能,不允许以不成文法律作为借口来取代成文宪法"。[2]不仅如此,宪法的拘束性规定构成了宪法解释的边界或界限,"释宪者在何处逾越了宪法的界限,那么他就不再是解释宪法,而是修改或者背离了宪法。而这两种情况在现行法律中,对于释宪者而言都是属于被禁止的。即便在某个问题通过宪法具体化也无法得以适当解决的情况下,受到宪法拘束的法官也不能任意选择解释宪法的观点"。[3]这些认识与美国学者有异曲同工之处,反映了对于成文宪法秩序的坚持和强调。

在整体上,如果说美国不成文宪法理论具有普遍意义的话,无疑是对成文法局限性的思考。比如,囿于局限性,法官在具体案件审判中必然需要对成文法进行解释,这是克服局限性的途径之一。但司法过程的解释空间有多大,其界限怎样确定,如何防止法官脱离或超越成文法本身,致使形式上的"解释"演化为实质上的"造法",等等,都是"永恒的难题",美国理论有助于启发我们审慎地处理此类难题。

---

[1] [德]康拉德·黑塞:《联邦德国宪法纲要》,李辉译,商务印书馆2007年版,第24—25页。
[2] 同上书,第26页。
[3] 同上书,第54页。

言论自由判例中的利益平衡标准[*]

任何自由或权利都并非不受限制，言论自由也是如此。在美国言论自由的宪法案例中，法院需要面对的是公民的言论自由与政府限制言论自由的权力之间的关系问题。虽然美国宪法第 1 修正案（the First Amendment）以非常肯定的语气明确规定：国会不得制定法律以涉及宗教信仰的设立或禁止其自由活动，或剥夺言论或出版自由，或剥夺人民和平集会与请愿政府给予申冤之权利。但是，这种保护不是绝对的，假如言论极有可能造成严重的实际危害，则法院就会"衡量"言论自由与公共需要孰轻孰重，"平衡"的结果直接影响到言论自由受保护的程度。这里的"衡量"或"平衡"即是一种利益平衡。那么，此种利益平衡的本质是什么？法官如何进行平衡？其对于当下中国的法治建设又有什么借鉴意义？这些问题都值得我们思考。

一 利益平衡的对象：个人的言论自由利益与政府保护的公共利益

利益平衡是美国联邦最高法院在言论自由案件的审判实践中发展出来的司法审查标准或原则，也可以称作司法审查原理或哲学，其在更多的场合下表现为一种审查方法。利益平衡的具体内容是：法院在审理有关言论自由的宪法案件时，将个人的言论自由的利益与政府所

---

[*] 本文的英文版原载于《中国法学（英文版）》2009 年第 1 期，已作修改。

宣称保护的某种公共利益相权衡，以判断哪一种利益更值得保护，据此作出政府对于言论的限制或惩罚措施是否合宪即是否侵犯了第1修正案所保护的言论自由的判决。因此，个人的言论自由利益和公共利益是法院进行平衡的对象。

个人的言论自由利益无疑是重要的。诚如卡多佐法官（J. Cardozo）所言，言论自由是"几乎所有其他形式的自由之基础和必不可少之条件"。在基本权利谱系中，言论自由被认为是个人的首要权利或首要人权。这不仅因为在手段意义上，言论自由对于民主政治、探求真理、社会宽容等价值目标具有重要的保障和促进作用；[1]而且更为重要的是，言论自由是人作为一个有尊严的生命体存在的自然需要，是人的生理与心理的内在要求。言论自由是与人的内在特征和健康发展联系在一起的，它与人权所强调的"人之存在本身就是目的"相一致。因此，正如自由本身就是目的一样，言论自由其本身就是目的，而非达至更高目的的手段。它"不需要通过与别的有价值的事物的联系来表现其价值，也不需要通过对别的有价值的事物起促进作用而显示其重要性。"[2]这也是言论自由会被认为是首要人权的最根本理由。[3]

公共利益的重要性是不言而喻的，任何社会都不否认这一点。公共利益是政府的存在意义和目的意义，是政府立法或执法所要实现的目的或保护的目标。就公共利益与基本权利的关系而言，政府对于公民基本权利的保障是公共利益的重要内容，同时，政府对于公民基本权利的限制必须基于公共利益的目的和需要。换言之，公共利益可以认为是政府限制公民基本权利的理由，同时又是约束政府限制基本权利行为的原则。迄今为止，公共利益仍然是一个难以在理论上被明确界定的概念，其一般被用来泛指某些影响所有人并受到普遍承认的利

---

[1] 参见赵娟《为什么言论必须自由——手段与目的意义上的考察》，《江苏社会科学》2005年第6期。

[2] ［印］阿玛蒂亚·森：《以自由看待发展》，任赜等译，中国人民大学出版社2002年版，译者序言，第4页。

[3] 参见赵娟《论人权意义上的言论自由》，《江苏行政学院学报》2008年第3期。

益（例如健康、安全、国防、环境等），立宪国家的实践是：一个社会的公共利益是由其立法机关来决定的，即立法机关通过立法来确立和表达公共利益——在很大程度上是这个社会的主流的价值判断和取向，公共利益构成法律正当性的存在基础或法律的基本目标。因此，在民主与法治社会，对言论自由的最大威胁是来自立法，因为没有立法规定，任何部门都无权侵犯言论自由。当立法机关以公共利益的名义限制个人言论自由的立法而被诉诸法院时，法院的"平衡"审查则在一定意义上是对立法机关之公共利益判断的再判断。

二 利益平衡的本质：个人言论自由利益与公共利益的权衡和取舍

如上所述，利益平衡的对象是个人的言论自由利益与政府保护的公共利益，因此，从本质上说，利益平衡是法院对个人的言论自由利益与政府保护的公共利益的权衡和取舍。那么，法院如何权衡这两种利益从而作出取舍呢？

政府限制言论自由的目的是为了实现公共利益，但并不是所有被政府宣称的公共利益都必然能够得到肯定。什么样的公共利益才能被法院所支持？从美国联邦最高法院的相关判例来看，这种公共利益必须构成"令人信服的政府利益"，才可以对公民的言论自由进行限制，此限制才能通过司法审查，从而被法院支持。在此，令人信服的政府利益并不是指政府自身的利益，而是政府所要保护的利益或者是政府所要达到的目标。关于什么样的利益构成这种政府利益，法官没有明确定义。在相关判例中，我们可以总结出的特征或条件是：政府所要实现的利益足够重要，这是利益平衡的关键点之一。与此同时，尽管为政府所保护的公共利益是重要的，但政府为此所采用的限制个人言论自由的手段也必须合理，不能给公民造成"过重负担"，此则构成利益平衡的另外一个关键点。因此，在利益平衡的标准下，几乎所有言论都推定受到第1修正案的保护，若加以限制，则政府必须证明令人信服的利益的存在，并且采用的限制手段严格适合于利益的实现。

特别需要指出的是，利益平衡的前提是政府行为具有宪法依据。这要求政府对于言论的调控必须在其宪法权力范围之内，这是最基本的要求，也是利益平衡的基础。如果政府超越了宪法权力而对言论自由进行规制，那么，就不存在"平衡"的问题，而是直接判决政府此行为违宪的问题，也就谈不上什么令人信服的政府利益。例如在1968年的"征兵登记卡案"中，[①]沃伦首席大法官（C.J. Warren）传达的法院意见判定国会《普遍军训和服役法》关于禁止任何人"伪造、篡改、故意摧毁、故意破坏或以任何其他方式更改登记卡"之规定合宪，他在认定该法合宪时所阐述的第一个理由就是：如果政府调控处于政府的宪法权力之内。值得注意的是，在美国宪法对于联邦与州权力分别采取"授予而非限制"和"限制而非授予"的不同规则下，无论是联邦立法还是州立法，都存在是否合宪的问题。

三　利益平衡的关键点之一：令人信服的政府利益之认定

简言之，令人信服的政府利益要求政府所要实现的公共利益是重大的、重要的、值得认真对待的。此种政府利益的要义在于强调公共利益不是空泛的、似是而非的，而是具有实际内容的，比如是为了保护什么或者是为了避免什么等，应该是确定的。在1919年的"抵制征兵第一案"中，[②]霍尔姆斯法官（J. Holmes）提出了"清楚与现存危险"的司法标准，其基本精神是，言论自由是一项宪法权利，但是，基于阻止政府所保护的合法利益免遭即刻和严重的危险之必要性，允许政府限制言论自由。换言之，当言论造成"清楚与现存的危险"时，就不再受到第1修正案的保护，而受联邦或州的禁止。这意味着，对于限制言论所要达到的政府利益应该是真实的、确定的、迫切的。

"清楚与现存危险"标准的本质就是利益平衡，这是利益平衡原则的最初确立。最高法院后来的判例基本上因循了"清楚与现存危

---

① US v. O'Brien, 391 U.S. 367 (1968).
② Schenck v. US, 249 U.S. 47 (1919).

险"标准所要求的个人言论自由利益与国家安全等政府利益之间的平衡。比如，沃伦首席大法官（C.J. Warren）在上述"征兵登记卡案"中强调，①政府在宪法权力范围内对言论的调控应该"促进重要或显著的公共利益"。该案审查的国会保护征兵登记卡的法律涉及国家的军事利益，因此，这种利益是重要的也是显著的。在1961年的"律师政治资格案"中，②哈兰法官（J. Harlan）的法院意见就衡量了政府的治安利益和个人的言论利益，他指出："如果普遍的调控法律并不设想去控制言论内容，而只是偶然限制言论权利不受约束的行使，那么只要法律必须被有效的政府利益所支持，它们就不属于第1修正案禁止国会或各州通过的违宪法律"。

另外，令人信服的政府利益还意味着政府所要实现的公共利益应该是合理的或理性的而不是任意的。这一点在有关商业言论的案例中表现得最为明显。商业言论（commercial speech），也称"商业性言论"或"商业语言"，作为一个法律用语，它来源于美国联邦最高法院与言论自由相关的案例，通常是指公民为商业目的而传播商品或服务信息。商业言论自由（commercial free speech）则是指公民为商业目的而传播（或传递）商品或服务信息的自由（或权利）。在美国联邦最高法院法官们的解释中，"商业言论自由"与"商业言论"有时在一个意义上使用，商业言论概念本身蕴涵了商业言论自由——商业言论即为商业言论自由。对于商业言论的宪法地位，美国联邦最高法院的立场基本上是由否定到肯定，至今，商业言论已受到第1修正案的保护。

在涉及商业言论案件的审理过程中，法院对于限制商业言论自由之立法的审查，在很大程度上关注"立法动机"，这一点与法院审查"是否存在着实质性的政府利益"相关。在2004年"联邦通讯委员会案"中，③受到挑战的是联邦通讯委员会和联邦商业委员会通过颁布规

---

① US v. O'Brien, 391 U.S. 367 (1968).

② Konigsberg v. State Bar of California, 366 U.S. 36 (1961).

③ Mainstream Marketing Services v. Federal Communications Commission, 358 F. 3d 1228 (10th Cir.), cert. denied, 543 U.S. 812.

则所共同设计的"全国请勿致电名单登记"方案——那些不愿意接到推销电话的人可以登记,而商业电话推销商被禁止拨打登记簿上的电话。问题的关键是:第1修正案是否阻止政府机构建立这种规制机制,去限制电话推销商给消费者打电话、但却不用同样的机制去限制慈善性的或者政治性的电话。联邦第十巡回上诉法院的意见认为,"全国请勿致电名单登记"是合法的商业言论规制,因为它直接促进了在保护个人隐私、降低电话推销商极度滥用一种没有数量限制的言论的危险方面的重要政府利益。换言之,在"全国请勿致电名单登记"规制和政府制定规制措施的理由之间存在着合理的适配关系。[1] 对于商业言论自由规制中的家长制立法,法院的态度是否定的。例如,在2001年的"香烟广告争议案"中,[2] 托马斯法官(J. Thomas)指出,该案中被告所宣称的政府利益从本质上来说是非法的,因为这些规制旨在通过压制言论的方式来保持人们的无知。旨在维持公众无知的规制应当经受严格的司法审查。[3] 这是因为,从根本上说,商业言论自由与政治言论自由是一样的,其前提是共同的:政治言论中的公民,是能够独立做出判断和选择的公民;商业言论中的消费者,也是能够独立做出判断和选择的消费者。既然言论自由原理要求我们对于公民的能力给予信任,那么,我们为什么要怀疑消费者在商业言论中的能力呢?"公民的行为是被政府选择提供给他们的信息所塑造出来的"。[4] 消费者能力的培养也在一定程度上取决于政府立法的导向:是鼓励自主选择还是依靠政府决定。这也涉及对消费者权利保护的程度问题,政府因为担心消费

---

[1] Ronald J. Krotoszynski, Steven G. Gey, lyrissa C. Barnett Lidsky, Christina E. Wells, *The First Amendment: Cases and Theory,* Aspen Publishers, 2008, p. 341.

[2] Lorillard Tobacco Co. v. Reilly, 533 U.S. 525 (2001).

[3] Kerri L. Keller, "Lorillard Tobacco Co. v. Reilly: The Supreme Court Sends First Amendment Guarantees Up in Smoke By Applying The Commercial Speech Doctrine to Content-Based Regulations", 36 *Akron L. Rev.* 133 (2002).

[4] Edward J. Eberle, "Practical Reason: The Commercial Speech Paradigm", 42 *Case W. Res. L. Rev.* 411 (1992).

者可能根据所知道的信息做出错误的决策而限制商业信息的流动,[①]则不符合实质性政府利益的要求。

四 利益平衡的关键点之二:限制言论自由之手段的合理性判断

令人信服的政府利益的存在并不意味着政府可以采取任何手段来限制言论自由,仍然存在手段是否合理的问题。这表明,政府利益的实现与政府限制言论的措施之间具有内在的、根本的关联性,而且,限制措施之手段必须不会对当事人造成不当的影响,与大陆法系的比例原则相似,不仅要求目的与手段的"适当性"、"必要性",还强调"合比例性"。这一要求在有关商业言论的判例中尤为突出。

在1996年"酒类零售价格广告案"中,[②]联邦最高法院裁决,罗得岛州1956年通过的两个禁止销售商和媒体发布任何酒类饮料价格广告的法令违宪。这两个法令的立法目的在于通过提高酒类饮料价格来提倡和促进戒酒。斯蒂文斯法官(J. Stevens)传达的法院意见认为,"禁令并不能够直接促进州所宣称的鼓励戒酒的利益的实现,而且,禁止价格广告也不是服务于州这一利益的必要手段"。1999年的"赌博广告禁令案"也与此相关,[③]最高法院所面对的问题是:联邦的一项禁止发布真实的、非误导性的私营赌博场所的传媒广告的法令是否侵犯了商业言论自由权?[④]九位法官的一致意见是:联邦的这项法令侵犯了第1修正案。法院指出,对商业言论的规制如果要通过合宪性审查,则这种规制必须能够直接和在实质上促进政府基于这种规制所要达到的真实利益。政府必须证明:言论的损害与限制的作用是真实的,并且限

---

① 当然虚假广告是应该被查处的,这是另外一个层次上的问题。
② 44 Liquormart, Inc. v. Rhode Island, 517 U.S. 484, 518 (1996).
③ Greater New Orleans Broadcasting Association, Inc., v. United States (98–387) 527 U.S. 173 (1999).
④ See Fara Blecker, "Beating the Odds: Greater New Orleans Broad Casting Association v. United States Strikes Congressional Ban on Commercial Speech Advertisements of Private Casino Gambling", 20 *Loy. L. A. Ent. L. Rev.* 605 (2000).

制将会把这种损害降低到"实质性的程度"。政府不能够通过引证可能的损害而使人确信这种限制是一个合宪性的负担。法官的决定建立在这样的合法性基础上：对于商业言论限制的效果必须能够在一系列完整的调控计划中得到评价，如果这个计划充斥着相互矛盾的规定或者是一个"完全不合理"的计划，政府就不能表明对言论的限制直接和在实质上促进了政府所追求的利益。这些限制——允许政府官员去选择规制某些传输者、而又允许另一些传输者在不受规制的情况下传播相同的信息——与第 1 修正案的原则之间就处在了一种"相当紧张的关系"中。

五 结语

在政府权力框架中思考利益平衡问题，我们可以将其理解为是司法对立法的限制，是对政府限制言论自由之权力的限制，而且这种限制不是没有根据的法官"任意裁量"，而是在进行实际的利益衡量或权衡。这说明，法院对于立法机构所通过的立法进行的审查是实体性的，而非仅仅是程序性的。为法院所支持的"令人信服的政府利益"并非是一种虚妄的存在，在法院所进行的利益平衡中，要求这种利益不仅是重要的，而且要求政府保护这种利益所采取的手段没有对公民"构成显著负担"。利益平衡的运用，意味着由法官在每个具体的案件中衡量冲突的权利或利益，从而作出决定，比较灵活且具有针对性。不可否认的是，利益平衡也是一种有"缺陷"的判断原则，其中最突出的不足之处是容易形成司法审查中的不确定性。这是因为，"权衡决定于权衡者。没有客观合理的标准，平衡很可能反映了平衡者的偏见"。[①]这或许是不可避免的，因为每个法官在运用这个标准时，总带有各自不同的价值判断，衡量、把握的尺度也宽严不一。从总体上看，在经历了一段时间的反复之后，20 世纪 60 年代以来，联邦最高法院对于利

[①] Edward J. Eberle, "Public Discourse in Contemporary Germany", 47 *Case W. Res. L. Rev.* 797 (1997).

益平衡标准的把握"在实际上强烈倾向于保护个人的言论自由"。

在当下中国，学者们对于公共利益的讨论方兴未艾，各种观点与阐释众说纷纭，莫衷一是。在一定程度上可以说，公共利益并不是一个理论问题，而是一个法治实践问题。需要回答的是：由谁、通过什么样的方式去确定何种利益构成公共利益。如前所述，在民主法治国家，公共利益的确定是由代表民意的机关即代议制机构来确定的，具体来说是通过立法来决定什么是公共利益，什么是需要受到保护的。与美国一样，在中国，言论自由作为公民的基本权利，其"自由度"以不对他人的权利构成侵害和不侵害国家权力所保护的公共利益为限。我国《宪法》第35条规定："中华人民共和国公民有言论、出版、集会、结社、游行、示威的自由"。第51条规定："公民在行使自由和权利的时候，不得损害国家的、社会的、集体的利益和其他公民的合法的自由和权利"。因此，如何合理判断公共利益并以此作为限制言论自由的根据就成为立法机关的职责所在。由于中国目前违宪审查机制的缺位，使得限制基本权利之立法的合宪性尺度掌握在立法机关自己的手中，这意味着，立法机关对于公共利益的判断是不受限制的"绝对"判断。而法治经验表明，"他律"而不是"自律"才是实现权力控制的有效手段。因此，有必要建立宪法审查制度，以约束立法机关的判断。

对于中国目前的法治实践来说，利益平衡的借鉴意义在于：政府任何限制公民基本权利的行为都必须有正当、合理的根据。这也是法治与宪法的意义所在。从我国的法制现实来看，法律限制言论自由的违宪情形，要少于法律位阶以下的规范性立法（主要是行政法规、地方性法规和规章等）和具体行政行为的违宪与违法情形。由于种种原因，我国的言论自由保护机制并不完善，特别是在商业言论领域，行政机关在规制商业言论时常常无视其为"言论的一种类型"。比如，为了解决城市环境问题，不少地方的行政机关对张贴小广告的行为进行了限制甚至禁止，从公民言论自由的角度看，其限制和禁止措施的合宪性与合法性值得质疑。据报道，2006年北京市相关部门部署整治城市"牛皮癣"（小广告）等环境问题，"北京市公安局也将制定整治非法小广告的执法保障方案，

规范、秩序与公法

查处在道路上散发小广告的行为，对暴力抗法以及两次以上张贴、散发、喷涂小广告的人员实施治安拘留、劳动教养等处理措施"。① 在此，公安局所要实现的公共利益是城市环境，因而限制小广告这种商业言论的传播，那么，保护城市环境能否构成一项"令人信服的政府利益"？如果回答是肯定的，那么，采用"实施治安拘留、劳动教养"等手段则不符合合理性的要求，也没有合法依据。

与此相关联的另外一个事例是，2009年2月13日，国家广电总局、国家工商总局、卫生部、国家食品药品监管局、国家中医药局联合下发《关于进一步加强广播电视医疗和药品广告监管工作的通知》（广发〔2009〕8号），禁止聘请不具备执业资质的人士担当医疗、健康类节目的嘉宾，严禁演员和社会名人主持医疗、健康类节目。如果说"封杀"事件只是针对一个特定公民的基本权利，"五部局禁止名人主持医疗、健康类节目规定"则存在"过多包含"的嫌疑。这一规定出台的背景是有不少名人代言虚假的医疗、保健品等广告，而且屡禁不止。但是，这一以事前限定言论主体的类别作为规制的标准，直接限制了一类人——演员和社会名人的言论自由的权利。宪法平等原则并不排除"立法归类"和"行政归类"即可以区别对待，但是，归类必须合理。此处涉及"行政归类"即行政机关在执法过程中的具体归类，该归类属于"特征归类全部包含危害归类"的"过多包含"：因某些演员和社会名人代言虚假内容的医疗广告，就对所有的演员和社会名人施加负担。当然，在某些特殊情况下"过多包含"是不可避免的，问题的关键在于利益平衡是否存在："过多包含"的手段是否能够实现政府迫切需要保护的公共利益的目标。此处需要回答的是：演员和社会名人代言虚假医疗、保健品广告是不是虚假医疗、保健品广告存在和泛滥的根本原因？如果答案是肯定的，那么，这种归类应该受到支持；否则，此归类就属于任意的"殃及无辜"。在笔者看来，答案显然

---

① 参见刘建宏《北京整治城市环境：屡贴小广告 可能被劳教》，《新京报》2006年5月9日。

是否定的。因为虚假医疗、保健品广告的存在和泛滥在很大程度上是由于相关行政部门执法不力所造成的。用"病急乱投医"来描述五部局处理虚假医疗广告问题的动机也许并不为过。可见,行政机关限制公民基本权利的行为同样存在利益平衡的问题。

萨姆案、言论自由与公共论坛原理[*]

2009年2月25日,美国联邦最高法院对萨姆案(Pleasant Grove City, Utah, Et al., Petitioners v. Summum)作出意见一致的决定。[①] 法院面对的问题是:第1修正案的言论自由条款是否使私人组织萨姆信徒(Followers of Summum)有权要求犹他州的一个城市(Pleasant Grove City)许可其在城市公园摆放一个永久性纪念碑,该城市公园已经摆放了一些包括"摩西十戒"在内的被捐赠的纪念碑。城市否决了萨姆信徒组织关于摆放"萨姆七句格言"纪念碑的要求,理由是该纪念碑不符合城市摆放纪念碑的标准——它既不直接与城市的历史相关,也不是来自与城市具有长期密切联系的组织的捐赠。萨姆信徒组织提起诉讼,声称城市违反了第1修正案的言论自由条款,因为城市接受了"摩西十戒"纪念碑而拒绝接受萨姆信徒组织捐赠的纪念碑。地方法院否定了萨姆信徒组织的诉求,但联邦第十巡回上诉法院推翻了地方法院的决定。上诉法院裁定,先前摆放的"摩西十戒"纪念碑是私人言论而不是政府言论,公园传统上就被认为是公共论坛,城市排除"萨姆七句格言"纪念碑的行为通不过严格审查,裁定城市即刻竖起该纪念碑。联邦最高法院判决:尽管公园是演讲和其他短时间表达行为的传统公共论坛,但是,在公园放置永久纪念碑这种表达形式并不适用公

---

[*] 本文原载于《行政法学研究》2010年第4期,已作修改。
[①] Pleasant Grove City, Utah, Et al., Petitioners v. Summum, 555 U.S. 460 (2009).

共论坛分析。相反，它应该被认为是政府言论的一种形式，因而其不受制于言论自由条款的严格审查。上诉法院的判决是错误的，我们予以推翻。

萨姆案是近年来美国联邦最高法院关于公共论坛问题的代表性案例。本文即尝试以该案为出发点，探讨公共论坛原理的主要内容，分析萨姆案对于公共论坛原理的扩充意义，指出中国法治建设可以从公共论坛原理中得到的启发与借鉴。

一　何谓公共论坛

"公共论坛"（Public Forum）一词最初来自于芝加哥大学法学教授哈里·凯尔文（Harry Kalven）的一篇经典论文，[①]他在该文中指出：在一个开放的民主社会，街道、公园和其他公共场所是用于公共讨论和政治过程的重要设施。它们是公民可以临时征用的公共论坛，慷慨和富有同情心地提供这些设施是自由的标志。《布莱克法律辞典》将公共论坛解释为"传统上供人们聚集在一起以表达思想和交流观点的公共场所"。[②]简而言之，公共论坛涉及言论发生的地点。对于大多数人来说，通过电视、无线电广播、报纸等大众媒体发表言论的机会是很少的，而他们需要有一个地方来散发他们的传单和摆放临时小讲台，而且，有些表达形式需要比较大的空间，比如抗议和游行等受到宪法保护的集会形式的表达式言论。[③]因而人们不可避免地需要为了言论的目的而利用政府地产，也就产生了公共论坛问题。传统的公共论坛主要包括公共街道、人行道、公园等，它们是长期以来供人们表达言论的公共地产。

[①] Quote from Robert C. Post, *Constitutional Domains: Democracy, Community, Management,* Harvard University Press, 1995, p. 201.

[②] Bryan A. Garner, *Black's Law Dictionary (Third Pocket Edition),* Thomson/West Publishing Co., 2006, p. 580.

[③] Erwin Chemerinsky, *Constitutional Law (Second Edition),* Aspen Publishers, 2005, p. 1342.

规范、秩序与公法

在美国言论自由的司法实践中，形成了公共论坛理论的另外两个重要概念：非公共论坛（Non-public Forum）、受限制的或被指定的公共论坛（Limited Public Forum or Designated Public Forum）。前者是指不被指定为用于公众交流地点的公共地产或者传统上不被认为是供公众交流使用的公共地产，比如监狱、军事基地；后者是指传统上不为公众集合和辩论而开放的、但政府已经开放为公众表达活动地点的公共地产，比如公立大学设施、公共所有的戏院。[①]

与公共论坛理论密切相关的一个概念就是政府言论（Government Speech）。政府言论与私人言论相对应，是指政府作为一个独立实体的表达行为。在言论自由案例中，政府言论很多时候表现为政府通过其代理人比如私人组织发表政府所提倡的言论，而政府常常要求由其资助或补贴的个人或者组织，在完成政府资助或补贴项目的过程中倡导政府自己的政策、发表政府所主张的言论和政府支持的信息，或者政府资助或补贴的项目本身就表达了政府想要表达和促进的特别观点和立场，所以，政府言论往往以政府资助言论（Government funding of Speech）或政府补贴言论（Government Subsidizing of Speech）的形式出现。

二 公共论坛原理：产生、形成与发展

在美国联邦最高法院有关言论自由的判例中，公共论坛之说并不是从来就存在的，而是经历了一个从无到有的过程。联邦最高法院通过相关案例的决定逐步发展出了公共论坛原理，该原理已经成为言论自由案例法的重要内容。

20世纪30年代以前，联邦最高法院拒绝任何为言论目的而使用政府地产的主张。在1897年的戴维斯案（Davis v. Massachusetts）中，[②]联邦最高法院维持了马萨诸塞州最高法院关于立法机关有权禁

[①] Bryan A. Garner, *Black's Law Dictionary (Third Pocket Edition)*, Thomson/West Publishing Co., 2006, p. 490; p. 580.

[②] Davis v. Massachusetts, 167 U.S. 43 (1897).

止公众进入公共场所发表言论的决定。时任马萨诸塞州最高法院法官的霍尔姆斯法官（Justice Holmes）在该案州审阶段（案件名称为Commonwealth v. David）的意见中这样写道：立法机关有权绝对地或有条件地禁止公路上或公园里的公众言论，这并不侵犯公众的权利，正如私人房屋的所有者有权禁止在其房屋里的公众言论一样……如果立法机关可以通过终止为公共用途的土地地役权而终止公众进入公共场所的权利，那么，它就可以采取较小的步骤去限制某种目的的公共用途。① 联邦最高法院认为，宪法并没有摧毁州在其管辖范围内制定治安规制法律的权力，也没有为公民创造一种无视州的宪法和法律而利用公共地产的特殊的个人权利……政府绝对排除利用公共地产的权力必然包括其决定在什么情况下可以进行这样利用的权力，正像较大的权力包含了较小的权力。

1939 年的黑格案（Hague v. CIO）中，② 联邦最高法院首次提到公众使用公共场所进行集会和交流问题，该案的决定可以被认为是公共论坛原理的起点。法院意见指出，不管街道和公园的产权属于谁，它们都是人们可以休息的地方，它们自古以来就被认为是可供公众使用的，也已经被认为可以用于公众的集会、交流思想、讨论公共问题的目的。在同年的西耐德案（Schneider v. State）中，③ 法院再次强调：街道是用于传播信息和观点的天然的和合适的场所，一个人在一个合适的场所行使他表达自由的权利不应该被以"他可以在另外的场所行使权利"为由而剥夺。而在其后 1943 年的马丁案（Martin v. City of Struthers）中，④ 法院撤销了俄亥俄州法院对一位在大街上挨家挨户散发宗教集会广告的公民刑事处罚的决定。法院认为，挨家挨户散发印刷品可能是令人讨厌的，或者是犯罪活动的幌子，但他们（散发者）也可能是致力于按照自由讨论的良好传统而传播思想的社团的有益成员。

---

① Commonwealth v. David, 162 Mass. 510 (1895).
② Hague v. CIO, 307 U.S. 496 (1939).
③ Schneider v. State, 308 U.S. 147 (1939).
④ Martin v. City of Struthers, 319 U.S. 141 (1943).

规范、秩序与公法

上述黑格案和西耐德案表明，联邦最高法院认可了公民至少可以在一定条件下为言论的目的而使用某些政府地产的权利。因而最高法院不可避免地要面对随后的问题：什么样的公共地产可以被用于言论的目的，又是在什么样的情形下可以被用于言论目的。从政府对于言论自由规制的角度看，上述问题就转换为：对于利用政府地产所进行的表达行为，政府是否可以、又如何进行规制。法院解决这个问题的办法是：将政府地产划分为不同类型，针对不同类型地产上发生的言论活动运用不同的规制规则。1983年的佩里教育学会案（Perry Education Association v. Perry Local Educators' Association）最清楚地表述了这些类型和相应的适用规则。[1] 由怀特法官（Justice White）传达的法院意见认为，进入公共地产的权利和限制该权利的标准必须根据地产的不同特征进行不同评估。法院意见可以归纳为三种公共地产类型：公共论坛、限制的公共论坛、非公共论坛。政府规制言论的合宪性取决于地点和政府行为的性质。[2] 其中，以公共论坛的审查标准最为复杂。

类型一：公共论坛。公共论坛是政府基于宪法责任提供的用于言论目的的政府地产，人行道和公园是典型的公共论坛。政府只有满足一定的要求才可以规制公共论坛的言论。这些要求包括：第一，规制必须是内容中性的（content-neutral），除非政府以内容为根据（content-based）的限制能够通过严格审查。第二，为了服务于重要的政府利益（即政府所要保护的利益或者政府所要达到的目标），可以对公共论坛进行合理的时间、地点或者方式的限制，且必须留有充分开放的可供选择的言论交流渠道。第三，使用公共论坛的许可证和执照制度必须为重要目的服务，必须为许可机关设计一个清楚的标准，几乎不留下自由裁量权，还要提供程序保障，比如规定对于许可请求需

---

[1] Perry Education Association v. Perry Local Educators' Association, 460 U.S. 37 (1983).

[2] Erwin Chemerinsky, *Constitutional Law (Second Edition)*, Aspen Publishers, 2005, p. 1348.

要作出迅速决定、对于被否决的许可申请提供司法审查。最后，法院已经裁定，政府对于公共论坛的言论规制不需要使用限制最小的备选方案，尽管这些方法要严格适合于所要达到的政府目的。① 根据佩里教育学会案的法院意见，严格审查的要求标准是：对于政府实施的以内容为根据的言论排除，政府必须证明，其规制对于保护令人信服的政府利益是必要的，而且这种规制对于实现这种利益是严格适合的。②

类型二：受限制的公共论坛。这种类型包括政府已经开放为公众用于表达活动的公共地产，宪法禁止政府将一般对公众开放的公共地产排除在论坛之外，尽管该地产的首要功能并不是创造论坛。即使并不要求政府无期限地保持某种设施的开放特征，但是，一旦政府将其开放，那么，政府的规制就受到适用于传统公共论坛的同样标准的约束。③

类型三：非公共论坛。非公共论坛意味着政府可以关闭这些政府地产上的所有言论活动，政府可以禁止或者限制非公共论坛的言论活动，只要其规制是合理的和观点中性的。④ 比如，在佩里教育学会案中，法院认为学校的邮政设施为非公共论坛，不对公众开放。另外，法院还在一个案件（Arkansas Educational Television Commn. v. Forbes）中判定州立电视台的广播电视网是非公共论坛。⑤

佩里教育学会案无疑标志着公共论坛原理的体系化。20世纪90年代以来有关言论自由的司法实践进一步推进了公共论坛原理的发展。比如，在1992年柯瑞西那案（International Society for Krishna Consciousness, Inc. v. Lee）中，⑥ 联邦最高法院考察了有关公共论坛的

---

① Erwin Chemerinsky, *Constitutional Law (Second Edition)*, Aspen Publishers, 2005, p. 1348.

② Perry Education Association v. Perry Local Educators' Association, 460 U.S. 37 (1983).

③ Id.

④ Erwin Chemerinsky, *Constitutional Law (Second Edition)*, Aspen Publishers, 2005, p. 1361.

⑤ Arkansas Educational Television Commn. v. Forbes, 523 U.S. 666 (1998).

⑥ International Society for Krishna Consciousness, Inc. v. Lee, 505 U.S. 672 (1992).

两个问题：由官方运作的飞机场航空站是否是公共论坛？对禁止在飞机场航空站内散发传单的规制是否违反了第 1 修正案？法院认为，飞机场航空站不是传统和目的意义上的公共论坛，政府规制行为只需要满足合理性要求。而对于监狱的言论自由问题，法院的一般检验标准是，政府可以限制和惩罚犯人的言论，如果政府的限制和惩罚行为与合法的监狱利益合理相关。根据这样的审查标准，最高法院在 2001 年墨菲案（Shaw v. Murphy）中讨论了在押犯人是否享有提供法律援助的第 1 修正案权利问题，[1] 法院对此作出了否定回答。在 2006 年的比尔德案（Beard v. Banks）中，[2] 法院支持了宾夕法尼亚州一个监狱的规制措施——拒绝给予某些监狱囚犯查阅报纸或者杂志的权利。通过对四个相关要素的分析，法院认可了这一规制决定的合宪性。

三 萨姆案对于公共论坛原理的意义

2009 年萨姆案给公共论坛原理注入了新的内容。该案提出了以前相关案例不曾碰到的问题并进行了有益的讨论，丰富了公共论坛理论。

其一，传统公共论坛的新限制。公园是传统的公共论坛，但并不意味着在传统的公共论坛的所有表达行为都会得到允许。在萨姆案中，联邦最高法院论述了公园面积的有限性和纪念碑的永久性之间的关系问题，法院认为，公共论坛原理在该案并不适用，因为纪念碑是永久性的，公园可以提供摆放纪念碑的数量是有限的。纪念碑不同于临时的演讲者和抗议者，对于后者，政府可以容纳的数量是巨大的，且不需要考虑土地的基本功能。如果政府在选择被捐赠的纪念碑时必须保持内容中性，那么政府就必须接受或者准备接受乱七八糟的公园，或者面对迁移为时久远的珍藏纪念碑的压力。如果公园被认为是为了竖立私人捐赠纪念碑的传统的公共论坛，那么大多数公园除了拒绝所有这类捐赠外别无选择。要是论坛分析的结果几乎导致不可阻挡地关闭

---

[1] Shaw v. Murphy, 532 U.S. 223 (2001).
[2] Beard v. Banks, 548 U.S. 521 (2006).

所有的公园，论坛分析就是不适合的。①

其二，公共论坛与政府言论的转换。在以往案例中，联邦最高法院对政府言论的认定很少涉及在公共论坛发生的言论。换言之，政府言论与公共论坛之间的界限是相对清晰的，与政府言论不同，公共论坛的言论是私人言论。而萨姆案的决定意味着公共论坛问题可以转化为政府言论问题，该案中纪念碑的矗立地点是在公园这一传统的公共论坛，但在最高法院看来，政府接受和展示纪念碑的决定是政府言论的一种形式，尽管纪念碑最初是由私人捐赠的。其理由是，公众通常认为在公共土地上矗立的纪念碑是政府传送信息的方式，与在私人财产上矗立的一个标志或纪念碑非常相像，政府一般通过决定选择某些纪念碑来控制这一领域的信息。而政府已经有选择地接受了私人捐赠的纪念碑，其决定的根据是纪念碑表达了政府想要提倡的内容，比如美学意义、历史和当地文化。② 这说明公园里的私人言论未必就是传统的公共论坛的言论，公园也是政府言论的发生地而非仅仅可以作为私人言论的公共论坛。

其三，公共论坛和政府言论对于政府规制行为的不同意义。如前所述，在言论自由案例法中，政府规制公共论坛私人言论的行为受制于法院的审查标准。在公共论坛的情形中，如果是以内容为根据的规制，必须满足严格审查的要求——规制是为了保护令人信服的公共利益、规制手段对于实现这种利益是严格适合的，政府行为才是合宪的。而政府言论不同，其不受严格审查标准的约束。政府有权控制自己言论的内容，政府特别主张某种观点并不构成言论自由规制中的以内容为根据的歧视。最高法院在1991年的一个案件（Rust v. Sullivan）中进行过这样的阐述："政府可以……有选择性地资助一个项目，以鼓励政府认为符合公共利益的特定活动，不需要同时资助一个可供选择的项目以寻求采用另外一个方式来处理这个问题。政府这样做的时候，

---

① Pleasant Grove City, Utah, Et al., Petitioners v. Summum, 555 U.S. 460 (2009).
② Id.

政府没有基于观点进行歧视，它只是选择去资助一个行为而排斥了另一个行为……这不是政府'压制危险观念'的情况，而是政府对项目受补助人或者项目雇佣者从事项目范围之外的活动的禁止"。[①] 而萨姆案的法院意见指出，政府实体有权说它想说的话，政府在得到私人协助以传播政府控制的信息时享有同样的自由。这并不意味着政府言论是不受限制的，比如，政府言论必须符合立教条款，参与其中的公共官员可以受到法律、规章和惯例的限制，政府实体最终要因其所倡导的言论而对选民和政治过程负责。史蒂文斯法官（Justice Stevens）的赞同意见也认为，即使言论自由条款既不限制也不保护政府言论，政府言论仍然受制于宪法的其他禁止，包括那些以立教条款和平等保护条款为根据的禁止，还有我们的民主过程所施加的审查，这些宪法的安全装置确保了我们今天决定的结果将受到限制。[②]

四 结语：启发与借鉴

没有任何自由是绝对的、不受限制的，言论自由也是如此。公共论坛原理的本质意义在于明确言论者在什么程度上有权利为了表达的目的使用政府公共地产，而政府规制公共地产上的言论的权力限度又在哪里。换言之，政府地产在什么时候是公共论坛，法院对于这个问题的回答贯穿于公共论坛案件的始终。从总体上看，法院在此类案件的审理中所遵循的审查标准是前后连贯的，这也说明公共论坛原理具有合理性和适应性。

美国当代著名宪法学家珀斯特（Robert C. Post）教授曾经对公共论坛原理进行评价，他认为，区别公共论坛与非公共论坛的关键不在于政府财产的特征，而在于政府权力的特性。存在着两种政府权力即"管理性"权力和"统治性"权力，它们分别对应着不同的第 1 修正案

---

① Rust v. Sullivan, 500 U.S. 173 (1991).
② Pleasant Grove City, Utah, Et al., Petitioners v. Summum, 555 U.S. 460 (2009).

规制规则。①统治与管理之间的界线，对应着公共论坛与非公共论坛之间的区别。当一种资源是政府管理性权力的对象时，它就是非公共论坛。当其用于交流的目的时，通常受制于政府官员的自由裁量权和事前限制，且在许多情形下成为观点歧视的对象；而所有这些都假定要受到统治的禁止——当一种资源是公共论坛时，它仅仅可以按照统治标准进行规制。这并不是因为公共论坛受到特别严格的宪法保护，而是因为公共论坛的言论限制受到通常的第1修正案判决规则的控制。②这为我们理解公共论坛原理提供了另外一种视角。因循珀斯特教授"二分法"的研究思路，笔者认为，公共论坛原理对于中国法治的启发和借鉴意义体现在宪法和行政法两个层面，因为公共论坛既是个宪法问题，也是个行政法问题。

在宪法层面，公共论坛是公民言论自由实现的重要途径。在美国，联邦宪法第1修正案只是用否定性的语言禁止国会通过立法来限制或剥夺公民的言论自由，但对于言论自由行使的场所和方式并没有界定，是联邦最高法院通过司法判例实践发展了公共论坛原理，从而为公民在公共地产上自由发表言论提供了依据。由此可见，在以言论自由为重要内容的公民基本权利领域，司法具有不可或缺的作用。与美国的普通法传统不同，我国法律体系在整体上具有成文法系的主要特征，法院判决并不具有当然的先例效力；与此同时，中国在宪法构架上也缺乏美国的司法审查制度。但是，这并不意味着在对公民基本权利的保护方面，中国司法"无所作为"或者"无法作为"，相反，司法应该并且可以发挥着重要作用。这是因为，公民基本权利对国家公权力具有拘束力，和立法权、行政权一样，司法权对包括言论自由在内的所有基本权利的保护和实现负有责任。在言论自由问题上，对于我国《宪法》第35条关于言论自由的原则规定，人民法院在具体的案件审理中，可以作出符合"宪法对于公民基本权利保护之本质"的解释和决定，

---

① Robert C. Post, *Constitutional Domains: Democracy, Community, Management*, Harvard University Press, 1995, p. 200.

② *Id.* p. 266.

换言之，司法决定可以成为弥补成文法"不周延性"缺陷的重要手段。另外，由萨姆案可以看出，言论自由制度需要与相关制度相配合发挥作用。在美国宪法框架中，言论自由制度是非常重要的组成部分。但是，言论自由制度从来都不是孤立存在的，其与其他相关制度之间存在着彼此关联、相得益彰的关系，比如民主选举制度。正如史蒂文斯法官在萨姆案的赞同意见中所指出的那样，对于政府言论，第1修正案的言论自由条款是没有意义的，也就是说，一旦法院将争议的问题定性为政府言论，则公共论坛原理不适用，政府言论不受制于公共论坛原理关于规制措施合宪性的种种要求。但是，政府言论仍然是受到控制的，民主选举过程就是控制的重要途径之一。这意味着，政府言论的控制来自于选民，更准确地说，周期性的民主选举过程所产生的压力，使得政府言论必须"有所顾忌"，否则，政府必须为自己的言论承担消极后果。在这个意义上，我们可以认为，与私人一样，政府也必须遵循法治社会的基本行为模式或规则：你可以选择，但是，你必须为你的选择承担后果。每个人对自己的行为负责任，政府也不例外。这启发我们：包括言论自由制度在内的宪法系统是一个有机的整体，中国的法治构建应该从最初应景式的"头痛医头，脚痛医脚"发展成为"内在关联、协调运作"的完善机制。

  在行政法层面，公共论坛是用作公民言论目的的公物，公民利用公物的权利需要得到确认。公物（公产）是大陆法系国家行政法的一个重要概念，虽然美国行政法不使用这个概念，但包括萨姆案在内的一系列公共论坛问题判决向我们说明了一个事实：美国同样存在对于公物（萨姆案中的公园）的利用与管理问题。从公共论坛原理的案例法发展历程来看，在美国，公民利用公共地产发表言论的权利并非"当然享有"，而是由司法判例确认的。鉴于我国目前法律体系的成文法特征，我国比较适宜采用专门立法的方式来确认公民为言论目的或者其他正当目的而利用公共地产的权利。在我国，由于长期以来缺乏专门的公物立法，出现了公民名为公共财产的"主人"而实际上无权利用这些财产的"权利虚置"状况，行政机关以行政管理名义在公物上设置各种收费的现象泛滥且难以得到纠正，因而迫切需要尽快制定规范公物利用和管理的专门法律。[①] 总体而言，专门立法应该在确认公民具有公物利用权利的基础上，明确相关的程序性规则，建立相应的权利救济机制，尤其是完善司法救济途径。特别需要指出的是，在对限制公民利用公物的条件规定上，专门立法既应该从公物的实际出发，明确可以利用、限制利用和不可以利用的公物范围；又应该从严把握限制利用的条件，确立比例原则作为限制公民公物利用权利的法定原则，防止授予执法机关在规制方面宽泛的行政自由裁量权。由公共论坛原理的内容可以知道，并不是所有的公共地产都可以被允许作为用于言论目的的公共论坛，因此，我们对于公民利用公物的种类规定，也可以有针对性地区分不同的公物并适用不同的利用规则。同时，从萨姆案的法院意见来看，法院支持城市拒绝摆放"萨姆七句格言"纪念碑决定的重要理由之一是考虑到公园面积的有限性，这是一种基于土地固有性质作出的平衡与判断，因而是合理的、可以被接受的。这给我们的启发是：公物的性质可以作为限制公民利用权利的情形之一。

---

① 有学者提出应该制定《公物基本管理法》，参见应松年《当代中国行政法》（上卷），中国方正出版社2005年版，第497页。

保持沉默必须明示？*

一　问题的提出

2010年6月1日，美国联邦最高法院以5∶4的表决结果对汤姆金斯案作出判决。① 2001年，犯罪嫌疑人汤姆金斯因涉嫌一起枪击案而被密歇根州警察拘捕，在向他告知了米兰达权利后，警探赫格特（Helgert）和另外一名警官开始讯问汤姆金斯开枪致一人死亡之事。汤姆金斯没有说他要保持沉默、不想跟警察交谈或者要求律师在场。在长达3个小时的讯问过程中，汤姆金斯基本上都是沉默不语，当讯问至2小时45分时，警察问他：你信上帝吗？他答：信。警察又问：你向上帝祈祷吗？他答：是。警察接着问：你祈求上帝宽恕你枪杀那个男孩的行为吗？他答：是。讯问在15分钟后结束。在法庭上，汤姆金斯被指控犯有一级谋杀罪。汤姆金斯请求排除他的有罪供述，声称他已经援引了第5修正案保持沉默的权利，他没有放弃这一权利，他的有罪供述是非自愿的。密歇根州初审法院拒绝了这一请求，后陪审团裁定汤姆金斯有罪，他被判处终身监禁并不得假释。

---

* 本文原载于《中国刑事法杂志》2010年第12期，已作修改。

① Berghuis v. Thompkins, 560 U.S. 370 (2010). 首席大法官罗伯茨（Chief Justice Roberts）、斯格利亚大法官（Justice Scalia）、托马斯大法官（Justice Thomas）和阿利托大法官（Justice Alito）加入了肯尼迪大法官（Justice Kennedy）传达的法院意见，而斯蒂文斯大法官（Justice Stevens）、金斯伯格大法官（Justice Ginsburg）和布雷尔大法官（Justice Breyer）加入了索托马约尔大法官（Justice Sotomayor）撰写的反对意见。

在上诉阶段，密歇根州上诉法院驳回了汤姆金斯关于米兰达权利的请求，[①]法院认定，汤姆金斯没有援引他保持沉默的权利，并且放弃了这一权利。后密歇根州最高法院拒绝进行自由裁定的复审。在用尽了在密歇根州法院的救济手段后，汤姆金斯向密歇根州东部地区的联邦地方法院提出获得人身保护令状的请求，遭到联邦地方法院拒绝。地方法院的理由是：在整个讯问期间，汤姆金斯没有援引保持沉默的权利，而且他并没有被迫作出有罪供述，密歇根州上诉法院判定他放弃了保持沉默的权利并无不合理之处，不符合1996年《反恐怖主义和实施死刑法》（Antiterrorism and Effective Death Penalty Act of 1996）关于准予发出人身保护令状的条件。汤姆金斯提出上诉后，联邦第六巡回上诉法院推翻了这一决定。法院判决，州法院对于汤姆金斯默示地放弃其保持沉默的权利的认定是不合理的，因为汤姆金斯拒绝在表明他已经被告知米兰达权利的确认书上签字，在3个小时的讯问期间，他与警官很少进行目光接触，汤姆金斯长时间的沉默已经向警官传达了一个清楚的、确定的信息：汤姆金斯不希望放弃他的权利。联邦最高法院推翻了联邦第六巡回上诉法院的决定，由肯尼迪大法官（Justice Kennedy）传达的法院意见指出，密歇根州法院拒绝汤姆金斯关于米兰达权利的请求是正确的。汤姆金斯没有援引保持沉默和要求律师在场的米兰达权利，因为他没有"明白地"这样做；而且，当汤姆金斯"明知地、明智地"向警察作了有罪供述时，他放弃了保持沉默的米兰达权利。[②]

汤姆金斯案是迄今为止美国联邦最高法院关于米兰达规则的最新案例，它第一次对米兰达权利中保持沉默的权利的行使方式作出判决，其要点可以归纳为：犯罪嫌疑人援引保持沉默的权利应该明示，而放弃这一权利则可以被默示地推定。这是对米兰达规则适用的又一次解释。该案一经公布，立刻引起公众的强烈反响，一时间批评之声见诸

[①] 汤姆金斯的另外一个请求涉及律师无效援助问题，因这一请求不是本文讨论的主题，故在此予以省略。

[②] Berghuis v. Thompkins, 560 U.S. 370 (2010).

于各种媒体。比如,"米兰达规则在汤姆金斯案受到侵蚀,法律系统急剧转向支持检方""汤姆金斯案:对公民自由的威胁,最高法院破坏了我们的米兰达权利保护""汤姆金斯案观点翻新,米兰达规则向警察倾斜""最高法院放弃严格执行米兰达权利",[①] 等等。那么,如何评价汤姆金斯案决定?该案对米兰达规则有什么影响?中国的法治与宪政建设可以从该案获得怎样的启发?本文即尝试探讨这些问题。

二 米兰达权利行使方式的案例法历史

米兰达规则形成于1966年沃伦法院(Warren Court)时期的米兰达案,[②] 其核心内容是:一个人被拘留或者被剥夺行动自由后,除非执法官员可以证明,已经采用程序性安全措施有效地保护了他享有的反对强迫自证其罪的宪法第5修正案权利,否则,执法官员对被拘留之人进行讯问所得的供述不可以被检控方所采用,无论是用于证明其有罪还是为其免责。在缺乏其他有效方法时,下列保护第5修正案权利的程序必须被遵守:一个被拘留的人,在被讯问之前,必须被清楚地告知,他有保持沉默的权利,他所说的一切将被用作法庭上对他不利指控的证据;他必须被清楚地告知,在讯问期间,他有同律师商谈的权利和要求律师和他在一起的权利,如果他因穷困而请不起律师,他

---

① 参见 "The Erosion of Miranda in Berghuis v. Thompkins Reflects Our Legal System's Sharp Tilt in Favor of the Prosecution", http://www.theroot.com/views/who-will-speak-defense-supreme-court, 2010年7月6日访问;"The Thompkins Decision: A Threat to Civil Liberties, the Supreme Court Has Undermined Our Miranda Protections", http://online.wsj.com/article/SB10001424052748704764404575286931630242298.html, 2010年7月6日访问;"Tilting Miranda toward the Police Berghuis v. Thompkins, Opinion Recap", http://www.scotusblog.com/2010/06/analysis-tilting-miranda-toward-the-police/, 2010年7月6日访问;"Supreme Court backs off strict enforcement of Miranda rights", http://www.latimes.com/news/nationworld/nation/la-na-court-miranda-20100602,0,1344181.story, 2010年7月6日访问。当然也有较为温和的评论,比如 "A Major Pruning of Miranda", http://www.crimeandconsequences.com/crimblog/2010/06/a-major-pruning-of-miranda.html, 2010年7月6日访问。

② Miranda v. Arizona, 384 U.S. 436 (1966).

将被指定一位律师。① 在米兰达规则中，讯问前告知被拘留之人的四项内容被称为米兰达警告或者米兰达权利。

米兰达警告的主要功能在于确保犯罪嫌疑人知道和被提醒基于美国宪法所存在的权利，即保持沉默的权利和要求律师在场的权利，并且确保他们知道，他们可以在讯问期间的任何时候援引这些权利。关于这两项权利的行使方式，米兰达案没有给出具体规则，只是概括地说明了嫌疑人行使和放弃米兰达权利的后果：其一，在被告知这些警告后，如果被拘留之人在讯问前或者讯问期间的任何时候、以任何方式表示，他希望保持沉默，讯问必须停止；如果他表示他需要一位律师，在律师到场之前，讯问停止，其时，他必须有机会与律师协商，要求在任何其后的讯问期间有律师在场。其二，在没有律师在场的情况下进行讯问并取得供述时，政府负有沉重的举证负担，需要证明被告是明知、明智地放弃了他享有的反对强迫自证其罪的特权和聘请或被指定律师的权利。② 在米兰达决定之后的四十多年里，最高法院审理的米兰达规则适用案件不下数十起，涉及米兰达权利行使方式的案件主要有1979年的巴特勒案和1994年的戴维斯案，③ 通过这两个案件，最高法院确立了米兰达权利行使的相关规则。

在1979年的巴特勒案，④ 嫌疑人巴特勒因确凿的犯罪而被捕，警察根据米兰达案决定告知了其权利，他向逮捕他的警官作了有罪供述。后他请求排除他的这些供述作为证据，其根据是，在供述作出时，他没有放弃要求律师帮助的权利。北卡罗莱纳州初审法院否定了他的请求，随后他被判有罪。北卡罗莱纳州最高法院推翻了初审法院的判定，判决指出，米兰达规则要求，一个人在被拘留讯问期间的供述不能作为对他不利的证据，除非在供述作出时，他明确地放弃了要求律师在

---

① Miranda v. Arizona, 384 U.S. 436 (1966).
② Id.
③ North Carolina v. Butler, 441 U.S. 369 (1979); Davis v. United States, 512 U.S. 452 (1994).
④ North Carolina v. Butler, 441 U.S. 369 (1979).

场的权利。联邦最高法院指出,嫌疑人放弃米兰达权利并不必需依靠清楚的行为来表示,放弃权利问题应该根据案件的特殊事实和情况来决定。北卡罗莱纳州最高法院创造了一个刚性规则即默示的放弃是不够的,这个规则超出了联邦基本法的必要条件,因此,北卡罗莱纳州最高法院的判决无效,因为州法院既不能增加也不能削减美国宪法的要求。

在1994年戴维斯案中,[①]嫌疑人戴维斯因与一起水手谋杀案有牵连而被海军调查服务机构人员讯问,他起初放弃他保持沉默和要求律师在场的权利,在讯问过去1个半小时后,他说:"也许我应该跟律师谈谈"。然而,当讯问人员询问他是否要求有一名律师时,他回答说他不要求。他们的谈话中断,他被提醒他所拥有的权利,接着讯问又继续进行了1小时,直到他要求有律师在场才会说更多的话时中断。军事法院否决了他关于排除他的讯问供述作为证据的请求,理由是:他在讯问过程中提到律师,并不是要求律师在场。随后他被判犯有谋杀罪。军事上诉法院最终维持了这一判决。联邦最高法院也判决维持,法院意见指出,根据米兰达案决定,在嫌疑人明知、自愿放弃权利后,执法人员可以继续讯问,直到或者除非嫌疑人清楚地要求有律师在场时停止。在讯问期间,嫌疑人有权要求律师的帮助,尽管宪法并没有规定这样的援助。根据1981年的爱德华滋案决定,[②]如果嫌疑人在任何时间援引要求律师帮助的权利,警察必须立即停止讯问,直到律师到场。然而,如果一个请求是暧昧的、模棱两可的,一个理性的警官根据情景至多理解为:嫌疑人可能是在援引要求律师在场的权利。如果警官根据一个暧昧的、模棱两可的有关律师在场的权利请求而停止讯问,那么,就会使得警官们调查和讯问过程中的信息收集受到不适当的牵制。因为,警官们将被迫去面对困难的判断:什么是嫌疑人想要的,而如果他们判断错误,那么将面临证据被排除的威胁……除非嫌

[①] Davis v. United States, 512 U.S. 452 (1994).

[②] Edwards v. Arizona, 451 U.S. 477 (1981).

疑人实际上要求律师援助，讯问可以继续进行。上诉人所说的"也许我应该跟律师谈谈"——不是一个要求律师在场的请求。

从以上两个案例，我们可以看出，对于要求律师在场的权利的行使来说，如果要援引这项权利，嫌疑人必须作出明确的表示，不可以模棱两可。否则，含混不清的表示不会导致警官终止讯问；如果要放弃这项权利，并不要求嫌疑人必须明示。换言之，判断嫌疑人是否放弃了这项权利并不以嫌疑人"明确放弃"的行为为必要条件。但是，对于保持沉默的权利的行使方式，除了米兰达案关于嫌疑人行使和放弃米兰达权利之后果的概括性规定外，在汤姆金斯案之前，联邦最高法院没有在以往的案件中作出过判决，因而汤姆金斯案是最高法院第一次对这项重要的米兰达权利的行使方式作出决定。

三　汤姆金斯案的推理与决定

在汤姆金斯案中，针对案件争议的焦点问题之一——汤姆金斯是否援引和放弃了保持沉默的权利，联邦最高法院做出判决：一个被告知了米兰达警告而没有援引他的米兰达权利的嫌疑人，通过向警察作非强迫性的供述而放弃了保持沉默的权利。汤姆金斯没有援引他保持沉默的权利，以终止讯问。他对权利的理解是充分的，他通过向警察作自愿的供述而放弃了保持沉默的权利。这一判决的主要理由有三个方面：[1]

第一，汤姆金斯在讯问过程中的沉默并不是在援引他保持沉默的权利。根据戴维斯案，嫌疑人要求律师在场的米兰达权利必须被"明白地"援引。如果被告只是作了"暧昧的或模棱两可"的表述或者没有表述，警察并不被要求终止讯问或者去提出问题以澄清被告的意图。在决定被告援引要求律师在场的权利和保持沉默的权利问题上，没有原则性的理由要求我们去采用不同的标准。两者都是通过被援引而终

---

[1] 这三点理由来自汤姆金斯案的法院判决摘要，详见 Berghuis v. Thompkins, 560 U.S. 370 (2010).

止讯问以保护反对强迫自证其罪的特权。汤姆金斯既没有说他要保持沉默或者他不想与警察交谈,也没有援引他的权利以终止讯问。

第二,当汤姆金斯明知、自愿地向警察供述的时候,他就放弃了他保持沉默的权利。根据1986年的拜宾案,[1]放弃必须是"自由的和深思熟虑的结果,而不是胁迫、强迫或者欺骗的结果",而且"是完全知道放弃权利的后果而作出放弃权利的决定"。这样的放弃可以通过"被告的沉默,外加理解他的权利和一个表示放弃的行为过程"来"暗示"。[2]此处的报告显示,汤姆金斯放弃了他保持沉默的权利。理由之一,毫无争议的是,汤姆金斯知道他的权利,这表明,他知道当他说话时他就放弃了权利;理由之二,他关于上帝问题的回答是一个"表示放弃的行为过程"。如果他要保持沉默,他可以什么都不说以回应(警察的问题),或者明确地援引他的米兰达权利以终止讯问。他在收到米兰达警告后将近3个小时所作出供述不能推翻一个事实:他在进行一个表示放弃的行为过程;理由之三,没有证据显示,他的供述是强迫的。他没有声称警察威胁他或者伤害他或者他感到恐惧。讯问发生在中午时分,地点是一间标准规格的房间,也没有证据可以主张,3小时的讯问本质上具有强迫性。事实是,与宗教信仰相关的问题也没有使得他的供述变得非自愿。

第三,汤姆金斯争辩道,即使他回答警探赫格特的问题可以构成对他保持沉默的权利的放弃,警察也应该首先获得他对这一权利的放弃之后,才可以讯问他。然而,这一要求在讯问开始时获得嫌疑人对权利放弃的规则是与巴特勒案判决相抵触的,根据巴特勒案,法院可以"从行为和被讯问之人的言辞"推断出放弃。任何放弃,不管是明示的,还是默示的,都可能与在任何时候提出的、导致终止讯问的权利援引相冲突。当嫌疑人知道可以在任何时间援引米兰达权利,他或她可以重新评估他或她在讯问过程中的即刻的和长远的利益。在告知

---

[1] Moran v. Burbine, 475 U.S. 412 (1986).
[2] North Carolina v. Butler, 441 U.S. 369 (1979).

嫌疑人米兰达警告后，警察就可以讯问既没有援引也没有放弃米兰达权利的嫌疑人。因此，警察在讯问汤姆金斯之前，并不必需去获得汤姆金斯对米兰达权利的放弃。

法院的上述决定遭到了索托马约尔大法官（Justice Sotomayor）最强烈的反对，她撰写的反对意见指出，[1]法院今天的决定标志着实质性地退出了对嫌疑人在拘留讯问期间反对强迫自证其罪的权利保护，这一权利自米兰达案以来已经获得长时间的保护。法院决定对案件争议问题的回答并非来自于对我们以往决定的忠实应用，在米兰达案和其后的案例中找不到得出法院决定的根据。反对意见的推理与判断可以归结为以下两个方面。[2]

其一，汤姆金斯主张，他没有放弃保持沉默的权利。即使汤姆金斯没有援引这项权利，他也有权得到救济，因为密歇根州没有满足其证明放弃权利的举证负担。政府对证明嫌疑人放弃权利负有沉重的举证责任。米兰达案讨论了检方证明放弃权利的责任："在没有律师在场的情况下进行讯问并取得供述时，政府负有沉重的举证负担，需要证明被告是明知、明智地放弃了他享有的反对强迫自证其罪的特权和聘请或被指定律师的权利……一个有效的放弃，不能被简单地以被告收到米兰达警告之后的沉默而假定，或者被简单地以最终获得了有罪供述的事实而假定"。[3]米兰达案之后的最高法院决定也强调了检方证明放弃权利的"沉重负担"，[4]我们也再次肯定，法院不能从嫌疑人的沉默或者仅仅从最终获得供述的事实来假定放弃权利。[5]尽管米兰达决定中没有一直要求放弃保持沉默的权利或者要求律师在场的权利是明示的，但是，法院在巴特勒案中的解释是：检方承担证明默示放弃权利的实

---

[1] Berghuis v. Thompkins, 560 U.S. 370 (2010).

[2] 以下两个方面根据汤姆金斯案中的反对意见综合归纳而成，详见 Berghuis v. Thompkins, 560 U.S. 370 (2010).

[3] Miranda v. Arizona, 384 U.S. 436 (1966).

[4] 比如 Tague v. Louisiana, 444 U.S. 469 (1980); Fare v. Michael C., 442 U.S. 707 (1979).

[5] North Carolina v. Butler, 441 U.S. 369 (1979).

质性责任。

在本案中，无可置疑的是，汤姆金斯从来没有明确地放弃他保持沉默的权利。他拒绝在表示他理解米兰达权利的承认书上签字，表明他不打算放弃这些权利。汤姆金斯在2小时45分钟的讯问期间没有作有罪供述可以作为对抗放弃的"强有力的证据"。在这种情况下，汤姆金斯涉及有罪供述的"行动和语言"，完全不能证明是一个"表示放弃的行为过程"，而这恰恰是需要检方充分证明的。尽管密歇根州法院说明，汤姆金斯"零星地"参加了讯问，但是，法院意见和我们面前的记录是，除了交流了关于上帝和薄荷油与椅子的语言外，汤姆金斯的反应是沉默——对于主题或者单一问题。确实，密歇根州法院和联邦最高法院都承认，在本案中，直到汤姆金斯对关于上帝的问题回答"是"之前，不存在放弃权利的问题。根据我们清楚确立的先例得出这样的结论——检方凭借一共由三个字组成的回答、不时被少量对未经确认的问题的非语言回答所打断的2小时45分钟沉默，满足了"沉重的举证负担"——是不合理的。

其二，汤姆金斯主张，他在讯问期间的行为表明他有效地援引了保持沉默的权利，因此，警察必须在他作出有罪供述之前终止讯问。戴维斯案确立了援引要求律师到场权利的清楚声明规则，当嫌疑人明知地、自愿地放弃他的米兰达权利后，警察"直到或者除非嫌疑人明确要求律师在场"时才可以继续讯问。[1] 联邦最高法院没有决定戴维斯案的清楚声明规则是否适用于嫌疑人对保持沉默的权利的援引。在本案中，最高法院将戴维斯案决定进行了扩展——警察可以连续讯问嫌疑人，直到嫌疑人明确援引保持沉默的权利时为止。因为汤姆金斯从未说过"他要保持沉默"或者说过"他不想跟警察交谈"，因此，最高法院得出结论，他没有清楚地援引保持沉默的权利。这种对戴维斯案决定的新奇的运用是令人不能同意的，无论依据基本原理还是依据戴维斯案决定，都得不出法院今天的结论。戴

---

[1] Davis v. United States, 512 U.S. 452 (1994).

维斯案涉及的是要求律师在场的权利，而不是保持沉默的权利。在戴维斯案，嫌疑人模棱两可地提到要求律师在场的权利是发生在他已经通过口头和书面的形式放弃了他的权利之后，戴维斯案判决是明确建立在这个事实基础之上的。而最高法院在今天的判决中忽视了戴维斯案的这个方面，也忽视了联邦法院和州法院的众多决定，在这些决定中，当嫌疑人没有先行明确表示放弃米兰达权利时，法院拒绝适用清楚声明规则。

在处理嫌疑人不明确地援引其保持沉默的权利的问题上，一个更加适当的标准是莫斯利案的规则：嫌疑人"被终止讯问的权利"必须得到"小心谨慎地尊重"。[1] 这样的标准具有必要的预防性和事实的针对性。这一规则可以承认，某些声明或者行为是如此的模棱两可，以至于警察不需要终止讯问，就可以小心谨慎地尊重嫌疑人的权利——例如，如果嫌疑人的行为可以被合理地理解为显示了一种在决定回答之前自觉倾听的愿望；但是，另外一些声明或者行为——特别是，当嫌疑人在长时间的讯问过程中坐在那里保持沉默、嫌疑人可能决定是否回答问题的那个时刻已经过去很久——就不能被合理地理解为与援引保持沉默的权利有什么不同。在这样的情形下，根据莫斯利案，对嫌疑人权利的"小心谨慎地"尊重将要求警察终止讯问。[2] 另外，戴维斯案的清楚声明规则不适用于保持沉默的权利，告知嫌疑人他有保持沉默的权利，未必是在传达他必须说话才能确保这一权利被保护。相反，告知嫌疑人"在讯问期间，他有同律师商谈的权利和要求律师和他在一起的权利，如果他因穷困而请不起律师，他将被指定一位律师"，[3] 则暗示嫌疑人需要通过说话来行使这项权利。本院认为，汤姆金斯可以采用说"他要保持沉默"或者"不想跟警察交谈"这样"简单的、明确的"的方式来表示，但是，米兰达警告没有给出任何提示说，嫌疑人应该利用这些不可思议的语词，也几乎没有理由相信，警察——

---

[1] Michigan v. Moseley, 423 U.S. 96 (1975).

[2] *Id.*

[3] Miranda v. Arizona, 384 U.S. 436 (1966).

有充分的激励去避免援引权利——将提供这样的指导。

四 汤姆金斯案的沉默权判决颠倒了米兰达案决定

在联邦最高法院的历史上，几乎任何一次涉及敏感问题的新判决都会引起公众的关注，公众的议论和评说在很大程度上反映了法院决定的社会效应。但是，像汤姆金斯案这样受到广泛批评的情况，并不多见。汤姆金斯案第一次对嫌疑人行使保持沉默的权利的方式进行了规定，然而，这一"新"决定却是令人遗憾的，其不仅对于处理汤姆金斯案是完全不必要的，甚至完全颠倒了米兰达案决定。[1] 这也是该案受到批评的根本原因所在。

从总体上看，汤姆金斯案判决背离了米兰达案的初衷，为嫌疑人行使保持沉默的权利施加了过重负担。米兰达案决定的根本出发点是最大限度地保护嫌疑人的宪法权利。基于警察对嫌疑人的羁押讯问具有强制性特点，在强大的公权力面前，嫌疑人处于弱势地位，因此，法律必需为警察行使权力确定程序性规则，要求他们尊重嫌疑人的权利。米兰达规则在本质上是保护嫌疑人、限制警察权力的规则，而不是保护警察的规则。但汤姆金斯案完全走向了米兰达案的反面。汤姆金斯案判决为嫌疑人行使保持沉默的权利确定了规则：犯罪嫌疑人必须明确地援引其保持沉默的权利——违反直觉地要求他们说话，同时，嫌疑人将被合法地假定放弃了他们的权利，即使他们没有清楚地表示有这样的意图。[2] 该决定将对警察执法实践活动产生实质性影响，它意味着，嫌疑人一旦被告知米兰达权利，他就有责任以明确的方式援引它们；同时，警察在向嫌疑人宣布米兰达警告后就可以讯问他，而不需要首先问清楚嫌疑人是否打算放弃他的权利。换言之，不需要承担必须证明嫌疑人放弃权利的举证责任，嫌疑人是否放弃了权利，完全由警察进行判断。另外，警察可以长时间地讯问嫌疑人，只

---

[1] Berghuis v. Thompkins, 560 U.S. 370 (2010).

[2] *Id.*

要嫌疑人不用关键的字词表达他拒绝回答问题或者要求律师到场的愿望，警察的讯问就不受限制，而嫌疑人的任何字词——不管是否少得几乎没有——完全可以用来作为指控他有罪的供述。这无疑是对嫌疑人权利的沉重打击。有评论尖锐地指出：最高法院的决定已经正式把米兰达规则从保护嫌疑人的规则转化成为保护警察的规则。① 在这个意义上，我们可以认同索托马约尔大法官关于汤姆金斯案颠倒了米兰达案的判断。

从法院的具体推理与决定的过程来看，不加区别地将保持沉默的权利等同于要求律师在场的权利，简单地"遵循先例"，得出对于这两项权利"没有必要采用两种不同标准"的结论，缺乏合理的根据。关于这一推理与决定的不合理性，索托马约尔大法官在反对意见中已经给出了精辟的阐述。在此，我们需要进一步思考的是，保持沉默的权利与要求律师在场的权利是否具有显著的不同，以至于我们应该得出与法院意见不同的结论。要求律师在场的权利是一种需要通过明示来主张的权利，这里的"要求"意味着需要通过口头、书面或者其他形式来表达，否则，警察无从得知嫌疑人的意图；而保持沉默的权利则不同，其无需嫌疑人作出一定的意思表示，因为"沉默"本身意味着不说话，嫌疑人对警察的问题不作回应就是主张了沉默权，警察应该终止讯问。因此，这是两项具有不同特点的权利，其行使方式应该相应不同，因而在是否行使权利的判断标准上也应该不同。最高法院采用了与要求律师在场权利相同的标准来判断保持沉默的权利，忽视了两项权利的不同特点。法院简单地"类推"适用关于要求律师在场权利的行使标准，是一种司法上"便利"。但是，这种"便利"决定可以给警察带来执法过程中的效率提高，因为适用同一个标准，在警察执法中就可以免去不必要的环节，对犯罪嫌疑人来说，却是一种负担——权利行使过程中的负担。因此，法院决定不仅是不合乎逻辑的，它更严重地破坏了联邦最高法院在米兰

---

① 参见 "Elena Kagan and the Death of Miranda", http://www.huffingtonpost.com/charles-weisselberg/elena-kagan-and-the-death_b_596447.html, 2010 年 7 月 14 日访问。

达案作出的具有里程碑意义的决定，四十多年来，米兰达决定已经提供了对嫌疑人保持沉默的宪法权利的保护。

事实上，汤姆金斯案典型地反映了罗伯茨法院的保守主义立场。米兰达决定从其被作出之日起就不受保守主义欢迎，在保守主义看来，沃伦法院的判决是危险的司法能动主义。汤姆金斯案毫无疑问地与米兰达案相冲突，其直接侵蚀了米兰达案的基本原则。汤姆金斯案并非一个孤案，它延续并集中体现了罗伯茨法院对于米兰达决定这一司法能动主义产物的排斥态度。最高法院2009年开庭期一共审理了三起米兰达规则适用案件：2010年2月23日，最高法院对鲍威尔案作出7∶2判决，[①] 允许警官适用有严重缺陷的米兰达警告，该案对米兰达规则之标准的解释走向更加宽松的立场，使得米兰达规则的适用处于不确定状态，因而在总体上损害了米兰达规则的效力；2010年2月24日，最高法院审结了夏特泽案，[②] 允许警官在嫌疑人援引米兰达权利而被解除拘留状态的14天后，第二次讯问嫌疑人，该决定又一次扩充了警察的权力，也使得检方有更多的机会去获得控诉嫌疑人的证据；2010年6月1日，最高法院的汤姆金斯案判决又一次缩小了米兰达决定的适用范围，退出了对米兰达权利的严格执行，在某种程度上给了米兰达规则"致命一击"。

幸运的是，我们看到，在汤姆金斯案中，索托马约尔大法官——这位职业检察官出身的大法官——发表了掷地有声的反对意见。她的检察官经历使得她对嫌疑人在被拘留讯问期间的压力和警察的动机有着更加深刻的认识，她从讯问的实际状况出发所阐述的意见清晰而有力。这也说明，最高法院大法官的实践经验对于处理刑事案件的路径选择的重要性。[③] 该案审判时最高法院九位大法官中有三位是检察官出身：索托马约尔大法官、布雷尔大法官（Justice Breyer）、阿利托大法

[①] Florida v. Powell, 559 U.S. 50 (2010).

[②] Maryland v. Shatzer, 559 U.S. 98 (2010).

[③] 参见"The Erosion of Miranda in Berghuis v. Thompkins Reflects Our Legal System's Sharp Tilt in Favor of the Prosecution"，http://www.theroot.com/views/who-will-speak-defense-supreme-court，2010年7月6日访问。

官（Justice Alito），其中，布雷尔大法官加入了索托马约尔大法官的反对意见，而阿利托大法官则加入了多数意见。由此可见，当过检察官也未必就当然会站到保护嫌疑人的立场上来。这一点最为典型地表现在 2010 年 8 月 7 日宣誓就职的美国联邦最高法院第 112 名大法官（也是第四名女法官）埃琳娜·卡根（Justice Elena Kagan）身上。汤姆金斯案审判期间，作为奥巴马政府的副总检察长，埃琳娜·卡根以"法庭之友"的身份，代表联邦政府发表了支持密歇根州检方的案件辩护摘要。她提出，政府不需要去证明嫌疑人明确地放弃了他的权利。[①] 她的摘要甚至比密歇根州检方的立场更加富有扩张性，比如她认为，应该把戴维斯案关于嫌疑人必须清楚地援引要求律师到场权利的决定扩展到对保持沉默的权利的援引，相反，密歇根州则寻求以更有局限性的根据去赢得诉讼。虽然无从得知卡根的观点是否导致多数意见最终作出如此宽泛的决定，但是，副总检察长经常被称为"第十位大法官"，是一个非常有影响力的角色。难怪有评论认为，正是这位副总检察长，成了"杀死"米兰达规则的共谋。[②] 可以预见，随着卡根替代退休的自由派大法官斯蒂文斯进入联邦最高法院，最高法院的保守派力量将得到进一步加强。如果作为大法官的卡根仍然保持其作为副总检察长时的立场，那么，在今后的米兰达规则适用案件的判决中，很有可能出现 6∶3 的判决，而不是现在的 5∶4 判决，这对嫌疑人米兰达权利的保护无疑是不利的。

五 结语：汤姆金斯案对中国的启发意义

汤姆金斯案对米兰达案决定的"重写"，在本质上显示了司法决定对于公民宪法权利实现程度的影响。宪法政治国家的特点之一，就是

[①] 参见 "Supreme Court backs off strict enforcement of Miranda rights"，http://www.latimes.com/news/nationworld/nation/la-na-court-miranda-20100602,0,1344181.story，2010 年 7 月 6 日访问。

[②] 参见 "Elena Kagan and the Death of Miranda"，http://www.huffingtonpost.com/charles-weisselberg/elena-kagan-and-the-death_b_596447.html，2010 年 7 月 14 日访问。

司法权力的运作过程及其结果在公民宪法权利领域发挥着举足轻重的作用。在笔者看来，对中国的法治建设来说，汤姆金斯案具有一定的启发意义。

（一）启发之一：保持沉默的权利应该成为宪法权利

汤姆金斯案关涉嫌疑人保持沉默的权利的行使方式，保持沉默的权利的宪法文本根据是宪法第5修正案"任何人不得在任何刑事案件中被迫自证其罪"的规定，因此，这一权利具有宪法权利性质，是宪法第5至第8修正案规定的刑事正当程序的内容之一。联邦最高法院在2000年迪克森案的判决中指出，①米兰达案是本院的宪法性决定，其效力不可以被国会立法所否决。

在我国，保持沉默的权利尚未成为宪法权利，甚至至今还不是刑事程序性权利。根据我国《宪法》第37条的规定，公民的"人身自由不受侵犯""禁止非法拘禁和以其他方法非法剥夺或者限制公民的人身自由，禁止非法搜查公民的身体。"然而，现实中这一宪法规定的落实程度不容乐观。虽然《刑事诉讼法》第43条明确"严禁刑讯逼供和以威胁、引诱、欺骗以及其他非法的方法收集证据"，但是，刑讯逼供现象仍然比较普遍，致使公民人身自由受到严重侵害。近年来，有不少"杀人"错案被媒体曝光，比如云南杜培武案、湖北佘祥林案、河南赵作海案等，这些案件中的"杀人犯"因真正的杀人凶手偶然落网或者"被害人"意外生还而被判无罪释放。这暴露了我国刑事领域所存在的法治缺陷。尽管从世界范围看，没有任何一个国家的刑事司法系统可以完全避免错案，但如何将错案的发生机率降到最低程度，则是需要我们认真对待的现实问题。研究表明，错案的形成具有一定的共性，"刑讯逼供占调查错案的很大一个比例。"② 根据有关学者的实证调研，目前刑讯逼供现象仍然较为普遍，公安机关和检察机关都存在采取直

---

① Dickerson v. United States, 530 U.S. 428 (2000).
② 参见新闻报道《最高检规范证据标准，刑讯逼供所得证据将被否定》，《南方都市报》2009年8月10日。

接或者变相刑讯逼供方式以获得口供的做法。[①]令人欣慰的是，2010年5月，最高人民法院、最高人民检察院、公安部、国家安全部和司法部联合制定了《关于办理死刑案件审查判断证据若干问题的规定》和《关于办理刑事案件排除非法证据若干问题的规定》。其中，《办理死刑案件证据规定》第19条规定："采用刑讯逼供等非法手段取得的被告人供述，不能作为定案的根据"。根据《非法证据排除规定》第1条和第2条的规定，采用刑讯逼供等非法手段取得的犯罪嫌疑人、被告人供述为非法言词证据，予以排除。这标志着我国刑事诉讼制度进一步法治化，值得肯定。

但需要指出的是，禁止刑讯逼供、规定刑讯逼供所得口供等六种证据禁用于死刑案定案并不意味着嫌疑人享有保持沉默的权利。"禁止"是对刑事执法人员的要求，他们拥有强大的刑事权力；保持沉默是嫌疑人的权利，更准确地说，保持沉默是嫌疑人对抗执法人员刑事权力的权利，刑讯逼供这种滥用刑事权力的做法正是保持沉默权利对抗的对象。因此，禁止刑讯逼供和保持沉默是两个不同性质的问题，它们作用的方向也不相同。单方面要求刑事执法人员不要刑讯逼供，缺乏对其形成抗衡的权利——保持沉默权利的存在，这样的要求就失去了外在的控制，无异于要求执法人员自我约束，因此，并不能够有效控制刑讯逼供现象的发生。事实证明，正是保持沉默权利的缺失，使得刑讯逼供无所顾忌，这也是刑讯逼供屡禁不止的重要原因之一。所以，为了有效落实我国宪法关于"国家尊重和保障人权"的基本原则，切实保护公民的人身自由，有必要将保持沉默的权利规定为宪法权利，同时规定为刑事程序性权利。

（二）启发之二：刑事程序性规则应该规范、具体

汤姆金斯案是美国联邦最高法院关于米兰达规则适用的最新解释。

---

① 参见林莉红、邓刚宏《审前羁押期间被羁押人权利状况调查报告》，《中国刑事法杂志》2009年第6期。

规范、秩序与公法

在米兰达案之后的四十多年里，联邦最高法院对米兰达规则适用中的许多具体细节问题进行了解释，比如警察延迟告知嫌疑人米兰达警告是否合法？[①] 如何判断嫌疑人行使米兰达权利的方式有效与否？[②] 告知犯罪嫌疑人的米兰达警告有缺陷是否影响其效力？[③] 等等。最高法院的解释为联邦与各州相关法律的制定、联邦与州法院对于同类案件的审判、警察和检察官的刑事执法实践提供了根据。

由于我国法律系统在整体上具有成文法系的主要特征，因而法院判决并不像普通法系国家那样具有当然的先例效力。这就需要我们从制定法层面进一步完善刑事诉讼法律制度，特别是犯罪嫌疑人程序性权利的保护制度。

总的来说，对于刑事诉讼领域程序性规则的制定应该更加规范、具体。一方面，刑事程序性规则在规范上应该做到符合宪法和法律的规定，同时具有合理的目标定位。任何一个国家都不同程度地存在着打击犯罪与保护嫌疑人权利之间的矛盾，中国也不例外。但是，我们不应该因为强调前者而忽视后者，而应该将两者放在同等重要的地位，因而规则设计的出发点应该是兼顾两者的需要。不容否认的是，刑事执法人员的职责是打击犯罪，同时，他们也有责任遵守宪法，保护嫌疑人的权利。在刑事执法实践中，尤其必须避免为了满足"侦破率""结案率""限期破案"等要求，放弃对嫌疑人权利的保护，甚至侵害他们的权利。另一方面，刑事程序性规则应该具体、明确，宜细不宜粗，避免给刑事执法留下不必要的自由裁量空间。如前所述，最高法院在汤姆金斯案进一步肯定了在巴特勒案中确定的关于嫌疑人放弃米兰达权利的认定标准，即虽然嫌疑人并没有明确表示放弃米兰达权利，但警察可以通过嫌疑人的言行和案件的具体情况来判断其是否放弃了权利，这一决定给了警察宽泛的执法裁量权，极容易造成损害

---

① 比如 New York v. Quarles, 467 U.S. 649 (1984); Missouri v. Serbert, 542 U.S. 600 (2004).

② 比如前文提到的巴特勒案和戴维斯案。

③ 比如 Duckworth v. Eagan, 492 U.S. 195 (1989); Florida v. Powell, 559 U.S. 50 (2010).

嫌疑人权利的结果。这也是汤姆金斯案留下的教训之一。在这个意义上，我们可以认为，汤姆金斯案判决不仅仅是一个技术性问题，而且是关系到宪法第 5 修正案的核心问题。这提醒我们，刑事执法的任何一个细节都会给嫌疑人的权利造成影响，因此，必须审慎地对待每一个具体规则。

米兰达规则适用标准的突破与进步*

  2011年6月16日,美国联邦最高法院以5∶4的表决结果对J.D.B.诉北卡罗来纳州案(以下简称J.D.B.案)作出判决:推翻北卡罗来纳州最高法院的决定,案件发回重审。①J.D.B.案是美国联邦最高法院迄今为止审结的有关米兰达规则适用条件的最新案例,该案需要就未成年人嫌疑人的年龄与其所处拘留状态之间的关系作出判断,实质上涉及米兰达规则的适用条件以及米兰达规则适用中的未成年人宪法权利保护问题,"J.D.B."即为本案未成年人上诉人名字的缩写。J.D.B.案受到了社会的广泛关注,在该案进入联邦最高法院之前的州级法院庭审中,不同团体和个人发表了"法庭之友"意见书,其中,美国公民自由联盟、美国律师协会和全美刑事辩护律师协会发表了支持J.D.B.的意见书,30个州和2个"准州"的总检察长则发表了支持北卡罗来纳州的意见书。②这种情况在过去的案件审判中颇为少见,足以看出该案的重要与争议程度。本文拟对J.D.B.案进行分析与评价,并尝试探讨中国法治建设可以从中获得的启发和借鉴。

---

  * 本文原载于《江苏社会科学》2012年第3期,已作修改。
  ① J.D.B. v. North Carolina, 564 U.S. 261 (2011).
  ② 参见 http://en.wikipedia.org/wiki/J._D._B._v._North_Carolina, 2011年7月12日访问。

一 案例回溯：米兰达规则适用中的拘留状态分析

J.D.B.案需要决定米兰达规则适用过程中，未成年人的年龄对于"拘留状态"（in custody，也称作"被拘留"）分析与判断的意义。在此，我们有必要对联邦最高法院有关拘留状态分析与判断的案例法历史进行简要梳理。

1966年的米兰达案形成了米兰达规则：一个人被拘留或者被剥夺行动自由后，除非执法官员可以证明，已经采用程序性安全措施有效地保护了他享有的反对强迫自证其罪的宪法第5修正案权利，否则，执法官员对被拘留之人进行讯问所得的供述不可以被检控方所采用，无论是用于证明其有罪还是为其免责。在缺乏其他有效方法时，下列保护第5修正案权利的程序必须被遵守：一个被拘留的人，在被讯问之前，必须被清楚地告知，他有保持沉默的权利，他所说的一切将被用作法庭上对他不利指控的证据；他必须被清楚地告知，在讯问期间，他有同律师商谈的权利和要求律师和他在一起的权利，如果他因穷困而请不起律师，他将被指定一位律师。[1] 其中，讯问前告知被拘留之人的四项内容通常被称为米兰达警告或者米兰达权利。这个决定表明，"一个人被拘留或者被剥夺行动自由后"是米兰达规则适用的条件或者前提，换言之，只有在这样的前提下，警察才必须宣布米兰达警告；如果不满足这样的前提条件，警察可以不告知米兰达权利，也不产生对警察不利的后果。问题在于：如何判断"一个人被拘留或者被剥夺行动自由"。一般来说，拘留状态显然不难确定，警察对嫌疑人实施逮捕就是典型表现，但也存在一些情况，似乎界限就不那么清晰，因而需要及时作出判断。

在米兰达案之后的警察执法实践中，围绕米兰达规则适用过程中嫌疑人是否处于拘留状态的问题，联邦最高法院判决了一系列相关案件，形成了拘留状态分析的案例法检验与判断标准，代表性的案例

---

[1] Miranda v. Arizona, 384 U.S. 436 (1966).

如 1984 年的伯克曼案、1994 年的斯坦白瑞案、1996 年的汤普森案和 2004 年的亚布若案。[①] 其中，在 1984 年的伯克曼案中，法院首次提出了"被拘留"与"理性人"概念。法院认为，法院不能认可被告在警察局所作的供述，因为那时他处在"被拘留"状态，而警察没有向他宣布米兰达权利。在判断是否处于被拘留状态时，仅有的一个相关要求是：一个处在被怀疑地位的理性的人，如何理解他的境遇。[②] 在 1994 年的斯坦白瑞案中，法院指出，在决定一个人是否处于被拘留状态时，法院必须调查讯问时周围的所有情况。拘留状态的确定取决于讯问时的客观环境。[③] 在 1996 年的汤普森案中，法院决定认为，嫌疑人是否处于被拘留状态是一种客观要求。有两个互不相联的要件起着决定性作用：其一，讯问时的周围环境是什么样的；其二，在这样的环境下，一个理性的人是否能够感到有终止讯问和离开的自由。法院必须运用一个客观检验标准做出判断：是否存在正式的逮捕或者与正式逮捕程度相同的对行为自由的控制。[④] 这一决定被称为"客观拘留分析标准"，也成为以后案例中进行相应判断的依据与方法。

2004 年的亚布若案与 J.D.B. 案具有基本相同的性质。在该案中，受到侦探讯问的嫌疑人是一个 17 岁的未成年人，侦探开始对其讯问前，没有向他宣布米兰达权利，因而他请求法院排除由此获得的证明其有罪的供述，遭到加利福尼亚州地方法院否定，加州地方上诉法院和加州最高法院维持原决定。后来，联邦第九巡回上诉法院推翻了加州法院的决定，但这一推翻最终被联邦最高法院再度推翻、原决定被维持。加州地方法院的判决理由是：侦探讯问他时，他并未处于被拘留状态，因而无须宣布米兰达警告；联邦上诉法院则认为，州法院的错误在于：

---

① Berkemer v. McCarty, 468 U.S. 420 (1984); Stansbury v. California, 511 U.S. 318 (1994); Thompson v. Kenhane, 516 U.S. 99 (1996); Yarborough v. Alvarado, 541 U.S. 652 (2004).

② Berkemer v. McCarty, 468 U.S. 420 (1984).

③ Stansbury v. California, 511 U.S. 318 (1994).

④ Thompson v. Kenhane, 516 U.S. 99 (1996).

在判断一个被讯问的理性的人是否能够感到有离开的自由时，没有考虑他的未成年人状态和经验。嫌疑人的年龄和经验必须被看作是米兰达拘留状态分析中的要素；联邦最高法院不认同这一判断，认为拘留状态分析是一种客观检测方法，并不涉及嫌疑人的年龄和其经验，因而不需要考虑嫌疑人的个体特征——包括其年龄。但是，该案的反对意见即少数意见认为年龄是一个重要的相关因素。[①]

J.D.B. 案所要回答的也正是这个问题：年龄是否与拘留状态相关？这里的结论显而易见：如果相关，则 J.D.B. 在被讯问时处于被拘留状态，按照米兰达案的决定，必须对他宣布米兰达警告，否则，他的供述不能够作为对其进行有罪指控与判决的根据；相反，如果 J.D.B. 不是处于被拘留的状态，那么，无须向其宣布米兰达警告，警察的讯问在程序上也就合法了。

二 J.D.B. 案始末：争议与决定

上诉人 J.D.B. 案发时年龄为 13 岁，是北卡罗来纳州一所中学的 7 年级学生。警察在对两起入室抢劫事件调查过程中，了解到 J.D.B. 曾经出现在事发地点附近，不久，发现事件中丢失的数码相机在 J.D.B. 就读的中学出现，并为 J.D.B. 所占有。一位青少年犯罪侦查员遂前往 J.D.B. 所在学校，J.D.B. 被一位身穿制服的警官从教室带到一间大门紧闭的会议室，在那里，警察和学校管理人员对 J.D.B. 讯问了至少 30 分钟。讯问开始前，警察没有向 J.D.B. 宣读米兰达警告，也没有给他与他的祖母——其法定监护人——打电话联系的机会，更没有告知他可以自由离开会议室。J.D.B. 起初否认自己与入室抢劫有关联，在警察极力恐吓并介绍了青少年监禁所的情况之后，J.D.B. 开始坦白供述。然后，侦查员仅仅告知 J.D.B.，他可以拒绝回答问题并且可以自由离开。当问到是否明白被告知内容的意思时，J.D.B. 点了点头，随即交代了其行为的具体细节，并在侦查员的要求下，书写了一份供词。放学后，

---

① Yarborough v. Alvarado, 541 U.S. 652 (2004).

规范、秩序与公法

J.D.B. 被允许离开学校回家。据此，J.D.B. 被指控两项青少年犯罪：强行入侵他人住宅罪和盗窃罪，他的辩护律师申请排除通过上述方式获得的 J.D.B. 的供述和证据，因为 J.D.B. 在没有被宣布米兰达警告的情况下，被警察拘留讯问，他的供述是非自愿的。地方法院拒绝了这一请求，认为 J.D.B. 在学校被讯问时并非处在拘留状态，其供述确为自愿，遂宣判罪名成立，北卡罗来纳州上诉法院和最高法院维持了原判决。北卡罗来纳州最高法院认为 J.D.B. 在供述时不是处于拘留状态，拒绝将拘留状态检验扩展到考虑被警察讯问的嫌疑人的年龄。这一决定被联邦最高法院推翻。联邦最高法院指出，未成年人的年龄完全适合于对米兰达规则中拘留状态的分析，北卡罗来纳州法院必须重审此案，判断 J.D.B. 被警察讯问时是否处于被拘留的状态，解答这一问题时，应该考虑一切与讯问相关的情况与环境因素，包括 J.D.B. 当时的年龄。①

联邦最高法院的判决意见由索托马约尔大法官（J. Sotomayor）传达，肯尼迪大法官（J. Kennedy）、金斯伯格大法官（J. Ginsburg）、布雷尔大法官（J. Breyer）和卡根大法官（J. Kagan）加入。法院意见指出，本案所呈现的争议是被警察讯问的未成年人嫌疑人的年龄是否与米兰达案决定中的拘留状态分析相关联。毫无疑问，未成年人经常感到受制于对他们讯问的警察，而在相同情况下，成年人则会感到有离开的自由。我们看不出有任何理由能够让警察和法院对这个常识性的事实熟视无睹，因而我们的结论是：未成年人的年龄完全适合于对米兰达规则中拘留状态的分析。法院审判意见的论证思路可以归结为以下"三步分析法"。②

第一步：回顾评价先例。法院指出，警察的羁押讯问具有强迫性压力，它可能导致相当高比例的人承认自己从未犯下的罪行，当受到羁押讯问的对象是青少年时，这一风险就更大。根据汤普森案，判断

---

① J.D.B. v. North Carolina, 564 U.S. 261 (2011).
② 以下关于法院意见的内容根据案件材料总结而成，详见 J.D.B. v. North Carolina, 564 U.S. 261 (2011).

一个嫌疑人是否处于拘留状态，取决于两个要素：一是讯问时的周围环境；二是一个身处此环境下的理性人是否能够感到有终止讯问和离开的自由。警察和法院必须审查讯问所处的所有环境要素，包括那些"可能对一个处在嫌疑人地位的理性人"感知其"离开的自由"时产生影响的要素。客观分析标准的优点在于为警察设计了一个清晰的指南，通过对客观环境要素的限制性分析，警察可以探询一个身处嫌疑人地位的理性人能够理解其有终止讯问和离开自由的方式与程度，无须去预期每个嫌疑人的特质和推测那些特殊的影响嫌疑人内心主观状态的方式，不用猜测对他来说不可知的环境要素，也没有责任在决定宣布米兰达权利的时候，考虑偶然的心理因素。

第二步：具体说理分析。法院首先明确立场："州法院和其法庭之友主张，未成年人的年龄在拘留状态分析中没有地位，不管受到讯问的未成年人的年龄有多小。我们不能同意。在某些情况下，年龄会影响一个身处嫌疑人地位的理性人感知其有离开自由的方式与程度。当一个理性的成年人可以感到有离开的自由时，一个被警察讯问的理性的未成年人，却经常感到服从的压力。有一点毫无疑问：法院对这一事实的考虑并不会损害拘留分析的客观性质。"接着，法院进行了说理分析：（1）未成年人的年龄让我们得出关于行为和感知的常识性结论，这些结论能够适用于作为一种类别存在的未成年人。比如我们观察到，未成年人一般比成年人更加不成熟和缺乏责任心，他们缺乏经验、主见、判断能力去认清和避免对他们有害的选择，更容易受到外界压力的攻击或者影响等。警察讯问过程的一些内容让成年人无动于衷，却能够震慑和制服一个未成年人。立法也具有相同的假定，对于未成年人法律资格的立法剥夺——比如限制他们让渡财产的权利等，就反映了一种牢固的观念即对于青少年的特性区分是普遍存在的。而且，在"理性人"标准适用的地方，普通法也显示出了一个事实——未成年人不同于成年人。（2）只要在会见时，未成年人的年龄是警察知道的、或者客观地显示在了一个理性的警察面前，则将年龄作为拘留状态分析的一部分，并没有要求警察去考虑他们"未知的"环境。考虑年龄，并不涉及决定年龄如何去影响一个特定未成年人的心理主观状态问题。相反，不考虑年龄是荒谬的。J.D.B.案就是典型例子。如果法院阻止考虑J.D.B.的年龄，则会强迫一个成年理性人用自己的眼睛去评价现场的环境，而对于孩子们来说，学校讯问过程中的某些客观环境是特殊的。不考虑受到这些环境控制的未成年人的年龄，警察和法院都不可能对客观环境的影响做出合理评价。（3）本案的北卡罗来纳州最高法院指出，在拘留分析中加入未成年人的年龄要素，会被认为是"创造了一种主观要求"。我们认为：只要未成年人的年龄为警察所知，或者客观地显示在一个理性的警察面前，那么，将年龄作为拘留状态分析的一部分就是与米兰达检验的客观性质相一致的。这并不意味着未成年人年龄将是案件中决定性的或意义重大的要素，但它是法院不能忽视的事实。

第三步：反驳原审判决。法院指出，州法院提出了大量理由，以论证法院必须无视未成年人被告的年龄，这些理由是没有说服力的：第一，州法院认为，年龄必须被排除在拘留状态分析之外，因为年龄是个人特征，不是讯问所处的"外部"环境，而且，年龄是"内在的"或者说是"心理上的"。但是，拘留状态分析本身就是一个理性人对于周围环境的感知，我们因为年龄具有"内在的"或者"心理上"的影响就简单地把它看作是主观要素，如果这样，那么就根本不存在可以考虑的客观环境要素。第二，州法院认为，为了使得客观拘留分析保持其清晰性，必须排除年龄因素。但事实上，在任何情况下，一个孩子的年龄都不是一个含糊不清的要素，在考虑年龄的时候，并不需要警察具有想象力、认知科学的训练、社会或者人类文化学的专门技术，只需要他们的常识——知道一个7岁孩子不是13岁的孩子且他们都不是成年人。第三，州法院坚持，将年龄排除在之外，不会损害未成年人的宪法权利，因为正当程序的任意性检验标准会考虑孩子的年龄。但是，正是因为在羁押讯问过程中，正当程序的任意性检验标准具有危险性缺陷，米兰达规则的程序性安全装置才得以存在，忽视孩子与成年人之间的差异，将导致为成年人提供安全保障的米兰达规则，不能够为未成年人提供全面的程序性保护。

针对法院意见的推理和决定，阿利托大法官（J. Alito）撰写了反对意见，首席大法官罗伯茨（C.J. Roberts）、斯格利亚大法官（J. Scalia）、托马斯大法官（J. Thomas）加入。反对意见认为，法院决定是不适当和不明智的。它与米兰达规则的核心正当性之一——需要一种可以容易地适用于所有案件的清晰规则——根本矛盾。这个判决对于保护被警察讯问的未成年人的宪法权利毫无必要。反对意见的论证主要集中在对现有规则的肯定与维护上，认为改变现有分析标准则是对米兰达决定的背离。[①]

反对意见认为，米兰达规则这一预防性机制的重要价值就在于其清晰性和确定性。在米兰达案之前，联邦最高法院一直单独运用任意性标准对嫌疑人的供述进行评价，这一标准的宪法根据是第5修正案的"不得自证其罪"条款和第14修正案的"正当程序"条款。任意性标准在衡量非自愿供述的承认问题时，需要考虑嫌疑人的过多特征要素，是一种高度的事实—特定型的宪法规则。正是基于对这种规则的不满意，米兰达案法院才确立了一个严格的刚性标准：[②]要求法院忽视那些对于警察压力具有易感性的特定嫌疑人的个人特征，这种刚性还带来了米兰达规则的主要长处之一——具有被执法官员和法院应用的"容易性与清晰性"。至少到现在为止，清晰性的最关键贡献就在于决定拘留状态时的米兰达客观理性人检测规则。为了操作便捷，拘留状态分析仅仅考虑在一定环境下，一个假设的理性人是否认为自己处在被限制的情形中。当然，有许多嫌疑人与假设的理性人有不同之处，包括那些有过被讯问经历的人，可能根本不需要给予米兰达警告；而对于另外一些对警察讯问的压力特别敏感的嫌疑人来说，米兰达警告到达的时间又可能是太晚了，起不到作用。这是米兰达刚性标准的一

---

① 以下关于反对意见的内容根据案件材料总结而成，详见 J.D.B. v. North Carolina, 564 U.S. 261 (2011).

② 米兰达案法院是指作出米兰达案决定时的联邦最高法院，由沃伦首席大法官（C.J. Warren）主持。

个必然结果。但是，这并不意味着那些特别敏感的嫌疑人的宪法权利不会受保护，他们仍然可以转而诉诸反对实际强迫的宪法规则，主张其供述是在违背意愿的情况下获得的。

反对意见指出，法院判决将米兰达拘留分析中的"一个尺度—满足所有"的理性人检测标准转变成了一种调查：至少考虑一个个体特征——年龄，它被认为是与对强迫性压力的易感性相关的。然而，年龄绝对不是与易感性相关的唯一个体特征。法院将被迫招致米兰达拘留分析标准的根本性转变——从一个清晰的、易于运用的预防性规则变成一个高度的事实—密集型标准，后者类似于米兰达案法院不满意的任意性标准。反对意见坚持：至少有三个理由说明法院没有必要选择今天这样的决定路径。首先，许多被讯问的未成年人嫌疑人的年龄接近成年人，对他们适用原有的检测标准并没有什么不妥；其次，将拘留分析规则适用于未成年人时的很多困难产生于警察在学校讯问时的独特环境，此规则已经考虑了讯问发生的地点，并对这类案件中的学校地点进行了说明，因而能够解决这些问题；最后，在很多类似J.D.B.案的案件中，嫌疑人年龄特别小，法院适用宪法任意性标准时，可以给予特别注意，以确保有罪供述不会通过强迫获得。

三 J.D.B.案的价值：回归、突破与进步

J.D.B.案决定反映了联邦最高法院在米兰达规则适用问题上的最新立场。在笔者看来，J.D.B.案对于相关法律实践和法学理论的价值与功能不可小觑。

1. J.D.B.案与拘留状态分析中米兰达规则适用决定的回归及突破

与以往同类案例不同，J.D.B.案第一次对未成年人嫌疑人的年龄与拘留状态分析之间的关系做出肯定判断，由此确立了拘留状态分析领域米兰达规则适用的新标准，为刑事执法人员提供了明确的适用要求，有利于对未成年人嫌疑人宪法权利的保护。比较J.D.B.案的法院意见（多数意见）与反对意见（少数意见），可以看出二者的差异。索

托马约尔大法官的决定是从米兰达规则的目的性或者主旨来考虑的：应该确立合理的米兰达规则适用标准，防止和避免适用标准的不合理而可能造成对嫌疑人的权利伤害，最大限度地保护嫌疑人的宪法权利；阿利托大法官的反对意见则是从技术性角度来考虑的：应该保证米兰达规则适用的确定性和清晰性，不至于使得这一规则变得随意和任意，防止执法官员过多加入个人因素，或者使得规则难以执行。对比这两种思路，虽然反对意见对规则确定性的"担忧"不无道理，但是，法院意见更加具有合理性和说服力。总体上，相对于目的而言，规则是可以改变的，技术性应该服从于目的性。在这里，我们需要思考和回答两个相关问题：如何判断法院意见与米兰达案决定的关系、法院意见与之前同类案例决定的关系。

按照反对意见，米兰达规则的出现是对其之前相关案例所确定的关于供述方面的司法方法和标准的不确定性的一种克服，米兰达规则的确定性是其存在的正当性之所在，J.D.B.案的法院决定无疑又回到了米兰达案之前的状态，因而该案是倒退。一方面，反对意见将法院意见对于年龄与拘留状态分析的新标准归为"主观要求"，由此给其贴上了"随意性"的标签，这是一种误解或者曲解。将未成年人嫌疑人的年龄纳入拘留状态分析的要求因素中，并不是让执法官员任意主观裁判，也不需要他们掌握多少专门知识和技能，只是客观反映嫌疑人的特征，因而没有改变拘留状态分析的"客观性"要求。另一方面，米兰达规则的确定性与清晰性的确是其显著优点，但并不是米兰达决定之内涵与意义的全部，作为落实宪法第5修正案权利的具体化措施，米兰达决定的根本目的在于为犯罪嫌疑人的宪法权利保护提供程序性保障，因此，规则的设定应以是否有利于嫌疑人宪法权利的保护为标准。J.D.B.案决定符合这一根本要求。在这个意义上，我们可以把J.D.B.案看作是对于米兰达案主旨的回归。

相对于法院在以往案例中确立的拘留状态分析的要求而言，J.D.B.案决定没有偏离，尽管在这一点上多数意见与少数意见存在分歧，J.D.B.案实际上沿用了以往的标准。J.D.B.案决定的更新之处在于对2004年亚布若案决定的纠正：从否定未成年人嫌疑人的年龄与拘留状态分析相关到肯定二者之间的关系，因而可以称得上 J.D.B. 案"推翻"亚布若案。先例规则为法院审理同类案件提供了确定性的标准，避免了司法裁判的随意性，但也存在一定的风险——不合理的先例为后来同类案件的判决提供了不合理的依据。可见"遵循先例"是一种合理性与局限性并存的规则。这就决定了先例并非不可推翻，当它被认为明显不合理而成为后来判决的束缚和障碍时，就到了应该被"重写"的关头。亚布若案正是如此。J.D.B. 案推翻亚布若案的结果是对于后者决定不合理性的更正，标志着对拘留状态分析之米兰达规则适用原有司法判断的突破——新的认识取代旧的认识，并且这一新认识为法院多数法官所接受。

2. J.D.B. 案与"理性人"法律标准的更新和进步

根据《布莱克法律辞典》的解释，理性人（reasonable person）是法律所拟制的人即假定的人，被用以作为一种法律标准，尤其用来作为决定一个人的行为是否存在过失时的法律标准。一个理性人的行为是明智的，做事不会严重拖延，并且能够采取适度而不过分的预防措施。[1]这一法律用语常用于侵权行为法和刑法中。

在 J.D.B. 案中，法院意见在分析未成年人年龄与拘留状态之间的关系时，提到理性人标准问题。在法院意见看来，将理性人标准运用于未成年人对自己所处拘留状态的判断时，存在一定的局限性。因为未成年人与成年人不同，他们对于自己行为的预期和判断不会像成年人那样明智和适当，比如，在一个成年人看来明显具有离开自由的情形，未成年人往往感到被警察束缚与控制，因而未成年人不能被看作是完全的理性人。正是由于存在如此差异，警察和法官在判断嫌疑人是否处于拘留状态时必须考虑嫌疑人的年龄，只有这样做，才不至于

---

[1] Bryan A. Garner, *Black's Law Dictionary (Third Pocket Edition)*, Thomson/West Publishing Co., 2006, p. 594.

将拘留状态误判为非拘留状态，不给予嫌疑人米兰达警告，由此违反米兰达规则。

正如法院意见指出的，长期以来的司法实践与相关立法都将未成年人的理性人地位进行了"不完全化"处理，对于未成年人在法律行为和法律责任上的限制性规定就是典型例证，这说明理性人法律标准并不是绝对地适用于所有人。显然，这一认识并不是J.D.B.案审判时才形成的，它早已成为法律界的"常识"。但是，在拘留状态分析领域，从1984年伯克曼案首次提出理性人标准之后、到2011年J.D.B.案之前，没有法官对这个"常识"作相应思考，更没有把这一常识与米兰达规则适用案件中的理性人标准联系起来，而是将理性人标准不加区别地适用于所有嫌疑人。J.D.B.案第一次将理性人标准相对地运用于未成年人年龄因素的分析，为判断未成年人嫌疑人是否处于拘留状态提供根据，这是对米兰达规则适用领域理性人法律标准的更新，标志着司法裁判的进步。确实，对于年龄的考虑以及年龄与被拘留状态之间关系的判断，本身并不需要多么深奥的推理和复杂的逻辑。然而，亚布若案的多数意见和J.D.B.案的少数意见却不愿意承认这一常识，这就非常耐人寻味。事实上，对常识的漠视，并不是只有法官才为之，正相反，法官常常尊重常识。也许最朴素的常识往往最不容易被重视，殊不知，恰恰是一些被我们忽略的常识，促进了司法乃至整个人类社会的进步。

3. J.D.B.案与未成年人宪法权利保护程度的提高

由J.D.B.案可以看出，在有关未成年人嫌疑人的米兰达规则适用案件中，未成年人的年龄是一个敏感因素，它涉及对于未成年人拘留状态的分析，而分析结果决定了他们是否应该被告知米兰达警告，由此直接关涉到他们的宪法权利。就米兰达案本身而言，并没有规定嫌疑人的年龄与其获得米兰达警告之间存在联系。换言之，米兰达规则没有限定嫌疑人的年龄，无论是什么年龄的人，只要处在被拘留状态，在接受执法人员讯问之前，就有权获得米兰达警告。反过来说，执法人员必须向其宣布米兰达警告，否则即构成违法，因而嫌疑人的年龄不是执法人员应否宣布米兰达警告的一个条件或者标准。然而，"拘留状态"是米兰达规则的适用条件，未成年人与成年人对拘留状态的感知是不同的，所以，未成年人的年龄是否与拘留状态分析相关就成为需要法院回答的问题。

从历史上看，J.D.B. 案之前，联邦最高法院曾经在不少案例中，对未成年人年龄与他们对外部环境的反应问题有所讨论。[1] 比如，最高法院在 2005 年西蒙斯案中认为，"18 岁以下的青少年与成年人存在着诸多不同之处，这些差异表明，青少年罪犯不能轻易地被归入到罪大恶极的罪犯类别中去。青少年自身具有弱点、对其周围环境相对缺乏控制力，这表明青少年比成年人更有理由要求获得原谅——为他们没有能够避免给自己周围环境造成负面影响的行为……即使一个青少年犯了极端的重罪，我们也很难得出结论说——这是他无可救药的邪恶本性的证据"。[2] 法院在以往案例中的认识无疑为 J.D.B. 案决定提供了经验。J.D.B. 案将未成年人的年龄纳入到与拘留状态分析的要素中，肯定并沿用了法院判决长期以来将未成年人作为一种区别于成年人的类别来对待的传统。

以年龄作为标志划分类别是法律归类的一种形式，其根据在于：承认未成年人与成年人在智识与经验上的差异，从而对他们相同性质的行为作出法律效果上的不同评价。年龄归类将未成年人看作是法律上的"弱者"——需要关注他们的弱点、实现法律的倾向性保护。在米兰达规则适用领域，年龄归类具有重要意义：尽管宪法第 5 修正案规定了反对强迫自证其罪的权利，米兰达规则也为这一权利的实现提供了程序保障，但是，未成年人因为智识与经验上的弱点，无从认知或者感知其所处的拘留状态，如果执法人员又怠于告知米兰达警告，对于未成年人来说，宪法权利与米兰达规则就无异于形同虚设。

---

[1] 参见 Eddings v. Oklahoma, 455 U.S. 104 (1982); Bellotti v. Baird, 443 U.S. 622 (1979); Roper v. Simmons, 543 U.S. 551 (2005); Haley v. Ohio, 332 U.S. 596 (1948).

[2] 参见 Roper v. Simmons, 543 U.S. 551 (2005).

J.D.B.案要求警察和法官在分析拘留状态时考虑未成年人嫌疑人的年龄，有效地提高了未成年人宪法权利的保护程度。

4. J.D.B.案回归、突破与进步的可能和实现——主观与客观条件

回顾案例法历史，我们知道，J.D.B.案与2004年亚布若案具有直接相关性——都涉及米兰达规则适用过程中未成年人被告的年龄与拘留分析之间的关系问题。其中，J.D.B.案中嫌疑人的年龄是13岁，亚布若案中嫌疑人的年龄是17岁，不同的是，坚持将年龄纳入拘留分析中的观点在亚布若案中是反对意见即少数意见，而在J.D.B.案中成为法院意见即多数意见。事实上，如果就米兰达规则适用案件中多数意见与少数意见之间的转化而言，J.D.B.案与最高法院在2009年开庭期审判的汤姆金斯案也存在内在的关联性，尽管它们不是就米兰达规则适用中的同一个问题作出判断。汤姆金斯案涉及犯罪嫌疑人保持沉默的权利的行使方式，联邦最高法院判决：嫌疑人必须以明示的方式明确地援引其保持沉默的权利。[①] 在汤姆金斯案——为嫌疑人行使保持沉默的权利施加过重负担的案件中，索托马约尔大法官发表了反对意见即少数意见，而在J.D.B.案中，她发表了有利于对未成年人嫌疑人宪法权利保护的法院意见即多数意见。

从客观上看，多数意见与少数意见的转化反映了美国判例法的一般特征。根据美国司法传统，法院公布某个案件的判决结果时，连同法院意见一并公布的还有对判决的赞同意见、对判决的反对意见即少数意见，法律专业人士和社会公众可以对它们进行公开评判和讨论。但是，法院意见未必就是正确的，反对意见也未必就是错误的，它们都需要接受时间和历史的检验。美国宪法案例史上不时出现这样的情形：在同一争议领域，前面一个案例中的少数意见会成为后面一个案例中的多数意见，这说明少数意见的合理性可以被大多数法官所认识，进而理解、尊重和接受。相反，不合理的多数意见也逐渐被认识和摒

---

① Berghuis v. Thompkins, 560 U.S. 370 (2010).

弃。在这个意义上，我们可以认为，允许法官发表并公布反对意见是法院在以后的审判活动中改正不合理的法院意见的重要途径，无疑是一种法院内部的纠错与自新机制，反映了判例法的一个优势所在：在多数意见和少数意见的交锋中，理性的见解和判断会具有更强大的生命力。

  从主观上看，多数意见与少数意见转化反映了法官的立场差异与结构变化。总体上，我们可以把法官的立场区分为保守或者自由，由此对他们作保守派和自由派之分。自由派法官与保守派法官通常会就同一案件的判决给出不同的答案。这一点在米兰达规则适用案件审理方面表现得非常突出。仍以上述三个案件为例。2004年亚布若案的表决比例是：肯尼迪大法官传达法院意见，首席大法官伦奎斯特（C. J. Rehnqusit）、奥康娜大法官、斯格利亚大法官（J. Scalia）、托马斯大法官（J. Thomas）加入，布雷尔大法官发表反对意见，斯蒂文斯大法官（J. Stevens）、苏特大法官（J. Souter）和金斯伯格大法官加入；2010年汤姆金斯案的意见对比情况是：肯尼迪大法官传达法院意见，首席大法官罗伯茨、阿利托大法官、斯格利亚大法官和托马斯大法官加入，索托马约尔大法官撰写反对意见，斯蒂文斯大法官、金斯博格大法官、布雷尔大法官加入；2011年J.D.B.案的表决结果是：索托马约尔大法官传达法院意见，肯尼迪大法官、金斯博格大法官、布雷尔大法官和卡根大法官加入，阿利托大法官发表反对意见，首席大法官罗伯茨、斯格利亚大法官和托马斯大法官加入。

  从亚布若案到汤姆金斯案，最高法院多数法官在米兰达规则适用问题上的保守立场没有改变。尽管这期间发生了法官的人事变动：伦奎斯特首席大法官去世、奥康娜大法官和苏特大法官退休，首席大法官罗伯茨、索托马约尔大法官和阿利托大法官分别进入，可见法官的吐故纳新没有改变其保守与自由立场的结构。从汤姆金斯案到J.D.B.案，法官的人事调整是：自由派大法官斯蒂文斯退休，卡根大法官进入。作为奥巴马政府的前任副总检察长，卡根大法官在汤姆金斯案中发表的法庭之友意见，着实让人担心其在以后米兰达规则适用案件中可能的保守立场,[①]然而,她加入了 J.D.B. 案的多数意见,似乎应了那句"立场随身份而动"的老话。值得一提的是,亚布若案和汤姆金斯案中保守立场的代表人物肯尼迪大法官,在 J.D.B. 案中根本转变了其立场,站在了自由派法官的队伍中。否则,即便卡根大法官接替大法官斯蒂文斯的职位以及其自由立场,也不会改变自由与保守之间 4∶5 的比例,J.D.B. 案仍然会像汤姆金斯案一样,以保守派的意见结案。特别令人欣慰的是,索托马约尔大法官坚持了她在米兰达规则适用案件中一贯的自由派立场:以嫌疑人的权利保护为核心,终于使得亚布若案和汤姆金斯案的少数意见转换为 J.D.B. 案的多数意见。面对 1984 年以来,米兰达规则适用案件中保守派法官的观点频频成为法院意见的"残酷现实",有学者发出了"生存还是死亡"的哈姆雷特式疑问。[②] 幸而有索托马约尔这样坚定的自由派法官,能够在 J.D.B. 案中力挽狂澜。不夸张地说,J.D.B. 案标志着米兰达规则在索托马约尔大法官手中的"复活"。

四 结语:J.D.B. 案的中国意义

J.D.B. 案堪称米兰达规则案例法历史上的又一个里程碑式判决。它不仅是对米兰达案决定的回归,也突破了长期形成的米兰达规则适用案件审判中的保守思维,从而实现了一定程度的司法进步。对于中国的法治建设来说,J.D.B. 案具有借鉴意义。

第一,《刑事诉讼法》应该以保护嫌疑人(被告人)的宪法权利为目标定位。

与米兰达案一脉相承,J.D.B. 案判决以保护嫌疑人的宪法权利为核心追求,这就决定了具体规则的设计和相应程序的构建与这一目标

---

① 参见赵娟《保持沉默必须明示? 2010 年美国联邦最高法院汤姆金斯案评析》,《中国刑事法杂志》2010 年第 12 期。

② William F. Jung, "Not Dead Yet: The Enduring Miranda Rule 25 Years after the Supreme Court's October Term 1984", 28 *St. Louis U. Pub. L. Rev.* 447 (2009).

定位保持方向和归属上的一致性。正是在这个意义上，我们认为法院意见更准确、更深刻地反映了米兰达案的宗旨，反对意见对于既有规则之"清晰性"与"易于操作性"的强调虽然不无合理性，但相对于目标的坚持而言，有"舍本逐末"之嫌。这就启发我们：我国的刑事诉讼规则应该以什么样的目标来设计？

　　刑事诉讼规则不可避免地涉及权力与权力之间的关系。我国《宪法》第135条规定："人民法院、人民检察院和公安机关办理刑事案件，应当分工负责，互相配合，互相制约，以保证准确有效地执行法律"。因此，《刑事诉讼法》必须对人民法院、人民检察院和公安机关三者之间的权力进行合理配置。但是，权力与权力之间的分工、配合与监督并不是刑诉法的目的，而是手段，刑诉法的目的在于落实保护公民人身权利、财产权利等宪法权利的刑事诉讼程序，特别是从程序上保障处于嫌疑人（被告人）身份的公民的宪法权利。因而更根本和更重要的是：刑诉法必须对权利与权力之间的关系做出合理安排，换言之，以最有利于保护公民宪法权利的目标来设计权力与权力、权力与权利的运行规则。诚然，任何一个国家都不同程度地存在着打击犯罪与保护人权之间的矛盾，中国也不例外。刑事执法人员的职责是打击犯罪，但同时他们也有责任遵守宪法，保护人权。面对两者之间的紧张关系，如果我们仅仅强调打击犯罪而忽视保护权利，则会使得刑事诉讼程序的价值天平倾向于打击犯罪这一端——刑事执法机关的权力，嫌疑人的权利就可能变成被忽略甚至被牺牲的对象。这恰恰是长期以来刑讯逼供屡禁不止的根源所在。因此，必须在刑诉法的定位上明确嫌疑人权利保护的目标。只有在这个目标之下，具体规则的设计才可能是合理的。

　　2012年3月14日，第十一届全国人民代表大会第五次会议通过了对《中华人民共和国刑事诉讼法》第二次修正的决定。根据新《刑事诉讼法》第2条的规定，刑诉法的任务是"保证准确、及时地查明犯罪事实，正确应用法律，惩罚犯罪分子，保障无罪的人不受刑事追究，教育公民自觉遵守法律，积极同犯罪行为作斗争，维护社会主义法制，尊重和保障人权，保护公民的人身权利、财产权利、民主权利和其他权利，保障社会主义建设事业的顺利进行"。将"尊重和保障人权"作为刑诉法的任务之一，反映了新刑诉法目标定位上的转变趋势，具有积极的进步意义，值得肯定。

但不容忽视的是，该法相关内容的规定并没有完全体现这一目标。以备受关注的"不得强迫任何人证实自己有罪"规定为例，可以窥出一斑。第50条规定："审判人员、检察人员、侦查人员必须依照法定程序，收集能够证实犯罪嫌疑人、被告人有罪或者无罪、犯罪情节轻重的各种证据。严禁刑讯逼供和以威胁、引诱、欺骗以及其他非法方法收集证据，不得强迫任何人证实自己有罪。必须保证一切与案件有关或者了解案情的公民，有客观地充分地提供证据的条件，除特殊情况外，可以吸收他们协助调查"。在此，"不得强迫任何人证实自己有罪"的内容显然是有利于嫌疑人权利保护的。然而，第118条第1款规定："侦查人员在讯问犯罪嫌疑人的时候，应当首先讯问犯罪嫌疑人是否有犯罪行为，让他陈述有罪的情节或者无罪的辩解，然后向他提出问题。犯罪嫌疑人对侦查人员的提问，应当如实回答。但是对与本案无关的问题，有拒绝回答的权利"。其中，关于"犯罪嫌疑人对侦查人员的提问，应当如实回答"的要求说明嫌疑人没有沉默权。

我们知道，"不得强迫自证其罪"的实现条件之一，就是嫌疑人（被告）的沉默权。保持沉默在本质上是嫌疑人对抗刑事执法人员权力的权利，尤其是对抗刑讯逼供等刑事滥权行为的法律根据，没有沉默权，"不得强迫自证其罪"的规定没有意义。不仅如此，该条第2款规定："侦查人员在讯问犯罪嫌疑人的时候，应当告知犯罪嫌疑人如实供述自己罪行可以从宽处理的法律规定"。这表明侦查人员可以合法地诱导嫌疑人主动证实其罪，这一规定显然与"不得强迫自证其罪"条款相冲突，因为它混淆了"定罪"与"量刑"两个完全不同性质的问题，量刑是犯罪的结果，确定有罪是前提，以量刑上的从宽换取嫌疑人的自证其罪背离了"不得强迫自证其罪"的原则。作为刑事执法人员，需要证明嫌疑人有罪，这是他们的责任，而嫌疑人没有责任证明自己的无罪，更不应该被诱使因量刑上的从宽而证明自己有罪。可见，刑诉法修正草案虽然在个别细节上有一定进步，但仍然没有以嫌疑人的宪法权利保障为出发点，换言之，新刑诉法没有真正实现从"专政工具"到"保障手段"的根本转型。

第二，应该强化法院与律师在刑事诉讼过程中的权力与责任。

法院与律师是刑事程序中不可或缺的角色。在 J.D.B. 案，J.D.B. 的辩护律师提出了非法证据的排除请求，因为执法人员在没有向 J.D.B. 宣布米兰达权利的前提下，对其讯问获得的供述不能作为证明其有罪的证据。这一主张最终得到了联邦最高法院的肯定。可见，没有律师与法院，嫌疑人的宪法权利难以得到有效保护。

事实上，作为宪法第 5 修正案反对强迫自证其罪条款的"安全装置"，米兰达规则本身就是法院与律师共同作用的结果。1963 年，亚利桑那州菲尼克斯市警察拘捕米兰达后，在没有告知其有权要求律师在场的情况下对他进行了讯问，取得了由米兰达签名的书面供词，后该供词被陪审团采纳作为判断其有罪的证据。对此，他的辩护律师提出了异议，但没有被法院接受，米兰达遂被判犯有绑架和强奸罪。1966 年，联邦最高法院受理该案，推翻了原有判决，法院意见创设了从刑事执法程序上保护嫌疑人宪法权利的米兰达规则。[①]因此，对于嫌疑人的权利保护而言，法院与律师"两股合力"缺一不可。

从总体上看，新刑诉法在对刑事诉讼过程的公权力配置方面，没有从根本上改变旧刑诉法所呈现的"强公安与检察、弱法院与律师"的态势。尤其是律师权力受到限制的程度更高，不利于律师调查取证和辩护活动的展开。这是一种不正常的权力格局。毫无疑问，检察机关和公安机关的权力是重要的，它们是打击犯罪的强有力手段，因而需要刑诉法给予合理的配置。但是，律师和法院的权力同样需要强而有力。与检察机关和公安机关的权力的目的不同，刑事诉讼中的律师

---

① Miranda v. Arizona, 384 U.S. 436 (1966).

权力在于为嫌疑人的权利保护提供保障，本质上在于对抗检察机关和公安机关的权力，比如侦查权和检控权，防止这些权力对嫌疑人的不法侵害。因此，律师权力与嫌疑人权利的作用方向是一致的。如果律师权力缺失或者弱小，则不具有这种对抗的功能，也就难以实现保护嫌疑人权利的目标。法院的权力更不容忽视。在刑事诉讼中，法院是纠正公权力滥用的最后一道"关口"，也是嫌疑人权利保护的最后"屏障"。米兰达规则的案例法历史表明，法院判决的立场与内容直接影响了嫌疑人权利是否受到保护或者受到保护的程度。尽管成文法传统下的中国法院不可能像美国法院那样，通过判例为刑事执法机关确定相关的程序规则——比如米兰达规则，但在对嫌疑人权利的保护方面，法院同样可以有所作为，因为不同司法体系下的法院的职能与定位并没有本质差别。所以，刑诉法必须加强对于法院的权力供给，以有效发挥其"关口"与"屏障"功能。

第三，未成年人宪法权利的刑事保护需要合理的制度安排。

J.D.B.案通过将未成年人的年龄纳入到米兰达规则适用过程的拘留状态分析要素中，使得未成年人宪法权利的刑事保护规则更加具体和明确。在美国，宪法第5至第8修正案规定了刑事正当程序，主要包括获得大陪审团审判、禁止一事多罚、不得被迫自证其罪、迅速与公正审判、禁止残忍与非常处罚、获得辩护律师等，这些权利适用于所有人，没有成年人与未成年人的区别。1966年的米兰达规则同样没有差别地适用于任何人，即只要处于拘留状态，无论成年人与未成年人都有权获得米兰达警告。在某种角度上，我们可以把未成年人的年龄与拘留状态分析之间的关系看作是米兰达规则适用中的一个小小的"细节"，但正是这个看似并不起眼的细节决定了未成年人宪法权利受到保护的程度，刑事执法的任何一个细小规则都会给嫌疑人的权利造成影响，J.D.B.案反映了审慎对待每一个具体规则的司法态度。

与美国不同，我国《宪法》在规定了所有公民（一般主体）的人身自由之外，还将未成年人作为特殊保护的对象（特定主体）看待。

《宪法》第 37 条规定："中华人民共和国公民的人身自由不受侵犯。任何公民，非经人民检察院批准或者决定或者人民法院决定，并由公安机关执行，不受逮捕。禁止非法拘禁和以其他方法非法剥夺或者限制公民的人身自由，禁止非法搜查公民的身体"。在这里，"公民"没有年龄限定。《宪法》第 49 条第 1 款规定："婚姻、家庭、母亲和儿童受国家的保护"。此处的"儿童"可以看作是未成年人或者是未成年人中的一部分。在规范层面，这两条内容的积极意义是显著的。但是，区别于美国通过宪法修正案规定"刑事正当程序权利"的做法，我国《宪法》并没有明确规定公民的刑事正当程序权利，这使得公民人身自由在某种程度上仅仅流于《宪法》第 37 条的"宣言式"保护，难以落实；也使得《刑事诉讼法》的制定和修改缺乏《宪法》层面的准确根据，方向不明。因此，有必要将刑事正当程序权利纳入宪法权利体系，在《宪法》中加以规定。①

本次新修改的刑诉法在第五编"特别程序"部分的第一章规定了"未成年人犯罪案件诉讼程序"，主要包括办理未成年人犯罪案件的方针和原则、实行法律援助辩护、严格限制适用逮捕、讯问和审判时法定代理人或者其他成年人在场、附条件不起诉等制度内容。这可以算得上是"新刑诉法"的亮点之一。长期以来，相关刑事诉讼规则的缺位，致使刑事执法实践中未成年人嫌疑人的人身权利保护成了一个突出的难题，尽管《未成年人保护法》用一章的篇幅规定了对未成年人的"司法保护"，但囿于刑诉法条文的限制，未成年人宪法权利的"司法保护"一直停留在实体层面，无法真正落实。刑诉法的这一"新增"内容有望解决这个问题。当然，这一章的相关规定仍然存在值得推敲的地方。比如第 270 条第 2 款规定："到场的法定代理人或者其他人员认为办案人员在讯问、审判中侵犯未成年人合法权益的，可以提出意见。讯问笔录、法庭笔录应当交给到场法定代理人或者其他人员阅读

---

① 参见赵娟《美国米兰达规则的适用及其对中国法治建设的启发——以 2010 年美国联邦最高法院鲍威尔案为例的评析》，《南京社会科学》2011 年第 2 期。

或者向他宣读"。这一规定看似有利于未成年人嫌疑人（被告人）的权利保护，但实际上并非如此：其一，如果我们把到场的法定代理人或者其他人员"可以提出意见"看作是他的权利，那么这个权利并没有相应的保障措施——因为缺少对提出意见后的处理程序的规定；其二，"交给阅读与宣读"之间的连接词是"或者"，也就是选择关系，意味着可以让到场的法定代理人或者其他人员阅读，也可以只向他宣读，亲自阅读与听人宣读有明显差异，前者有更大的机会去发现笔录可能存在的问题，后者则不然。究竟是阅读还是宣读，取决于执法人员的选择，这种裁量权于保护未成年人嫌疑人（被告人）不利。

服刑人员诉诸司法之权利的宪法保障[*]

在任何国家,服刑人员都是一个特殊的群体,他们在人身自由受到剥夺的同时,其他权利的行使也不可避免地面临着时间与空间上的障碍。在服刑人员享有的各种权利中,诉诸司法之权利是重要的一种。诉诸司法之权利(right of access to the courts),也称作获得法院公正审判权,简称起诉权,是服刑人员向法院提出权利诉求的资格和能力。在法治与宪法制度发达的美国,基于对服刑人员诉诸司法之权利的重要性和必要性的认识,联邦最高法院通过宪法判例,将这一权利确认为受宪法保护的基本权利。对于处在法治发展初级阶段的中国来说,美国的实践与经验值得关注和研究。本文拟以美国联邦最高法院的相关宪法判例为对象,梳理和评价服刑人员诉诸司法之权利领域案例法的发展进程,探讨通过宪法判例实现对服刑人员诉诸司法之权利的宪法保护机制及其机理。

一 从不插手到初步介入:1941年赫尔案司法决定的起始意义

在1941年的赫尔案中,[①] 联邦最高法院推翻了密歇根州的一项监狱规章。该规章要求服刑人员向监狱官员上交他们所有的法律诉状,只

---

[*] 本文原载于《政法论丛》2011年第4期,已作修改。
[①] Ex parte Hull, 312 U.S. 546 (1941).

要监狱当局认为，服刑人员的诉讼是无法律或事实依据的、不准确的、或者语句不通的，他们就可以拒绝将这些诉状寄往法院。墨菲大法官（Justice Murphy）传达的联邦最高法院意见指出，密歇根州的这一程序等于否定了服刑人员诉诸司法的权利。"一张寄往联邦法院的诉状，内容写得是否合适、其主张必须包含的内容是法院独立决定的事情"。最高法院判决："州和它的官员不能剥夺或者削弱请求者向联邦法院提起诉讼以获得人身保护令状的权利"。法院宣布，监狱官员扣押服刑人员提出的有关人身保护令状的诉状并使其无效的行为是违宪的。

赫尔案是联邦最高法院第一次对服刑人员的诉权问题表明态度。长期以来，事实上，一直到20世纪60年代之前，面对几乎所有由服刑人员提出的诉讼，美国法院一般都采取拒绝管辖政策即"不插手原则"，这一政策反映了传统理论中将服刑人员看作是没有可实施权利的"国家奴隶"的观点。在实践层面，司法避免介入监狱内部运作的立场和做法，使得服刑人员寻求司法救济以解决受到虐待或者身处苛刻的服刑环境问题极其困难。一般来说，法院因为五个方面的原因而拒绝服刑人员的诉求：其一，监狱管理是一种专门的行政分支职责，司法干涉会破坏分权原则；其二，司法干涉可能扰乱监狱规则秩序；其三，法官在监狱管理学方面缺乏专门知识；其四，向服刑人员打开法院大门会导致服刑人员诉讼泛滥；其五，基于联邦主义和合作的考虑，联邦法院应该在由各州服刑人员提起的诉讼问题上，保持克制立场。[1]20世纪40年代正是这种"不插手原则"的流行时期，联邦最高法院在赫尔案中的立场具有历史性进步意义。

赫尔案之后，联邦最高法院分别在1969年和1974年做出了相关判决。在1969年的约翰逊案中，[2]联邦最高法院判决一州监狱规章违宪，该规章规定，服刑人员不得建议或者帮助其他服刑人员准备令状，或者向其他服刑人员提供法律协助。联邦最高法院指出，除非州能够

---

[1] Peter M. Carlson & Judith Simon Garrett, *Prison and Jail Administration: Practice and Theory (2nd ed.)*, Jones & Bartlett Publishers, Inc., 2007, p. 414.

[2] Johnson v. Avery, 393 U.S. 483 (1969).

为服刑人员的定罪后程序提供合理的替代性协助措施，否则，不得出台禁止服刑人员帮助其他服刑人员的规章。最高法院的解释是：因为"令状的基本目的就是使得那些被非法关押的人重新获得自由，服刑人员以递交诉状为目的而诉诸司法的权利不得被否定或者阻挠，这是一项基本原则"。① 五年之后的珀克尼尔案延续了这一推理。② 在该案中，联邦最高法院宣布一项阻止法科学生和律师助理与当事人之间以"律师—当事人"身份会面的州监狱规章违宪。最高法院认为，法律正当程序的宪法保障有一个附带要求，那就是向服刑人员提供诉诸司法的权利，以挑战违法的定罪，并寻求在被侵犯了获得律师协助权利的时候，得到救济。法院的结论是，州在禁止所有法科学生和律师助理与服刑人员会面问题上，不存在值得保护的州利益。③

二 服刑人员诉诸司法之权利的基本权利确认：1977年邦德斯案的里程碑式判决

如果说约翰逊案使得监狱中为数不少的"监狱法律人"成为合法的存在，④ 由此为服刑人员诉诸司法之权利的行使打开了"绿灯"，那么，1977年的邦德斯案则更进一步，⑤ 要求监狱管理者提供相关法律服务，以促使服刑人员诉诸司法之权利的有效实现，成为这一领域案例法中里程碑式的决定。

在邦德斯案中，联邦最高法院判决：作为一项宪法基本权利，诉诸司法的权利要求监狱当局向服刑人员提供适当的法律图书馆，或者来自受过法学训练的人士的适当帮助，来协助服刑人员准备有意义的法律起诉文件。马歇尔大法官（Justice Marshall）传达的法院意见指出，

---

① Johnson v. Avery, 393 U.S. 483 (1969).

② Procunier v. Martinez, 416 U.S. 396 (1974).

③ Id.

④ jailhouse lawyer, 又称 guardhouse lawyer, 是指正在监狱服刑、通过自学法律以求诉诸法律程序获得释放或者为监狱其他人提供法律帮助的人。

⑤ Bounds v. Smith, 430 U.S. 817 (1977).

"……这并不是说，经济因素可以不考虑，比如，在选择什么样的方法可以用于有意义的起诉时，就可以选择。但是，保护宪法权利的成本并不能证明完全否定这一权利是正当的。因此，监狱法律人的利用或者州采取正面行动，都不是服刑人员提出诉求的必要条件。调查表明，为了给服刑人员提供合理的适当机会向法院提起违反基本宪法权利的法律诉求，法律图书馆或者其他形式的法律协助是必需的"。[1] 关于法律协助的形式，马歇尔大法官这样解释："适当的法律图书馆是确保服刑人员进行有意义的起诉的合宪性方法，我们在本案中的决定并不阻止能够达到这一目标的其他可以替代的方法。这些可替代的方法有：在律师指导下训练服刑人员成为工作助理；利用法律专业人士的助理和法科学生作为志愿者或者参加到正式的法律实践程序中去；通过律师协会组织或者招募律师志愿者；雇佣律师担任兼职法律咨询顾问；利用专任律师，可以组织一个新的法律协助机构开展工作，也可以把这些活动安排为公设辩护人或者法律服务办公室工作的一部分"。[2]

邦德斯案是1941年赫尔案之后26年里最富有能动意义的判决，实现了服刑人员诉权保护领域的三大突破。其一，明确了政府的作为义务。联邦最高法院第一次通过判决，确定政府负有必须为服刑人员提供法律图书馆设施和适当支持的责任。其二，提升了诉权的权利层次。与以往案例不同的是，联邦最高法院将诉诸司法的权利宣布为宪法基本权利，而且说明服刑人员的这一权利受到保护。其三，加强了诉权的保护程度。从保护服刑人员的"起诉"到保护他们"有意义的起诉"，联邦最高法院在对服刑人员诉权保护的程度上更进了一步。由此可见，在邦德斯案中，联邦最高法院彻底摒弃了在服刑人员诉权问题上的司法克制立场，转向了司法能动主义。这也意味着长期以来以司法克制为特征的"不插手学说"正在终结，司法对于服刑人员起诉权的态度实现了由消极到积极的变化。

---

[1] Bounds v. Smith, 430 U.S. 817 (1977).
[2] *Id.*

规范、秩序与公法

邦德斯案之后，发生了大量的关涉到监狱管理当局必须保证服刑人员"有意义的起诉"的案件，关于什么是适当的监狱法律图书馆或者法律服务项目问题，需要由州和联邦法院通过一个个具体的案例做出回答。从总体上看，大多数法院的判断是：当州给服刑人员提供了合适的法律图书馆和获得某些准专业人士服务，就满足了邦德斯案决定的要求。1983年的豪克斯案典型地反映了下级法院和监狱官员面对这样问题时的困难处境，[1] 在该案中，佛罗里达州的一个联邦地方法院判决：州提供服刑人员由"监狱法律人"组成的法律图书馆和图书馆管理员的计划不符合保证服刑人员提出有意义的诉讼的要求，法院命令佛罗里达州矫正局提供一些律师助理作为其法律服务计划的一部分。然而，这一决定被第十一巡回上诉法院推翻，上诉法院认为，地方法院过于宽泛地解释了邦德斯案决定，律师帮助并不是必需的。换言之，法律图书馆和监狱法律助理组成的服务队伍满足了邦德斯案的要求。

三　司法的标志性后退：1996年刘易斯案与同时代国会立法的共同选择

在服刑人员起诉权的案例法发展历史上，1996年的刘易斯案是另外一个重要的转折点。[2] 在刘易斯案中，联邦最高法院通过施加实际损害要件的方式，给予监狱管理者在建立符合宪法要求的服刑人员法律协助系统问题上更大的行动空间，从而在很大程度上限制了服刑人员诉讼权利的行使范围。刘易斯案以5∶4的表决结果作出判决：服刑人员要声称监狱当局违反了邦德斯案决定，就必须证明，监狱法律图书馆或者法律协助项目的缺陷给他或她造成了"实际损害"，也就是说，这些缺陷侵害或者妨碍了他寻求合法的法律诉讼的努力。[3]

斯格利亚大法官（Justice Scalia）传达的法院意见指出，邦德斯案并没有创设出"一个抽象的、独立的进入法律图书馆和获得法律协助

---

[1] Hooks v. Wainwright, 716 F. 2d 913 (1983).

[2] Lewis v. Casey, 518 U.S. 343 (1996).

[3] Id.

的权利"。允许服刑人员简单地证明他的监狱法律图书馆或者法律服务项目"在某种理论意义上不合标准",就向法院提起诉讼,是对稀缺资源的无意义的浪费,就像允许一个健康的服刑人员因为声称监狱医院设施不全而提起关于第 8 修正案的医疗照顾诉讼。因此,服刑人员要声称监狱违反了邦德斯案决定,就必须不仅要证明监狱图书馆或者法律服务项目是不充足的,而且要证明这种不充足阻碍了他或者她提起法律诉讼的努力(尝试)。"比如,服刑人员可以证明,因为监狱法律服务设施的不充足,导致他准备的诉状没有满足某些技术上的要求而被驳回,而这些要求他并不知道;或者证明,他遭受到了可以论证的损害——他希望向法院提起诉讼,但是由于法律图书馆资料的不充分,使得他不能够提起诉讼"。①

如果说刘易斯案意味着联邦最高法院在服刑人员起诉权保护问题上立场的根本性转变,那么,1996 年国会通过的《监狱诉讼改革法》(*The Prison Litigation Reform Act of 1995*,简称 PLRA)则标志着"监狱官员向服刑人员提供法律服务之责任不断被扩大"时代的结束。②《监狱诉讼改革法》的制定目的主要表现在两个方面:其一,阻止服刑人员提起无法律和事实依据的诉讼;其二,限制联邦法院在服刑人员相关诉讼中的司法裁量权。为了达到立法目的,该法规定了一系列措施,比如规定了禁制令的范围、终止禁制令的标准、律师费的数量、服刑人员的释放令标准、服刑人员支付诉讼和法院费用、在身体未受到伤害的前提下不给予精神上的或情感上的损害赔偿、如果服刑人员提起恶意诉讼或者被证明是虚假诉讼则其减刑奖励积分即被撤消,等等。

从总体上看,该法最受争议的规定是"自动中止"条款和"救济穷尽要求"条款。其中,"自动中止"条款(Automatic stay)是指终止预期救济的请求"将导致"提起请求后的头 30 天内(如果有"合理理由"可延至 90 天)救济的中止,并在法院作出判决之时结束;"救济

---

① Lewis v. Casey, 518 U.S. 343 (1996).
② Peter M. Carlson & Judith Simon Garrett, *Prison and Jail Administration: Practice and Theory (2nd ed.)*, Jones & Bartlett Publishers, Inc., 2007, p. 427.

规范、秩序与公法

穷尽要求"条款（Exhaustion requirement）是指服刑人员在向联邦法院挑战他们的禁闭环境之前，必须通过完成监狱管理者提供的苦情申诉和（或者）上诉程序先穷尽可能的行政救济途径。《美国法典》第42章第1997节e条（a）款规定："在任何监狱、看守所或者其他矫正机构的服刑人员，除非穷尽了行政救济手段，不得根据本章1983节或者其他任何联邦法律提起有关监狱状况的诉讼"。《监狱诉讼改革法》无疑给服刑人员起诉权的行使施加了负担，这两个条款后来都受到了不同程度的挑战。

四　保护程度强弱之间的调整：21世纪头十年司法判决的平衡立场

1996年刘易斯案和国会《监狱诉讼改革法》降低了服刑人员提起的"无法律与事实依据"诉讼和恶意诉讼的数量，但在另外一方面，也遏制了服刑人员对真正有价值的诉讼的提起，因而有关服刑人员起诉权的争议并未就此减少。进入21世纪后，服刑人员针对《监狱诉讼改革法》的诉讼不断出现，这些诉讼主要集中在上述"自动中止"条款和"救济穷尽要求"条款，其中具有代表性的案例是2000年的米勒案和2007年的琼斯案。

2000年的米勒案中，[①]服刑人员挑战"自动中止"条款的合宪性，其理由是该条款违反了权力分立原则。最高法院没有支持这一主张，法院认为，《监狱诉讼改革法》并没有忽略联邦最高法院的最终裁判权，只是改变了所依据的法律即要求改变根据旧法来裁判预期救济问题；权力分立原则并不阻止国会改变适用的法律和要求法院随之适用新的法律标准。法院最终判决"自动中止"条款没有干涉核心的司法功能，因为通过它相对简短的规定能否对司法功能造成时间上的限制是不确定的。

2006年的尼格案涉及到对《监狱诉讼改革法》中"救济穷尽要求"

---

① Miller v. French, 530 U.S. 327 (2000).

条款的判断。① 尼格是一名在加州某监狱服刑的罪犯，他向加州监狱官员提出关于监狱状况的苦情申诉，但是他的请求遭到拒绝，因为根据州法他的申诉是不适时的。他遂根据《美国法典》第42章1983节向联邦地方法院提起诉讼。地方法院认可了加州的拒绝行为，并且认为，根据《监狱诉讼改革法》，尼格没有全部穷尽他的行政救济途径。联邦第九巡回上诉法院推翻了地方法院的决定，最高法院判定移送诉讼案件。

这一案件争议的关键问题是：服刑人员提起了一个不适时的或者程序上存在缺陷的行政苦情申诉或者上诉后向法院起诉，是否满足了《监狱诉讼改革法》的"救济穷尽要求"条款？监狱行政管理者认为，服刑人员在向联邦法院提起诉讼之前，必须根据可以适用的程序规则包括截止日期规定，完成行政复议过程。尼格的律师则辩称，这一条款仅仅意味着，在行政救济途径不再可以利用时，服刑人员才能够向联邦法院提起诉讼，即使失去可利用的行政救济途径的原因是服刑人员自己没有遵从可适用的规则。最高法院判决支持监狱管理方的观点，法院指出，适当的行政救济穷尽需要遵从行政机构规定的截止期限和其他关键性的程序规则，因为在程序运作过程中不强加一定的秩序性结构，任何裁判系统都无法有效地发挥功能。《监狱诉讼改革法》的主旨在于避免"联邦法院对监狱行政管理的毫无根据的干涉"，承认尼格律师对于这一条款的解释将阻挠立法目标的实现。

2007年的琼斯案也关涉到对于"救济穷尽要求"条款的适用问题，② 但联邦最高法院在该案中的立场显然更有利于对服刑人员起诉权的保护。为了贯彻"救济穷尽要求"条款，联邦第六巡回上诉法院与其他几个联邦下级法院采用了一系列程序规则，对当事人是否穷尽了行政救济途径进行初步的司法甄别和检查。琼斯和另外两名服刑人员分别提起了公民权利诉讼，但由于被检查出某些诉求没有穷尽行政救

---

① Woodford v. Ngo, 548 U.S. 81 (2006).
② Jones v. Bock, 549 U.S. 199 (2007).

济途径而遭到驳回。联邦最高法院将琼斯案和另外两个案件（Walton v. Bouchard 和 Williams v. Overton）合并审理，首席大法官罗伯茨（Chief Justice Roberts）传达了意见一致的法院判决：第六巡回上诉法院关于"救济穷尽要求"的甄别检查机制并不是《监狱诉讼改革法》所要求的。没有穷尽行政救济途径是一种积极抗辩，服刑人员提起公民权利诉讼时，不需要证明他们已经用尽了所有的行政救济途径。当法院收到一个诉讼——其同时包含了穷尽行政救济途径和没有穷尽行政救济途径的主张，法院可以让穷尽的主张继续进行下去，而不是驳回整个诉讼。琼斯案判决使得服刑人员提起诉讼的困难程度得以减弱。

需要注意的是，在有关服刑人员起诉权争议中，有服刑人员将其为其他服刑人员提供法律帮助的权利归为第 1 修正案所保护的言论自由，以抵抗监狱的相关规制条例。但这一主张被联邦最高法院所否定，2001 年的墨菲案就是典型。[1] 在该案中，作为服刑人员的原告墨菲知道一名监狱同伴被指控袭击监狱矫正官员，他写信给这名被起诉的服刑人员表示可以在他的辩护过程中提供法律帮助，监狱当局依据监狱管理规范截取和检查了这封信，墨菲因违反监狱关于不得干涉正当程序听证的规定而受到处罚。墨菲在联邦地方法院诉请禁止令救济，地方法院适用联邦最高法院在特纳案中确定的先例，[2] 判决否定墨菲的请求，在上诉阶段，联邦第九巡回上诉法院推翻了地方法院的决定。联邦最高法院推翻了上诉法院的决定。托马斯大法官（Justice Thomas）传达的法院意见指出，本案需要解决的问题是：第 1 修正案里的什么内容或者法院以往有关服刑人员权利的先例，是否能够保障给予服刑人员第 1 修正案的扩大性保护，就因为违反监狱管理规则的通信中写的是法律建议。法院对此予以否定回答，法院强调，相较于没有包含

---

[1] Shaw v. Murphy, 532 U.S. 234 (2001).

[2] Turner v. Safley, 482 U.S. 78 (1987). 在该案中，联邦最高法院对密苏里州监狱规制条例中的两项进行了合宪性审查：肯定了关于禁止正在服刑的人员之间保持通信联系的规定，认为这一规定没有侵犯当事人受第 1 修正案保护的言论自由；否定了关于禁止未经典狱长批准而结婚的规定，因为结婚是受宪法保护的基本权利。

法律建议的通信,没有什么根据可以为服刑人员之间包含法律建议的通信提供更加多的第 1 修正案的保护。法院认为,地方法院适用特纳案标准是正确的。该案确认,当规制与合法的监狱管理利益合理相关时,对于服刑人员宪法权利的规制性侵犯是被允许的。根据特纳案,服刑人员的通信交流可以被监控和规制,通信交流的内容(比如法律建议)不影响对于规制合法性的评价。[①]

五 评价与分析:宪法实践的理论思考

由以上讨论可知,1941 年以来,美国联邦最高法院在服刑人员诉诸司法之权利的宪法保护问题上,经历了从否定到肯定再到适度限制的过程。反思这个过程,有三个方面的宪法问题需要我们进行分析。

1. 服刑人员诉诸司法之权利的基本权利性质认定与司法过程的功能

作为与政府权力相对应的存在,基本权利(fundamental rights)是宪法的核心内容之一。与其他许多成文宪法国家不同,在宪法政治制度发达的美国,基本权利不是一个宪法文本概念,而是一个宪法判例概念:美国联邦宪法正文和其修正案对于一些基本权利的规定或为列举(比如获得人身保护令状的权利)、或为概括(比如生命、自由和财产),但都没有明确使用"基本权利"一词;相反,这个词经常出现在联邦最高法院的宪法判例中,法院需要面对和解决的问题是,某些权利是否如此的重要,以至于应该被视为"基本权利",除非满足"严格审查"的司法审查标准,政府不得侵犯它们。所谓严格审查(strict scrutiny test)是法院在审查有关法律平等保护和法律正当程序案件时,评价被诉政府行为的合宪性的标准。根据这一标准,政府必须证明其被诉的行为(立法或者行政行为)是为了实现急迫性的政府利益所必需采取的,否则法院将判决被诉的政府行为违宪。迄今为止,被联邦

---

① Shaw v. Murphy, 532 U.S. 234 (2001).

最高法院的宪法判例所确认的基本权利已经不下十种，[①]诉诸司法之权利即是其中之一。可见，在公民权利的宪法保护方面，美国联邦最高法院发挥着不可或缺的作用。司法过程对于基本权利的确认，在事实上起到了在宪法文本之外创制权利的功能，宪法判例成为基本权利的来源和存在方式之一，由此形成了宪法文本、宪法判例与基本权利保护之间的独特状态。司法在基本权利保护方面的特殊功能是美国宪法政治的标志性特点，也在某种意义上构成了美国宪法政治的精髓。

诉诸司法的权利在美国宪法文本中没有被明确规定。1974年珀克尼尔案从宪法第14修正案规定的法律正当程序原则那里为服刑人员起诉权的宪法保护找到了依据。1977年邦德斯案对起诉权之基本权利性质的确认，将服刑人员起诉权的宪法保护提升到了最高层次。确实，对于服刑人员来说，没有什么权利能够比得上起诉权的重要性。因为其他权利都建立在这项权利之上，如果没有它，绝大多数服刑人员就不可能以有意义和有价值的方式对他们的定罪或者判决提出诉求，他们实际上也无法通过司法程序挑战侵犯他们法律或宪法权利的监狱政策或监狱环境，尽管他们享有受宪法第8修正案保护不受酷刑和非常惩罚的权利、受第1修正案保护的言论与宗教信仰自由，以及在监狱惩戒程序中，获得第5和第14修正案法律平等保护和正当程序保护的权利。[②]由此可以看出，联邦最高法院对于某种权利的基本权利确认，在很大程度上是因为这种权利的重要程度。

从美国司法实践来看，对于没有出现在宪法文本中的权利，联邦最高法院在作出基本权利的判断时，通常从美国的历史和传统中去"挖掘"发现和寻找根据。[③]但在邦德斯案中，我们似乎没有发现法院意见

[①] 保护家庭自治权利、生育权利、性行为和性行为倾向权利、医疗决定权利、旅行权利、选举权、诉诸法院的权利、获得刑事正当程序保护的权利、言论自由和宗教自由。参见 Erwin Chemerinsky, *Constitutional Law (2nd ed.)*, Aspen Publishers, 2005, p. 815.

[②] Peter M. Carlson & Judith Simon Garrett, *Prison and Jail Administration: Practice and Theory (2nd ed.),* Jones & Bartlett Publishers, Inc., 2007, pp. 413–414.

[③] Erwin Chemerinsky, *Constitutional Law (2nd ed.)*, Aspen Publishers, 2005, p. 819.

将服刑人员起诉权的基本权利认定诉诸于历史或者传统，这就产生了一个问题：这样的基本权利是否具有坚实的基础从而在最大程度上排除政府的侵犯？邦德斯案之后的案例法发展给了我们一个否定的回答：与宪法文本权利相比，宪法判例确认的基本权利存在着一定的"脆弱性"，容易受到司法或者立法的伤害，1990年代联邦最高法院的刘易斯案和国会的《监狱诉讼改革法》就直接限制了服刑人员起诉权的行使。正是基于这样的认识，有学者提出：如果法院最终明确认定，诉诸司法的权利根植于第1修正案，特别是将其归入到第1修正案中所规定的"向政府请愿申冤的权利"之中，那么，诉诸司法的权利将无疑会比现在更加安全和更有保障。[①]这是一个富于建设性的主张，也许在不久之后，联邦最高法院会在判决中采用。

2. 服刑人员诉诸司法之权利的宪法保护与立法、行政、司法三者之间的权力关系

监狱管理在传统上一直被认为是行政权专有作用的领域，因而排斥司法的干涉。以1941年赫尔案为标志的司法介入，一方面为服刑人员诉讼权利的宪法保护开启了司法作为的新时期，另一方面也给监狱管理领域司法、立法与行政三种权力的协调运作带来了新问题。

从司法权的角度看，宣布服刑人员的起诉权为受宪法保护的基本权利，无疑是公民权利保护领域司法固有功能的体现，特别是在"几乎所有问题都可能转化为法律问题"的美国，司法在权利救济过程中扮演着极为重要的角色。但是，司法权的过分"活跃"，又不免会"挤压"行政权和立法权。在服刑人员诉讼权利的宪法保护问题上也是如此。因此，司法需要把握好"进退"的尺度。回顾赫尔案以来的宪法案例，1977年的邦德斯案可以看作是司法权"激进"的一个高峰，1996年的刘易斯案则意味着司法激进之后的有选择"后退"，而21世

[①] Peter M. Carlson & Judith Simon Garrett, *Prison and Jail Administration: Practice and Theory (2nd ed.),* Jones & Bartlett Publishers, Inc., 2007, p. 427.

纪头十年的案例显示出司法的"谨慎"态度，这样的总体走向反映了司法作用的一般轨迹：司法既需要独立判断和发挥作用，又必须与行政和立法之间保持适度的张力，从而最终不至于过分偏离三种权力之间的分权与平衡状态。

从立法权的角度看，立法需要在司法与行政之间进行协调，避免两者力量强弱程度过分悬殊，《监狱诉讼改革法》正是基于这样的考虑而出台的。该法的直接意图不仅在于遏制服刑人员提起的宪法诉讼数量急速膨胀的趋势，特别是控制服刑人员提起无法律与事实依据的诉讼和恶意诉讼的数量，而且在于控制司法在这一领域过于扩张的权力，约束司法裁量的作为空间，此外还在于明晰监狱管理者的权力范围，减少司法决定造成的消极影响，保持监狱正常管理秩序。就实际适用的效果而言，该法确实有效地遏制了诉讼数量，也不可避免地给服刑人员的正常诉讼造成了负担，因而有学者主张，法院应该对《监狱诉讼改革法》的合宪性进行严格审查。[①] 看来，多元立法目的的实现并非易事。

从行政权的角度看，行政权既要服从法律，又要遵从司法判决。在服刑人员诉讼权利问题上，尽管最高法院的立场由最初的能动转向节制，但是，从赫尔案到邦德斯案所确立的规则没有实质性改变，美国服刑人员享有受宪法保护的诉诸司法的权利，作为行政分支的监狱行政管理者必须遵守这些规则。国会的《监狱诉讼改革法》在一定程度上缓解了最高法院的司法判决带给行政的压力，使得监狱管理规制权力的空间得以扩大。这固然有利于监狱管理者的裁量和判断——监狱管理毕竟是一个专业性很强的领域，需要特别的知识和经验，显然不是法官的"强项"。但与此同时，服刑人员诉诸司法的权利在实际行使时也受到了控制。

由以上讨论可以看出，如何在保护服刑人员诉讼权利与限制他们

---

① Julie M. Riewe, "The Least among Us: Unconstitutional Changes in Prisoner Litigation under The Prison Litigation Reform Act of 1995", 47 *Duck L. J.* 117 (1997).

的恶意诉讼之间保持平衡、如何在维持监狱行政管理的需要与发挥法院司法裁判权力之间保持平衡、如何在服从立法与尊重行政判断之间保持平衡,是法院在以后的案件审判中需要不断做出判断的问题。事实上,这也是法院在任何司法审查案件中所要面对的普遍性问题——既要有所为、又要有所不为,特别是在"政治问题"上,[①]应该避免代替立法和行政作出判断,从而在司法能动与节制之间进行"调适"。

3. 服刑人员诉诸司法之权利的宪法保护与政府积极作为义务

在服刑人员诉诸司法之权利的案例法历史上,邦德斯案影响深远。在该案中,联邦最高法院不仅宣布诉诸司法的权利是受宪法保护的基本权利,而且要求监狱当局为服刑人员起诉权的有效行使提供条件——法律图书馆和其他适当的法律协助,保证他们进行"有意义的起诉"。因此,诉诸司法之权利在成为基本权利的同时也具有了"积极权利"的性质。

作为基本权利的一种分类形式,积极权利与消极权利相对应而存在,前者是指个人向国家或他人要求为实现自己的利益而实施某种行为的权利,后者是指个人不受国家或者他人行为侵害的权利。在宪法领域,积极权利的实现通常要求政府履行积极作为的义务,消极权利则以政府的不作为而获得实现。服刑人员诉诸司法之权利的积极权利性质认定伴随着政府的积极作为义务。邦德斯案之后,为了遵守最高法院的命令,美国几乎所有的监狱都建立了法律图书馆,以保障服刑人员有条件进行法律研究,从而有效实现他们的起诉权。然而,积极权利带来的一个显著问题不容忽视,那就是可能给政府施加过重负担。

[①] "政治问题"理论体现了美国联邦最高法院的司法自律思想,马歇尔首席大法官(Chief Justice Marshall)在1803年的"马伯里诉麦迪逊案"[Marbury v. Madison, 5 U.S. 137(1803)]中最早提出了这一理论的雏形,在1962年的"选区划分案"[Baker v. Carr, 369 U.S. 186(1962)]中,布伦南大法官(Justice Brennan)系统阐述了判断政治问题的标准。"政治问题"理论的主旨在于:司法应该以宪法分权规则约束自己的行为,对于由政治过程解决的问题,司法应该尊重立法的权力行使和判断,司法应该"审慎"地避免行使司法裁量权。

积极权利实现的对价是政府的作为成本。一般来说，建立一个具备基本功能的法律图书馆需要投入初始费用60000美元至70000美元，一个图书馆的维护费用为每年8000美元至10000美元。这样的支出标准对于全美上千座监狱来说，不是个小数目。这也许是积极权利不可避免的消极之处。

需要指出的是，司法是否可以在宪法文本之外，以判决的形式确定某种权利为积极权利，仍然是一个具有争议的话题。因为司法的职能定位使得这一行为的本身具有"角色错位"的嫌疑，因而要求这样的确定具有非常充分的根据。从邦德斯案的决定来看，法院作出这一判断的依据似乎并不非常充分。比如，伦奎斯特大法官（Justice Rehnquist）在该案中发表的反对意见认为：法院今天的推理确认了服刑人员"起诉的权利"，但随后的决定却将这个概念扩展到了所谓的"有意义的起诉的权利"。接着我们被告知，这种"有意义的起诉"又延伸到要求州为服刑人员提供法律图书馆以帮助他们向法院提起诉讼。这一分析将服刑人员的诉权问题放到了一种"滑动的斜坡"之上，我反对这一推理，因为在我看来，以往本院在这类案件上的推理完全不同于今天的判决，在美国联邦宪法中找不到这样的权利命令——一个被具有合法管辖权的州法院作出最终裁判并已经服刑一段时间的人，具有向联邦法院"起诉的权利"来挑战对他的判决。[1]斯图尔特大法官（Justice Stewart）的反对意见也指出：尽管法院决定的作出过程充满了勇敢的尝试和努力，但是，我发现其推理并不具有说服力。[2]这些反对意见说明，在对积极权利的确认上，法院的决定需要有更加坚实的根据和更加严密的论证。

六 结语

总结本文的讨论，在美国，服刑人员诉诸司法之权利的宪法保护

---

[1] Bounds v. Smith, 430 U.S. 817 (1977).
[2] Id.

是联邦最高法院通过宪法判例实现的，最高法院还在宪法判例中确认了诉诸司法之权利的基本权利性质；服刑人员诉诸司法之权利的宪法化过程，反映了最高法院在公民基本权利保护领域的作为方式与作为空间；与立法和行政相比，司法在保护基本权利方面具有特别的功能优势，同时，司法也需要面对和处理各种冲突的利益，以避免出现权力、权利的失衡状态。

附录

论信息流通（译文）[*]

今天我要讨论的是信息流通的法律保护问题。毋庸置疑，对信息流通进行保护的理由有很多，其中不乏政治上的理由。我们相信，在美国这样一个多元化而又称不上和谐的社会，由选民来做出集体决定是保证社会凝聚力的最佳方式，它能将原本可能持激进甚至激烈反对意见的人也集聚起来。我们创设宪法权利，就是为了保证做出集体决定所必要的信息得以流通无阻，宪法第1修正案是"基于这样的假定：不同的和对抗性的信息的最广泛传播是公共利益的根本保障，社会自由以新闻自由为前提"，[①] 第1修正案"被设计……用以确保各种观点的无障碍交流，从而带来人民所期望的政治和社会进步"。[②]

保护信息流通的政治理由的正当性一般都表述为"民主"这个词，而这并不是我今天要讨论的主题。我要分析的是信息流通之所以至关重要的原因，即信息流通在任何现代社会都具有不可或缺的功能，不管其是否认同西方模式的民主。早在宪法第1修正案被解释为对诽谤的法律约束的限制之前，这些功能就已经为英国的普通法所理论化且

---

[*] 本译文原载于《北大法律评论》2008年第9卷第1辑，已作修改。作者罗伯特·C.珀斯特（Robert C. Post），耶鲁大学 David Boies 教席教授、法学教授。原文"The Circulation of Information"，为珀斯特教授2007年5月出席北京大学学术研讨会的演讲稿，后作了修改。合作译者桂舒，南京大学法学院2006级宪法学与行政法学专业硕士研究生，现任职于中国东方电气集团有限公司法务风控部。

① Associated Press v. United States, 326 U.S. 1, 20 (1945).
② Buckley v. Valeo, 424 U.S. 1, 48–49 (1976).

规范、秩序与公法

给予保护。例如，托马斯·斯塔基＊在他 1826 年所著的关于反诽谤法的论文中，便讨论了规制关于人们的信息的"种种困难"，因为

> 这个问题尤其微妙和精密，而且也不像例如因暴力伤害的情形那样可以被明确而简单地区别。举例来说，在故意殴打致人伤害的情形中，法律可以毫不迟疑地宣判，哪怕是最低程度的暴力也系违法，从而给予受害者以救济；但是，人们关于名誉的相互交流却不能被同样禁止。我们的日常生活无可避免地会讨论到人们和他们的行事，哪怕这很可能带来个人名誉的伤害；而且主要出于有助于建立道德和善良秩序以及社会的稳定和安全这一目的考虑，这样的交流也应该被给予广泛的言论自由范围。人对受到公众谴责和鄙夷的恐惧，不仅是社会可以维护公序良俗和私生活权利的最有效和最重要的保障，而且在大多数情况下也是唯一的保障。①

在现代社会中也不难找到斯塔基所论述的情况。比如，如果你在

＊ 托马斯·斯塔基（Thomas Starkie）：英国著名法学家、律师，1728 年出生于英国，曾为剑桥大学高级研究员，同时也是英国北部巡回区的特别辩护人。斯塔基在证据法领域研究建树颇丰，对英国证据法的发展在理论和实务上都有相当的影响，著有《证据法的实务专论》《基层法院报告》等专著。——译者注

① T. Starkie, A Treatise on the Law of Slander, Libel, Scandalum Magnatum, and False Rumours, New York, 1826, at xx–xxi. 同样的，早在第 1 修正案被解释为与民事侵权相关之前，对个人隐私的民事侵权行为就已经对保护信息流通的重要性作出了非常敏感的反应。例如，沃伦和布兰代斯就曾经直接指出"个人的隐私权并不能禁止与公共和普遍利益有关的信息的发布"。Warren & Brandeis, The Right to Privacy, 4 *Harv. L. Rev.* 193, 214 (1890). 法院认可个人隐私权的第一个案例，Pavesich v. New England Life Insurance Co., 122 Ga. 190, 50 S.E. 68 (1905), 同样坚决地指明，"当公众对其享有法律权利的时候，关于私人性质的真相也应该如同任何公共性质的真相一样，被当众说明、记录在案或印刷成册"。Id. at 204, 50 S.E. at 74. 因此，普通法从一开始的任务，就是在保护隐私的重要性和信息流通的普遍社会利益之间进行平衡。关于这个问题的讨论，可参见 Robert C. Post, The Social Foundations of Privacy: Community and Self in the Common Law Tort, 77 *Calif. L. Rev.* 957 (1989).

易趣网上交易过就会知道，上面所有的卖家都是以他们的名誉作为排名的标准。易趣网这样的网上商店得以运作的基础就是，信誉度有关信息的流通，让买家知道应该相信谁或者避免和谁交易。对于另外一些在不知名的网站进行交易买卖的商家来说，也是同样的情况。

我在本文中将讨论信息流通的三个基本社会利益，它们都和民主的政治价值毫无关联。这三个利益是：处理委托人/代理人关系，实现市场效率，以及进行知识创新。通过对它们的分析，我们将能得出法律对信息流通进行保护的合理性和正当性。

一　处理委托人/代理人关系

所有的现代复杂社会都是建立在劳动分工和专业化之上的，这就直接导致了当代社会中任何决策者都不可能靠一己之力做出决断。就算是在建造房屋这样简单的任务中，情况也无二致：如果我想建房，那么我就必须和他人合作——我需要雇用木匠、电工、水管工人和建筑工人。经济学家将这种决策者称为"委托人"，那些被决策者雇用来完成工作的人称为"代理人"。以刚才建房的例子来说，我就是委托人，我雇用的工人们就是代理人。委托人雇用代理人来为他工作，代理人就应该遵照委托人的指示行事。

由此，所有的委托人都会面临一个共同问题：如何确定代理人是在按照指示行事？例如，我雇用一位木匠来修建一个鸡舍，那么我就需要确定他能造出合我要求的鸡舍：他使用的木料要正确、建造出来的大小要合适、架子的数量要准确，等等。但是我要如何才能弄清楚这位木匠的确是在按要求工作呢？这样，我就面临着经济学家们所称的"委托人/代理人关系问题"（principal/agent problem）了。

解决这个关系问题的关键就在于，委托人要能够获得他的代理人在如何行事的信息，[①] 委托人必须要"监控"代理人的行为。如果能够

[①] 例如参见 Bengt Holmstrom, Moral Hazard and Observability, *Bell Journal of Economics (Spring 1979)*, Vol. 10, No. 1, pp. 74–91.

了解我所雇用的木匠在建造什么，我就能确定他是否按我的要求工作。为此，我需要到他的工厂去检查他的工作进度。在处理我和木匠的关系中，做到这一点并不困难；但是在其他更加复杂的情况下，委托人或许就不那么容易获取监控代理人行为所需的信息了。

公司可谓是讨论处理这对关系问题的典型模型。就美国的情况来说，我们将公司股东看作委托人，高级管理人员看作为股东工作的代理人，那么他们就应该为股东的利益而非他们自己的利益而行事。因此，美国公司法中的"公司治理"问题，即公司应该如何运作，事实上就是如何解决委托人/代理人关系的问题。构建公司治理体系，是为了尽可能保证高级管理人员将股东利益置于自身利益之上，其中最关键的因素就是信息公开——股东必须知晓公司的运营情况，以便监控代理人的行为。我们运用政府来要求这样的信息公开，也即是要求信息的流通。

在研究复杂的政府机构时，我们也会遇到同样的问题。我们可以将政府高级官员定义为制定政策的委托人，而这些政策需要他们的代理人来执行，即更低等级、处理具体公务的官员，我们将这些具体执行事务的低等级官员定义为制定政策的政府高级官员的代理人。于是，政府决策者就总是要面对一个委托人/代理人问题：他们必须监控这些低等级官员的行为，以确定他们是否正确地贯彻执行了政策方针。因此，我们就可以思考一下这些决策者要如何获取监控所需要的信息。

当然，委托人可以要求代理人报告自己的工作，从而运用这种汇报来评估他们的工作情况。例如，我可以询问我雇用的木匠他在做什么，然后根据他的回答来监控他的工作进展。但是，就一个有效的监控机制来说，这种做法却有着明显的不足之处：它会让委托人更多地依赖于代理人的能力、忠诚和正直。如果代理人本身并不值得信任，那么依靠他们的汇报来衡量他们的工作无疑是灾难性的。

让我们再回到政府决策者要怎样准确知晓地方官员行为这个深奥而重要的问题上来。政府决策者可以雇用探员来向他们报告地方官员的工作；但是，因为这些探员本身也是决策者的代理人，这种解决方法也就再一次重复了委托人/代理人关系这个问题。很显然，让政府决策者再雇用其他人来监控这些探员，也绝对不是让人满意的答案。委托人/代理人关系这个问题难就难在，看起来它总是在不停的循环往复而没有最终出路。

我们可以看到，所有政府行政部门——事实上一个经济社会中所有的公共和私人部门皆然——都必须建立和发展行之有效的委托人/代理人关系问题的解决方法。这些解决方法要求做到监控，意即需要信息流通，例如，由政府要求的信息披露。在私人部门中，这种方法在规范公司运作中运用得很频繁；但是，这在政府机关的情形下它却帮助不大，因为其执行起来会相当困难。

因此，多数现代社会在处理这个问题时都采取了一个主要的解决方法，即建立媒体自治，让他们拥有独立的动机来制作和发布有益于改善委托人/代理人关系问题所需的信息。在美国，这被称为媒体的"检查价值"。[1] 法庭在考量对媒体的法律约束时会援引这项价值，其原则是，对媒体的法律约束，不应影响到他们制作和发布用于解决委托人/代理人问题信息的动机和能力。

在中国，"媒体监督"理论从根本上认为，媒体的功用在于监督政府代理人的行为。但是，如果履行监督的媒体本身也是政府的代理人，那么委托人/代理人的问题就仍未得到解决，而只是转换到了别的方面而已。这就意味着，要解决国家管理中的委托人/代理人问题，媒体就必须要被给予完全的独立，以产生制作和发布这些信息的独立动机。

二 实现市场效率

如果信息流通对于处理类似委托人/代理人关系这样垂直的、分等级的问题必不可少，那么它在实现市场效率这样的水平关系的问题中，也同样举足轻重。经济的健康增长需要高效的市场作为支撑，如

---

[1] Vincent Blasi, The Checking Value in First Amendment Theory, 1977 Am, Bar Fdn. Res. J. 521.

果市场效率低下，经济增长也会随之受到损害。众所周知，市场透明度越高，市场效率也就越高。经济学家对于"信息成本"和市场效率的论述，已经著述甚多。①

我们可以用一个简单的例子来说明这个问题。假设 X 和 Y 两个公司的股票同时在交易所上市流通，在缺乏信息的情况下资本会在这两支股票之间平均分配；但是，如果投资者知道 Y 公司效益不佳而 X 公司经营状况良好，资本就会流向 X 而非 Y。由此可见，关于 Y 公司信息的缺失会导致珍贵的资本无谓流失。如果这两家公司同时竞标国家能源开发项目，能源的开发效率也会受到相同的影响。缺乏信息流通所带来的负面效应会对经济产生难以估量的影响。

正是由于市场透明度对市场的运作是如此重要，美国从 20 世纪 30 年代以来，经济管理主要目标就在于制作和发布经济信息，以保证投资的理性进行。例如借款条件、分类条件等，诸如此类的信息要求数不胜数。保险股票委员会的信息公布政策，不仅便利股东对公司的管理，同时也用于发展高效的股票交易市场。如果这个政策出现"安然门"事件＊中那样的失败，就会导致巨大的——如果不是重创的——经济损失。

然而，信息发布也并不是万能药。就算是在信息充足的情况下，投资者也可能非理性投资，不审慎的代理人也会给出不真实或者具有误导性的信息。信息的流通并不是实现市场效率从而维持经济增长的充要条件；但是，一个国家如果想要建构一个运作良好的市场，必须要求商业信息流通，并且也会保护这种流通。

由法律调节的信息流通应该被设计为最大化信息利用率。过多的信息会冲昏投资者和消费者的头脑，过少的信息又会让他们对基本信

---

① 例如参见 George J. Stigler, The Economics of Information, 69 *J. of Pol. Econ.* 213 (1961).

＊ "安然门"事件 (Enron scandal)：2002 年美国安然石油和天然气公司突然倒闭，其后暴露出了不少原本不为人知的公司治理丑闻，在美国政坛和经济界掀起轩然大波，美国政治献金制度和信息真实性问题成为了人们关注的焦点。——译者注

息毫不知情。因此，发布多少信息才最适宜，以及这些信息又应该怎样发布，就是一个经验性的问题。以美国来说，通常需要经过多年的探索才能找到关于如何发布、发布多少信息的政府管理的满意答案。在公司财政中，我们应该依会计师的专业意见，概念化、展示和发布评估公司经济健康度所需要的信息。

政府强制要求市场中的私人参与者发布信息是一回事，而让它自己也发布信息就完全又是另一回事了，要求政府发布其信息的法律通常都很难得到贯彻落实。这就意味着，在政府出资的企业也参与市场活动的时候，可能很难获得实现市场效率所必须的信息流通。要求政府出资企业发布信息，并不比要求政府发布信息的法律的贯彻和执行所面临的挑战更小。

解决这个问题最行之有效的方法，莫过于建立拥有独立动机来制作和发布建立高效市场所需要的信息的机构。在美国，这些机构就是独立的金融媒体和信用评估公司，它们能够减少因为体系问题而带来的扭曲信息的危险。当然，这也并不能说就是完美的解决方法，但却已经是我们目前最好的选择。

政府利用法律规范来要求信息发布时必须要牢记，评价法律的有效与否不在于其内容，而在于其实际作用。政府可以处罚发布错误信息的人，因为这些错误信息对社会有百害而无一利；但是，如果政府仅仅因为信息的错误而处罚所有发布错误信息的人，那么，那些拥有真实信息但是却不愿意，或者无法向政府证明其真实性的人，就不会发布这个信息了。

这就是美国所谓的法律的"冷却效应"。如果一项法令的冷却效应过于严厉，那么实现市场效率所需的信息交流就可能受到削弱。在信息的流通以机构的独立动机为基础，其发布也依靠独立金融媒体和信用评估公司的情形中，这个冷却效应就尤其重要。按照上述假设分析，此类机构就只会发布符合他们利益的信息，因此就会对于不同形式的法律规范的激励作用尤其敏感。而在由公司直接发布信息的情况下，因为这并不完全是单纯的信息流通问题，冷却效应就相对微弱得多。

三 进行知识创新

一个民族只有能够创造出能满足和应对难以预测的未来挑战所必需的知识，才能在这个日新月异和竞争激烈的世界上立足和繁荣昌盛。对于每个当代社会来说，进行知识创新都要具备两个条件：其一是对现有知识的掌握，其二是拥有知识创新所需的进行批判性和创新性思维的自由。

知识都是层层叠加推进的，因此，如果没有掌握其他思想、假设、信息和知识，进步也就无从说起。美国历史最悠久的两个文化协会分别是建立于1743年的美国哲学学会（APS）和建立于1780年的美国科学促进联合会（AAAS），它们创立两个世纪以后，终于在2006年4月举行了联合会议，并通过了如下决议（我是科促会的图书管理人，所以持有这份文件）：

> 我们的创建者一致认为，服务于公共利益的知识是我们民族不可或缺的支柱……因此，我们致力于积极创造、保护、支持和发布对我们民族的发展和利益至关重要的知识……今日两个协会聚集于此，以主张各领域内研究和自由调查的重要性。

在当今的"信息时代"，所有的职业、经济和科技发展事实上都要求掌握已有信息。要开出正确的药单，就要求医生始终跟上医学界的新发展；公司如果不能与最新科技发展和市场趋势同步，就无法制造出新型的成功产品；科学家如果不懂得学习别人的科研成果，也就不能进行有意义和创新性的试验探索。

同样的，如果信息匮乏，一个现代国家面对普通的或是预料之外的紧急情况时，就无法做出及时的反应。例如，如果一个国家必须应对类似于非典或是艾滋病暴发这样的疾病威胁，它就必须掌握关于这个疾病的特性和内容的信息，必须了解它所拥有的医疗水平和社会反应能力，以及对此疾病现有的治疗技术。在不胜枚举的情况之中，知识都是国家行动的必要前提,而掌握信息又是获得知识的必备条件。我们可以毫不夸张地说,现代国家中的大部分国力表现形式——经济、军事、科技——都依赖于信息的流通。

然而,仅有信息流通还不能满足科技创新的全部条件。如果人们没有从自己的视角理解世界的自由,不从对现有信息的理解和结论中学习,知识也同样无法获得进步。同时,一个社会还必须给予人们对已有知识进行信息重组、批判思考和理论重构的自由,以求获得新知。①

早在中世纪,宗教裁判所的异端审判庭审查科学知识的进步、并因伽利略批判教会地心说而将他囚禁时,这个问题就已经清楚地摆在了人们面前。我们对世界的了解,随着对已有假设进行提问、评判和检验得到进步,1663年世界上第一个私人科技学术团体——伦敦皇家自然科学促进会成立时,就截取了著名诗人贺拉斯*的拉丁语箴言"Nullius addictus iurare in verba magistri"中的"Nullius in verba"作为其协会格言,意为"绝不盲从先哲"。

知识创新理论在美国被充分地定义为学术自由,我们坚信,如果教授们不能自由地获取已有知识并对其进行批判性思考,大学就不可能达到其推动知识进步的目标。我们最著名的关于学术自由的宣言这样说过:"一切的前提条件就是进行完全且无限制的调研,并自由地公布其结论,这样的自由是所有科学研究活动的呼吸"。② 接下来,宣言

---

① Karl Popper, The Open Society and Its Enemies (1945); Charles Peirce, The Fixation of Belief, in Values *in A Universe of Chance* 91, 110–11 (Philip P. Wiener ed., 1958).

* 贺拉斯(Horace):古罗马诗人。他广泛吸收了古希腊抒情诗的各种格律,成功地运用拉丁语诗歌创作,把罗马抒情诗创作推向了高峰,在古时和后代西欧一直享有盛名,其著作《诗艺》为传世经典。贺拉斯早期创作了许多讽刺诗和性质与讽刺诗相近的长短句,曾被屋大维宣布为人民公敌。——译者注

② 1915 Declaration of Principles on Academic Freedom and Academic Tenure, in American Association of University Professors (AAUP), *Policy Documents and Reports* 295 (9th ed. 2001).

中还说到"大学教师的独立思考和表达"[①]是实现大学基本目的的自身要求。正如哲学家亚瑟·罗夫乔伊*所说,大学

> 探索新知的功能有时候意味着破坏已被广泛或普遍接受的观念,如果给探索者套上必须做出符合普遍接受的信念的枷锁,或者让其研究必须依照为大学生存提供资助的私人或官方团体的喜好,那么研究就几乎无法进行……因此,学术自由是充分且有组织的进行科学研究、保障科学研究探索方向正确的先决条件。[②]

由法律来提供进行知识创新所必须的条件并不是一个简单的问题。我们可以考虑一下为保证现有信息的自由流通而存在的法律需求。因为采取行动首先必须获得信息,而且也正是因为我们事先并不知道为满足无法预见的情况需要采取怎样的行动,信息自由流通的需求通常都是概括的而不是确切的。正如对知识的需求是扩散的而且难以预测的一样,对信息进行无拘束的自由流通的需求也具有同样特征。由此可以推出,信息流通受到越多的限制,知识创新的速度就会越慢而且越不确定,对新情况做出反应的能力也就会越低。

这个结论已经相当强硬了,但是当法律试图创造将现有知识提炼为新知的必要条件时,它所面临的挑战还要更为严苛。进行知识创新的前提条件是有对现有知识进行批判性思考的自由,而人们只有在确信他们的批判活动不会受到制裁的时候,才会运用这个自由。这就意

[①] 1915 Declaration of Principles on Academic Freedom and Academic Tenure, in American Association of University Professors (AAUP), *Policy Documents and Reports* 294 (9th ed. 2001).

* 亚瑟·罗夫乔伊(Arthur Lovejoy):美国哲学家、批判实在论的重要代表、美国观念史研究的主要倡导者。生于德国柏林,就读于加州大学伯克利分校,后在哈佛大学获得硕士学位,1913年和约翰·杜威一起创办美国大学教授协会,1940创办《思想史杂志》。主要著作有《反叛二元论》《观念史论文集》等。——译者注

[②] Arthur O. Lovejoy, *Academic Freedom*, in Edwin R. A. Seligman & Alvin Johnson, Eds., *Encyclopedia of the Social Sciences* 384–385 (New York: MacMillian 1930).

味着，通过强制或训令不可能系统地或者有效地进行知识创新，因为人们不可能被强迫变得富有创造力。在这种情况下，法律所能做的最多就是鼓励知识分子的独立思考。这种独立思考是一种珍贵却脆弱的品质，其缺失将会毫无疑问地损害社会的长远发展和进步。在现今时代里，知识就是力量。

四　法律在平衡信息需求利益和其他社会利益之中的作用

上面我讲了信息流通的三个功用，它们都和政治无关，但每一个都对社会的发展和调和必不可少。处理委托人／代理人关系问题的信息流通对社会的有效管理至关重要；社会财富的产生需要实现市场效率的必要信息；同样，如果一个社会想增加它的智力资源和把握新情况，就不能缺少知识的必要信息流通。而法律的存在，就是为了推动和保护为实现这三个功能的必要信息流通。

当然，一些与之抗衡的社会利益会要求对这些信息流通进行限制，其中一个典型的例子就是国防安全。如果信息的发布会损害国家安全，那么几乎在每个社会中这样的信息都会受到限制。同样的，信息流通还可能危及到个人隐私和商业机密，破坏保密措施。错误信息的流通对社会有百害而无一益，而将真实和错误信息以法律进行区分的过程，同时又会严重伤害信息流通的顺畅进行。

正因为如此，没有哪个社会的信息流通是完全自由和不受法律调控的。但是，我们也必须承认某些社会的信息流通自由度远远大于别的社会，而这些更加自由的社会，具有更强的社会掌控能力、社会效率和国家实力。

一个社会选择如何回应信息流通的问题取决于许多不同的变量，从其权力的社会／历史基础到其对现代化的态度，种种不等。法律是一个将社会中众多相互冲突的价值放到一起进行测试和评估的机制，现代社会需要通过法律规则来最终决定：如何权衡信息价值与国家安全价值或隐私价值，以及怎样把真实的信息和错误的信息区分开来。在一个运作良好的社会里，信息的流通应是对社会的法治建构的回应。

如果一个社会重视我前面所讲的信息的三个功用，它的法律体系就应该有一个相对确定的形式。法律规则和制度需要平衡信息流通的三个功用和与信息流通相悖的其他社会利益之间的重要性，这就要求对这些社会利益的需求强度进行公正而准确的评估，并且至少在最小程度上保证它们不会对信息流通产生不必要的损害。或许某些特定人的利益在一段时间里要求抑制信息流通，但是，长远的社会利益却需要信息的充分流通。当出现这样的冲突时，法律就必须站在长远社会利益这一边。

法律科学的诺贝尔奖
——理论、经验工作与法学研究中的科学方法（译文）[*]

一 导言

在本文中，我使用一个虚构的短语，"法律科学的诺贝尔奖"，来讨论我所认为的法学学术研究领域一个主要的变革方向，特别是理论、经验与实验方法在法学研究中的作用。我冒昧地提出一个假设：法学学术研究正在变得更加"科学"。要说一种学术研究是"科学的"，我们经常需要采用的一种称赞的方式就是将其与"不科学的"方法相对照，后者多被用以描述不值得称颂的研究领域。尽管我确实对科学成就和方法怀有很高的敬意，但我并不想在一种结论性的意义上援引"科学的"一词。我将仅仅勾勒出我论点的概要，而不是用科学的方法证明它。我认为，法学理论研究不仅能够很恰当地运用科学方法，而且法学学术研究很长时间以来已经更加接近科学的追求，而非为了写成案例的目的去作一般性的思考。例如，我将指出，法学学术研究存在着经常未被注意到的科学方面。

另外，我将主张，近来法学研究的趋势显示出这样的迹象：法学正在朝着更加"像科学"（science-like）学科的方向发展。虽然我强调

---

[*] 本译文原载于《南京大学法律评论》2014年春季号，已作修改。作者托马斯·S. 尤伦（Thomas S. Ulen），美国伊利诺伊大学 Swanlund 教席教授、法学教授。原文信息：Thomas S. Ulen, *A Nobel Prizein Legal Science: Theory, Empirical Work, and the Scientific Method in the Study of Law,* 2002 U. Ill. L. Rev. 875 (2002).

规范、秩序与公法

在过去五十年甚至更久的时间里，法学学术工作中这种渐进的、持续的变化，但是，我坚持认为，通过过去几十年来悄无声息的、不断增长的变化，法学学术研究即将呈现出引人注目的、完全不同的常规法学研究方式。简而言之，这些变化使得法学与大学里其他的相信它们自己正在"科学地"工作的学科更加相象，而与那些有意识避开科学探索的学科具有较少相似之处。

这些变化对于法学研究意味着什么？这是一个复杂而又引人入胜的问题，我无力回答。但毫无疑问，答案的一个重要部分是：正如其他学科一样，法学正在不断地经历着变革，而且直到大的变革发生之前，这些积少成多的变革的效果是不明显的。对于发生在法学领域的变革的评论已经出现——有些是赞赏的，[①] 而有些则相反。[②]

我注意到一个具有讽刺意味的事实：在法学学术研究正在变得更加科学的同时——正如我相信的那样，科学的社会地位和被接受程度却明显下降。也许曾经有一个时代，科学和其从业者备受尊重，而那个时代已经过去。至少自从斯诺（C. P. Snow）在1950年代提出两种文化之分——文学或艺术的文化和科学的文化——以来，[③] 科学与学术研究的任何其他领域被截然分开了。科学家怀疑学术研究领域的其他学科是一种"软的"存在，那些其他学科有不同的和较少可辩解性的规范，且在确定创造知识增量方面受到争议。不时出现的争论却是，人文科学在培养和改进情绪或直觉方面可以形成不同的、更高的主观性学术研究标准。在许多人文科学的学者看来，科学是冷漠的、逻辑化的和精于计算的。[④] 他们谴责道：科学工作是客观的，因而受制于一

[①] 参见 Richard A. Posner, *The Decline of Law as an Autonomous Discipline: 1962-1987,* 100 Harv. L. Rev. 761, 777–80 (1987).

[②] 参见 Anthony D. Kronman, The Lost Lawyer 165–67 (1993).（其论证的一个观点是，现代法学学术研究中经济学理论的突显说明了讲究实际的执业律师的衰落。）

[③] 参见 C. P. Snow, The Two Cultures: And a Second Look 4–5 (2d ed. 1965).

[④] 亨利·亚当斯捕捉到了科学与其他所有事物之间的感知差异："科学的喷沙设备还没有筛去历史、思想和情感的表皮"。Henry Adams, The Education of Henry Adams 90 (1918).

致同意的价值标准。确实，人们可以争论说，后现代主义的发展和其吸引力很大程度上是从其科学怀疑主义那里获得了养料。[①]

在学术领域之外，也存在对科学的社会信心的明显下降现象。[②] 许多人似乎认为，科学已经解决了足够多的问题；科学并不像有些人相信的那样，是探求真理的神妙的引擎。利益——而不是对知识的探索——驱动了科学研究，科学是朝着未知事物的不屈不挠的长征，而我们人类对于未知事物的掌握只能是只鳞半爪。[③] 鉴于这些批评，我承认，这样的论断是傲慢的：法学研究中科学方法的出现必然是件好事情。但我同时也承认，任何变革都有成本，我坚定地相信，法学研究更加科学化的变革所带来的利益远远超过其成本。

我的思路如下。在第二部分，我简要说明我所说的"科学"和"科学方法"的涵义。我必须反驳一种在法学研究中普遍流行的、强硬的观点：目前学界研究的法学不是科学，因为它不是"可证伪的"。针对这一重要的观点，我将在第三部分纵览科学哲学，以澄清逻辑实证主义——和它可证伪性的核心规范——是否具有法学学术研究中许多人所相信的其肯定具有的那种标志。有点令人惊讶的是，我发现，逻辑实证主义很久以前已经被可以在科学方法与证实之间选择其一的科学哲学所取代。我同时检验一些新近的观点，以说明它们在法学研究中的适用性。在第四部分，我转而考察作为科学的法学。我主张，很长一段时间以来，法学已经在默默跟从科学的视角以及关于证实在科学探求中的作用的认识，这一认识为现代科学哲学所支持。我也用证据表明，不久以前，法学研究中理论和经验工作已经增加，并将其与源自法理学或法哲学的法学研究所正在日益增量的理论的类型相区别。

---

① 参见 Thomas Nagel, The Last Word 77–79 (1997).

② 参见 Robin Dunbar, The Trouble with Science 8–11 (1995).

③ 例如，在关于人类无性繁殖的道德争论中，这是一个普遍的主题。例如参见 Leon R. Kass & James Q. Wilson, The Ethics of Human Cloning 3–24, 61–74 (1998); 还可参见 Francis Fukuyama, Our Posthuman Future: Consequences of the Biotechnology Revolution (2002).

确切地说，目前被法学学术领域逐步接受的理论较少是法理学上的，而更像是具有自然科学和其他社会科学特征的理论。新近的法学理论化倾向于对法律规则和标准的真实世界的后果作出预测。尽管这些新近的法学理论化很可能是逻辑连贯的和协调相容的，但最终它们的价值会通过细致的经验和实验工作而被人们所认识。作为本文结论，我对这一问题提出若干猜想：我所觉察的趋势是否会产生法律科学的诺贝尔奖。[①]

二 科学方法

为了评论法学是否是"科学的"，我首先解释，对于一门学术性的学科而言，"科学"及其从业者所使用的"科学方法"意味着什么。

令人惊讶的是，这个问题在人类历史中存在的时间并不长。直到大约五百年前，获取知识一直强调的是构建逻辑上连贯协调的由基本原理所衍生出来的讨论。一个运作方法模型是由先驱者欧几里德（Euclid）在其著作《几何原本》（*The Elements*）中提出的。[②] 从仅仅少量的、未经试验的、表面上显而易见的公理，欧几里德推论出关于几何学的复杂定理。遵循这种方法所进行的探究，通常针对的是通过逻辑论证就可以得到解决的那类问题。当然，这类问题中有许多是非常有趣的，不少是哲学上的——什么是对的？什么是善的？但是，也有一些法学上的探究属于这种类型。例如，由关于使用和出售上瘾麻醉

---

① 我关于法律科学诺贝尔奖的思索，实际上只是带有修辞色彩的方法。虽然如此，该思索构成了一个关于法学学术研究变革之广度和速度的生动有效的论点。我所思考的是法学研究与科学之间的类似之处，这些科学是为瑞典皇家科学院和瑞典皇家银行诺贝尔奖所支持的生理学或医学、物理学、化学和经济学。在2001年4月13日香槟校区举行的研讨会上，有学者在评议时询问：法学是否与诺贝尔和平奖和文学奖有更多的类似之处？大概他们的意思是建议：在更加细微的差别上、前后连贯性上、文化决定性上以及一个个案例分析方面，诺贝尔和平奖和文学奖所表现出来的特征更倾向于法学诺贝尔奖。当然，我意识到了这些。但我的论点将是，法学与自然科学、社会科学之间具有更适当的类似之处。关于诺贝尔奖的简要历史和选拔获奖者的程序，请查看本文的附录。（出于对刊载篇幅的考虑，译文删减了原文正文的附录部分和相关脚注。——译者注）

② 参见 Euclid, The Elements (Heath ed., 1956).

药品的立法定罪所产生的问题是，是否需要给定一种物质——诸如酒精、咖啡因或者海洛因——以适配这类犯罪的定义。

但是，仅仅通过逻辑论证去探究世界具有很大的局限性。例如，有几个时期，产生于逻辑论证的公理需要实验证实。假如，某人从一个假定出发展开他的探究，该假定认为有四种基础性元素——空气、火、水、土，其根据这个假定推导出了关于世界的一系列命题。现在假如有人提出，存在第五种要素：热素，并且证明，包括这种元素需要改变得自于仅有四种元素作为假定前提的结论。从理论上来说，这是正确的，逻辑论证可以解决是否存在四个或五个（或不同数量）基本要素的问题，但诸如此类的论争也可以激发出不同种类的探索——也就是一种对于事物的经验主义的研究。

人们可能会在更一般的意义上承认：存在着更广阔的一类具有趣味性和重要性的问题——超越了那些连贯一致和逻辑推论的问题——可以仅仅通过观察、测试、数据收集和整理给出答案。例如，"现在是什么时间""这个房间里女性多还是男性多""谁是下一位美国当选总统"。当然，法学熟悉以事实为基础的探究——大多数的审判是关于具体案件中的事实问题。[①] 但是，我的探索集中在更广泛的法学问题上，这些问题的答案经得起经验或实验方法的检验。

在中世纪特别是中世纪后期的某个时候，主要在西欧，第二类问题的重要性变得更加紧迫。[②] 观察家们公认，一种获取知识的新方法正在变得常见并且显示出其成效。[③] 英国上议院大法官弗朗西斯·培

---

① 这些问题之间的差别可以通过逻辑论证得以解决，那些能够通过经验观察解决的问题是由西蒙·布莱克姆 (Simon Blackburn) 在《思考》[Think 282-87 (1999)] 一书中提出的。哲学家们习惯于讨论必然真理与或然真理之间的差异，必然真理被说成是哲学的特殊范畴，而或然真理则被说成是经验主义的范畴。参见 Richard Rorty, *An Imaginative Philosopher: The Legacy of W.V. Quine,* Chron. Higher Educ., Feb. 2, 2001, at B7.

② 为什么在人类历史的那一个时点上应该出现这种情形，是一个令人着迷的问题，但这超出了此处讨论的范围。Alfred W. Crosby, The Measure of Realty (1997); Lisa Jardine, Ingenious Pursuits: Building the Scientific Revolution (1999).

③ 参见 Alfred W. Crosby, The Measure of Realty (1997); Lisa Jardine, Ingenious Pursuits: Building the Scientific Revolution (1999).

根（Francis Bacon）爵士在其《新工具》（*Novum Organum*）一书中，[①]对这种新的探究方法作了那个时代最引人注目的清晰表达。培根认为，科学家应该是对于自然的公平观测者，无偏见地收集观测资料；通过收集和组织这些来自于自然世界的事实，形成模式，再由这些模式变成为科学知识。[②]

今天的大多数科学家当被问及如何定义"科学"的时候，他们通过指出作为科学本质的科学方法来回答。"科学方法"由一系列"仔细观察自然世界和发现其重要原理"的程序组成，培根和其他科学家认为其产生于 15 至 16 世纪。[③] 某一特殊领域的科学家分享一个共同关注的特殊主题、一个来自于这个主题之假定的理论核心、一个意见一致的用以决定假定是否能为该领域所接受的方法。

举例来说，现代微观经济学是一个与法学毗邻的、存在诺贝尔奖的领域，那些在微观经济学领域的人共享一个知识主体——理性选择理论，它被应用于消费者决策、公司组织和国内决策、关于输入产品的供求决策以及对世界不同经济状况的标准化评价。另外，这个领域的从业者公认：关于决策的假定应该源自于对于人类决策行为的理论共识，有一些可以接受的技术——经济计量学工具——用以经验地评测（证实或否决）这些假定。[④]

当然，法学已经试图解决构建科学的问题，这并不是为了检测其自身的探究方法，而是为了决定可接受的证据问题。连接法学与

[①] 参见 Sir Francis Bacon, Novum Organum (Joseph Devey, M.A. ed., 1902).

[②] 参见 David Goodstein, *How Science Works*, in Reference Manual on Scientific Evidence 69 (Fed. Judicial Ctr. ed., 2000). 据说威廉·哈维 (William Harvey)——其发现了人体血液循环模式——引述培根的论证隐晦地写道："大法官能够何等精确地研究科学"。同上。注释说，培根关注的是作为科学首要特征的观察资料，而不是经验和实验工作与理论之间的反馈关系。

[③] David Goodstein, *How Science Works,* in Reference Manual on Scientific Evidence 69 (Fed. Judicial Ctr. ed., 2000).

[④] 当然，在经济学是不是像作为科学的生物学、化学、物理学和自然科学一样是一门真正的"科学"问题上，存在着大量的争论。参见 John Sutton, Marshall's Tendencies (2000).

科学的一个显而易见的理由在于：经常有这样的境况即法律决策者必须评价证人证言的可靠性，而证人证言的权威性据说是来自于"科学"。①一个简单的相关联系是，如果证人证言能够被证明是"科学的"，那么，事实审理者或者其他决策者将可能给予这种证人证言比如果仅仅是观点的证人证言以更大的证明力。有人可能从以下问题得到认识：设想一位占星家力图作证，适时阅读原告的占星术征兆，会透露出她在某个日期是易出事故的，指称被告的疏忽造成了原告的伤害。②占星家的证人证言应该被允许记录在案并作为科学的证词而给以证明力吗？③原告应该被认定因为忽略了这一占星术信息而促成了疏忽吗？

美国联邦最高法院已经清晰谨慎地提出四步探究法，以决定证人证言是否应该被作为"科学"而获得接受。在"多伯特诉迈雷尔·道制药公司案"（Daubert v. Merrell Dow Pharmaceuticals, Inc.）中，法院确定了以下四个步骤：④

1.方法的理论支撑必须产生可检验的预测，通过这种预测，该理论是能够被证伪的。

2.方法应该最好发表在一个同行审查的学术刊物上。

3.应该存在一个公知的误差率，以用于评价宣称的结果。

4.方法应该被相应的科学共同体所普遍接受。⑤

---

① 参见 David L. Faigman, Legal Alchemy (1999); Ellen E. Deason, *Incompatible Versions of Authority in Law and Science,* 13 Soc. Epistemology 147 (1999).

② 或许证词寻求去确认原告促成事故发生的疏忽，其没有注意他知道的或应该知道的占星家的警告。

③ 正像我们将在下一节谈到的那样，逻辑实证主义者把魔力、占星术、心理分析用作伪科学的例子，表面上与其知识主体相连贯，而这些知识区别于真正的科学，因为他们的陈述不能被证伪。

④ 509 U.S. 579 (1993).

⑤ *Id.* 一个有意思的疑问是：这四个标准是否可以同样适用于法学。标准2（在同行审查的刊物上发表）当然不适用，标准1和3的不适用是可论证的。

这些标准已经引起了争议，[1]但无论怎么有趣，都不是本文话题所关注的中心。对于我们此处的目的而言，认识到这一点就足够了：在科学特征、上述我所捍卫的科学方法、最高法院指示联邦法院系统遵循决定证人证言是否应该被作为"科学的"而给以证明力的标准之间，存在某种对应性且这样的对应未必严密精确，而不是去深究它们。[2]

我在本部分的开始时提出，有些问题可以通过逻辑论证得到解决、有些则可以通过经验观测解决。我接着说明一种描绘科学方法之特性的途径：它是一种通过合并这两种探索方式而获得关于世界的知识的手段。特别是，科学寻求清楚地表达关于一种现象的逻辑上协调一致的理论，然后使这种理论经受系统的研究，以查看该理论是否可以精确地描述和预报那类现象。

这种探究世界之方法的明显成就多得不计其数。近来就有一个与此命题相关的著名争论：在范围广泛的多种领域里，获得更深层次的知识要依靠科学方法应用于这些领域——例如宗教——先前被认为仅仅是通向直觉、信念和逻辑论证的领域。[3]我准备在第四部分讨论：法学的更高层次的进步是否也有必要通过明确采用科学方法而达到。

---

[1] 例如参见 David L. Faigman, *The Law's Scientific Revolution: Reflections and Ruminations on the Law's Use of Experts in Year Seven of the Revolution,* 57 Wash. & Lee L. Rev. 661 (2000); David L. Faigman, *The Tipping Point in the Law's Use of Science: The Epidemic of Scientific Sophistication That Began with DNA Profiling and Toxic Torts,* 67 Brook. L. Rev. 111 (2001).

[2] 当然，法学和科学之间还存在其他的重要接合部。有人最近已经对知识产权和科学规范之间的关系发生兴趣，一个中心问题是，自1980年因对主流科学规范的意见不一致而给科学探究带来了不良影响以来，是否应该扩展专利权主题的范围。例如参见 Rebecca S. Eisenberg, *Proprietary Rights and the Norms of Science in Biotechnology Research,* 97 Yale L.J. 177 (1987); Michael A. Heller & Rebecca S. Eisenberg, *Can Patents Deter Innovation? The Anticommons in Biomedical Research,* 280 Science 698 (1998); F. Scott Kieff, *Facilitating Scientific Research: Intellectual Property Rights and the Norms of Science - A Response to Rai and Eisenberg,* 95 Nw. U. L. Rev. 691 (2001); Arti Rai, *Regulating Scientific Research: Intellectual Property Rights and the Norms of Science,* 94 Nw. U. L. Rev. 77 (1999).

[3] 参见 Edward O. Wilson, Consilience: The Unity of Knowledge (1998).

三 科学哲学的启蒙

上一部分展开的是关于建立科学和科学方法的讨论,这里我转向讨论:科学哲学家探讨构成科学与证实的核心问题的方式。[①]

(一) 波普和逻辑实证主义

最著名的现代科学哲学理论是卡尔·波普(Karl Popper)爵士的理论。在《科学发现的逻辑》(*The Logic of Scientific Discovery*)一书中,[②] 奥地利人波普认为,科学通过从某一领域普遍流行的理论中提取出合乎逻辑的但意想不到的预测而继续下去,这些预测能够经过经验主义的证实或否定。波普对于证伪的强调缘自于他的一个强烈信念:一种理论决不可能通过同意观察资料而被证明是正确的。太阳总是从东方升起的理论已经被时至今日的每一个早晨证明是正确的,但依照波普的主张,这一理论也可能被今天以后的两个星期所证明是不成立的。不管我们可能发现的成千上万年的相容的观察资料怎么有说服力,严格来说,仍然存在另外一种确定的证据证明不了任何事。

相反,波普断言,证明不成立的证据是特别有力的,因为它几乎结论性地驳倒了假设。例如,所有天鹅都是白色的理论可以被一只黑天鹅的观察资料所决然驳倒。存在于证实和证伪理论之间的这种严重不对称是波普著名理论的关键所在,它的重要结果是大大提升了怀疑论在科学特有价值中的地位。根据逻辑实证主义,每一种理论最多仅仅是被临时性地和不确定地掌握,因为没有证据可以结论性地证明该理论是正确的,但是下一刻的证据就可能证伪该理论。

[①] 我特别感谢伊利诺伊大学哲学系的帕特里克·马赫(Patrick Maher)、得克萨斯大学法学院的布莱恩·雷特(Brian Leiter)对这一节的帮助。至于这些论题的一般研究和科学哲学的知识,可参见 Philosophy of Science: The Central Issues (Martin Curd & J.A. Cover eds., 1998); Alex Rosenberg, Philosophy of Science: A Contemporary Introduction (2000); The Structure of Scientific Theories (Frederick Suppe ed., 2d ed. 1977).

[②] Karl R. Popper, The Logic of Scientific Discovery (Karl R. Popper et al. trans., 1959).

波普主义的科学发现与证实理论是科学哲学的重大进步。可是，尽管它具有显而易见的吸引力，这种逻辑实证主义理论却已经受到强有力的、成功的批评。有两个主要的批评，第一，发现证伪证据并不必然地否定理论，它确实可以告诉研究者某事是错误的，但那个事情并不一定是理论，[①]而可能是数据或使用的证实方法。而且，证伪不是经常像波普可能得到的那样清晰鲜明。为了从一种理论中得到一个可证伪的预测，常常不可避免地要设定超出该理论假定范围的额外假定。假如，已经设定那些额外的假定，证据证伪了理论，有充分理由认为是这样的情形：证伪所指向的是这些不适当的额外假定，而不是潜在理论的可信度。[②]

第二，似乎与常识相反，它认为，再多的确认证据也不够足以导致对一种理论的合理的确信。我们再考虑一下上面提及的关于太阳从东方升起理论的例子，根据逻辑实证主义，太阳总是从东方升起——至少自从有记载的人类历史之初到现在——的事实不能充分确认这一理论。但是，这种规律性的确确定了某些有利于该理论的砝码。大卫·古斯丁（David Goodstein）教授也强调，科学家的实际行动表明，他们相信：有更多的确认证据是一件好事情，换言之，大多数科学家在他们专业生活中的行动就好像他们重视另外一个结果——似乎要证实理论中一个意外的预测。[③]

这些批评已经如此有力，以至于惯常的波普主义者们也承认了它们的力量。[④]波普主义关于什么构成可接受的科学的观点可能已经被批评得不足信，这些批评可能已经被波普主义者们自己所接受。然而，

[①] 参见 Wesley C. Salmon, Foundations of Scientific Inference (1967); Wesley C. Salmon, *Rational Prediction*, 32 Brit. J. Phil. Sci. 115 (1981).

[②] 参见 David Goodstein, *How Science Works,* in Reference Manual on Scientific Evidence 71 (Fed. Judicial Ctr. ed., 2000).

[③] *Id.* 共同的、重复的确定可能性是贝叶斯推论的核心。参见下文第三部分第（三）个问题的讨论。

[④] 然而值得一提的是，逻辑实证主义——尽管以现代形态出现——一直有重要的辩护者。例如参见 Michael Friedman, Reconsidering Logical Positivism (1999).

有些令人惊讶的是,逻辑实证主义观点还活着,而且在法学学者中大行其道。①

(二)库恩的范式转换理论

最近的科学史学家托马斯·库恩(Thomas Kuhn)的理论几乎和波普的证伪理论一样著名。在《科学革命的结构》(The Structure of Scientific Revolutions)一书中,库恩认为,任何一种科学的中心概念是"标准科学"的概念,或是占优势的"范式"概念。②按照库恩的观点,范式是在一个科学共同体中流行的理论、标准以及可接受的研究和证实方法的集合体。③其意义是,在任何特定的时间,某一门独特科学的从业者赞同一样的范式,他们承诺在范式的约束下进行科学研究。这个占优势的范式提出关于相关现象的预测,研究者追踪研究这些现象,通过他们的探究修改或详细描述这个范式。范式概念的至关重要的一点是,存在一次又一次的不规则的观察资料,它们似乎不能很容易地适合流行的范式;当这类情况经常发生时,实践范式的人能够调整范式,以适应不规则的观察资料,而不用被迫连同范式一起放弃。范式内部的进步是通过逐步增加完成的,而不是在飞跃或跳远中完成的。

然而,库恩指出,存在科学革命。发生科学革命的原因是,有时,不规则积累成堆到这样的程度,以致几乎不可能用一种合理的考虑不规则的方式调整流行的范式,④最终,有人提出用一个新的范式取代现有的那个,其方式是不仅说明所有现象可以被旧范式毫无瑕疵地解释,而且说明,根据旧范式,所有那些现象都是不规则的。

库恩在其早期著作《哥白尼革命》(Copernican Revolution)中阐明

---

① 复兴逻辑实证主义相关内容的最近尝试是 Richard W. Miller, Fact and Method: Explanation, Confirmation and Reality in the Natural and the Social Sciences (1987).

② Thomas S. Kuhn, The Structure of Scientific Revolutions (3d ed. 1996).

③ Id. at 10–11.

④ Id. at 52–53.

了他的理论。① 托勒密（Ptolemaic）关于我们太阳系的理论认为，地球是这个系统的中心，所有其他行星和太阳围绕着地球旋转。这一理论与他们所得到的大量观察资料相一致。但是，存在着不规则。有些行星在它们环绕地球的轨道上出现了"回路"。换言之，随着时间的过去，它们会移动，比方说从左到右穿过天空，然后停止，再向后从右到左，然后再停止，接着又再一次倒转方向，开始它们从左到右的行程。② 对于哥白尼（Copernicus）、约翰尼斯·开普勒（Johannes Kepler）、第谷·布拉赫（Tycho Brahe）和其他人来说，这些"回路"是不规则的：在托勒密的"理论"中，没有什么关于行星运转的理论可以容易地解释非恒量的运动。虽然如此，有才能的天文学家寻求在托勒密的太阳系观点内解释这种不规则，而且解释得也还过得去——就是说足够成功，所以这个领域的从业者普遍承认他们对流行范式的修正。

但是开普勒和其他人觉得，有一种简单的方式可以解释这些不规则——也就是从整个完全不同的观点出发：太阳是太阳系的中心，地球和其他行星围绕着太阳旋转。在上述事件中，这个可供选择的观点对于行星运动中"回路"的解释是将其归因于这个事实——地球和那些表面上呈环状运动的行星都是围绕着太阳运转，这些回路缘于地球和那些行星的相关运动。③

库恩询问：天文学家如何在托勒密的太阳系地球中心观点和哥白尼的太阳中心观点之间选择？④ 库恩暗示，那个简单的、提供更多富有成效的预测的、与已知的观察资料更相容的、预示未来更大进步的范式将获胜。⑤

针对这个关于科学进步的有吸引力的解释，一些评论家认为，库

---

① Thomas S. Kuhn, The Copernican Revolution: Planetary Astronomy in the Development of Western Thought (10th ed. 1979).

② Id. at 48–49, 66–67.

③ Id. at 209–17.

④ 参见下文第三部分第（三）个问题：关于科学家——依照一个来自于科学哲学的现代理论——如何在针对同一证据的互相矛盾的解释中进行选择。

⑤ Thomas S. Kuhn, The Structure of Scientific Revolutions 153–59 (3d ed. 1996).

恩理论的一个重要含义是一个范式和另外一个同样好，大约可以这样说，哥白尼的太阳系观点决不"好于"或"更真实于"托勒密的观点，它只不过是更加经济的。① 库恩明确地拒绝接受这种观点。②

库恩的理论是令人兴奋的，和波普的理论一样，具有最初的吸引力，也存在批评家。对其主要的批评是，库恩的理论没有假定获知或者提前预测范式可能发生转换的时间的方法。这一思想——不规则现象在一个范式里堆积，最终难以维持该范式，更有效的做法是采纳一个不同的范式——作为对于科学革命的一种概括的描述可能是有意义的。但是，该理论在特定时刻解释任何给定的范式状态方面不是特别有用。有人观察到：那些在某个范式内部研究的人，会被步步紧逼地去说明不规则的数量在某个特定时刻究竟是微不足道的、中等规模的，还是已经大到范式转换即将来临。

另外一点经常被库恩的批评家们提出："即便当一个范式转换确实是意义深远的，转换所分离的范式之间并不必然是不相称的"。正如库恩表明的那样，它们可能是不相称的。③ 革命不是真正革命性的，而是进化性的。科学的进步不是从一个清楚的范式到另外一个范式的定义明确的跳跃中完成的，而是在并不连续的、不断增量的变化过程中完成的；随着时间的过去，当回顾观察的时候，变化累积达到了一种引人注目的变革的程度。科学家很少把他们的工作描述成革命性的。艾萨克·牛顿（Isaac Newton）在写给一位敬慕者的信中表达了这一著名观点，对其非凡的科学成就作了补充说明："如果说我已经看得更远了

---

① 库恩显然相信一个思想：科学革命通常是人类理解方面的一个进步。但是其他人持更加怀疑的态度。在批评包括科学在内的人类事务的理性作用方面，现代批评家已经走得太远了。——这一精彩的首创观点可见之于 Stephen Toulmin, The Return to Reason (2001).

② 参见 Thomas S. Kuhn, The Copernican Revolution: Planetary Astronomy in the Development of Western Thought 169 (10th ed. 1979).

③ David Goodstein, *How Science Works,* in Reference Manual on Scientific Evidence 73 (Fed. Judicial Ctr. ed., 2000).

的话，那是因为我站在了巨人的肩膀上"。①

作为对库恩理论的一个进一步说明，我们思考一个离法学更靠近的微观经济学理论中的流行范式：理性选择理论。② 理性选择理论是今日社会科学中关于人类决策的范式性的理论。③ 它已经被证实在考察经济现象方面是富有成效的，它也被同样成功地应用于与经济学毗邻的学科，比如政治学、国际关系学和法学。该理论假设，人类是他们预期行为之成本与收益的严密的、精确的计算者，他们选择那些可以预期带给他们更大净利益的行为。在这些决策上他们几乎从不犯错，他们仅仅在被有系统地误导时才会犯错。

这是一个在社会科学中流行的范式，其大量的理论和经验工作来自于几代天才学者们的勤勉运用。然而，最近在社会科学探究中发现的不规则结果正在逐渐增多——这些结果难以与理性选择理论相符。例如，考虑一下这个现象：一些个体常常花费固定成本做出他们的决策，采用了理性选择理论所认为的他们不会那样做的方式。理性选择理论提出，决策者将认识到，曾经招致的固定成本应该被忽略。用一个著名的习语来说，"过去的就让它过去吧"。举例而言，一旦某人购买一张长期票去看系列剧，她打算去看任何一场演出的决策就应该仅仅取决于可变成本与演出之间的关联性。更确切地说，她不应该以她已经买了长期票为理由而去看演出并且因此应该充分利用她的钱。她已经买了长期票，不管她是否去看任何特定的演出、全部都看还是一场都不看。与任何特殊产品相比，她的决策应该只是看那天她的心情、天气、她第二天的工作职责等等而定。

与固定成本相关的描述听上去可能是合理的，它显然不是人类大

---

① 关于科学进步是不断递增性的而不是革命性的观点，可以参见其著名提出者的作品 Robert K. Merton, On the Shoulders of Giants (1st ed., 1965).
② 就像我们已经看到的那样，范式的内容要多于首要理论核心的内容。库恩和其他人把范式理解为包括科学共同体的标准和规范以及接受范式的人所使用的方法。
③ 这一节的大部分内容是根据 Russell B. Korobkin & Thomas S. Ulen, *Law and Behavioral Science: Removing the Rationality Assumption from Law and Economics,* 88 Cal. L. Rev. 1051 (2000).

多数做出决策的方式。固定成本现在成为经常、果断决策的一部分。[1]

这些和其他不规则结果已经开始在以理性选择理论为支撑的社会科学中堆积。跟随库恩的指引，有人会接着询问：这些不规则是否已经如此众多，以至于会很快发生范式转换？但这个问题被证明是不可能回答的。业内人士必须处理不规则：或者通过修正理性选择理论去适应不规则行为，或者完全放弃赞同同类情形的理论。[2] 由于不规则，当前在大约四分之一微观经济学理论中存在大量的紧张状态。[3] 但是，没有事前之法告诉我们这是否将是库恩科学革命理论之一的一个例子，还是仅仅表现为持续三百年的长期错综复杂的经济学理论的一种增长性进步。

已经有人尝试调和波普与库恩，最显著的当数伊姆里·拉卡托斯（Imre Lakatos）的著述。[4] 拉卡托斯提出，科学共同体所从事的研究课题不能被一个或少量的结果所证伪。然而，随着不规则结果和观察资料的增长，可能出现一种"退化的研究课题"，共同体可以通过在研究课题中的特别的临时变更，来抵制对充满了不规则现象的课题的证伪。例如，根据牛顿的行星运动理论，在水星上存在不规则运动，牛顿可以通过假设"祝融星"（"Vulcan"）——一个在水星和太阳之间的无

---

[1] Russell B. Korobkin & Thomas S. Ulen, *Law and Behavioral Science: Removing the Rationality Assumption from Law and Economics,* 88 Cal. L. Rev. 1051, 1069–70 (2000).

[2] 经常听到的一个说法是："用一个理论打败一个理论"。那些援引这个观点的人通常是这样做的，目的是证明维持理性选择范式是正当的，直到某个非常好的清楚明晰的理论出现去取代它。然而，这不是发生科学进步的通常方式。更适当的是，不规则现象出现，这些现象或者被一个修正了的范式所解释，或者被用作观察资料而成为另外一个范式的实例（当尚未明确定义时）。

[3] 这可能是令人不安的，但也说明经济学界提供对这些不规则现象的解释的重要性越来越受到重视。以下事实是这个重要性的一个证据：加州大学伯克利分校经济系的马修·罗宾（Matthew Rabin）教授，一个行为经济学领域的多产学者——其专注于理性选择理论所预报的不规则现象研究——最近赢得美国经济学学会的约翰·贝茨·克拉克（John Bates Clark）奖。该奖两年一次地颁发给40岁以下卓越经济学家，许多获奖者后来获得了诺贝尔奖。

[4] 参见 Imre Lakatos, The Methodology of Scientific Research Programmes (Philosophical Papers, Volume I) (G. Currie ed., 1980).

形行星——的存在而挽救该理论。然而，最终这些临时的变更本身必须在研究课题的范围内——更确切地说，"祝融星"必须被发现是存在的——否则该课题必须让位给另外一个课题。

科学和科学方法的一个重要要素值得提及：在科学共同体内部，在相当大程度上存在着定义明确的有关研究方法和行为的规范。这是一个非常大的题目，我所介绍的仅仅是让人们注意到这一事实：在今天的科学共同体，科学家中间存在着充满活力的竞争，以提升他们不同领域的知识增量，科学家之间在数据和结果方面的合作数量惊人，在同行审查的学术刊物发表某人的研究结果，以及某一专门知识领域的研究者多方一起参加的周期性聚会方面，存在着强制性的道德规范。[①]

（三）贝叶斯推论和科学发现

今天的许多——如果不是大多数的话——科学哲学家赞成贝叶斯主义理论（Bayesian theory）。[②] 为了了解这种理论描述科学家说明理由的方式，我首先解释贝叶斯推论，然后指出它是怎样描述科学方法的。

1. 贝叶斯推论概要

贝叶斯推论是一种系统地将新信息与某人的先前观点进行归并的或然性方法，[③] 它是与经典理论——有时称作"奈蔓—皮尔逊准则"（Neyman-Pearson）——形成对比的或然性推论。其特性可以从一个著名的推论例子中看出来：假如某人正在扔一个硬币，计算着正面朝上和反面朝上的结果，贝叶斯主义方法和"奈蔓—皮尔逊准则"方法之间的差别同产生于投掷硬币记录的两种方法的推论有关。

[①] David Goodstein, How Science Works, in Reference Manual on Scientific Evidence 74-75 (Fed. Judicial Ctr. ed., 2000).

[②] 例如参见 Colin Howson & Peter Urbach, Scientific Reasoning: The Bayesian Approach (1st ed. 1989); Patrick Maher, Betting on Theories (1993).

[③] 参见 Colin Howson & Peter Urbach, Scientific Reasoning: The Bayesian Approach (1st ed. 1989).

"奈蔓—皮尔逊准则"方法假定，硬币是公平的，给定掷硬币次数，正面朝上的数量与反面朝上的数量将是相等的，一连串的正面朝上将并不必然导致某个从"奈蔓—皮尔逊准则"立场评测的人去怀疑她关于硬币是公平的假定，他们更可能会说，"耐心一点，如果我们继续扔硬币，反面朝上的数量将抵消性地增加，所以，从头到尾看整个掷硬币的次数，正面朝上和反面朝上的比例是相等的"。

相反，一位贝叶斯主义者可能——和他的"奈蔓—皮尔逊准则"对手一样——会从硬币是公平的假定出发，但是，如果两种可能结果之一的数量开始占优势，贝叶斯主义者根据堆积的证据将"修正"他关于硬币是公平的"先前观点"。证据可能会使他相信，存在正在不断增加的强大的可能性——硬币是有偏的。有人从"奈蔓—皮尔逊准则"的视角去评价掷硬币的结果，当然也最终得出结论——硬币不是公平的。但是，一个有区别的事实是，贝叶斯主义者有一套达到他们结论的系统方法，而"奈蔓—皮尔逊准则"的追随者必须诉诸于放弃他们关于公平的假定，不存在达到他们放弃的那个假定的系统方法。

2. 一个例子

贝叶斯推论提供了一种决定新信息的证据力的系统方法。而且，正如我们将看到的，这个推论的类型提供了一种测量手段，以测量新信息应该改变某人的先前观点的程度。思考下面这个例子。

假如你是个医生，一个病人来到你的办公室告诉你，她已经发现乳房里有个小肿块，她担心它可能是癌。你给她做了检查，然后告诉她——以你所知道的关于乳腺癌的知识、关于这个特殊病人、关于女性和她的一些病史以及其他相关信息为基础——她患乳腺癌的概率是0.10。那似乎像是一个比较低的相关概率，然而为了谨慎起见，你建议做一个乳房X光照片。你知道，在已经患有这类癌症的女人中，乳房X光照片查出癌症的准确率将是90%；在没有患癌的女人中，乳房X光照片显示癌症的错误率将是20%。乳房X光照片显示为阳性，则表明那位病人患了乳腺癌。那么，这个女人事实上已经患乳腺癌的概率是多少？

假如有100个女人和这个病人有同样的病史及其他相关信息，把正确肯定与错误否定的数字应用于这100个病人，与该医生"先前的"评估相一致。进一步假设她们中有10位真正地患了乳腺癌、90人没有患，在没有患癌的90个人中，20%将显示乳房X光照片是阳性的——也就是假阳性，90个人中的80%将没有显示阳性的乳房X光照片——有时称作"真阴性"；在10%确实已经患癌的人中，90%将显示阳性的乳房X光照片（"真阳性"），10%将没有显示阳性的乳房X光照片（"假阴性"）。

我们可以把这些结果列表如下：

癌症检查结果
（有100个病人接受检查，10个人真正患了癌，90个人没有患，检验如下）

结果	精确的百分比	数量	分类（特征、识别、定性）
没患癌、乳房X光照片阳性	20	90 × 0.20 = 18	假阳性
没患癌、乳房X光照片阴性	80	90 × 0.80 = 72	真阴性
患癌、乳房X光照片阳性	90	10 × 0.90 = 9	真阳性
患癌、乳房X光照片阴性	10	10 × 0.10 = 1	假阴性

这个病人的乳房X光照片是阳性，因此，她很可能落入乳房X光照片阳性的两组之一，有27个病人是乳房X光照片阳性。但是，在这27个人病人中，只有9个真正患了乳腺癌。所以，这个病人已经患癌的概率是9/27或0.33。相比于她真正患癌的可能性，她更可能是那些没有患癌而有阳性结果的病人之一。

3. 贝叶斯决策与科学

贝叶斯推论已经对科学哲学产生了直接影响，特别是这一方法已经被用于说明科学家在互相对抗性的理论中进行选择的方式。它的益处在以下情形发生时出现：在对同一个自然现象存在可供选择的理论的时候、在产生是否一些新证据使人更赞成一个理论而不是其他理论的问题的地方。科学哲学家们称他们研究的这个分支为"证实理论"。

托马斯·库恩关于范式转换的历史学研究使得证实变成了科学哲学的一个中心概念。一些早期的库恩批评家指出，当两种范式处于相互对抗状态（或当任何两种理论处于相互对抗状态）的时候，科学共同体就肯定会有一些系统的方法，用新证据来决定两个范式中的哪一个是得到加强的、哪一个是被削弱的。为了探索如何解决这个问题，一些科学哲学家提议，将贝叶斯推论作为科学家做出这些证实和否定选择之方式的一个模型。①

贝叶斯推论应用于科学理论的证实问题是一目了然的。假定有一种理论，它得到了这个领域相当数量的学者而非全体学者的支持，这一理论是正确的可能性或者理论上的确信程度构成了贝叶斯推论的先验概率。现在假如某个科学家，遵循他或她所在领域的研究和发表规则，公布了一个新证据，那么，科学家们应该以该证据为基础修正他们对于这个理论的确信程度吗？② 存在一种解释可信程度的正式方法：新证据如果是有证据力的，应该影响某人的先前判断。这些是旨在将先前的确信更新为后来的确信的贝叶斯平衡状态。

和我们已经纵览过的来自于科学哲学的其他理论一样，贝叶斯主义关于科学证实的观点也有批评家，其中最有力的批评家是克拉克·格莱莫尔（Clark Glymour）教授。③ 格莱莫尔的几个批评是技术方面的，针对的是贝叶斯概率的根本假定，不是针对其在科学哲学中的应用。例如，格莱莫尔难以接受一种通常和贝叶斯主义联系在一起的观点：或然论的判断描述了确信程度，那些确信程度必要地服从于概率微积

---

① 参见 Colin Howson & Peter Urbach, Scientific Reasoning: The Bayesian Approach (1st ed. 1989); Patrick Maher, Betting on Theories (1993).

② 参见 Wesley C. Salmon, Rationality and Objectivity in Science or Tom Kuhn Meets Tom Bayes, in Scientific Theories, 14 Minnesota Studies in the Philosophy of Science (C. Wade Savage ed., 1990).

③ 参见 Clark Glymour, Theory and Evidence 63-93 (1980).

分学，确信程度依照贝叶斯公式所描述的制约性规则而改变。[1] 而且，他论及一个关于贝叶斯主义者的著名批评："它未能提供什么是推论与什么是论据之间的任何关联"。[2] 更确切地说，如果先验概率符合个人的确信程度，那么，贝叶斯主义者给予我们的是理性人应该修改他们个人确信程度的方式的描述，而不是理性人相信真实陈述或者避开谬误的方式的描述。对于这一批评的权威回答是，即使先验概率仅仅是个人的，然而随着足够长的时间的推移，那些个人的某种程度的确信将会汇集成适合每个个体和所有个体的客观真理。[3] 有人可能提出的另外一个回答是，当被应用于科学理论的时候，贝叶斯主义的确信程度表现出的不仅仅是个人的小过失，而且是定义明确的、有学识的科学共同体意见一致的看法。

格莱莫尔教授转向其他特别针对贝叶斯推论应用于解释科学的批评。例如，他认为，对于16世纪至20世纪初任何真正长期的、确定的非重大科学争论而言，或然论的推理论证没有成为科学推理论证的一个清楚的部分。[4] 我认为这不是特别有说服力的批评。即使概率论尤其它的贝叶斯版本是人类历史上的相当新近的发展，但并不由此可以推论出：隐含的或然论推理没有成为长期以来科学思想的一部分，其历史要远远长于这一推理正式定型的时间。用类推的方法来说，理性选择理论仅仅在大约40年前正式定型，但是，在经济学家将该理论正式定型之前，经济学家和历史学家已经在从提出假定到做出决定的几个世纪的历史解释中取得巨大进步。

格莱莫尔提出了另外两个针对贝叶斯主义者关于将贝叶斯推论应用于科学的批评，第一，即使这一理论描述给出的是一个在科学共同体内部关于证实的似是而非的描述，它还是未能解释证实过程的其他

---

[1] 参见 Clark Glymour, Theory and Evidence 67–75 (1980).

[2] *Id.* at 72.

[3] *Id.*

[4] *Id.* at 91.

基本方面，①例如，

> 一个证实描述应该说明的方法论概念有多种，也有许多涉及这些概念的方法论上的自明之理：例如，证据种类和我们期望它的理由；特别假定和我们避开它们的原因；如何区分作为构成一个完整理论所需要的假定和一种理论的"添加"；简单性和为什么它经常被赞赏；为什么"去奥卡姆化"理论如此经常地被拒绝、什么决定了一个证据与一个假定相关的时间；什么——如果有什么的话——使得用某一比特证据对某一比特理论的证实要更有力于用另一（或者可能是相同的）比特证据对另一比特（或者可能是相同比特）理论的证实。②

第二，格莱莫尔主张，贝叶斯主义的观点没有真正解决科学争论中我们最想知道的本质——即什么算得上是令人信服的论据：

> 我们想要的是科学主张所提供的解释，贝叶斯主义给予我们的则是一种学习理论——事实上，是一种个人学习理论。但是，主张或多或少是非个人的；我用一个论据去说服已经被告知前提的任何一个人，我这么做并不是在任何意义上兜售我的自传。如果要将某种程度的先见强加于我，认为它使我从自己的前提滑向自己的结论，那么这种强加不能说明任何问题。不仅因为它可能是任意的，而且因为即便它正确诊断了我某种程度上的先见，也不能解释为什么我正在做的是主张——换言之，为什么我所说的应该对其他人产生最小的影响，或者为什么我可能希望它应该是这样。③

---

① Clark Glymour, Theory and Evidence 63–69 (1980).
② *Id.* at 67–68.
③ *Id.* at 74–75.

这些论点是强有力的，但是它们并非不可超越。我们可以回答第一个批评，例如通过指出这一判断是正确的来回答：贝叶斯主义的描述没有论证科学方法的那些方面。但是，证实理论之外的科学哲学的其他方面，努力尝试着去描述格莱莫尔提出的关于该方法的其他要素所产生的问题。至于第二个论点，我相信，格莱莫尔遗漏了一个事实，即贝叶斯主义理论在讨论什么应该被认为是有证据力的证据过程中，隐含地讨论了什么算得上是令人信服的论据。用其隐含的寓意就是，已经没有证据力的证据将不能改变先验概率。所以，对第二个批评的部分回答说出了贝叶斯主义者的暗示：唯一真实的有证据力的证据算得上是"论据"——即算得上是应该改变某个先验概率或者先前的先见程度的证据。

贝叶斯主义的观点没有解决科学哲学中的一些伤脑筋的核心问题。但是，存在一个来自于贝叶斯主义者介绍的非常重要的进步：在科学共同体决定接受新证据以证实或者驳倒一种现存理论的方式上，该理论似乎提供了一个特别有益的见解——一种实际的、非标准化的、说明性的见解。

四 作为科学的法学

既然我们已经认识到，科学组成和科学哲学的现代观点是关于科学和科学假定的证实，我们就能够去探究法学的学术研究是否是科学的或者是否处在变成科学的过程中。

在这一部分，我首先处理法学研究是否是科学的问题——用我在第二和第三部分所揭示的对科学这个词的理解。我主张，在法学研究中存在一些科学方法的基本要素，但是有一些重要的定义性的基本要素被遗漏了——即一个被广泛地、普遍地公认的理论核心或者范式和公认的经验或实验证实的标准与方法。我考察学理型的学术研究是否具有科学探究特征的一般情形，然后用三个特殊的例子加以阐明。我相信，科学方法的一些令人鼓舞的迹象已经长时间地隐含在法学的学术研究中，并且正在法学研究中变得更加普遍。我以这一思考结束该部分：为了增大法学学术研究的科学特征，不久的将来很可能会发生什么。

（一）法学理论

科学方法的某些方面是法学研究与其他某些存在诺贝尔奖的科学所共享的，而某些方面则是法学研究所不能分享的。

无论在哪种社会，法学研究关注的都是同样的一般主题——也就是由合法的政府机关所公布和强制的社会规则系统的所有方面。这些方面所包括的是下述决定：怎么制定法律规则；那些行为可能受到规则影响的人可能和确实怎样行动，事实上是对规则的反应；那些精通这些法律规则的人——律师——怎样接受训练和从事法律业务；法院、立法机关和行政部门怎样影响法律；非政府的规制方法之间的关系，比如家庭和社会规范怎样影响人们的行为，以及与法律系统的相互作用是怎样的。

在法学学者中间可能存在关于他们探究工作之主题的协议，却很少有关于方法和结论种类的协议，而利用这些方法，他们的探究能够可被接受地进行下去；通过这些结论，创新的结果可以被发现和探查。——回忆一下，科学的要素之一是一种意见一致的方法，利用这种方法去建立和反驳主张，尽管存在着关于特殊主张的证据力方面的不同意见。对法律科学研究内部缺乏这种必需要素的评判是：法学研究内部跨领域交流存在障碍。我想要让大家注意一个事实，即对于某一个国家的法学研究者来说，要像其他科学家那样同另外一个国家的法学研究者进行富有意义和力量的交流，是极度困难的。

为了说明法学与其他学科在这一点上的不同，我们考察医学或者生理学（一个存在诺贝尔奖的学科）的情形。假如一位摩尔多瓦的研究者发表了一篇文章，声称基于她在摩尔多瓦对疾病患者的研究，她已经获得成功治疗前列腺癌的某些新的深刻见解。第一是认可，即在每一个可能对这个结果——关于摩尔多瓦研究者应该已经用于达到其结论的治疗方法——感兴趣的学者中存在的普遍承认。这个普遍承认实际上存在两个方面：主题即研究者集中精力研究的——"前列腺癌"——必须与所有地方的其他研究者的理解相同；她已经用于研究摩尔多瓦病人的重要的研究治疗方案，必须与那些用于同一主题的其他研究的研究治疗方案基本上相同。第二也是非常重要的是，这个世界上任何一个国家的医生能够理解和评价摩尔多瓦的研究，如果这个结果经得住详细审查，能够将这项研究的新的深刻见解应用到他们自己国家的治疗中去。假定摩尔多瓦研究经受住了其他学者的仔细评价，没有人可以声称，那个研究只能应用于摩尔多瓦共和国的前列腺癌病人。

我们可以把这些同样的评论扩展开来，甚至使其超越物理学、生物学和自然科学而包含某些社会科学的说明。例如，考虑一下经济学。一般而言，经济学理论和经济计量学方法应用于世界上每个国家。比如，微观经济学家们分享相同的核心理论原则——举例来说，用理性选择理论作为决策的假定——不管他们住在哪里和在哪里工作。因此，他们关于人们可能怎样行为的假定，在一种非常真实的意义上独立于时间和地点：他们将其应用于蒙古偏远地区的游牧部落的人，也应用于巴黎的城市居民；他们将其应用于今天农民做出的决策和一万年前农民做出的决策。不同国家的经济状况存在着差异，但是，那些差异被解释为不同的相对成本、技术和偏好。重要的是，在所有国家的经济学家中间存在着一个一般认同，此一般认同是关于在所有的假定中什么可以构成一个合法的检验、关于这些检验可以得以进行所利用的何种技术。此外，一项在理论或实践中的创新——例如，一种关于行为的深刻见解或者一种关于收集和检验数据的高级经济计量学方法——对无论身居何处、正在研究何种经济决策的经济学家都可能是有益的。最后，值得一提的是，一项由经济计量学结果所支持的摩尔多瓦经济行为的研究——或者任何由理性选择理论所预测的摩尔多瓦行为研究——能够给任何一个国家的经济学家带来潜在的帮助。

需要注意的是，有人可能会这样回应：由于当地情况的千差万别，经济学的跨国效用的局限性将会出现。有些国家具有富饶的天然资源、科学繁荣和技术革新的长期历史、幸运地享有舒适的气候，而存在很少的自然或人为灾难，其他国家缺乏贵重资源、没有富于企业家精神的或科学的和技术革新的传统、气温如此之高，以至于一年的大多数时间不可能进行户外工作；有些社会有推动经济增长的政府，而其他社会没有；有些国家有开放的边界并对外国竞争积极回应，而其他国家缺乏。①

可是，尽管存在如此巨大的文化、资源、政府和其他方面的差异，一样的经济学理论适用于所有这些国家。也不会出现这样的情形：存在着一些相互竞争的经济学理论，今天的不同国家和整个人类历史可以被归整为不同的族群或者类型，能够用这些可供选择的理论中的一种对它们进行解释。假定了同样决策过程的相同理论和经济计量学的证实方法，也解释了经济上存在的巨大差异。例如，混合在农业、制造业和服务行业中的跨国界的差异，可以在很大程度上被解释为具备的生产要素、技术、大众的偏好以及经济制度状况中的比价的不同。这一理论也可以跨出经济学的严格疆界，应用于特别解释确定的历史或路径—依赖要素，例如反对民主的政治倾向、易受外国入侵和开发之伤害的历史模式、普遍的宗教信仰。

这个例子的中心要点是：存在一个专一的关于人类决策的核心经济学理论，正像存在一个专一的物理学、化学、微生物学、人类遗传学、生理学和医学的核心理论。②

我们现在转向法学，法学非常刻板的情形与摩尔多瓦生理学者或者经济学家的例子形成鲜明的对比。考虑一下，如果一位摩尔多瓦的法学研究者打算写点关于在该国法院已经实施的合同法的变化的论文，可能会发生什么。基于论辩的考虑，让我们假定那个作品是非常好的。第一件事是认可，这位学者的作品可能仅仅对摩尔多瓦合同法的研究

---

① 关于这些和其他要素——在经济发展中的"文化"的特别影响的讨论，可参见 David Landes, The Wealth and Poverty of Nations (1998).

② 我用这种直率的、略带夸张的方式描绘微观经济学理论之普遍性的图像，不是为了拥护微观经济学本身，而是为了指出，存在一些社会科学，它们像物理学、生物学和自然科学一样，具有同样的跨国界的一致性。

者包括开业者有益，而将极不可能有益于其他国家的法学研究者。原因很简单，法学学者倾向于仅仅去写关于他们自己法律体系的学术研究文章，而且只是为了在那个法律体系内的行为。这好像跟摩尔多瓦医生要写一篇仅仅关于在摩尔多瓦的前列腺癌的诊断和治疗技术、或者摩尔多瓦经济学家拥有一种仅仅适用于那个共和国的决策者的理论一样。

　　直白一点地表达这个困惑，那就是，不存在一个被承认和接受的法学理论，其可以应用于每一种法律系统，可以被每个国家的法学学者用于解释他们自己系统的特殊制度或规则。① 换句话说，法学学者不能通过诉诸于一个可以共享的法学核心理论，去寻求解释法律系统的任何类似之处或者法律系统之间的差异。②

　　这个观察引起了以下问题："为什么在物理的、自然的和生物的科学以及几门社会科学中，应该存在一个跨国界的学术共同体——一个可以分享的核心理论、在共同体内确定重要声明的共享程序、重要和上等作品的共享标准，但在法学学术研究中没有"？这是一个非常、非常大的问题，一个可能要占用学者们很长时间的问题。在这里我并不打算试图去回答这个问题，但是我有充分根据去猜测，有两个重要的

----

① 我确定的是，对于欧洲法学学者来说，理论构成了他们事业的至关重要的部分。确实，在许多的欧洲法学院，学生在他们法学教育的早期，就接受"法学通论"课程。为欧洲学者所拥戴的两个相互竞争的法学理论是实证法学和自然法学。我并不想多谈这些理论，但既然已经提出了这个话题，我觉得我应该说点什么，无论怎么简短。实证法学认为，法律只有在有权限的、正当的法律中才能被发现——例如由立法机关适时通过的法律。自然法学则主张，有一个优先的法律存在，它是由自然、逻辑、或许还有上帝赐予的，世俗的立法者必须服从它。这些相互竞争的观点具有意义深远的实践价值，特别是对法律解释的方式而言。就我的目的来说，一个更重要的观察资料是，这些相互竞争的理论之间的争执可以通过诉诸于假定—推论的论证获得解决，而不需要诉诸于经验工作。更确切地说，它们是法理学上的或哲学上的论证，这使得它们异于科学。

② 请注意，我把观察资料限定在一个事实上即不存在一个共享的法学理论。我并不主张在法学学者中不存在共享的主题，也不是说在决定法学内部有根据的陈述的过程中存在着不和谐之音。我相信，就像我已经宣称的那样，存在一个共享的主题。至于一个确认的程序，我相信，正如我将在下面详细阐述的那样，法学学者基本上忽视了把经验方法作为一种确认法学主张的方法。

基本要点将形成答案的中心部分。第一，法学学者直到最近对重大的理论化进程仍然抱着高度怀疑的态度，断然拒绝将经验方法作为一种解决法学问题的标准方法。第二并且相关的是，每一个国家的法学学者在对待法律决策的实践问题方面极为相似，只是对作为一门学科的法律系统研究缺乏兴趣。当然，几百年来法学学者所关注的一个中心是从业者的训练，这个中心要求法学教育的核心要点是使学生熟悉法律实践的实用性。最后，我相信，尽管与过去相比，法学研究已经开始看上去差不多接近科学，但我们仍然处在非常早期的发展阶段，虽然法学学术研究"科学化"的迹象正在日益明显。

我已经说明，关于对法学中令人困惑的理论缺乏的解释是一个超出本文范围的话题。但我还是想要再增加几个关于这个问题的观察资料。第一，我发现，当我与同事讨论建设中的法学理论化问题的时候，他们经常指出，在建立一种普遍的法学理论时，有两个要素是靠不住的：（1）每一种法律系统的文化背景上的巨大差异；（2）法学发展的历史的或路径—依赖的本性。我不清楚为什么这些方面将会必定导致可普遍应用的法学理论的缺乏。有人可能正好有关于人类学、社会学、经济学、政治学或者任何其他社会科学的相同断言：各种科学彼此之间是如此的大不相同，以至于即使有也只是很少的统一主题可以形成一个通用理论的核心。[①] 可是，从事那些社会科学和其他社会科学研究的学者已经寻求、并在某些情况下创立了跨国界的理论。同时，在那些不存在普遍通用理论的社会科学领域的学者，至少对什么应该算作是有价值的研究还分享着共同的学术研究评价——评价几乎总是跨国界的。

法学研究看上去又是与研究社会安排的其他学科不同的。从理论上来说，没有理由能够清晰地说明：为什么缺乏一种理论可以依照诸如资源成本、技术、个体和社会偏好以及社会历史（或者路径依赖）

[①] 有人可能对植物和动物学家持有相似的主张：植物群和动物群是高度地方化的，但是同样的理论和分类适用于所有的植物和动物类型，而不管它们是在世界上的哪个地方被发现。

等要素去解释法律系统的不同之处（或类似之处）。但是，存在非常少量的、正在法学学术机构进行的那类工作可以作为证据来说明我所引证的事实：没有一种标准的、被广泛接受的关于法律变化或者差异的理论。

第二，我有时会听到关于法学理论化问题的另外一个解释：任何一个国家法学学者的主要研究，始终是那个国家法律共同体的教义和惯例。我相信，有两个要素与该见解相关，一个主张——我对其是赞成的——是说，很长时间以来，法学学术研究的焦点已经转向了法律实践。换言之，几乎每一个国家特别是美国的法学学术研究，已经成为开业律师的特别附属物。所谓学理型的学者的某些最有价值的工作定位在：从关于一个特殊法律主题的起伏变化的司法判决中发现一体化模式。① 存在一个事实——正如哈里·爱德华兹（Harry Edwards）法官已经雄辩地论证了的那样，一种在法学学术机构与法院、律师业之间出现的"成长的分离"有力地证明了这个事实：法学理论化的过程最近已经郑重开始。②

另外一个主张——我对其是不赞成的——认为，任何法律系统有吸引力的方面是它的特殊性，不是它的一般性。一个开业律师可能迫切需要去了解其司法权限内的某一原则的特殊性，以便有效地代表当事人的利益。但是，一个法学学者，除非以一个开业者的顾问的身份去工作，不必要一定去了解那些特殊性。类推一下可能是有帮助的：正像一位研究经济的广义一般原则的大学经济学家，不需要特别重视时间和地点；而为银行、智囊团、非政府组织和其他实体工作的经济

---

① 我在下文第四部分第（三）问题考虑学理型研究中一种像科学的研究。

② 例如参见 Harry T. Edwards, *The Growing Disjunction Between Legal Education and the Legal Profession*, 91 Mich. L. Rev. 34 (1992)（其主张，法学学者、开业律师和法官的兴趣已经分叉，导致了法学教育与法律实践之间关系的深刻变革）以及 Dean Anthony Kronman, in The Lost Lawyer (1993)，其竭力论证的一点是，实践智慧是半个世纪前的伟大律师的特征，今天已经被抛弃，转向了并不适合法学的庸俗科学主义。还可参见 R. George Wright, *Whose Phronesis? Which Phronemoi?: A Response to Dean Kronman on Law School Education*, 26 Cum. L. Rev. 817 (1995–96).

学家，他们职业生活的中心概念是他们所运作的行业的经济特殊性。

一个核心的、共享的理论理解，可能影响着那些经济学家对于他们所关注行业的适当特殊性的理解。我认为，他们与大学经济学家的关系就像开业律师与法学学者之间的关系。

当然，一定存在比上述更多的针对这个说法的要素。例如，某人可能争辩道，我刚才在解释核心理论的缺乏时已经指出的相同要素，可以应用于生理学和医学：技术可能完全是当地的，科学学术研究可能处于训练从业者的次要地位。但是，在那些其他的学科没有出现这样的情形。确实，一些打算从事医学、经济学、商科的教学、科研和实践的人频繁地来到美国，学习之后回到他们自己的国家。这也发生在法学领域，但多少有些令人惊讶的是，其规模要小于其他的学术研究。

我的推断是，缺乏有说服力的理由支持"法学例外论"，也就是这种观点：法学与表现出自身科学特征的其他学科具有天性上的固有区别。法学研究可以是一门具有共享的跨国界理论理解，以及证实这些理解中的主张的实验与经验方法的科学。难题在于——如果它可以是科学，为什么它不是？

（二）法学研究中的经验和实验工作

前一部分我论辩过，在法学学术研究中，存在着跨国界的核心、共享理论的令人困惑的缺乏问题，取而代之的是对具体的特殊性的关注。但是，对于我们探究法学研究尚未成为可以被授予诺贝尔奖的"法律科学"的原因来说，还存在着更多的缺乏。打击法学学术研究的观察家的第二个缺乏是经验和实验工作——至少与研究社会现象的其他学术研究领域比较起来是这样。在这一部分，我首先唤起关于法学中经验工作的价值的某些一般思考。[①] 我将讨论，尽管只是出现了一个可

[①] 我会在此后提到"经验"工作，但我的意思是包括这样的引领性经验工作，它们在法学研究中的价值已经在兰迪·皮克（Randy Picker）向这次研讨会提交的论文和同样的作品中被强有力地举例说明，这类工作如 Russell B. Korobkin, *The Status Quo Bias and Contract Default Rules*, 83 Cornell L. Rev. 608 (1998).

感知的、探寻性的法学理论化进程,但至少自进入法律现实主义时代以来,法学已经产生了在法学研究中运用经验来证实或者反驳法学主张的强烈需要。其次,我通过检测针对重要法学问题的三个经验研究来举例说明这一点。我思考这些研究的部分动机是为了强调我的总主张:经验工作是一个成熟的法律科学发展的绝对至关重要的部分。

1. 法学研究中经验工作的价值

有人可能这样争辩:经验和实验工作的缺乏与法学研究中核心的共享理论的缺乏并非两种独立存在的状态。如果一个学科不包括作为其准则部分的理论,那么,它就不可能有对理论的经验证实方法的需求。但是,对于法学来说,问题远远比这更复杂。

如果经验证实不是一门学科的职责的重要部分,该学科通常就不会发育出典型的经验主义专业著述。哲学和文学研究就是这类学科的重要例子:经验方法既非高度相关,也不重要。例如,哲学家们的命题在很大程度上只要通过诉诸于假定—推论方法就能得到解决,在决定什么是对的、善的过程中,没有哲学家会把不同社会中的实际行为诉诸于细致的经验检测。(尽管他们确实寻求除表达不清的"直觉"以外的广泛支撑,这多少有些令人好奇。)但是法学并非如此,尽管学说的逻辑一致是法学至关重要的成分,但是,法学目标的另外一个重要成分是它的效果。在测定人们对不同法律规定和标准的反应方式时,经验工作具有显而易见的价值。所以,理论的缺乏,可以说明具有强烈愿望通过经验工作去证实或者反驳理论的学者的缺乏、应该对经验证实有浓厚兴趣的法律从业者的缺乏。

法学中核心理论令人困惑的缺乏并没有导致法学中经验工作的完全缺乏,这多少有点奇怪。正如我将会简要表明的那样,甚至教条主义者也对经验工作有兴趣,当然,他们做了少量的经验工作。我相信,这种对缺位于理论名目中的经验主义产生兴趣的原因,存在于20世纪美国法学发展的模式中。[1]在1930年代和1940年代,当法律形式主义

---

[1] 参见 Neil Duxbury, Patterns of American Jurisprudence (1995).

让位于法律现实主义的时候,对经验工作的渴望就萌生了。

一个法律形式主义者没有特别的动机去认为经验或实验工作是重要的。[①] 和哲学争辩相一致,形式主义的证实检验也是用的假定—推论方法。学说必须与特别探究的领域前后连贯,并贯穿法学内部的分支学科。推测起来看,一位形式主义者一旦达到完全的逻辑一致,她的任务就结束了,直到某些偶然的冲击弄乱了这个系统、它又恢复到协调平衡状态为止。但是,法律现实主义者发现这是没有任何实际价值的,而更愿意把研究集中在法律的效果和测定法律的结束——就像霍尔姆斯(Holmes)法官提出的,一个"法院将要做什么的预测"。[②] 针对这个法学观点,出现了一股不可避免的经验主义推动力。举个最明显的例子,为了得到一个关于法院将如何裁定一个特定争议的客观精确的预测,你必须对法院的决定进行相当系统地探究。将这个观点扩展开来,一旦现实主义者认为,法律的结果应该构成法律价值的评估的一部分,就不可避免地肯定会产生若干测定法律结果的方法。作为这些和过去60年左右其他发展的成效,经验工作已经变成法学学术研究的一部分,但仅仅是一小部分。

迄今为止,经验工作的实践进展催生了经验工作的一个特殊种类:其大部分是描述性的而非分析性的,并且定位于计算或者列表而非说明。它的如期而至不令人惊讶。一个具有核心理论的学科采取与该理论的探索方面紧密相连的经验工作,同样,经验工作通常寻求去解释由核心理论衍生出来的某些命题,可能也存在被用于阐释该学科主题的重要描述和列表,但是,经验工作的解释性力量是那些存在核心理论的学科的最高天职。

我要说清楚的是,我不是在轻视某些类型的经验工作、抬高其他类型的经验工作。相反,我在寻求对经验工作能够发挥描述性的或分

[①] 我以下讨论的是,形式主义的此次复活与19世纪末和20世纪初的形式主义是不同的。我相信,新形式主义已经与共通的法学理论的发展紧密结合在一起,正如我已经讨论过的那样,共通的法学理论是科学方法的一个非常重要的要素。

[②] O. Holmes, *The Path of the Law*, 10 Harv. L. Rev. 457, 460–61 (1890).

析性的作用的特殊目标加以区别。我正在注意到这一事实,即在某学科成员所从事的经验工作的种类与该学科是否有一个共享的理论核心之间存在相关性。我在下一部分举例说明这些主张。

2. 法学研究中经验工作的三个例证

我已经讨论,至少从法律现实主义革命以来,法学学者已经认为经验工作很重要,并已经完成了重要的经验工作。我也宣称,就法学研究中不存在共享理论来说,经验工作可能是描述性的而不是分析性的。在这一部分,我将通过检测三个关于法学主题的经验研究,寻求用实例来阐释这些主张。

(1) 允诺性不容否认与合同法理论

我希望本文论及的主题之一是法学学术研究中一直存在着科学探究的要素,而且,正如在其他自然科学和社会科学中一样,已经存在着一个从经验观测到理论到新的经验观测的反馈。换句话说,一位学者通过对一种流行理论进行经验证实,发现那个经验研究终究不能证实该理论,然后根据观察资料修改该理论。某个后来的学者于是可能采取经验工作去证实这个被修改了的理论。这一科学行进方式的范例描述可能不适用于所有的法学学术研究,但是,有些令人惊讶的是,在法学研究内部,已经长期地存在那种学术研究形态的重要部分。但仅仅是一个部分,而不是一个完成的结构。

为了举例说明法学中的这个科学倾向,我简要地思考两篇关于允诺性不容否认(Promissory Estoppel)的重要文章:其一是斯坦利·亨德森(Stanley Henderson)教授的,[1] 其二是丹尼尔·法伯尔(Daniel A. Farber)教授和约翰·马瑟森(John H. Matheson)教授的。[2]

法院以允诺性不容否认为基础强制执行合同承诺的理论已经长期

---

[1] Stanley D. Henderson, *Promissory Estoppel and Traditional Contract Doctrine*, 78 Yale L.J. 343 (1969).

[2] Daniel A. Farber & John H. Matheson, *Beyond Promissory Estoppel: Contract Law and the "Invisible Handshake,"* 52 U. Chi. L. Rev. 903 (1985).

地为大家所公知。① 对该学说的通常理解是,它是合同强制执行的两个基础之一。强制执行的一个更普通的基础是符合合同承诺文意的对价。一般认为,在相关的罕见案例中,由受允诺人的合理导致损失的信赖构成合同强制执行的基础。②

1960年代晚期,亨德森教授调查了美国前十年原告根据《合同法重述》第90节提起允诺性不容否认诉讼的每一个案例。经验探究促使他提出疑问:法院是否根据以合理导致损失的信赖为支撑的允诺性不容否认理论强制执行契约承诺,法院又是怎样操作的。首先,他发现了令人困惑的情况:法院没有"确立符合第90节的允诺性不容否认的信赖原则的独立身份"。③ 相反,法院如此执著于将合同承诺当作可强制执行承诺的适当种类的观念,以致法院已经寻求把强制执行的信赖基础加进合同范围中,而不是把它作为强制执行的独立基础。④ 例如,"关于信赖的诉讼被普遍看作是辨别引起交易问题的动机的一种工具。"⑤ 这一趋向后来导致交易条件取消了信赖作为合同强制执行的基础:"根据这个路径,信赖不是被作为强制执行的实质性的根据发挥机能,而是作为识别某些其他强制执行根据的手段。"⑥

第二,亨德森教授对含有允诺性不容否认原则的案例研究显示,

---

① 参见第二次《合同法重述》(1981年) 第90节 [Restatement (Second) of Contracts 90 (1981)] ("一个允诺——其允诺人应该合理预期会导致诉讼或部分被允诺人或第三人的偿债延期,或者其导致了这样的诉讼或偿债延期——是有约束力的,即使不公平状态能够只用允诺的强制执行所避免。同意支付的违约赔偿可以作为正当要求而受到限制")

② 参见 Daniel A. Farber & John H. Matheson, *Beyond Promissory Estoppel: Contract Law and the "Invisible Handshake,"* 52 U. Chi. L. Rev. 903, 945 (1985).

③ Stanley D. Henderson, *Promissory Estoppel and Traditional Contract Doctrine,* 78 Yale L.J. 343, 346 (1969).

④ *Id.* at 346–47.

⑤ *Id.* at 348.

⑥ *Id.*

所有这些案件的当事人从事的都是商业谈判或者交易。① 考虑到允诺性不容否认原则和合同承诺强制执行之假定前提的起源,这一点是特别令人惊讶的。合同法的研习者把合理有害信赖学说与无对价允诺的情形相联系,就像著名的哈默诉西德维案(Hamer v. Sidway)的情况。② 在该案中,不存在指望履行;相反,存在不需要将合同强制执行的基础扩展到合同承诺中的想法,因为对价在此能够很好地发挥作用。根据这些已经被很好地证实了的主张,亨德森教授的发现——允诺性不容否认总是与商业交易或者谈判相关联——是令人困惑的。

亨德森教授撰写的这篇文章,在他那个时代是独特的,获得了这些关于允诺性不容否认之实际应用的意义重大的发现,他很不情愿地从他的经验研究结果中推断出极为重要的理论结论:

> 考虑到第 90 节案例的巨大的实际差异,任何通过单一公式去处理承诺信赖问题的尝试都是冒险的,因为没有足够全面的规则可以令人满意地解决每一个案件。但是,最近几年允诺性不容否认的主要效果可能是:它已经使分类或者在合同案件裁决中不太重要的定义成为一个完整的问题。③

亨德森教授在注释中指出,存在一个正在发生的、通过"熟悉标

---

① Stanley D. Henderson, *Promissory Estoppel and Traditional Contract Doctrine*, 78 Yale L.J. 343, 352 (1969). 亨德森教授的报告指出,他调查研究了 100 个决定,在这些决定中,"允诺性不容否认被认为是决定一个清楚的交易合同的根据。"同上,第 352 页,注释 37。他进一步注释道,在三分之一案件中,允诺性不容否认是单独的或者是可选择性的强制执行的根据。亨德森教授在此提出了一个观点:1960 年代,诉辩的不履行义务方法已经成为同时根据对价理论和允诺性不容否认理论合同强制执行诉讼的前提,"竭力主张支持两种理论的同样辩解和证据"。同上,第 352 页。

② 27 N.E. 256 (1891).

③ Stanley D. Henderson, *Promissory Estoppel and Traditional Contract Doctrine*, 78 Yale L.J. 343, 387 (1969).

签的悄然处理"的变化。①

在亨德森教授这一研究的十六年后，法伯尔教授和马瑟森教授对原告请求允诺性不容否认的诉讼进行了新的研究。②他们的研究结果甚至比亨德森教授的更加影响深远。法伯尔教授和马瑟森教授研究了每一个案件，在这些案件中，任何一次《法律重述》第90节被引用——超过200个案件——在他们文章发表的前十年。他们得出了四个重要结论。第一，"允诺性不容否认被有规律地应用在全部的商业语境中"——案件涉及建筑投标、雇员赔偿、租赁协议、股票购买，等等。③

第二，"允诺性不容否认不再仅仅是一个赔偿额的退却的理论"。④换句话说，法院现在能够足够轻松地把这个司法原则应用到几乎所有的合同争议中。当然，这个发现与合同法案例书上的知识——允诺性不容否认在合同承诺中是不适当的或者不必要的——不一致。但是，诉讼中的法律显然不同于书本上的法律。

第三，"信赖在赔偿决定中发挥着很小的作用"。⑤这一点或许应该不令人惊讶。第一次《法律重述》认为：无过错的一方当事人有权请求全部的预先约定之损害赔偿金，即使合理有害信赖是强制执行的基础。⑥但是，一些后来的案件已经准许仅仅支付信赖损失的赔偿额，第二次《法律重述》显然承认了这一通过允许部分赔偿额而不是全部预先约定之损害赔偿金所带来的发展。⑦

第四，也是在作者看来最重要的研究结果：在根据第90节决定合

---

① Stanley D. Henderson, Promissory Estoppel and Traditional Contract Doctrine, 78 Yale L.J. 343, 387 (1969).

② 参见 Daniel A. Farber & John H. Matheson, *Beyond Promissory Estoppel: Contract Law and the "Invisible Handshake,"* 52 U. Chi. L. Rev. 903 (1985).

③ Id. at 907.

④ Id. at 908.

⑤ Id. at 909.

⑥ 《合同法重述》（1932年）第90节。

⑦ 《第二次合同法重述》（1981年）第90节评论 b。[Restatement (Second) of Contracts 90 cmt. b (1981).]

同责任时,信赖不再那么重要。[1] 相反,法院显然乐于根据除了有害信赖之外的其他要素去假定责任。[2]

我在上文指出,亨德森教授很不情愿地把他的经验研究结果转化成了合同强制执行理论的清楚的修订本。法伯尔教授和马瑟森教授利用他们的经验研究结果对合同强制执行理论进行了彻底的修正——这是1980年代中期法学研究发生变革的事件数量的重要标记。

作者注释说,表现这些案件特征的两个要素已经扩展到了承诺义务。第一,"允诺人作出承诺的最初动机通常是获得经济利益。"[3] 第二,"被强制执行的承诺一般发生在一种已经是或者期望是持续不断的关联情形中,而非没有关联的交易的情形"。[4] 法伯尔和马瑟森断言,这些相互关联的合同已经变得更加普遍,它们要求当事人相互之间存在很高的信任度。所以,承诺"在没有任何特殊的指望交易的情况下,促进了经济活动、获得了经济利益"。[5] 这引导他们根据"承诺的强制性"为第三次《合同法重述》设计假定的第71节:"当一个承诺促进经济活动时,它是可强制执行的"。[6] 传统合同法理论的这一引人注目的修改考虑了他们的经验研究结果:"提议的规则是对传统合同法的重大背离,因为它既不要求满足传统的对价概念,也不要求特别显示损害与允诺性不容否认之间的关联"。[7] 法伯尔和马瑟森认为,这一理论不仅与法院的现行做法相契合,而且合乎规范地适应了一个复杂的、非个人化的社会中正在逐渐增长的对于相互信任的需要。[8]

---

[1] Daniel A. Farber & John H. Matheson, *Beyond Promissory Estoppel: Contract Law and the "Invisible Handshake,"* 52 U. Chi. L. Rev. 903, 910 (1985).

[2] 法伯尔和马瑟森对该案即 Vastoler v. American Can Co., 700 F.2d 916 (3d Cir. 1983) 进行了一个扩展性的分析,作为这个命题的一个实例。*Id*.at 910–12.

[3] *Id.* at 925.

[4] *Id.*

[5] *Id.* at 929.

[6] *Id.* at 930–31.

[7] *Id.* at 929.

[8] *Id.* at 937–38.

（2）无法弥补的损害规则

我的第二个例子是考察另外一个有关合同学说的经验研究的重要结论：道格拉斯·雷考克（Douglas Laycock）教授关于无法弥补的损害规则的研究。[1] 该规则认为，法院将衡平法上的救济仅仅适用于极其少见的实例，在这些例子中，普通法上的补偿——补偿性损害赔偿金的给付——是不充分的。[2] 根据这一理论，绝大多数已经被不法行为侵害的原告可以得到全部数额的金钱给付，普通法上的补偿是一般赔偿。例如，合同法中有巨大篇幅论证：在几乎每一种违反合同的情形下，金钱赔偿金都是充分的，特定履行应该专门用于相对极少数违反合同的情况。[3]

为了发现法院事实上是否遵循了这一赔偿理论，雷考克教授调查研究了1400多个案例，他的研究结果是法院没有这样做，但是加上了一个令人感兴趣的保留：法院将衡平法上的救济仅仅判决适用在赔偿金可能是不充分的场合，然而，法院几乎总是发现赔偿金可能是不充分的。[4]

关于雷考克研究结果的一个值得注意的事实是，这些结果没有被任何学者认真地挑战过，它们的出现也没有对法学学术研究或者法律实践产生大的影响。最起码，有人可以思考这个研究结果即无法弥补的损害规则已经被废弃，设法将其写进案例书或者从业者手册，以这样的一种方式去教育法科学生：他们可以照常规去期待得到衡平法上的救济，而且并不是一定要以金钱赔偿金的形式请求救济。不过，这

---

[1] Douglas Laycock, The Death of the Irreparable Injury Rule (1991).

[2] Id. at 4. 也可参见 E. Allan Farnsworth, Contracts 854 (1990).

[3] 这已经成为推翻主张的理论论据——即具体履行合同义务应该是对不履行合同的补救。参见 Alan Schwartz, *The Case for Specific Performance,* 89 Yale L.J. 271, 271 (1980); Thomas S. Ulen, *The Efficiency of Specific Performance: Toward a Unified Theory of Contract Remedies,* 83 Mich. L. Rev. 341, 365-66 (1984).

[4] "法院已经通过这样一种方式——即赔偿金没有充分取代原告的损失——定义充分以回避无法弥补的损害规则"。Douglas Laycock, The Death of the Irreparable Injury Rule 4 (1991).

种对于法学教学的效果似乎并没有出现。

（3）科斯定理与社会规范

作为法学研究中经验工作之价值的第三例，我引用罗伯特·艾利克森（Robert Ellickson）教授对于科斯定理（Coase Theorem）实际作用的卓越研究。[1] 这个研究就像前面几个例子所做的那样，强有力地表现了将法学命题诉诸于经验证实的重大价值。但此处的一个意外收获是，经验工作涉及法经济学的核心文献。

如果没有夸大的话，法经济学可以说是起源于一篇文章：罗纳德·A. 科斯（Ronald A. Coase）的《社会成本问题》。[2] 该文可能包含了出产于现代法学院课程的最有意义的理论主张——科斯定理。[3] 这个定理认为，当交易成本为零或非常低的时候，交易可以导致资源的有效利用，而不用考虑法律。该理论对于法律分析的隐含之意是极为深刻的，有着两方面的意义：第一，该定理暗示，可能会出现一组境况：如果效率是某人的合法目标，那么实现效率可以在没有任何法律帮助的情况下发生（而且还有一层含义，也就是低效率的法律将阻碍效率的实现或增加其成本）。第二，当交易成本高的时候，要达到有效率地配置资源可能需要依靠至关重要的法律。[4]

多年以来，研究法经济学的学者主要通过推论论证来检验和批评科斯定理。在1980年代，出现了两个将科斯定理诉诸于经验和实验方法证实的重要尝试。前一个是，罗伯特·艾利克森教授研究了加利

---

[1] Robert C. Ellickson, *Of Coase and Cattle: Dispute Resolution among Neighbors in Shasta County,* 38 Stan. L. Rev. 623 (1986); 也可参见 Robert C. Ellickson, Order Without Law: How Neighbors Settle Disputes (1991).

[2] Ronald H. Coase, *The Problem of Social Cost,* 3 J.L. & Econ. 1 (1960).

[3] 我说这篇文章"可能"包含了定理，是因为该文没有包含对于被称为科斯定理的内容的清楚陈述，像任何神圣的原作文本一样，对于《社会成本问题》，存在大量的解释性活动，例如参见 *The Coase Theorem,* in 1 The New Palgrave Dictionary of Economics and the Law 270-82 (Peter Newman ed., 1998). 关于这一定理的更详尽的表述和其后学术文献的概要，可参见 Robert D. Cooter & Thomas S. Ulen, Law and Economics 83-93 (3d ed. 1999).

[4] 参见 Robert D. Cooter & Thomas S. Ulen, Law and Economics 101-02 (3d ed. 1999).

福尼亚沙士塔县（Shasta County）的家养牲畜牧场主和农场主对于因牛而起的损害问题的实际操作情况。[1] 艾利克森教授的研究结果——我将在本部分剩下的篇幅中集中讨论——不仅没能证实科斯定理的预见，而且正如我们将会看到的那样，打开了一个全新的和重要的学术研究领域；后一个是，当时是教授、现在是校长的伊丽莎白·霍夫曼（Elizabeth Hoffman）和当时是教授、现在是院长的马修·斯匹茨（Matthew Spitze）进行了一系列实验，其目的是弄清楚在交易成本设置为零或很低时交易发生的程度。[2] 他们的实验大体上证实了科斯定理的预言。

艾利克森决定调查研究加利福尼亚沙士塔县牧场主和农场主的实践，以了解这些当事人用以解决牛对农场主损害的争议的方法是法律还是私人交易。在夏季的几个月，牧场主把他们的牛放牧到内华达山脉，让那些牛在共有区域搜寻食物，当那些无人照料的牛走失到农场主的或者其他私人的、非牧场的、非公共的地产，最初形态的损害就发生了。科斯定理极好地运用了一个相似的假设例子——牛迷路走到了邻近的长满谷物的农田，造成了损害——以举例说明当交易成本为零时，牧场主和农场主会通过谈判达成一个决定，来解决他们之间的财产权使用冲突，不考虑农场主是否有权利免于入侵和伤害，或者牧场主是否有法律义务去看管他的牛。沙士塔县是一个特别适合检验科斯定理的地方，因为在整个县的范围内，由无人管理的家畜造成的赔偿责任的现行法律是不同的。[3]

从某种意义上说，艾利克森发现了证实科斯定理的证据，因为牧场主和其他人对待走失牛的习惯做法遍及全县，各处相同，而不管法

---

[1] Robert C. Ellickson, *Of Coase and Cattle: Dispute Resolution among Neighbors in Shasta County,* 38 Stan. L. Rev. 623 (1986)

[2] Elizabeth Hoffman & Matthew L. Spitzer, *Experimental Law and Economics: An Introduction*, 85 Colum. L. Rev. 991 (1985). 霍夫曼现在是科罗拉多大学校长，斯匹茨是南加利福尼亚大学法学院院长。

[3] 参见 Robert C. Ellickson, *Of Coase and Cattle: Dispute Resolution among Neighbors in Shasta County,* 38 Stan. L. Rev. 623, 662–67 (1986).

律义务是怎样规定的。[1] 也就是说，由潜在争议者进行的私人间调整胜过了法律。

但是，更让艾利克森大吃一惊的事实是，潜在的争议者似乎不知道法律对于走失家畜引起的法律责任是怎么规定的；确实，在沙士塔县私人开业的律师不知道该法律或者他们误解了法律。很显然，该县的牧场主和其他人的行为与法律规定不相符，却是对"睦邻友好"的社会规范的广泛尊重。[2] 按照此规范的指引，好邻居之间彼此不起诉，他们互相帮助。所以，如果一位农场主在他的地产上发现了走失的牛，他不会打电话找他的律师着手诉讼赔偿。相反，农场主通常会打电话给牧场主——牛的所有者，通知牧场主，他这里有他的牛，他会喂它们饲料并看管它们，直到牧场主可以过来把它们领走。如果走失的牛已经造成了损害，受到损害的人通常会亲自照看它，绝不要求赔偿。在某些情形下，牧场主要几个星期才会把他的牛领回去，可是看管牛的人，不论看管的时间长短，几乎都不会要求从牛的主人那里得到赔偿。

如果发生由于走失的牛而造成损害引起的诉讼、或者因为喂养和看管走失的牛而要求补偿的诉讼，提起诉讼的一方当事人几乎总是新到这个县的人、或者是在该县长期居住而被邻里们公认的粗野无礼的坏邻居。就这些事情与律师协商和起诉，被认为是"睦邻友好"的社会规范已经摧毁的标记，这意味着，牧场主—农场主事件在一般情况下，邻居们不会利用法律去处理他们的事件以解决争议。他们运用共有的社会规范，只有在这些规范已经毁掉的时候，他们才会诉诸于法律。[3]

---

[1] Robert C. Ellickson, *Of Coase and Cattle: Dispute Resolution among Neighbors in Shasta County,* 38 Stan. L. Rev. 623, 672–73 (1986). 令艾利克森著名研究的大多数读者感到的另外一个惊讶是，这种私人之间秩序的发生是忽视了这一事实的：牧场主和其他人之间交涉的交易成本的确不是零，可能还是实质性的。

[2] *Id.* at 672–73.

[3] 在艾利克森这篇文章所展现的许多有趣的探究线路中，不少是对特殊组织的实践的探究，以弄清楚它们通过诉诸于规范或法律以安排好他们事务的程度。例如参见 Lisa Bernstein, *Opting Out of the Legal System: Extralegal Contractual Relations in the Diamond Industry,* 21 J. Legal Stud. 115 (1992). 由伯恩斯坦 (Bernstein) 和其他人比如乔迪·克如 (Jody Krau) 提出的一个重要问题是，法律是否是社会规范的补充物或替代物。

这是一件关于经验工作的非同寻常的独特作品,它揭示了如此多的相关法律现象,其中有不少超出了其原来的研究主题之外。确实,艾利克森的文章已经成为法学和经济学原则的一部分,其意义不在于它的直接研究结果——即科斯定理是否可以应用在加利福尼亚州的一个特殊地点——而在于其间接研究结果——也就是人们可能选择使其行为符合社会规范而非法律。艾利克森研究所诞生的这个法律和社会规范方面的文献是近年来法学学术研究最有重要意义的部分之一。[①]我想不出还有什么能够更强有力地证明经验工作的价值。

(三) 法律科学的未来

在这一部分的以上讨论中,我已经阐述了许多主张,理应在此巩固它们,以推测法律科学的未来。我首先提出,在研究相同主题的学者共同体中存在的科学方法,由一个被普遍公认的关于解释和预报主题的核心理论、被普遍公认的研究现象的程序以及认可和否定由主题产生的论点的程序组成。我然后表明,在我进行的科学哲学简要纵览中,我发现,贝叶斯主义关于承认或证实的描述被广泛认同,适合描述法学学者做什么或者可能做什么。接着在这一部分,我指出,核心理论的缺乏使得法学研究远离科学,但至少自1930年代以来,在美国法学学者中已经存在对经验工作——其大量是描述性的而不是分析性的——的关注。

我相信,我看出当今法学学术研究正在转向更加科学的方法,这些方法流行在其他有关社会的、自然的、物理的和生物的科学中。[②] 如果我的看法是对的,那么应该评述一下法学主题之核心理论的详尽开

[①] Eric A. Posner, Law and Social Norms (2000); Richard H. McAdams, *Signaling Discount Rates: Law, Norms and Economic Methodology*, 110 Yale L.J. 625 (2001).(此为埃里克·A.波斯纳《法和社会规范》一书的书评)

[②] 其他人已经洞悉法学学术研究的一个相似的趋势,例如参见 Richard A. Posner, *The Decline of Law as an Autonomous Discipline: 1962-1987,* 100 Harv. L. Rev. 761, 766–69 (1987).(其讨论的一个观点是,法学区别于其他的、毗邻学科的独立性已经终止,现代法学学术研究很大程度上是采用那些毗邻学科的工具去研究法律问题)

端，以及不断增加的致力于分析性的经验工作的尝试，这些经验工作旨在确定由核心理论衍生的法学论题之假定的真理性。我认为，这些趋势都存在，事实上，它们在法学研究中清晰可见。

让我从理论争论开始。法学研究中的这种情形似乎要比20年前多得多。在这一点上，大概最显而易见的肇事者就是法经济学。无论学者们另外还做了什么，他们已经从法经济学的视角孜孜不倦地探究出法学体系，以弄清楚法律有效的范围。他们已经清晰明白地说明了一个全面的理论——确实的和标准化的——例如，他们断言，财产法的规则和标准应该（并且主要应该）鼓励社会稀缺资源的有效利用；合同法应该（并且主要应该）有效降低形成和完成诺成合同的交易成本；侵权法应该（并且主要应该）使意外事故的社会成本有效地减少到最小；潜在的诉讼人应该（并且主要应该）在解决争议和诉讼之间进行有效地选择。[1] 这些相同的工具——在每个人都是理性行动者的假定前提下的法律决策的微观经济分析——也已经被延伸到公法领域，例如公司法、[2] 刑法、[3] 破产法[4] 和家庭法。[5]

我当然不是说微观经济学理论的使用必然会完成使法学研究转化为科学的任务，而是简单地指出这一特殊方法的极大吸引力和成功：它给法学研究带来了一个全面完整的理论，成为不断增长的法学学术研究核心理论化的证据。有人可能会毫不费力地指出其他的完整理论，那些理论在最近的法学学术中已经露出端倪，尽管它们并不活跃。例

---

[1] 参见 Robert D. Cooter & Thomas S. Ulen, Law and Economics 99–102, 228–229, 370–371, 484–487 (3d ed. 1999).

[2] 例如参见 Frank H. Easterbrook & Daniel R. Fischel, The Economic Structure of Corporate Law (1991).

[3] 参见 Robert D. Cooter & Thomas S. Ulen, Law and Economics 506–532 (3d ed. 1999); Gary S. Becker, *Crime and Punishment: An Economic Analysis*, 78 J. Pol. Econ. 526 (1967).

[4] 参见 Thomas Jackson, The Logic and Limits of Bankruptcy Law (1986).

[5] 参见 Margaret F. Brinig, From Contract to Covenant (2000).

如，批判法学研究具有跟法经济学相同的完整理论目标；[1] 同样，契约主义会持这一观点，即在从探寻私人调整处理许多社交活动的能力的角度理解法律方面存在更大的进步，这些可以被说成是正在寻求用经验结果提出一个法学核心理论；[2] 有人还可能主张：在利用经验工作检验法律的实际运作结果以提供一种法学理论方面，法社会学正在达到相同的一般目标。[3]

可以说明法学学术研究"像科学"发展的法律核心理论化的另一个例子来自企业法。在如何组织商业联合（及其相关论题）方面，很长时间以来仅仅有少数的模式。例如，标准美国模式——在该模式中，企业被看作是一种合同连结关系和寻求股东财富最大化的合同法基础——一直被认为特别好地适应了美国的社会目标和法律规范，而明显不适合其他社会。从前的理论家通常把企业形态集中在可供选择的两种形态上——日本模式和德国模式——并论证这些形态与这些社会特别地适宜。[4]

然而，近来有人声称，在多种不同的法律体系中，已经存在接近

---

[1] 例如参见 Jack Balkin, Cultural Software (1987); Mark Kelman, A Guide to Critical Legal Studies (1987). 某些批判法学研究圈里的人会对我将他们的分支学科看作是对法学研究理论化感兴趣的观点表示异议，相反，他们可能用证据表明他们的理论本身是一种深奥的怀疑论。某些现代哲学家分享了此怀疑理论，宁愿用注重实效的、缺乏创见的、较少一般思考的方式去全面理解理论。例如参见 Richard Rorty, An Imaginative Philosopher: The Legacy of W.V. Quine, Chron. Higher Educ., Feb. 2, 2001, at B7.

[2] 例如参见 Randy E. Barnet, The Structure of Liberty (1998).

[3] 这种风格的最著名的文章之一是 Stewart Macaulay, *Non-Contractual Relations in Business: A Preliminary Study,* 28 Am. Soc. Rev. 55 (1963). 没有提出一个完全发育成型的合同法理论，麦考利(Macaulay)调查研究了具有契约关联关系的工商企业之间彼此交易的真实方式，一个著名的发现是，企业中人趋向于忽视合同的基本原则，而是依靠非正式的方法解决产生于彼此关系之中的任何问题。同上，第61页。

[4] 参见 Mark J. Roe, *Some Differences in Company Structure in Germany, Japan, and the United States,* 102 Yale L.J. 1927 (1993); 也可参见 Mark J. Roe, *Can Culture Constrain the Economic Model of Corporate Law?*, 69 U. Chi. L. Rev. 1251 (2002).

美国模式的趋同共存状况。[1]这种趋同共存的原因是多重的、有影响力的,例如全球的、跨国界的竞争,但这超出了我们目前关注的范围。尽管如此,就我们的目的而言,这种趋同共存值得注意的方面——如果事实上它正在发生的话——可以被认为是法学上跨越国家边界的、意见一致的理论发展的最初实例之一。更确切地说,正如可以提出证据加以证明的那样,比较旧一点的论据——即一国法律系统的某一方面的特殊典型特征,例如商业组织的企业形态,是路径—依赖过程和文化规则的产物,其为每一个国家的法律系统所独有——可能已经让位于一种文化上非特定的理论论据。[2]在这种情况下,一个有力的理论论据——企业法与经济学学者关于美国股东财富最大化模式的优良功效——可能已经有了实践结果,即它使得不同法律系统采用美国模式,而不用考虑他们国家法律系统中的其他差异。[3]

我认为,法学正在变成或者将要变成"法律科学"的程度依靠其理

---

[1] 参见 Henry Hansmann & Reinier Kraakman, *The End of History for Corporate Law*, 89 Geo. L.J. 439 (2001); 也可参见 Ronald J. Gilson, Globalizing Corporate Governance: Convergence of Form or Function? (Colum. L. Sch., Ctr. for L. & Econ. Stud., Working Paper No. 174, 2000); Bernard Black & Reinier Kraakman, *A Self-Enforcing Model of Corporate Law*, 109 Harv. L. Rev. 1911 (1996); John C. Coffee, Jr., *The Future as History: The Prospects for Global Convergence in Corporate Governance and Its Implications*, 93 Nw. U. L. Rev. 641 (1999). 关于在趋同共存方面存在一个无法避免的限度的观点,可参见 Lucian Ayre Bebchuk & Mark J. Roe, *A Theory of Path Dependence in Corporate Ownership and Governance*, 52 Stan. L. Rev. 127 (1999). 一个对企业管理的统一标准理论中的文化差异的新近思考是 Amir N. Licht, *The Mother of All Path Dependencies: Toward a Cross-Cultural Theory of Corporate Governance Systems*, 26 Del. J. Corp. L. 147 (2001).

[2] 布莱克和卡罗克曼对这种差异特别敏感。参见 Bernard Black & Reinier Kraakman, *A Self-Enforcing Model of Corporate Law*, 109 Harv. L. Rev. 1911 (1996). 虽然如此,他们认为——更多的是关于上述第四大部分第(一)节讨论的微观经济学的核心理论被应用于不同经济制度的模式——工商企业的一般模式可以有助于解释不同国家存在不同企业法的原因。参见同上。例如,他们的文章对俄国的自我强制执行的企业法制度进行了研究,该制度是与公共强制执行制度截然不同的。俄国更愿意采用自我强制执行制度的原因之一是司法强制的传统很薄弱,还由于种种原因不能要求企业信息的公开披露,而企业信息的公开披露似乎是构成美国企业法制度的非常重要的成分。参见第 1296—1298 页。

[3] 我希望,这是显而易见的——我不是主张赞成把经济分析作为任何法学领域的一般理论,也不是主张美国的企业法模式必然是组织大型工商企业最有效率的方法。

论上变得更加成熟复杂。随着法律科学的太平盛世的到来，理论核心将为所有国家的法学学者所广泛共享。我并不主张，将会有一个被所有学者接受的单一理论，而是存在几个相互对抗的理论，学者们可能会热情地尝试着去说服学界：他们的独特理论优越于可供选择的其他理论。当然，这个过程正好充分表现了自然的、物理的和生物科学的性格，而且，正如我在上述第三部分第（三）个问题所讨论的，贝叶斯证实方法可能会说明这场发生在关于法律现象的诸多对抗性理论中的论战的特性。

有必要指出这种法学理论化的另一个方面：渐增的法学理论化将几乎无疑不是法理学上的，这是一个事实。我的意思是，"法理学上的"法学理论是哲学的，其特征在于，在互相对抗的法理学理论中的冲突将只要用假定—推论论证来获得解决。我的判断是，法学理论化正在发生，它可能继续下去并不断扩展。这是一个确实的、标准化的理论化，其涉及法律规定的效果、行为的标准和其他真实的现象——更确切地说，涉及法律的结果。

如果我关于一种特殊种类的理论化正在日益成为法学学者的共识的主张是正确的，那么，我更进一步地相信，今后的法律科学会有另外一个重要的结果——即越来越多地使用经验和实验的方法去检验法律现象。一般而言，这会是一个完全呆板的法学学术研究理论化的结果——每一门科学都有一个核心理论的、经验的成分，从我所断言的法学将变得科学化的意义上说，如果法学要变得更加科学的话，它也一定不可避免地会变得是更加经验的。

我关于日益理论化将带来日益经验化的预见，事实上明显来自于法学学术研究引人注目的方式。我们知道，法学中已经存在越来越多的大量的理论工作成果，至少在可以用经济学说明的领域是这样。[1] 我相信，在核心理论化程度上法学研究正在变得更加像科学，如果这一认识是正确的，那么，法学学者所出版的经验工作的成果在数量上应

---

[1] 参见 William Landes & Richard A. Posner, *The Influence of Economics on Law: A Quantitative Study,* 36 J.L. & Econ. 385, 387 (1993).

该是一种滞后的增长。确实有证据表明，法学学者经验工作成果的渐增已经在进行中。罗伯特·艾利克森教授最近在力求进行一项关于法学学术研究近来趋势的统计学研究，并发现了以下情况：①

引证频率指数，1994—1996 = 100					
	1982—1984	1985—1987	1988—1990	1991—1993	1994—1996
经验主义研究：					
经验！*	95	96	86	92	100
定量！	86	100	92	97	100
统计量！重要影响！	55	75	72	83	100

关于法学研究的经验的和社会学的方法，艾利克森发现，在1994年至1996年期间，对经验的引证比对后现代派的引证要多6次，在此，他用怀疑主义作为经验工作的替代。然而，他发现，他关于经验和定量工作的指数从1982年到1996年是个不变的常数，但关于统计量和重要影响方面的指数在同一时期双倍增加，他推断，"表4的数据因此暗示：法学教授和学者已经变得更加倾向于产出（尽管并不消费）定量的分析"。②

在上述关于法学研究中的法学理论部分，我简要思索了法学不存在跨国界的核心理论的原因。我也可以推测法学存在如此少的经验工作成

---

① Robert C. Ellickson, *Trends in Legal Scholarship: A Statistical Study,* 29 J. Legal Stud. 517, 528–29 tbl.4 (2000). 艾利克森在 Westlaw 网对包含确定关键短语的所有文献进行了一项研究，旨在指出这篇论文所描绘的学术研究的风格。

* 此处的"！"是网络检索时使用的符号，意指"搜索用这个标记标出的字母的所有组合。"例如，如果用 empiric! 进行搜索，那么就会找到所有含有 empiric 的词，比如 empirical, empirically, empiricism, empiricist 等。——译者注

② Robert C. Ellickson, *Trends in Legal Scholarship: A Statistical Study,* 29 J. Legal Stud. 517, 528 tbl.4 (2000).

果的原因，[1]一个显而易见的原因是，存在如此少的能够刺激对经验工作的需求的理论成果。例如，法学中存在的理论很大程度上是可以完全用推论论证来批评和反驳的，只是法学现实主义者时代以来，他们关于法律可预言的、相因而生的本性的主张已经在解决论争的假定—推论模式之外前进了一大步。法社会学——不幸的是，只是支配了有限比例的法学学者的忠诚和兴趣[2]——长期集中于法学论题的经验研究并产生了有重大影响的成果。但是，正是由于更加复杂的理论——例如法经济学理论、契约主义理论和批判法学研究理论——的出现，就像在科学中的那样，法学中的经验工作已经与理论结果的评价密切相连。[3]法学学者没有研究出更多的经验工作成果的另一个原因无疑是他们不擅长于此，经验的社会调查毕竟是一个复杂的学术探索的特殊领域，法律人士直到最

---

[1] 最近出现了大量卓越的关于法律现实主义的学术研究，在那些成果中，我极大地受益于约翰·亨利·斯库利格 (John Henry Schlegel) 的《美国法律现实主义与经验主义社会科学》(*American Legal Realism and Empirical Social Science*) 一书，我要感谢迈克尔·黑涩 (Michael Heise) 让我注意这本书。斯库利格的作品细致研究了一组出众的学者——大部分是在一战后的哥伦比亚法学院和耶鲁法学院工作，他们寻求去创造一种可以与兰德尔主义的法律科学比肩而立的经验主义的法律科学，即一个探求从一种本能地以法律为基础的、通过正式的论证认识法律的法学转变到一种通过挖掘司法决定去发现法律的经验主义科学的领域。要了解我的探究与斯库利格教授研究的连接点，可以思考他这部非凡著作的开篇问题："为什么法学没有成为科学研究，就像成型于19世纪末、20世纪初的美国学术生活中的所有其他学科一样，在20世纪的科学意义上对'有待揭示'的世界进行经验探究？" John Henry Schlegel, American Legal Realism and Empirical Social Science 1 (1995). 同样的关于法律现实主义的研究，还可参见 Morton J. Horowitz, The Transformation of American Law, 1870–1960: The Crisis of Legal Orthodoxy (1992); Laura Kalman, Legal Realism at Yale, 1927–1960 (1986). 关于一个更大的问题——自法律现实主义时代以来，为什么法学中只存在相对很少的经验研究，可参见 Peter H. Schuck, *Why Don't Law Professors Do More Empirical Research?*, 39 J. Legal Educ. 323 (1989) 和 Symposium, *Social Science in Legal Education*, 35 J. Legal Educ. 465(1985).

[2] 例如参见 Neil Duxbury, Patterns of American Jurisprudence 454 (1995).

[3] 最近，威廉·梅德 (William Meadow) 博士和卡斯·R. 桑斯坦 (Cass R. Sunstein) 教授提出用统计学研究代替专门证据去解决法律争议中某些事实问题。参见 William Meadow & Cass R. Sunstein, *Statistics, Not Experts*, 51 Duke L.J. 629, 631 (2001). （"法律系统应该依靠——无论什么时候它可以做到、还是比现在做得更好——学者们完成的统计资料，而不是依靠学者们提出的专门观点……我们进一步主张，利用统计资料，法律系统将达到更多的精确的结果"）

近才有动机和机会去探究它。专注于训练学生理解和完成定量的经验或实验工作的法学院课程的数量少之又少,但不是零。那些像我一样欢迎甚至鼓励法学研究中的经验和实验工作的人,已经设法获得了能够利用这些研究方法的合格训练。正如我上面所讨论的那样,法学理论化正处在初级阶段,所以,确定无疑的是,经验方法和实验方法作为法学研究的标准方法也处于接受和发展的初级阶段。

五 结论

我是以一个反问即"法律科学会有诺贝尔奖吗?"开始我对法学学术研究状况的探讨的,我现在总结这一讨论并给出一个推测性的回答。

我们已经明白,一门遵循科学方法的科学或者学术性的学科具有以下一般特性:(1)一个意见一致的主题;(2)从共享的、核心理论的视角进行思考;(3)被广泛接受的用以评价(确认或者否决)理论命题或者描述本研究领域主题的标准和程序。一个特定领域的科学家们似乎共享一个范式或者他们领域的常态的理解。被授予诺贝尔奖的科学的一个重要特征是:在那些领域的科学家理解和赏识彼此的工作,而不管他们是在哪个国家从事其科学研究。

首先,我主张,法学学术研究不是一门科学,它没有遵循科学方法——特别是在具有一个跨越国家边界的、意见一致的核心理论的意义上,使得一国的法律问题研究能够引起他国学者的关注。法学研究更像是具有很高的背景性,其在很大程度上是非常地方化的影响。我认为,造成这一状况的最重要的原因在于:至今还没有一个为所有的法学理论工作者所共享的核心理论,而不论他们发现自己身处何国。通过用类比医学和经济学的方法,我指出,没有特别令人信服的理由可以说明:为什么法学理论工作者缺乏一个共享的核心理论、为什么他们的兴趣很大程度上集中在司法权限内那些被大书特书的主题。最后,我以这样一个难题结束:为什么法学学术研究最近才开始发展那种体现自然科学和社会科学特性的共享的核心理论。

尽管在法学理论工作者中缺乏一个共享的核心理论,但我确实发现法学学术研究中已经长期存在对经验工作的关注。的确，最初的学理主义者——例如克里斯托弗·哥伦布·兰代尔（Christopher Columbus Langdell）——相信，他们阅读法院司法判决意见的方法是一种顺着科学思路的经验探究，这一方法旨在认识某一法学领域和某个特殊司法管辖权的理论核心。法学现实主义者通过部分地关注法律的社会结果，并且通过宣称法律意味着预报法院会如何判决一个特殊争议，提出了实际探求任何法律规定或标准的结果的思想、系统研究某个法院的裁决以便更准确地预测法院会如何解决其受理的任何争议的思想。但是，多少有点奇怪的是，法律现实主义者他们自己从不过多地从事经验工作，即使他们的核心观点似乎把他们推到了那个学术方向。

我相信，法学学术研究存在正在进行着的清晰变革，它使得法学研究更像科学。简言之，尽管大约二十年前法学学者把他们著述的读者主要定位于开业律师和法官，但今天的法学学者则经常把他们著述的读者主要定位于那些正在从事他们领域研究的其他法学学者。[①] 这一变化使得法学学术研究向其他学术领域的学者看齐。例如，大学的化学家从事研究和撰写文章，其主要读者是其他大学的化学家，如果正巧从事工业的和其他商业的化学家发现这是个有利可图的研究，那是有好处的，但

---

① 波斯纳法官主张：这种不断增长的远离从业者而接近学者（以及一定数量法学理论的相关增长）的趋势可以解释为，法学教授在总量上的很大增长、一种由于对法律服务需求和随之而来的对法学教育的需求的普遍增加而激发的增长。参见 Richard A. Posner, Frontiers of Legal Theory 3–4 (2001). 我未必赞成他的看法。首先，就像我在这篇文章尝试着去做的那样，我想在法理学理论（我认为，波斯纳法官介绍的焦点是建立在此之上的）的繁荣，与内在地暗示着用经验或实验工作去证实的法学理论的繁荣之间加以区别，我想强调后者的理论成分的上升。其次，即使对法律服务的需求（1970年代中期至1990年代中期律师的数量增加一倍）有了急剧的增长，并且法学教授的数量也因此而增加。但我认为，不存在任何必然的原因使得这种增长应该必然带来法学学术研究风格的变化。为什么这种增长不会简单地导致作为1980年代之前法学学术研究之特点的同样的学理型研究的增加？

对此，我必须基于本文的主旨补充说明我的认识。我没有经验证据，尽管我正在收集它——即法学学术研究中不断增长的理论化和对理论的强调，应该归因于同法学学术研究的历史和处于主要研究院校的法学教育相关联的内在要素，而不是外在的或者法律劳务市场的市场力量。

规范、秩序与公法

并不影响大学或者研究化学家的目标。同样，大学英语教授的学术著述主要是为了其英语专业领域的其他学者，而不是为了一般公众。确实，批评一位学者作品的通常方法，是指出该作品不是打算给其他专家看的而是供"通俗的"观众欣赏的。所以，如果一位英语教授写了一部用以通俗消费的谋杀疑案推理故事之作，这个作品将对其学术声望毫无价值；正相反，谋杀疑案推理故事的著述却足以贬低该教授在学界的名声。

同样的事情恰好可能正发生在法学学术研究中。二十年前，威望和学术赞誉聚集到那些研究工作对法官和律师产生明显影响的法学学者那里，确实如此，尽管这样的影响是间接的，因为著述完全被广泛用于案例教材和专著。然而，在过去的大约二十年间，法学院的学术威望来源已经改变，惯常从法律从业者的突出人物中产生的声望不再那么有价值，因而不再被普遍地追求。相反，在今天的法学学者中，声望的优势来源是学界同行的高度尊重。当同行的尊重是法学界一个更加令人注目的目标时，学者则从不同途径寻求盛行于学界的这种尊重。

法学学术研究之变革性的另一个迹象表现为以下事实：联合学位获得者——那些拥有 J.D. 学位和另外一个学位，通常是一个同类学科的博士学位的人——出现在法学院的最高层次的求职者之中。与此相关的一个事实是：不再强制性的要求一个新任职的法学助理教授在进入法学院之前要有一定的实践经历，这在二十年前却是需要的。

如果我关于法学学术研究中存在一个进行中的转变的认识是正确的，那么，我们可以有把握地预期：将会出现某些混乱和反对的情形。与那些非常努力地影响公众生活的特殊利益集团相比，学术利益集团变得具有同样的学术中的根深蒂固性。的确，"科学在一个又一个葬礼中前进"是一句妙语。[①] 没有理由相信：法学从一种有秩序的、几乎杂乱无章的科学研究转变为一种成熟的科学——具有一个共享的核心理论、主张用经验检验去确认或者反驳产生于该理论的假定，这个转换

---

① 我要感谢埃默里大学 (Emory University) 的保罗·如宾 (Paul Rubin) 教授提供了这一观察资料。

过程，会比科学从旧的到被托马斯·库恩特别编入编年史的新范式的转换过程出现的争论要少。[①] 但是，可能得自于成功跨越到法学学术研究这一新方法的好处却相当可观，例如，这一可能性是真实美妙的：世界各地的法学学者共享一个法学的核心理论，因此，学者撰写的作品能够拥有全世界的读者，并且能够扩展那些关注发现改进人类状况之新方法的人们的视野。

[①] 爱德华·O. 威尔逊 (Edward O. Wilson) 在《意见一致》(Consilience) 一书中雄辩地指出，很多学科的进步并不被认为是科学的，只有当这些学科采用了科学的方法去探究它们的主题时，这些学科的科学进步才会发生。参见 Edward O. Wilson, Consilience: The Unity of Knowledge 269 (1998)。近来，杰瑞德·大艾默德 (Jared Diamond) 教授对学术思维被认为是非科学的一个领域——人类历史学——进行了论证。参见 Jared Diamond, Guns, Germs, and Steel: The Fates of Human Societies 420–25 (1997).

后 记

公法学，尤其是宪法学，属于非热爱不能深耕的学科。所幸，自二十年前正式迈入公法研究之门，我就徜徉在这个瑰丽又阑珊的世界，至今不敢言窥其堂奥，却一直乐在其中。

这本书是我公开发表的论文的结集，也是职业生涯的阶段性回顾。仔细想来，书中的每一篇文章几乎都有背后的故事，或有感而发，或应邀而作，或顺顺当当，或迂回曲折……不论如何，它们记录了这些年的思考和努力，以及一路走来的感触和心得。如果文字的价值需要用时间来检验，那么这部作品的分量尚待历史判断。能够确定的是，尽管存在不足或疏漏，论文立意和见解的合理性并没有在光阴的消磨中减损，这也是我决定把文章整理成书奉献给读者的底气。因论文成于不同年份，文中所引法律条文，均以写作之时的法律文本为准。故此，或许本书在一定程度上见证了中国法制的变迁和法治实践的发展。不当之处，敬请读者批评指正。

感谢中国社会科学出版社的许琳博士。相识何必曾相逢，许博士的理解和信任，在我，是"若有知音见采，不辞遍唱阳春"，本书能够面世，离不开她的付出和辛劳，请允许我为她的专业造诣和负责精神点赞；感谢广西壮族自治区高级人民法院的宿锦先生，没有他对书稿的细致研读和提出的相关建议，本书的缺点会比现在更多；感谢刊载论文的杂志及其编辑，特别是业界前辈卜安淳、钱继秋、朱未易三位老师的支持；感谢鼓励、帮助我的诸多老师和朋友，情义无价，铭

后　记

诸五内，这里恕不一一写出名字，以免挂一漏万；感谢家人一如既往的关怀和陪伴，让我心安神定，怡然无碍；感谢我供职的南京大学法学院、中美文化研究中心，多年来我极大地受益于南大的包容宁静之气、励学笃行之风，我想，唯有"孜孜日求益，犹恐业未博"，方无愧于一个南大人吧？

学术的最大敌人是自己，是懈怠和满足，是智识上的局限与创造力的瓶颈，是不再对未知抱有好奇。值得欣慰的是，在我心里，那个年轻、锐气的我，立志于公法事业的我，从未稍离。

赵娟

2020年4月于南京半山花园